中国电影艺术家传记丛书

一个电影导演的自述

◎常彦著

CFP
中国电影出版社
2020·北京

图书在版编目（CIP）数据

一个电影导演的自述 / 常彦著 . —北京：中国电影出版社，2020.4

ISBN 978 – 7 – 106 – 05093 – 1

Ⅰ . ①一…　Ⅱ . ①常…　Ⅲ . ①常彦—自传　Ⅳ . ①K825.78

中国版本图书馆CIP数据核字（2020）第049419号

一个电影导演的自述

常　彦　著

出版发行　中国电影出版社（北京北三环东路22号）邮编：100013
电话：64296664（总编室）　64216278（发行部）
64296742（读者服务部）E-mail：cfpbjb@126.com

经　　销　新华书店
印　　刷　中国电影出版社印刷厂
版　　次　2020年4月第1版　2020年4月北京第1次印刷
开　　本　710 × 1000　1/16
印　　张　25
字　　数　380千字
定　　价　98.00元

童年照(左起为作者的大妹、二妹、
母亲常陈氏，右为作者)

东北文工一团第二次上前方前夕全团合影
(摄于1947年7月1日前龙江县公署门前，第一排左起第六为年仅15岁的作者)

在影片《保卫胜利果实》（1950 年）
中饰演通讯员

陪同东德电影代表团参观长春电影制片厂（1960 年）

在莱比锡卡尔·马克思大学的宿舍内（1957 年）

留学德国时期（1957 年）

在影片《冬梅》中担任摄影师（1962年）

赴罗马尼亚布加勒斯特参加中国电影周活动（1980 年）

影片《保密局的枪声》（1979 年）工作照

和《保密局的枪声》演员们合影

影片《情天恨海》（1980年）摄影棚工作照

影片《心灵深处》（1982年）现场工作照

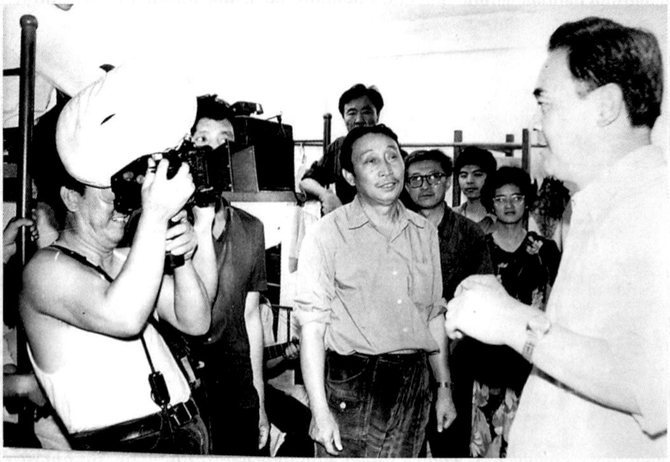

影片《在被告后面》（1980年）工作照

影片《在被告后面》获奖

影片《男人困惑女人也困惑》（1987 年）工作照

影片《鬼楼》（1988 年）工作照

作者与妻子姜欣（1980 年）

作者在金山岭长城（2006 年）

目　录

一　大杂院儿里的孝子

我祖籍山东，生在东北的黑龙江省齐齐哈尔市。

齐齐哈尔，这个在中国城市中不甚出名的北方城市，她的名称来源于达斡尔语。齐齐哈尔是早年达斡尔族放牧的地方，她坐落在富饶美丽的松嫩平原上，境内有嫩江、乌欲尔河等多条大河流淌。这里土地肥沃，物产丰富，自古以来就是各族人民聚集生活的地方。

齐齐哈尔，比我还年老的一代人也称她为卜奎。后来获知，康熙三十年（1691年）在毗邻齐齐哈尔的卜奎建城，称齐齐哈尔城，所以老人们仍保留着卜奎这个称谓。“卜奎”是满语“伯克尔”的音译，而齐齐哈尔则源于达斡尔语，其意为“边疆”或“天然牧场”。

儿时，常听老人讲“风刮卜奎”的故事，据说一夜之间大风竟然把一座偌大的城池从嫩江之西刮到嫩江之东。其实，这说法只是为了欺骗当时的皇上，施展瞒天过海之术罢了。孰料“风刮卜奎”这个说法，以后竟然成了象征齐齐哈尔经常刮大风的一句谚语了。于是，“风刮卜奎（黑龙江省会），火烧船场（吉林省会），狗咬沈阳（奉天省会）”便成了形容长城以外东北三省的民间故事，无人不知无人不晓了。

早年，卜奎是我国北方抵抗沙俄侵略的军事重镇。在我国抗御外辱的历史上，曾有“南林北袁，一代盖世名将，两个民族英雄”的说法。所谓“南林”，指的是南方有个林则徐，而那“北袁”，指的则是北方有个抗击沙俄入侵的名将袁寿山将军。

袁寿山，字眉峰，汉白旗人，是明末名将袁崇焕的嫡孙。面对沙皇俄国东扩侵略，他忠贞不屈，以身殉国，堪称卜奎人的骄傲，一代英烈千古流芳。近代，抗日将领马占山，领导齐齐哈尔军民抗击日本侵略者，发动震惊中外的江桥抗战，给后人留下了不可磨灭的历史记忆。现代，在解放战争时期，齐齐哈尔是山海关外最早被共产党解放的城市，并为建设新中国做出过重要贡献。

在早年，因为齐齐哈尔曾是老黑龙江省的省会，故老一辈人又习惯简称她为“江省”。在这个北方城市里，除了汉族，还聚集着满族、朝鲜族、回族、蒙古族、鄂伦春族、契丹族和达斡尔族，甚至还有为数不多被称为“白俄”的俄罗斯居民。因此也可以说，这里是一个多民族不同文化、不同生活习俗交汇的城市。

我家并非此地的老户，当然也就不是土著。当我记事的时候，父母亲告诉我，他们当年是由山东逃荒，经陆路出山海关来到江省落户的。所以，有一个专有名词来形容这种迁徙行动，叫作“闯关东”。

在我的记忆里，齐齐哈尔也是山东移民比较多的城市。他们在此地落户扎根，繁衍后代，创造略优于山东老家的生活。山东人生性耿直憨厚、勤劳耐苦，虽然身在异乡，但乡音不改，于是便使得我们这一代的后人有一种特殊的语言本领，即在外讲东北话，回家讲山东话。所以，除了普通话之外，至今我还能熟练地讲一口标准鲁西南口音的山东话。

我家住在齐齐哈尔市怡安街，那是一条南北纵向的街道，是一条与当时被称为正阳街的主街并行的副街。由我家向北，耸立着齐齐哈尔市著名的天主教堂。在当初，造型独特的天主教堂，因其高大而成为齐齐哈尔市极为突出的标志性建筑。它那歌特式的高高的尖塔房顶上，是一个巨大的十字架，每天的早中晚都响一次叮叮当当的钟声，悠扬的钟声传得老远老远。

我家处在怡安街上的一座大杂院儿里。说它杂，不仅仅指在这个院子里居住着汉、满、回、达斡尔族人，甚至还有一个白俄人。居民从事劳动和谋求生计的方式也是杂七杂八、多种多样的。有赶大车的、拉人力车的、打井的、卖菜的、焊洋铁壶的、挤牛奶的、扛大活儿的、吃劳金的、卖“苦大力”的，总之，都是些生活在社会底层的人家。

在这个大杂院儿坐北朝南的位置上，有一个三间大小的、年久失修、房顶铺满苇子的老草房，对面屋住着两家，一面是我家，一面是洋铁匠顾师傅一家。所以，在我童年的记忆里，耳朵里被灌满的绝不是悠扬的音乐，而是“乒乒啪啪”砸洋铁皮的噪声。至于那间老草房，夏天每逢下雨，便到处摆满锅碗瓢盆“叮叮咚咚”地接漏雨；在冬天，则又会因为仅凭做饭烧暖的火炕来取暖，所以，屋顶的四角在夜里降温后总是结满一层厚厚的白霜。

我的父亲是位土生土长的山东人，他有一个极为好听的名字，常发兴。我小，没问过是谁给他老人家起了这么一个吉祥而又好听的名字。姓常，名发兴，常发兴，姓名中充满了对美好生活的憧憬与希望。遗憾的是他生不逢时，而且又没有文化，所以一生既没有“发”起来，也没有“兴”起来！实则是一辈子受雇于人，在别人开的饭馆子里当面案师傅（也叫白案师傅），用过去的话来说，叫“吃劳金”。

我的父亲一生为人忠厚老实，他因为比较多的时候是在回族人开的饭馆里吃劳金，所以非常讲究洁净。用现代的语言来形容，非常遵守职业操守和尊重民族习惯。比如，他是绝对不允许家里有猪肉之类犯忌食品的，尽管我们并非回族。父亲每月从掌柜的手中领回的“劳金”，是我家的全部生活来源。在我的记忆里，每月三十块钱的收入虽然不多，但因爸爸不在家里起伙，养活妈妈和我两个人，虽不宽裕，还总算能过得去。然而，随着家庭人口的不断增加（我下面又有了四个妹妹），和爸爸的年老多病，致使“劳金”不断地下降，爸爸能挣到的那有数的二十来块钱，就远远不够养家糊口的了。

现在的孩子们，他们很难想象我们那一代穷人家的孩子过的是怎样的日子。也许，他们在小学课文里还能读到描写旧社会的文章，看到“衣不遮体”这样的字句，却怎么也不会相信，在人间还真的会有无衣遮体的事情！而我，就有过这样的亲身经历。在我居住的那个大杂院儿里，几乎所有的男孩儿，一到夏天就都成了“光腚猴”！请相信，之所以会那样不顾体统，绝对不单单是为了图个通体凉快，当然也不是开放到不知害羞的程度，仅仅是源于一个字——穷。真真是应了那句老话，穷得连裤子都穿不上啊！

我是在上小学之前，才从妈妈的手里接过裤子和衬衣的。至于到了冬天，也只能裹一身破旧的空心棉裤棉袄去抵挡风寒了。哪里还有什么内衣内裤、衬衣衬裤、毛衣毛裤之类的衣着，更不会奢望拥有什么羽绒服和棉大衣了！而所有这些衣着，难道不是现代少年儿童在冬季必备的基本装备吗？！

齐齐哈尔的冬天，冰天雪地，风大雪深，气温经常在到零下三十五度左右，那是真叫一个冷！小的时候，最害怕的就是冬天上学，只要一遇风雪天，几乎每次都被冻得一把鼻涕一把泪地哭着走进教室。瘦小的身躯和被冻透了的两只小脚，要很长很长时间才能暖缓过来。所以，日后便形成久治不愈、年年冬季复发的冻疮。

在日伪统治下的“王道乐土”，像我们那样的穷人家，是没有条件去医院治疗的。几乎年年都是用冻茄秧加红辣椒熬成的热水浸泡已形成溃疡面的手脚，借以稍微减轻一些难以忍受的奇痒和痛楚。那个被誉为医治冻疮有神奇功效的偏方，再灵验也只能治标不治本，所以，我那手脚上年年必然复发的冻疮，是在参加革命军队以后，有了温暖的环境和保暖的穿着的条件下，才逐渐不治自愈的。

我1946年参军，那一年刚满十四周岁。穿上军装的第一个冬天，脚下就蹬上了奇暖无比，高及膝盖的毡靴子，老百姓俗称“毡疙瘩”。因为年幼脚丫小，那双毡靴虽说有些不太跟脚，但是却奇暖无比。下雪天，靴子踏在厚厚的雪地上发出“咯吱咯吱”的声音，真是美极了，也神气极了！

说起衣着的困境，我不由得会想起我苦命的妈妈，也必定会想起她老人家仅有的那件被我称为“冬当夏赎”的皮袄。我妈妈的那件皮袄是一件十分有纪念意义的“大件儿”，妈妈说：“齐齐哈尔太冷了，我从山东来到江省，你爹担心我受不了，在结婚的时候，特意为我添置的。”后来，随着家庭生活拮据，母亲那件唯一的奢侈物件——原本用于暖身抗寒的皮袄，竟然变成冬天送进当铺，夏天再赎出来的抵押物。每当严寒的冬季尚未到来之前，那件皮袄总是由母亲——稍长以后便由我——送到当铺里去典当，以便换些钱回来度日。只有到了这个时候，我才明白，尽管当铺是十分黑心的，但是在冬天会给一个相对高些的典当金额。所以，母亲总是选在最需要用皮袄抵挡严寒的冬天即将到来之前，把它送进当铺。待到夏天再设法赎回来。然后，为了防虫蛀，母亲又总是非常细心地将它凉晒收藏，待到秋末冬初之时，再把它送进当铺。

我记得，这惨境一直循环到1945年。所以，那当铺在我心灵中留下了极深的烙印，时光虽然已经飞驶过半个多世纪，但围绕当铺发生的经历却永远不能忘掉！

在我已经成为古稀老人的今天，我依然记得少年时期常光顾的那家当铺的名字，它叫“大兴当”。大兴当位于齐齐哈尔市当年妓女成堆的永安里附近，是一处临街而建的灰砖黑瓦房。每当我把那件被我家视为宝物的皮袄递上比我高出一大截的栏柜，总会听到一声：“黑布旧面虫蛀老羊皮袄一件，当洋……元！”

“不对呀，大叔！这皮袄没有被虫咬过！”有一次我曾这样争辩。结果，随着一声“不愿当，滚！”的怒喝，皮袄被扔了出来，砸在我的头上。无奈之下，我只能连连两手合十，频频用好话告饶认错，祈求掌柜的原谅我“不懂规矩”。试想，如果真的“当”不成，我两手空空地夹着皮袄回家，可怎么向嗷嗷待食的妹妹们和等米下锅的妈妈交代呀！

由于父亲年老多病，他的月工资即“劳金”每况愈下，家庭生活日趋拮据。为了摆脱困境，补贴经济来源，我的母亲不得不抛头露面去做一些应时的小本生意，走街串巷地去沿街叫卖。在我的记忆里，她冬天卖过冻鱼，夏天卖过冰棍儿，还推小车叫卖过四季应时的瓜果蔬菜之类。总之，我的妈妈竭尽全力，想方设法协助我的爸爸，保证我上学念书，养活几个小妹妹。

人常说家贫出孝子，这话大概是对的。在我参加革命之前，我只读到高小毕业，便因家境贫寒而辍学。就是那六年高小，也是靠半工半读的状态才维持下来的。所谓“半工”，是指不论春夏秋冬、风雪雨雾，只要放学，便寻声去找沿街叫卖的妈妈，然后帮她推车、替她吆喝。如此，便可以让妈妈歇口气儿，使她略微减轻些许劳累。那时，我虽年幼，但也发现妈妈过早地两鬓斑白，腰背弯曲了。上述的“半工”举动，没有人嘱咐，也无人教诲，完全是出自一个孩子心疼妈妈，发自内心的自觉行动。这大概就是人们常说的穷人的孩子早当家吧！

苦命的妈妈，从儿子的举动中体会到了幼子的爱心，掩饰不住内心的慰藉。但是她并不主张我每天去帮她，理由很简单，怕影响儿子的学业。记得妈妈曾不止一次语重心长地提醒过我：“儿子，你能够把书念好，就是对娘最大的孝心！”我的爸爸和妈妈都是目不识丁的文盲，他们对儿子的朴素期望，在我少年的心灵里刻下深深的印记，成为我发愤学习的巨大动力。

“老常家的儿子是真聪明！”说句老实话，尽管那时我年龄还小，却也并不十分情愿接受来自左邻右舍的上述夸赞。因为，只有我自己清楚，学习成绩的优劣只能取决于用功与否，绝不取决于一个人是否聪明。为了既能帮助妈妈走街串巷地叫卖而又不耽误复习和预习功课，我在手推车的把手上面加了一个可以把书放在上面的架子，这样便可以推车看书两不耽误。那也真是煞费一番苦心的啊！

因为知道父母是用血汗钱供我上学，明白能上学念书之不易，所以学习上非常卖力。回顾那难得的六年学习时光，我至今引以为骄傲的是，没有辜负爸爸和妈妈的期望，始终保持着优异的学习成绩：一次学年排名第二,五次学年排名第一。每当年级结业的时候，学校为表彰优等生，总要颁发奖状和奖品，那是我最高兴的时候！因为，每一次获奖所得到的奖品大多是学习用品和学习用具，其数量足够下一个学年使用。这就无形中减轻了上学的费用和开支，甚至连妹妹上学的时候，也不需要父母花钱为她添置铅笔、蜡笔、本子、橡皮之类的了。

我读书的时候，学校被称为“国民优级”学校，相当于时下的“高小”。在那个年代，像我那样的家境，能够让孩子把六年高小读下来，已经是非常非常不容易了，哪里还有能力供我继续读中学！所以，在我报考齐齐哈尔市龙江中学的时候，尽管中考成绩在榜上名列前茅，但终因缴不起高昂的学费而辍学！

为了发泄心中的不平，我曾将老百姓泄愤的顺口溜“衙门口，朝南开，有冤没钱别进来！”改为“中学门，向南开，有志没钱别进来！”去回答同学们的发问：“你是我们当中最有才的，中考成绩又那么好，为什么不继续念书了呢？”

“可惜呀，我那个‘才’不是‘发财’的那个‘财’呀！”我自嘲地说。尽管那时侯年纪还小，但是在内心深处也充满了愤怒和不平。

在日伪统治时期，是没有我们现在施行的“义务教育”制度的，当然也就不会有“希望工程”这般的扶贫济民的举措。我改的那句顺口溜，流露出一个少年对于家境贫寒的无奈和无能为力。那时，我刚刚十二岁……

二　日寇铁蹄下的童工和“经济犯”

六年的读书生活，就这样极不情愿地结束了。时间虽然已经过去半个多世纪，当年失学的少年如今已然成为垂垂老者，但是依然忘不掉我读小学时的启蒙老师——崔先生。崔老师的名字我不记得了，这绝对不是因为我健忘，而是源于那时是忌讳直呼师长的名字的。但是他的形象却依旧存在我这年逾古稀的脑海里。他中等个头，留着三七开的发式，白而略长的面庞被他喜欢穿的黑长衫映衬得十分清秀。

“你叫什么名字？”这是我在上学时老师问我的第一个问题。

“叫铁柱。”我站起来挺挺胸脯大声地回答。

“啊，柱子、栓柱、留柱、铁柱，你是你们家唯一的男孩儿吧？”

“是。”我一边答应着一边心里想，这老师能掐会算呀！接着，老师又问我平时在家喜欢做什么，我说喜欢和父亲学习武术。崔老师想了一下说：“铁柱这个小名在家里叫，上学了总该有个大号。老师给你起一个叫得响的大名儿吧。叫常……常学武。”

记得这位崔老师，不仅仅因为他给我起了个正式的名字，更因为他是一位不同寻常的老师。我如今仍然记得，在读小学一年级上半年时候，国文课本的内容依然是“人、手、刀、口、尺，大狗叫，小狗也叫”之类。到了下半年，课文内容便改为“皇帝陛下，万岁、万万岁”了。也就是说，开始了正规的“奴化教育”。当时我们注意到原来的校长不见了。不知从哪一天起，校长变成了蓄着一撮小疙瘩胡须的日本人。每天的例行“朝会”，也不再仅仅是做做体操、跑跑步。开始有了面对东南方向（那是伪满“首都”新京的方向）遥拜“建国神庙”和“天照大神”，而且必须是弯腰九十度的三鞠躬 。每逢节日，日本校长还要身着笔挺的礼服“协和服”，戴白手套，低头弯腰，举卷齐眉地遵循一套烦琐的礼仪把“诏书”捧出来。在登上高台之后，只见他哭丧着脸，并且拖着长腔，拿腔拿调地把诏书宣读一番。于是，什么“朕自登基以来……”之类的屁话，便强行灌入我们的耳鼓。我们小孩儿根本听不懂，被弄得一头雾水，只觉得十分滑稽可笑，甚至还觉得有些好玩儿，因为这所有的一切举动都有些像唱戏。

不久，学校又增添了由日本女教师教授的日语课。记得从日本人控制了学校的那一日起，他们便开始强行灌输控制国民操守的“国民训”。于是，用日语背诵“国民训”便成了我们这些学童在学校的必修课。然而，有谁会想到，在一所由日本人任校长的官办学校里，却发生了一件颇令当时人们匪夷所思的事情。我所在班级的那位令人尊敬的崔老师，居然偷着教我们《百家姓》《三字经》以及《千字文》这样的内容！在当时，这些只有在日本人还来不及全面禁止的民办私塾里才能读得到。在崔老师的安排下，我们故意敞门开窗，大声地朗诵：“八弘一宇，表里山河，壮皇优。帝德之隆……”也是在崔老师的精心安排下，我们却闭门关窗，小声地读念：“赵钱孙李，周吴郑王，冯陈褚魏，蒋沈韩杨”“人之初，性本善。性相近，习相远”和“天地玄黄，宇宙洪荒，日月盈昃，辰宿列张”，等等。

这简直就是奇迹！

说老实话，那时我们太小了，根本没有国家和民族的观念。父母亲因为没有文化，也不懂得对孩子进行关于祖国和民族的观念教育。我们的头脑就像一张白纸任人涂画，思辨能力极低。所以，也就难怪似我这般年纪的孩子去唱什么“天地内，有了新满洲。新满洲，便是新天地”这样的所谓“国歌”了。但是，发生在学校里的一件突发事件，使我们这些还不谙世事的孩子终于明白了，自己并不是什么“满洲人”！

事情是这样的，一天，日本校长带领四个陌生人来到我们班的教室，其中一人问明崔老师的姓名，即所谓“验明证身”后，那四个人立即把崔老师团团围住。然后，竟然当着我们这些孩子们的面，强行给崔老师戴上手铐，连推带搡地要把他架出教室。就在这一群人即将出教室门的那一瞬间，我们的崔老师猛然地扭转过头来，向我们这些与他朝夕相处的学生高声地喊了一句——

“孩子们，记住，你们是中国人！”

“八嘎呀路！”随着一声叫骂，平时让人觉得温文尔雅的日本校长，突然像一头野兽扑过去，狠狠地向崔老师的脸上猛击了一拳。

“崔老师！”学生们不由得发出一声惊叫，被眼前发生的这一切惊呆了！这时，我们看到老师的两个鼻孔涌出浓浓的鲜血，流过嘴唇和下巴，滴淌着落在前胸…… 那是一幕多么恐怖而又可怕的景象！

现在想来，当时发生在我们眼前的这一幕，完全像时下流行的电视剧，但在60多年前，却是千真万确的残酷事实。

俗话说，做贼心虚。由于上述的突发事件，校方宣布把我们这个班解散。学生被分散分配到其他各班，并且命令绝对不允许传播这件事。自那以后，就再也看不到崔老师的踪影，听不到有关他的下落，更不知道他的结局如何了！

历史不能忘记，历史不容忘记。一个人的一生，会有很多事情是永远无法忘却的。

当1945年抗日战争胜利，也就是在我从真正意义上懂得自己是一个中国人的时候，最先想到的便是去看望我的启蒙老师。我从怡安街经古南门到北关找到崔老师的住处。遗憾的是，我再也不可能见到他并聆听他的教诲了！据他的家人说，自从那次日本人从学校把他抓走之后，他就再也没回来，估计是被日本人秘密杀害了。在当时，虽然我弄不懂崔老师的政治身份，但从他的所作所为，我断定他一定是一位具有高度民族气节的革命者。

崔老师以他高尚的民族气节为我们树立了身为中国人的楷模，为我们开启了认知祖国之门。“孩子们，记住，你们是中国人！”一声叮咛，深深地印入我们幼小纯洁的灵魂。崔老师，这位我一生都敬仰的长辈，虽然离开这个世界已经半个多世纪，但他却至今仍然活在我的心中。

1944年的秋天，我被迫辍学。为了帮助父母补充生计，我考入了相当于现在中专职业学校的齐齐哈尔市铁道学校。它名义上叫学校，实际是培训专业技工的训练班。我们很少学习文化，比较多的时候是技能实习。在铁道工厂里，我们被称为“练修生”，其实就是徒弟工、童工。因为我们是以学生，即所谓“练修生”的名义进入工厂的，根本就没有工资待遇，每月只给五块钱的津贴。按专业，有铆工、钳工、铸造工、电焊工等，我被分配到钳工组。所以，在老师傅的带领下，每天都练习切割铁板或加工打磨零件。

为了练就一手持扁铲、一手抡铁锤切割铁件的过硬功夫，我们这些童工几乎把左手的虎口和大拇指砸烂了。待我们基本功稍稍熟练之后，日本工长便强行为我们安排每天必须完成的所谓“定额”，用以支援所谓“大东亚圣战”。如果完不成“定额”，就不准下班回家。

齐齐哈尔市铁道工厂地处铁道以东的郊区，距我家很远，又不通班车。在冬天，每每早晨五点钟就必须离家，晚上七八点钟才能拖着疲惫的小身体下班。可以说早晚两头都见不到太阳。

1944年的夏天，日本鬼子发动的太平洋战争已是强弩之末。为了垂死挣扎，他们对东北的物资掠夺也达到最疯狂、最穷凶极恶的程度。在铁道工厂里，无论工人怎么干，手里拎着棒球棍监工的日本工长也不满意，总是嫌干得慢，干得少。于是，日本工长总是“哈丫库！哈丫库！”（日语：“快！快！”）地疯狗般围着我们狂叫。

有一天，我们几个童工实在是太累了，也真的干不动了。在老师傅的指点下，我们几个小不点儿爬进工厂待修的油罐车里偷偷休息。由于过度劳累加上油罐里面黑暗闷热，不一会儿，我们就全都睡着了。我们睡得那个美啊，真是香极了！

可哪里会料到，这“磨洋工”的举动几乎断送了我们的性命！死亡之神正悄悄地接近我们这些因营养不良而骨瘦如柴的童工们。

平时被老师傅称作“疯狗”的日本工长终于发现了我们，狠心的鬼子竟然从外面悄悄地把油罐上的圆盖子关上，并且紧紧地拧牢。由于罐内缺氧，我们很快就都被憋醒了。这时，油罐里伸手不见五指，憋闷得喘不过气儿来，我们害怕了，也着急了。可是，无论我们在罐里怎样捶打呼叫，鬼子就是不让把盖子打开。被闷在罐里的我们，很快就都被憋得通身大汗淋漓、有气无力了。捶打罐壁呼救的力气也越来越弱……

在我们几个童工生死攸关的时刻，工人师傅们向工长请求："饶过他们这一回吧，不然，孩子们会被憋死的！"

"憋死的，大大的好！"惨无人道的鬼子工长竟然狞笑道："死了死了地，可以彻底地'呀斯米'（日语'休息'）！"

随着油罐里的空气被渐渐耗尽，我们已经没有力气再捶打罐壁和呼救了。最后，在老师傅们的一再乞求之下，我们才被一个个地拎了出来。尽管当时我们已经虚弱得没有力气把身子站直站稳，鬼子工长还是在我们脸上左右开弓地抡打，以示惩戒，直打得我们两眼冒金星，鼻嘴流血不止。

"儿子，儿子，这是怎么了！？"妈妈捧着我那被打肿的脸，望着我那双肿得几乎变成一条缝隙的眼睛，吃惊地问道。当我把在工厂里发生的事告诉她时，妈妈把我的头一把搂在怀里，痛哭失声地说："儿子，咱不去了，不要再去受那个洋罪了！呜……"妈妈哭得特别伤心，一再地说："儿子，咱不去了，咱不去了！"可是，面对父亲因病不断减少劳金的现实，不去行吗？！

那是我第一次看到妈妈哭，她太心疼儿子了！然而生活是无情的，说也说了，哭也哭了，第二天清晨，苦命的妈妈只能忍痛地抚摩着儿子被打肿的脸说："儿子，委屈你了，谁让咱穷啊！""娘，放心吧，我没事儿！"我又去上班了。虽说我那每月五块钱的所谓津贴仅仅是聊胜于无，但对于像我家这样的城市贫民家庭，聊胜于无总比分文不进要强啊！我手握两个充作午饭的橡子面窝头离家了，尽管没有回头，但是我能凭着直觉感到，妈妈一定是用含泪的目光望着我那远去的背影的……

我第二次看到妈妈哭，是在那一年的冬天。由于常年劳累，我那年老体衰的父亲终于病倒了。这位一辈子都在饭馆里当面案师傅，整天都与面粉打交道并且做得一手好面食、抻得一手好面的人，病倒后唯一的奢求是能吃上一口面条儿。

吃上一口面条儿，谈何容易！在号称“王道乐土”的“满洲帝国”，中国人只配给高粱米、苞米面，后期干脆就只配给极其难以下咽的橡子面。大米白面不要说买不到，即使买到了也不允许吃，否则便是所谓“经济犯”！

为了能满足我的老父亲吃口面条的要求，十三岁的我不得不独自一人乘火车去宁年。宁年是往北安、嫩江方向去的一个小站，距齐齐哈尔四站地。也许因为地处偏僻，那里的私人磨坊还能钻日伪控制不严的空子。私下里做一些米面加工和买卖生意。那一次，我几经打听询问，好不容易买了十斤面粉，心里高兴地想，爸爸这下可以吃到面条了！我把那装着十斤面的面袋子用蓝印花布包袱皮裹住并且斜背在后背，伪装成出门的行装，顺利地登上返回齐齐哈尔的火车。

那是我平生第一次，而且又是单独一人乘坐火车。由于宁年站不是该趟列车的始发车站，等于是从中途上车，所以已经找不到座位。车厢里狭长的过道上挤满了人，人与人浊重的呼吸使空气变得闷热，使人透不过气来。

在车厢里，我不敢把伪装的包袱放在行李架上，怕被人发现。我把裹着包袱皮的面口袋塞进临近的座椅底下，用脚挡住。即使这样，每当身穿军警制服的人从面前经过时，我的心就跳得特别厉害，“咚，咚，咚”，好像心脏就要从喉咙里跳出来。

谢天谢地，终于平安地熬过了紧张的旅途，列车到达了终点站，我如释重负地长出了一口气。

下车的时候是晚上，天阴沉沉的，降着大雪，风很大，雪还夹杂着东北特有的“烟儿炮”。东北人都知道，“烟儿炮”就是狂风把细如沙砾的雪粒吹卷起来直扑一切。飞扑而来的雪粒打在人脸上，犹如针扎刀割般刺痛。一般来说，如果没有特别重要的事情，即使东北人也避免在“烟儿炮”天气时外出。但那一天我还是高兴的，背上背着的白面好像凭空里给自己增添了热量，心想，明天爸爸就可以吃上面条了！

孰料，在齐齐哈尔车站出闸口的时候，我被早等在那里的警察一把从后面揪住并顺手给了我一巴掌。接下来，我和另外几个被抓的男女，就被连推带搡地带到站前派出所。在派出所里，警察逐个审问，说我们是“经济犯”。任凭我怎样地告饶乞求也无用，狠心的警察竟然用机械轮带制作成的刑具在我的双手上各抽了三十大板！

疼，那是真疼啊！可是我不敢哭叫，因为越是哭叫，警察打得就越狠。

我的两只小手顿时被打得肿得握不拢拳头，眼看着两只手掌的颜色由红变紫、由紫变黑。皮肉之痛尚可忍受，最叫我心痛的是，那个没有一点人性的警察，竟然从火炉底下铲了许多炉灰塞进我那盛着十斤白面的面袋子里！

“您行行好吧！您这样，我爸爸还怎么吃啊？”当时，任凭我跪在地下怎样地磕头、求饶，他也不肯住手。

天哪，我可怎么向我的爸爸妈妈交代呀！掺了煤灰的白面还能够做面条吗？！

那天夜里可以说是天地混沌一片。被撵出派出所的时候，门外的大风卷着飞雪迎面扑打，噎得我喘不过气来。原本就不厚的棉衣裤竟如一张薄纸。冷啊，从里到外，彻头彻脚的冷！可在当时，我顾不上寒冷的侵袭，我的双手手掌太疼痛了。于是，迫不及待地把被打得已经淤血的双手，深深地插进离派出所不远处的雪堆里。然后，不停地曲卷手指摩擦攥在掌心里的雪团，以便稍微减轻一些刺痛。

漆黑的夜，凛冽的风，空荡的街，远近的狗叫，恐惧和疼痛一起袭来，怀里抱着被掺了炉灰的已经不再白了的白面。刚刚满13岁的我，第一次体验了孤寂无助的滋味，懂得了什么叫可怜。待至回到家里的时候，我已经成了快被冻得半死的泪人了！

早已出门等望过我多次的母亲，看到我的样子，再听我叙述了事情的经过，禁不住搂过我泣声地说：“儿啊，我的好儿啊！”她心疼地把我那双淤血肿胀的手心抚摩来抚摩去，好像那样会多少分担一些儿子的痛楚。这一次，妈妈虽然没哭出声音来，但是感觉到她的泪水一滴滴地掉在我的脸上，流进我的嘴唇，是热热的、咸咸的……啊，那岂止是泪水，分明是自母亲心田里流淌出的滴滴鲜血！

也就是在那一年，山东老家捎来的一封家信，使我那原本已体弱多病的父亲遭受了雪上加霜般的打击！按我父亲的说法，我是我们家唯一识文断字的人。所以，那封来自山东家乡的书信，自然也就只能由我来读了。我至今还记得，当时父亲和母亲的脸上浮出充满期望的笑容，因为他们已经很久很久没有接到过来自山东老家的信息了。然而他们没想到，那封家书带给他们的却是一桩报丧的坏消息。我父亲家里姐弟四人，爸爸行二，是男孩中的老大，他上边还有一个姐姐。信是我三叔的口气，信中大意是说：日本人在一次清乡的时候，查问二哥你的去向，咱娘说你在江省，日本人不信，硬说你在外边入了“红枪会”，当了八路军。八十多岁的老娘在向日本军人辩解中惹火了对方，最后，日本人当着咱庄老少乡亲们的面儿，把咱老娘给活埋了！

“什么，什么？！你再念一遍！”我父亲不相信，要我再重复一遍三叔来信中的内容，我只好照办。当我把奶奶被日本人活埋的经过再次读出时，我的爸爸和妈妈沉默良久……

屋里的气氛沉静极了，平时难得能听见我家那件破旧的老座钟的钟摆声，这时“滴答，滴答”响声特别大……

“娘，娘，我的好娘亲哪！呜……”我妈妈终于哭出声来。我的爸爸也呜咽着不停地哭诉：“娘啊，娘，是我这个不孝的儿子害了你！我对不住娘啊，我对不住娘啊……”

记得在几天前，爸爸还对我说过，我的奶奶去年是八十大寿，还说她老人家身体特别好，已经是年过八十的人了，却仍然有一头乌发和满口好牙！如今，怎么会不明不白地被活埋了呢？！“奶奶！”望着悲痛万分的父母，我也忍不住地哭了起来。

那一天的晚上，爸爸第一次为我描述了他印象中的八路军，后悔当初还真不如跟八路去打日本鬼子。现在离家千里，连回山东奔丧都不可能，真是对不起奶奶了。

我是在齐齐哈尔出生的，没有回过山东老家，自然也就没有见过奶奶，但是奶奶对我的亲情留给我的印象还是很深的。我父亲那一辈姐弟四人就生下我这么一个男孩，按照所谓“不孝有三，无后为大”的古训，我这四股单传的唯一男孩儿，自然成了我们常家的宝贝疙瘩。在我懂事之后，母亲曾把她珍藏起来的一顶虎头小帽拿给我看。那是一顶选料配色很讲究，做工极其精细的虎头小帽。妈妈说："这是你奶奶亲自剪裁并一针一线为你缝制的，她希望你能成为咱常家的小老虎！"可以想见，我的奶奶多么喜爱她没有见过面的孙子，又多么希望她的孙子能成长得虎虎有生气！我那时年纪虽小，但也可想象得出，奶奶是多么想在她有生之年能亲自抱抱她的孙儿，见一见她的孙儿。然而，这极富亲情的朴素渴望却不可能实现了，永远不可能实现了！

"奶奶——"我哭叫着，"奶奶——"我的小妹妹们也跟着哭叫着。

第二天清晨穿衣服的时候，我发现我的左衣袖上多了一个黑布制成的袖箍，妈妈说那是为了给奶奶戴孝。在我出门上学之前，我的父母亲千叮咛万嘱咐："在外面如果有人问起，就说是给奶奶戴孝。无论对谁，也不能说奶奶是被日本人活埋的！"

"放心！娘，我懂。"我答应着，但在我幼小的心灵深处却埋下一粒仇恨的种子。过了很长时间，我仍然不愿意把那寄托哀思的黑布摘掉，很难说清楚是为了延长对奶奶的纪念，还是为了表达对日本法西斯的一种反抗！

我永远也不会忘记，日本法西斯是如何灭绝人性地活埋了我的亲奶奶，又是如何惨无人道地蹂躏过我的祖国。

多行不义必自毙，我祈盼着日本鬼子垮台的那一天尽快到来！

三　失业的童工何以为生？

1945年5月，继德国法西斯投降的消息之后，喜讯不断传来。

8月8日苏联对日宣战，8月14日，日本宣布无条件投降。8月15日喜讯传到齐齐哈尔。我们铁道工厂饱受奴役的工人们都激动得哭了。人们奔走相告，整个齐齐哈尔一片欢腾！

我用彩纸糊了一面小旗，挥舞着挤进熙攘的人群里，去迎接进城的苏联红军。“斯大林大元帅万岁！”沸腾的人群里有人带头这样呼喊，于是大家一起响应，振臂高呼。我从人们手里高举的画像上，认识了蓄着两撇胡须的老头儿就是斯大林。大家喊他“万岁！”我也喊他“万岁！”那是我生平第一次对于一个外国人发出的良好祝愿。“中苏友好万岁！”呼喊声有呼有应，此起彼伏……

我们胜利了！被压抑了十四年的民族感情如火山爆发般获得了释放。“中国万岁！”“祖国万岁！”中国人终于可以自由地表达对于伟大祖国的感情了！

但是，狂欢过去之后，人们发现在打碎了旧的生活秩序之后，新生活尚未建立起来之前的空白。眼看着我们赖以生存的工厂设备被“老毛子”（当时人们对苏联人的通俗称呼）拆除、装箱和运走，大批的人失业了。我，一个刚刚满十三岁的童工，看到人们的眼神变得茫然、无奈和失望，也第一次尝到了失业的滋味。

曾几何时，望着空中飘扬的“青天白日满地红”旗帜热泪盈眶，然而迎来的现实生活却是十足的无政府状态。

盼星星盼月亮，盼着中央来解放。1946年1月17日，齐齐哈尔被国民党政府接管。当时，齐齐哈尔的普通老百姓正统观念极强，把希望完全寄托在国民党的中央政府。此时，国民党派了个没带一兵一卒的光杆司令彭济群来接收，进驻齐齐哈尔的苏军为了履行苏联与国民党政府签署的中苏协定，把彭济群扶上嫩江省政府主席的宝座。

在最初，刚刚摆脱奴役之苦的齐齐哈尔贫民大众，还着实欢喜了一阵子。然而人们很快就发现，古老的卜奎城上空虽然飘扬着青天白日旗，却并未给齐齐哈尔带来安定与繁荣。人们终于认定，中央政府所派来的“接收大员”成了名副其实的“劫收大员”。他们无视当务之急是重建东北、改善人民生活的时代需要，却倾全力在“查封逆产”“接收伪财”的名义下横征暴敛、中饱私囊。更加不能令人容忍的是，在建立所谓“新生活秩序”的借口下，原本是维护“大东亚共荣圈”和“王道乐土”的日伪军警，摇身一变成了所谓“光复军”。这些身穿黑色制服、头戴白帽箍黑大盖帽的“光复军”，顺理成章地成了国民党抢劫胜利果实、镇压人民群众的鹰犬。于是，在人民群众当中流传着这样的顺口溜：“彭济群，不济群，认贼作父欺压民。光复军，遭殃（中央）军，不逊伪警关东军。”为数众多的失业民众或浪迹于大街或聚集于小巷，三人一堆两人一伙地议论执政当局的诸多弊端，失望与不满，通过忍无可忍的牢骚得到些许舒缓。失意和愤怒，通过语言的宣泄，获得些许安抚。然而，这一切又有什么用呢！多灾多难的塞北古城啊，你的希望在哪里？

1945年的冬天，是抗日战争胜利后的第一个冬天。由于市政腐败，经济崩溃，民间疾苦难解，缺煤少柴，那个冬天好像比往年更长更冷。冷到什么程度？令现代人难以想象。以我家为例，屋子里原本就没有取暖设施，再遇上风雪天，屋里冷得像冰窖，就连搭在铁丝上的洗脸毛巾，也冻得变成硬邦邦的，抡起来甚至能够打伤人！

饥寒交迫的吾等小民唯有一个祈盼，期盼着温暖的春天快些到来，快些到来！

1946年的春天来了，在乍暖还寒的时候，苏联红军要撤军了。原本仰仗苏军的枪杆子撑腰才建立起来的国民党嫩江省政府，一夜之间便作鸟兽散。弃城逃跑的国民党光复军与共产党领导的东北民主联军在城东南的炮台屯遭遇。平时欺压民众的光复军如同丧家之犬，在民主联军的炮火下土崩瓦解，溃不成军。那一年的4月24日，东北民主联军正式接管齐齐哈尔，这座古老城市终于回到人民手中。

从“八一五光复”到民主联军解放齐齐哈尔，我作为失业的童工是怎么过的呢？日本天皇宣布无条件投降以后，齐齐哈尔铁道工厂立即陷入瘫痪状态，苏联红军进驻后又把工厂的设施拆卸殆尽。国民党建立的工厂临时维持会，发给工人每人一袋白面作为遣散费将工人一辞了之。我这个当初为了十斤白面曾当过“经济犯”的小小工人，居然也扛上整整一袋白面回家，心中还着实欢喜了一阵子。年纪小啊，哪里懂得那么多时世艰辛，后来终于明白，那一袋白面是以自己失业为代价才换取来的，我已经成为失业大军中的一员了。

为了谋生，我分到的那一袋子白面根本没舍得吃，父亲利用他干了一辈子的面案技术，制作成糖酥烧饼，然后由我背出去卖。后来，我和母亲又重操旧业，推着小车走街串巷去叫卖瓜果蔬菜。再后来，齐齐哈尔在民主政府的主持下对旧社会实行民主改造，我家的赤贫状况被定位为城市贫民。

母亲利用政府发给的救济款，让父亲和我去猪市买了两头猪崽儿，目的当然不是为了吃肉，而是养到年底杀掉换钱。于是，我除了仍需单独继续沿街叫卖之外，每天都要和我的大妹妹一起，去很远的豆腐房买豆腐渣和挑泔水，以帮妈妈把猪养好。在抗日战争胜利后的最初日子里，因为家庭经济收入有限，我家的日子仍然很不好过。原本为了喂猪才去豆腐房买豆腐渣，但买回的豆腐渣猪吃，我们也吃。虽说日子过得苦一些，但从精神上仍有一种获得翻身的感觉。

齐齐哈尔的大街上，终于有了一些前所未有的新气象，与以前国民党光复军在大街上公开强迫拉夫形成对比，被老百姓习惯称为“八路”的东北民主联军以其独有的方式在招兵。身穿二尺半长黄军装的招兵小分队，分别打着写有“一人参军，全家光荣！”“人民军队为人民！”“好铁要打钉，好人要当兵！”“保卫胜利果实，参加民主联军！”等各色彩旗。在招兵小分队打出的一个横幅上，有一条标语特别实惠而又引人注目，即：“伙食有粗细，管你吃个够，一周一改善，馒头红烧肉！”沿街叫卖的我发现，在小分队后面，已经有三五个跟在队尾的年轻人，脸上挂着毫不掩饰的笑容，叫人好不羡慕。

有一天，我实在经不起那“馒头红烧肉”的吸引，冒然拦住招兵的人问：“你们收不收小孩儿？”

“小孩儿！谁呀？”

“我。”

那个领头的人上下打量我一眼，笑着说：“小兄弟，再长长，过两年再说吧。”在当时，这回答很是叫我失望了一阵子。

其实，坦率地说，自己当时并不理解什么“人民军队为人民”，什么“保卫胜利果实”的含义，想参军，无非是想改变自己的生活状态。既然人家不要，那就还继续走街串巷地吆喝“黄瓜柿子大青椒的卖……”吧。

就在那一年的春天，东北民主联军相继进入哈尔滨、齐齐哈尔以后，哈尔滨、齐齐哈尔就成了东北解放区的政治、经济、文化、教育的中心。为了站稳脚跟，打开局面和支援前线，一大批来自全国各抗日根据地的军队和地方干部，随部队进城后，便迅速分派到各区建立人民自己的政权。

区政府建立起来的第一个举动就是组织起妇女纺线小组。我妈妈是第一批参加的，她因为在山东老家的时候就会纺线，所以很快就成为纺线小组的骨干和带头人。不久，我的妈妈就因经她手纺出的棉线又好又快又多，成为我们那一带有名的纺棉花能手。

我不知道我的妈妈叫什么名字，在户口本上写的是“常陈氏”，知道了妈妈的娘家姓陈。她虽然生在山东，却不是缠裹小脚的女人，所以走路如风，她的平辈人戏称她“常大脚”，不过平时大家大都称她为“常嫂”“老常家的”，或干脆叫她“柱子他娘”。在我的记忆里，我的妈妈很快就被评为区的纺线模范。在母亲的影响下，我的大妹妹很快也学会了摇纺车，也能纺一手好线。一时间，两台纺车“吱吱嗡嗡”地在母女俩的手中转动。她们盘腿而坐，右手摇纺车四转一停一倒，左手掌心握棉团不松不紧，食指拇指执线一提一送地将线缠绕在线轴上，那动作虽机械但不僵硬，速度快慢适中，节奏张弛有度，纺出的棉线自然粗细均匀。在母亲的教导和示范下，我的大妹妹便也能纺出质量上乘的棉线了。区妇女会则根据送交回棉线的质量和数量，付给相应的报酬。因为报酬得当，极大地调动了妇女们积极性。除了纺棉花之外，我母亲还带领妇女小组的姊妹们做过军鞋、军装和慰问袋之类的军需品。直到如今，我还记得她拖着山东腔和姐妹们一起边干活儿边哼唱着自编的小调："秋风起，树叶黄，战士衣单怕受凉。张大嫂，李大娘，咱们来做棉军装，做好送前方，战士穿上打胜仗……"

我的妈妈成了我们那一带颇有知名度的妇女积极分子。尽管我家生活较日伪统治时期有所改善，但是总体经济状况也还是经常处于捉襟见肘的状态。所以全家人仍然需要为获得温饱付出劳动。

在抗日战争胜利后的第一个冬天，因为天寒地冻，已经没有什么东西可以沿街叫卖了，我爸爸就想出来另一个主意，要我去卖"生鱼片"。父亲因为常年在饭馆子里讨生活，所以对齐齐哈尔流行的风味小吃比较熟悉。我们知道，北京的流行风味小吃是很多的，如隆福寺的灌肠、月盛斋的酱羊肉、天福号的酱肘子、鼓楼的褡裢火烧、北小街西得顺的爆肚，等等，一般都是在颇有名气的店铺里出售。齐齐哈尔的生鱼片，却是贫民走街串巷讨生活的方式之一。每到早市，父亲就带着我一起去买供切鱼片用的鱼鲜，如果能买到鲑鱼则更好，如果没有，则买鳊花和鳌花。下午将买回的鱼鲜收拾停当，切成薄薄的片状。那鱼鲜切出来薄而透明，有的还带有一点淡粉色，鲑鱼切出的片儿则是鲜鲜的橙红色，让人垂涎欲滴。在卖的时候，配上雪白的绿豆芽，几丝干红辣椒，点几滴金黄的辣椒油，再浇上酱油醋，真是酸辣鲜美，色香味俱佳！剩下的事，就是晚上由我推出去叫卖了。

"生鱼片儿喽！又酸又辣又鲜的生鱼片儿……"到晚上九点钟左右，挂在手推车上的一盏昏黄的风灯伴随着我，我便拖着长长的童音开始沿街叫卖。

齐齐哈尔地处北疆边陲，天黑得特别早，晚上八九点钟，早已是漆黑一片。当南方依然可以享受着美丽的夕阳的时候，齐齐哈尔的孩子们早已经钻进被窝睡觉了。而我，一个还处于需要足够睡眠来保证长身体的未成年孩子，却要与年迈的父母分担生活拮据而伴随的忧虑了。

“生鱼片儿喽！又酸又辣又鲜的生鱼片儿……”为了能使叫卖声传得远一些，我不得不尽量提高嗓门儿。然而，有时凛冽的寒风噎得人简直就张不开嘴，哪里容得你轻轻松松地喊呢。

那段生活经历给我留下的记忆很深，以至于如今每当在屏幕上看到描写旧社会的情景：在漆黑的雪夜里，一位老人手提风灯，肩背食篓，颤颤巍巍地喊着“硬面儿饽饽……”；或者看不到画面，仅仅是导演描写氛围的音效处理，那一声凄厉的画外音：“硬面儿饽饽”，就足以使我心颤，不由得让我联想起少年时期在冬夜里的呼叫：“生鱼片儿喽！又酸又辣又鲜的生鱼片儿！”那声音该是凄凉的吧？！

1946年元旦过后，迎来了抗日战争胜利后的第一个春节。中国人还是比较看重传统的旧历年的，所以各家各户都按自家的经济条件筹备过节的一切。尤其是孩子们，高兴得不得了，他们不仅可以吃到平时吃不到的各种好吃的东西，可以穿上漂亮的新衣裳，还可以获得平时难得的压岁钱。直到如今，当时我的小妹妹们欢天喜地围着大人跑来跑去的情景，依然历历在目。我家还有一项着实令别人家羡慕的“绝活”，那就是我那一辈子都做“面案师傅”的老爹亲自上阵，制作各种花样的点心。而我，则按着父亲的指点为他当下手，给做好的面点和待蒸的糕饼上添加红枣、点染花红，每到这时，我便趁机将小手指蘸上胭脂红，在小妹妹们额头上点上一个鲜艳的小红点儿，她们便立即觉得自己美极了而乐得手舞足蹈！

在以前，父亲也私下里做过烧饼让我背出去卖，用以添补收入、改善拮据。现在，我们居然可以公开地吃到爸爸为我们自己制作的面点和糕饼，可以想见那该是多么惬意！

那一年的春节，是我有记忆以来我们全家过得最为高兴的一个春节。往年的除夕夜里，都是父亲带领着我去距离我家最近的十字路口恭请“财神”。在街角那里选择一处避风地焚香、烧纸、叩头，履行迎接“财神”的礼仪。礼毕之后，父亲从点燃的香柱当中抽出一小束虔诚地捧举在胸前，口中不断地叨念着：“恭请财神爷回家了！请财神爷回家了！”我则手提着小灯笼跟在爸爸的身后，也学着叨念那句祈盼之辞："请财神爷回家了！"

而这一年，因为父亲身体不爽，则由我顶替他的位置，带领我的大妹妹去恭请"财神爷"。临进家门的时候，我也像爸爸当初那样，口中不停地高喊："财神爷到家了！财神爷到家了啊！"正在煮饺子的母亲则一边说着："请财神爷坐上座！"一边把煮好的第一碗饺子恭敬地献给供奉在墙上的"财神爷"。其态度是那样的虔诚。

这个时候，我早已经把手中捧举着的那束香插在香炉里。全家人依次地给财神爷磕头作揖。可是，那位赚了我们不少香火的无论是文财神比干还是武财神赵公明元帅，却似乎都并不怎么领情，他们都没有给我们创造能够招财进宝的机会。

我曾经问我的爹娘："咱家年年请财神爷，怎么一点也不管事儿呀？"老爹无言地瞪了我一眼，老娘却立即批评我说："傻儿子，不许说这样大不敬的话！"长大以后，想起那一年一次恭请财神爷的举动真是好笑。不过在当时还是十分虔诚的，当然，出自少年儿童心理也觉得十分好玩儿。

四　外面的世界好精彩

记得就在那一年腊月二十三祭灶前后的一天，家里突然有两位自称是“红龙剧团”的客人来访，说是要借我去演话剧。从某种意义上说，这回可是财神爷没请就提前降临我家了！

演话剧？我的父母从来都没听说过这个名词。我的老爹和老娘只知道，他们的儿子在学校读书时常被当时叫“放送局”的电台邀去广播节目，从来没听说过啥是话剧。来人就向我的双亲解释了一番什么是话剧。之后，说明为什么找到了我。说是有人介绍，你家孩子特聪明，嗓子特别好，而且会喊两嗓儿京戏，我们现在将要公演的话剧里正需要一个像您家儿子这样的小孩儿，所以特意来邀请。

我的老爹和老娘被弄得一头雾水，搞不明白怎么会从天上掉下来这么一档子事儿！为了把握起见，来人要我唱几句听听。我自幼常扯着嗓子沿街叫卖，且又常去戏园子里蹭戏，仿学过个把句京戏，再加上脸皮厚不惧人，心想，唱两句就唱两句。“好吧，我唱一段《四郎探母》里的《坐宫》”，我说。说来就来，张口便唱：

“杨延辉坐宫苑，自思自叹。想起了当年事，好不惨然。我好比笼中鸟，有翅难展，我好比浅水龙，被困在沙滩……”

“好，好，好！”没待我唱罢便被来人叫停打住。他们交换了一下眼神，流露出十分满意的表情。接下来，他们与我的父母商议我参加演出的报酬。

我妈妈说：“俺家这辈子也没遇到过这样的事，不会要报酬。多少请你们多关照，主要是让孩子去见见世面，开开眼界。”我老娘的上述一番话，说得特别得体。

那次机会，也确实为我开启了通向外面世界的大门，见了世面，开了眼界。就这样，我在春节期间赴约参加了红龙剧团的演出。

因为是抗日战争胜利后的第一个旧历年，人们都格外想好好过一下，释放一下被压抑了十四年的郁闷心情。所以，那一年在齐齐哈尔的市面上，如雨后春笋般一下子涌现出许多私人剧团，红龙剧团只是其中的一个。

我已经记不起参加演出的话剧名称了，隐约地记得是一个含有魔术、清唱甚至枪战在内的所谓“新剧”，实际上是一个看上去很热闹的杂耍剧。我在其中扮演的是一个资本家的儿子，戏中有个情节，就是我在被劫持前给客人清唱一段京戏。驾轻就熟，我在戏中唱的依然是《四郎探母》中的那段《坐宫》。说实话，那演出除了热闹之外，实在是没有什么水平，但在当时的环境下，剧中有一点涉及抗日的内容，凡是激昂的台词都会赢得阵阵掌声。人民群众获得了宣泄情绪、享受欢乐的机会。

当时，红龙剧团还组织了一个轻音乐队，每一场话剧演出之前还都加演音乐会，用以招徕观众。我除了参加演出话剧之外，也应邀在音乐会上表演。

那位姓宋的团长，为我起了个所谓艺名“晓霞”。

“拂晓的朝霞，将红透半边天！”团长这样说，我当时很喜欢“晓霞”这个名字。在我所唱的流行歌中，最受欢迎的一首歌叫《大上海》。在舞台上，我完全模仿大人的做派，踏着音乐节拍走到麦克风前站好丁字步，右拳轻握屈臂于丹田，左拳轻握弯臂于腰后，随着音乐前奏，右脚跟轻轻点地，整个身子微微摇晃，操起悦耳的童音唱起自己还弄不甚懂的歌词：

“摩登的密斯和简特曼，各个都时髦华丽巧装扮。萍水相逢一见恨太晚，愿我俩共结同心永相爱……”

每一次唱罢，都会赢得一片掌声，叫好声和口哨声不断，于是，不得不返场谢幕，最终再加唱一支新歌了事。那次演出从春节一直延续到正月十五元宵节之后，没想到我的歌声那么受欢迎，除了红龙剧团之外，另外两个剧场演出的轻音乐歌舞表演也约请我去串场，完全像前些年演艺界流行的赶场走穴。因为来去匆匆，彼此来不及熟悉和磨合，以至主持人报幕时把我的名字报错。我原本艺名为“晓霞”，报幕人错记成“小匣”，临场又误报成“抽屉”而大错特错，于是就变成：“下面，由童星小匣，哦，不是小匣，是……抽屉，对，由抽屉演唱《大上海》！”结果可想而知，闹了个满场哄堂大笑。

当时乐队已然开始前奏，刹那间，弄得我不知道该不该上场。上吧，等于我承认自己叫什么狗屁“抽屉”。不上吧，那不就等于给人家撂台了吗？就在这短短的犹豫间，剧场里的观众已不耐烦了，有人竟然高声取笑地喊道：“怎么？是不是‘抽屉’被卡住，拉不出来了！”“噢哦……”又是一阵起哄声。

此时，女报幕员转身急跑到侧幕边催我出场，我不由得甩开她拉我臂膀的手向她吼道：“你去找你的‘抽屉’吧！”报幕员终于悟到，我没按时出场是源于她的报道错误，于是连连向我道歉。接下来，她非常机敏地走出去重新报幕：“下面，让我们以热烈的掌声，欢迎深受大家喜爱的童星——拂晓的霞光晓霞出场！”同时，她举起右手由上向下一划并提高悦耳的嗓门儿喊出一个字：“请！”

没想到，这个由误报引出的小小插曲竟诱发出极好的剧场效果，全场观众伴着《大上海》的前奏曲有节奏地热烈鼓掌，则使我能有较往常更加兴奋的状态登上舞台开始演唱。那场演出我发挥得比平常更好，返场次数多，加唱了好几首歌才意犹未尽地下得场来。

演出结束后，伴奏的乐队员纷纷向我致意，夸奖我当天的演唱“有精气神，棒极了！”老板则把我拉到一边，笑咪咪地递给我一个较往常更厚实的红包。自那天以后，凡是有我参加的演出，报幕人索性将错就错，一律采取上述模式来调动观众的情绪，效果虽不如当初那样热烈，但也还是能够起到一定的煽情作用。

1946年的春季，好像为我这个生长在大杂院里的穷娃子带来了特别好的运气。春节到元宵节期间的演出，激发出我的表演欲和演唱的潜能，过足了戏瘾，出足了风头。当然，更重要的是为家里挣了在当时看来数目不菲的金钱。那因演出而获得的不菲报酬，也给全家带来很大的喜悦。我看到，妈妈从红龙剧团宋团长手中接过厚厚的红包的时候，笑得简直合不拢嘴。我不擅言谈的爸爸则双手抱拳作揖，连连称谢。在宋团长走了之后，我妈妈指着手中的那一摞红军票说："儿啊，你娘还从来没有一次数过这么多钱！你说，你要添点儿什么？娘给你买！"

"娘，我不需要添置什么，如果您同意，给我留一点儿钱，我去收旧书。"

"收旧书？"我的爸爸和妈妈几乎同时打断了我的话头，惊异地问我这突来的奇思妙想。

其实，他们哪里知道，想多读书一直是他们的儿子追求的梦想。因为家境贫寒而辍学，始终是我少年时期的一块心病。我的父母无论怎样也不会想到他们的儿子早已心中有个小盘算，新书是买不起的，如果有可能，可以收购旧书的方式买一批书籍，既可以自己读又可以与人交换。交换又可以分两种：一是以物易物，用此书换彼书，价钱多退少补；或者就是一般的买进卖出，如此这般日积月累，在书海里徜徉，岂不既能饱览群书又可略赚些生活补贴。

我如今已进入耄耋之年，当我写到此处之时，依然吃惊于穷家孩子的过分早熟。尽管我当时仅仅是一个刚满十四岁的少年，求知的欲望与自食其力减轻父母负担的简单诉求，使我为自己设计出这样的求生兼求知之路。

我相信，在向我的双亲陈述我的设想时，我一定表现出了十足的信心。爸爸和妈妈不无感动地同意了我对自己的安排，并帮助儿子完善了许多不足的细节。老父亲还特意从一位山东老乡家借来一架独轮手推车并将它修好备用。

"收买旧书啦啊！""有旧书的卖钱！"

如今仍然在世比我还年长的一些齐齐哈尔老人，他们当中也许有人还能记起，在抗日战争胜利后的第一个春天，有一个发育不甚良好因而个子长得不高的男孩儿，吱吱扭扭地推着一架山东独有的挎车，走街串巷地吆喝着："收买旧书啦啊……”“有旧书的卖钱！”那个人就是我。

收买旧书是我为自己设计的求生和求知之道，所以吆喝起来特别来劲儿，简直就不亚于前不久在舞台上唱流行歌。

“看呀！这是那个唱《大上海》的晓霞！”

有一天，我被几个比我大一些的孩子给认了出来，显然他们曾经看过我的演出。一时间我的脸涨得通红，不知怎样应付眼前的尴尬处境，恨不得能找个地缝儿钻进去。为躲避正面遭遇，我不得不加快脚步，但那架挎车推起来实在是不听使唤，我终于还是被赶上来的他们给拦住了。

“喂，告诉我们，你是不是‘晓霞’？”他们当中一个较大些的问道。

源于某种莫名其妙的自尊心，就在“我不是”三个字即将脱口而出的瞬间，我突然头脑里闪念：“难道我是在干什么丢人现眼的龌龊事吗？我为什么要羞于承认？”我终于冷静下来将车放平稳，以攻为守地向他们反问：“干什么？我是，怎样？不是，又怎样？”倔强的性格使我战胜了虚荣心，我的反问倒使他们陷入了尴尬。

这样的短兵相接，使眼前的挑战者们你看看我，我看看你，一时陷入了僵局。须臾，还是他们当中比较年长的那一个吱吱唔唔地说：“我们……我们不想干什么。我们只想问问，我们打赌了，你是不是那个在大陆剧场唱歌的晓霞？”

双方僵持良久，彼此都在盯视着对方的眼睛。

“我是！怎么着？”我的肯定回答，显然给了他们一个不小的震动。

“那你，那你为什么……”这回轮到他们狐疑了。

“不为什么，只是因为我穷。我要看书，我现在就是用唱歌挣来的钱收旧书。”我敞开心胸毫不羞愧地把我的情况赤裸裸地展现给他们。

后面发生的事情非常富有戏剧性。那个总是主动出击，带头发问的小哥哥叮嘱我一句：“你等着我，别走！”说罢，他转身跑回家。留下来的小朋友和我一样，被弄得一头雾水。不一会儿，只见他手里捧着一摞书，气喘吁吁地跑回来，把那一摞旧书“嘭”地送进我的怀中，说了一个字：“给！”

“哎呦，这么多，这要多少钱？”我不安地按正常规矩询问道。

“一个子儿也不要，送给你。”那位小哥哥接着说，“这些书都是我爸我哥看过了的,《彭公案》少了一本，那套《七侠五义》是全的，一本也不缺。还有《小八义》，好像也不缺，都给你了，反正放在那里也没用。”

“这，这怎么可以？我还是应该付一些钱给你，不然这……”馈赠来得如此突然，我一时简直找不出合适的感谢之词。

这时，先前跟着一块儿起哄的小朋友们七嘴八舌地插言道：“你这个人真是，给你，你就拿着呗！”

“对呀，有啥不好意思的？”

“我家还有部《施公案》什么的，全不全我可不知道，你要不要？要的话，我也给你拿去。”

有的则问：“要不要小人儿书？”等等。

这真是一石击起千层浪，接下来发生的事，使我至今仍然难以忘怀。这些我初以为是企图恶作剧的少年朋友们，他们的慷慨相助，为我的自力更生举动增添了信心。翌日，当我遵从他们的嘱咐再一次到那里吆喝的时候，发现他们早已经等在那里。而且，把他们能够搜罗到的各式古旧书籍捧放进我的挎车里，并且声明：“我们也不要钱！”

我的眼睛湿润了，被感动得不知说什么是好！眼泪在眼圈里转啊转……

那时，我虽然还不会用“受人滴水之恩，当以涌泉相报”这样的词语来表达自己彼时彼刻的感情，但我以自己能力所及的方式表示一定回报。答应这几个仗义的小朋友，到我旧书收到一定数量能够摆书摊儿的时候，他们可以无偿地看任何书籍。“我也不会要钱的！”我表示说。后来，他们也的确成了我的好朋友。

现在看来，收购旧书然后摆一个书摊儿，这绝对算不得是胸怀大志的举动，当然也不值得去夸耀。但是在当时，对于一个失业了的童工，对于一个辍学了的少年来说，确实是一举两得甚至是一举数得的好举措呀！首先，它考验了一个尚未正式踏入社会的贫民少年自立谋生的能力；其次，它满足了一个失学少年读书求知的欲望；再次，通过收购、出租、售出和交换，不仅扩大了书源而且结交了不同年龄段的朋友；最重要的是，通过在书海里遨游，我极大地扩展了知识面，尤其在文学和历史方面的收益，甚至较上正规学校还要明显。

可以毫不夸张地说，在那一段日子里，我几乎像一个书虫般钻进书堆里，除了应付书摊儿上的所谓生意之外，全部时间都是在读书、读书、读书。无人督促，兴趣十足，越读越上瘾！从涉及秦、汉、唐、宋、元、明、清到民国的野史杂书，评传演义到著名古典名著，凡是通过当时收购或交换能够得到的，几乎都读了个遍。真的可以说是在兼收并蓄。

作为城市贫民，我们家是没有什么娱乐生活的。那时，我家连个收音机都没有，哪里会有音乐可听。但是，自从我摆了书摊儿以后，我们家不知不觉中增添了"夜生活"。那"夜生活"便是自娱自乐地在灯下给我的妈妈"说书"。我白天出书摊儿，晚上全家盘坐在小炕桌周围，妈妈全神贯注地听我给她讲《薛刚反唐》《秦英出世》之类的故事，就连尚不懂事的小妹妹们也被感染得安静了许多。那是一段非常令人欢愉的经历，也是一段十分令人值得回忆的经历，其中充满着温馨和亲情。

几十年以后的1981年，为了给身患疾病的妻子解闷，我在长春桂林路新华书店特意为她购买了一部《三侠五义》。当时在书的扉页上写下"购书当日记"

左为作者1946年的军装照，右为1947年演出时的便装照

曰："……忆当年幼小之时，曾在油灯下为母亲读过此书。如今，吾已逾当年母亲的年龄，禁不住感慨万千！"

啊，好一个感慨万千！人说岁月无痕，但距今已然六十多年前的那段往事，那段难得的收旧书出书摊儿的经历，仍然让我难以释怀。坦白地说，从经济收益上来看，那不是一次成功的尝试。直至我参军为止，为收旧书所投入的钱并没有赚回来，但是，利用那次机会涉猎群书为我增长的知识却是无价的，它让我受用一生。遗憾的是，在我参军之后，家里没有把那批书为我保存下来。

五　小小文艺兵原是个“戏蹭子”

还是在1946年那个乍暖还寒的春天，一天，大妹妹香玉领着二妹妹香兰来到我摆书摊儿的那个街旮旯儿，说家里来了几个八路军，妈妈要哥哥立即收拾收拾回家，再问详细情况，妹妹们也说不清楚。

回到家一看，果然有身着军服的三男一女正在与我母亲拉家常。看到我回来，母亲把我介绍给来人。除了前次受“馒头红烧肉”的吸引而打听过能否参军之外，这是我第一次正面与戴有“东北民主联军”袖标的军人近距离接触。通过简单攀谈，我明白了他们来家寻访我的目的。他们当中的一位，即后来获知是西满军区护路军政治部文工团团长的张玉铎说，西满军区所属四个文工团队遵从军区文化部的命令，将联合演出大型历史话剧《李闯王》，其中有一儿童角色“宝儿”尚未定下来。剧组已经选了五个孩子，我是第六个候选人。如果我同意，他们会当即带我去参加竞争，如被最后选中，即可立即办理参军手续。

“啊？能参军？！”我简直掩盖不住兴奋的心情，几乎叫了起来。

来人看到我的反应如此热烈，当然也很高兴，他们对我的父母说了一阵子当时非常流行的“一人参军，全家光荣”的道理。并且告诉说，只要能被选中，我家将立即成为光荣的军属，人民政府将会给予拥军优属的各项待遇等。

我的母亲当时只用了一句话表达了她的应允：“去吧，儿子。八路军是咱穷人的队伍。你去，娘放心！”妈妈仍旧按习惯称东北民主联军为八路军。

现在想来，那时我其实仍然是一个不谙时世的，对世界毫无认识的少年儿童，谈不上胸中有什么大志。不像现如今的少年们对未来有那么多的憧憬，有那么大的狂气。我承认，自己没有那么大的野心，没有想做这个“家”或当那个“家”的远大理想。假如没有命运的垂青，机缘的巧合，我也许就一辈子生活在齐齐哈尔，出书摊儿也许不会是我的终身职业，充其量我会仰仗在铁路工厂学得的基础渐渐成为一名手艺比较精湛的技工，然后，凭着自己的劳动养家糊口，娶妻生子，去过一种极平常又淡然的日子。

完全没有料到，妈妈的一句极其平常的话“去吧，儿子”，为她年幼的儿子开启了走向绚丽生活的大门。难道这就是人们常说的所谓命吗？！

我被带到齐齐哈尔龙沙公园附近的民众教育馆，去参加包括有我在内的六个小候选人的竞争。

当时，我的精神状态极好，可以说有十足的信心和把握。在小学读书的时候，我就因为口齿清晰、朗诵流利而常被选中参加学校内外的比赛，并且常常因获得冠军而去放送局，也就是广播电台广播。更何况，前不久我还有登台唱歌和演出话剧的经历，心想，我怕谁？

测试内容除了一般性的问答之外，还要唱一首歌，最重要的是读诵一段《李闯王》剧中的台词。为了体现公平竞争，六个小孩儿按选来的次序进行测试，我排在最后。

我被排在最后，我也笑在最后。结果是，我被最终选中了！其他五个少年吃了一顿馒头红烧肉之后被送走，我则在饭后被领到东北民主联军西满护路军政治部文工团驻地办理了参军手续。

1946年的6月，那是我人生道路上最重要的转折点，我成了一名光荣的文艺战士。

人的爱好和兴趣取向，其实是人的自我选择，这里既有内在因素，一个人的气质性格、审美情趣、知识结构等，又有外在因素，如外界影响、环境熏陶、机会机遇等。这爱好，有时会影响你的整个一生，甚至最终决定你一生的事业走向。

我那时成了名副其实的小小文艺兵了，就连当初引荐我入伍的战友们，也没有想到，我自幼就是个小影迷和“戏蹭子”！

1999年7月，中国电影家协会从北京给我寄来一块镌刻有“中国电影家常彦，从事电影工作五十周年纪念”题字的锦牌。在那以后时日里，我还接受过不少传媒界朋友的询问，怎样从一个贫民的儿子走上了电影导演之路？

如前所述，我出身自城市贫民阶层。记得第一次看电影还是跟我的妈妈一块儿去的。在齐齐哈尔南大街附近，有一个大陆电影院，母亲带我同去看了一部名字叫《琵琶记》的影片。故事讲的是，蔡伯喈进京赶考，留下妻子赵五娘在家伺候公婆。公婆去世以后，赵五娘抱琵琶沿途卖唱乞讨，历经千辛万苦去京城寻找在官场上已跃居龙门的丈夫。在我的记忆里，那好像也是我妈妈第一次走进电影院，所以影片对她的震撼特别大。记得，扮演赵五娘的是20世纪三四十年代擅长演悲剧的著名电影明星陈燕燕。当时我因为年纪小，对于人间的世态炎凉体会不深，也不甚懂。所以，赵五娘的不幸遭遇并未唤起我多少同情心，倒是对影片里的插曲很感兴趣。第一次看电影最重要的感受是，我觉得电影非常神秘、非常新奇、非常好玩和有意思。我母亲就不一样了，影片把她感动得一把鼻涕一把泪的，毫不夸张地说，简直就哭成了一个泪人儿。

那时的电影院没有清场的规矩，买一张电影票就可以连续看下去，一直看到你不再想看为止。我已记不起当时是看了几遍了，只记得进去的时候是白天，出来的时候路上的街灯已经亮了。我们母子俩走出电影院的时候，情景完全不一样，我妈妈不好意思地捂着哭红了的眼睛，恐怕被人发现，而我却大声地哼唱电影里面的插曲，唯恐周边的人们听不见！妈妈那里是在掩饰成年人动情后的尴尬，我这里则完全陶醉在儿童式的张扬里。那是一种非常得意的自我满足。

第一次接触电影，对于我们母子两人来说，都是非常重要的。唯其有了那个第一次，给我目不识丁的母亲开辟了当时她唯一可能接触的文化生活。尽管我们家境贫苦，妈妈还是尽量从生活费里挤出几分钱，允许我去看电影。她的唯一要求也很简单，即回来后给她讲电影故事。听过我的讲述以后，再决定她是否有兴趣去看。我可爱的妈妈绝对不会想到，在若干年以后，她的儿子会以电影这个行当为业，通过洁白纯净的银幕给亿万电影观众讲故事，而且竟然还会是一个小有名气的电影导演！

那时因为年龄小，对于社会题材和言情片不怎么感兴趣，而对于像《火烧红莲寺》《荒江女侠》之类的神怪武侠片的追逐，绝不逊于现代青少年对于《射雕英雄传》《还珠格格》之类影视作品的迷恋。我们那时当然不能与现在的追星族相比，因为齐齐哈尔地处塞外，不可能看到和接触到电影明星本人，但对一些明星的名字却耳熟能详、如数家珍。像男明星王引、梅熹、金焰、郑小秋；女明星阮玲玉、胡蝶、陈燕燕、袁美云；滑稽明星韩兰根、刘继群、殷秀岑；专演坏蛋的王献斋、洪警铃以及童星陈娟娟、胡蓉蓉，等等。有时和妈妈比赛，看谁记得的明星多以及他们是什么电影的主演。或者我唱一句“柳叶青又青，妹在马上哥步行……”妈妈便能立即猜到：“李丽华演的《千里送京娘》。”也或者完全猜错了，张冠李戴，引得娘俩哈哈大笑。那时我们家虽然很穷，但是我们的精神却并不贫困，穷人自有穷人的乐趣。

少年时代，为我埋下文艺细胞的媒介除了电影之外，还有一个，就是饱含民族艺术精华的京剧，那时叫京戏。看京戏当然要进戏园子，可戏园子哪里是我等贫民小子的去处。不过，穷孩子也有穷孩子的办法，那就是去“蹭”。所谓“蹭”，就是不买票，所以也叫“蹭戏”。

试想，处于日本鬼子用刺刀在东北建立的所谓“王道乐土”，专制的“王道”可以说无处不在，而“乐土”却是无处可寻的呀。

像我父亲，不要说没那个雅兴，即使偶尔能带孩子去看一场《孙悟空大闹天宫》之类的猴儿戏，也是要几经斟酌的，因为囊中羞涩啊！所以，穷人家的孩子要想看戏，就只有去蹭，而且，假如你蹭得久了而又蹭出点儿名堂，那你就会获得一个不算难听的雅号——“戏蹭子”。

说起来真有些不好意思，作为电影导演的常彦，在半个多世纪以前，就曾经是这样的“戏蹭子”。

在齐齐哈尔，唯一的一处能演京戏的戏园子并不大，且因年久失修略显陈旧，但它却有一个极其响亮的名号，叫龙江大戏院。这个戏园子位于齐齐哈尔老城南门外的一条窄窄的胡同里，刚好与齐齐哈尔当时唯一的主街正阳街成丁字型。生活阔绰的国人一向是很讲究吃喝玩乐的，虽然身处日寇铁蹄下沦为亡国奴，他们“却把杭州当汴州”，居危思安地来个今朝有酒今朝醉。

善于捉住商机的生意人大概摸透了国人的习性，于是在那条有戏园子的胡同里开设了大大小小南北各式菜馆和饭铺。于是，这条胡同就成了有钱又有闲的人享乐的场所。也让我们这帮肚子里仅仅装着苞米糊糊的穷小子们大开了眼界，看到了那些达官贵人们在酒足饭饱之后，嘴里叼着牙签在妻妾和佣人们的簇拥下昂首挺肚地走进戏园子了！

不怕人笑话，那个时候没有现在这样的觉悟，所以眼巴巴地看着阔佬们大摇大摆地跨进戏园子，内心里不免升起一股好不羡慕的情绪，小脑袋瓜里甚至禁不住一闪念：我将来也要这样阔！现在想起来，真是令人汗颜而又无地自容，居然还羡慕。

我之所以能去蹭戏，全靠一个绰号叫“周大马车”的小哥哥带领。因为他爸爸是赶大车的，所以他得了个这样不雅的绰号。“周大马车”和另外几个小朋友大两三岁，所以蹭戏的招数也比我们高、比我们多。每逢去蹭戏，他总是换上一件比较好的青布衣褂，远远地等待时机。一俟发现达官贵人便紧紧跟上，毫不迟疑地揪住其中某一人的后衣襟儿，然后大大方方地跟进去！

“嚯，真棒！”面对此情此景，我真是打心眼儿里佩服他扯人衣襟儿随大流的本领。要知道那是需要高超技巧的：扯紧了，会使被扯的人发现；扯松了，又容易被门口收票的人拦住，要的就是那股似扯非扯的劲儿！等到“周大马车”闪身进入戏园子门厅那一刻，他总是回头用狡黠的目光瞥一眼我们尚且还没入流的“戏蹭子”，那表情充满了自豪与骄傲，当然，对我们也充满了期待与同情。

当时还不懂得“撑死胆儿大的”这句话 。可是从戏园子里面传出来的“头通鼓”的声音，早已经把我们还在外面的几个小哥们儿，弄得心里痒痒的。

一次，在忍无可忍的情绪支配下，我也来个如法炮制，像“周大马车”那样，扯住一位身穿古铜色长袍的人的后衣襟儿，试图鱼目混珠地溜进去。孰料功夫不到家，用劲儿太大，还没进去就被一声怒斥——“你干什么！？”——

吓了一跳，紧接着就被门口收票的揪住耳朵轰出来。没待我狡辩，屁股后面就挨了一脚，踉跄得险些弄个嘴啃泥。接着便听到身后传来一声斥骂："小叫花子还想蹭戏，滚！"

“咳，真倒霉！”心里叹道，直到那一刻方才悟到为什么“周大马车”去蹭戏前，总是要换上一件比较干净的青布褂子，用时下流行的语言那叫“包装”，目的在与被扯的主儿在衣着上缩小些差距。看来，姜还是老的辣，虽然他比我们仅仅年长了两三岁。再看我那身上了补丁的衣服，哪里冒充得了富家子弟，怎么可能不被揪出来?

“那……咱们还看不看？”

“看！”

小伙伴们的态度都十分坚定，大有蹭不成戏就无颜见江东父老的架势。于是想到了迂回包抄曲线救国的方式，先是选中一个距戏园子百八十米的大杂院儿，像走亲戚串门子般大大方方地进去。然后按一路商量好的，分头去寻找和采选可供攀登的地点。目标当然是能通向戏园子了。

当攀登点选定的时候，隐约可以听到戏园子里已经在打第二通鼓了。这时，我们鱼贯而行，接着便相互或推或拉地攀登上墙头，再接下来便是跃上房顶、越过屋脊，由此及彼、由远而近，如此这般蛇行猫跳、蹿房跃脊直到被一道刺儿网拦住的高墙跟前。这时，我们小哥们儿几个的脸上不约而同地浮上一层笑容，因为大墙里面就是戏园子了。扒开刺儿网探头下望，是一条无檐的通道，右边登上几级台阶就直通后台，左边则是男厕所。眼前需要的是，一是要瞅准没人经过的空当儿，二是要鼓足勇气跳下去。

“你们跟上，我先跳！”自幼就跟父亲学过武术的我自恃动作灵敏，率先跳了下去。等到其他伙伴都相继跳进高墙以内，位于左边的男厕所就成了我们这帮小“神行太保”们的临时集结地。说不上是因紧张还是激动，大家都不约而同地撒泡尿，随着通体轻松，一直如怀揣个小兔子般怕被捉住的心情这才稳定下来。当我们从太平门进入戏园子的时候，好像为欢迎我们似的，台上刚好敲响第三通鼓，开戏了……

旧时的戏园子对于观众来说，那真叫贵贱有别、等级分明。二楼包厢是绝对不允许等闲之辈登临的，楼下正面的席位叫“雅座”，那里当然也是非富人莫属。对于那些手头不宽裕而又颇有点儿戏瘾的平头百姓，就只有去“啃槽帮”了。

所谓“啃槽帮”，是专指位于两侧楼板下面的几排长条木板凳。除了第一排有层木栅栏可供看客搭搭手之外，坐在后排的人就只有拔腰板儿的份儿了。如果能坐在“槽帮”的第一排“啃”，就颇有点儿得天独厚的味道，因为他总算还可以把两只胳膊往木栅栏上搭伏一下。木栅栏的作用就是能把平民与身在雅座的“爷台”们隔离开。至于看戏，这个位置可就别扭了，整个儿晚上你只能把身子侧过去看戏，而且还得时不时地随着演员的动作调整你的身形，否则，那些支撑二楼包厢的粗大木柱子就会把视线挡住，让你虽然身在戏园子里，却落得个只能用耳朵听戏，不能用眼睛看戏。

还有比这更别扭的事情吗？不会有了吧！

不过，也有另一说法，说正宗行家进戏园子只能说是来听戏，不能说是来看戏，不然你就是还没有达到真正戏迷的档次。当然，不排除个别人有闭上眼睛听戏的习惯，但我怀疑那是一种故意造作出的“雅”状。

谁都知道，京剧是一种含有唱、念、做、打、舞的综合艺术。更何况，在做、打、舞中又含有手、眼、身、法、步等技巧，所有这些能用耳朵听出来吗？我那时虽然年龄小，却也已经认为上述听戏的高论是扯淡。我就看见过雅座上的一位所谓戏迷边晃着紧闭双眼的脑壳，边用右手在翘起的二郎腿上毫无板眼地乱敲一阵。那自我陶醉的样儿，简直能把人气个倒仰儿！虽说我们那时还是个戏盲，说不清楚京戏要遵循一定的板眼和锣鼓经，但也能断定，那家伙准是个冒牌儿的货色。

最初蹭戏，心里着实不踏实，总觉得有无数双眼睛盯着你，所以在行动上不敢有半点儿放肆，能够悄悄地钻进“啃槽帮”的地界“啃”一顿，就非常心满意足了。日子久了可就不那么安分了。仗着人小机灵，先是往雅座里不显眼的地界挪动，接着再渐渐地往舞台边儿上蹭。最后，竟然得寸进尺地给鼻子上脸，抽冷子索性跳上舞台，坐在文武场的地方看戏了。

旧时的戏园子，台口左边是上场门“出将”，右边是下场门“入相”的地方，没有乐池。文武场也不隐蔽在舞台的侧幕里，通常是明设在“入相”的下场门处。能坐在那个地方看戏是什么感觉，当然棒了！好像自己成了“圈儿里人”了。

在最初，还真有点胆儿突的，时间一长，好像那地方非我莫属了，就连文武场的师傅们也都习以为常，见怪不怪了。就这样，什么文叫板、武起霸、左出将、右入相。什么西皮、二簧、散板、慢板、倒板等，慢慢还真的有些无师自通了。

俗话说：舞台小世界，人生大舞台。那段蹭戏的经历，实实在在地让我长了不少见识。旧时的戏园子里面没有“严禁吸烟”和“禁吃带皮的食物”之类的规矩，倒是挂着“莫谈国事”的警示牌。于是，沏茶倒水的，卖瓜子香烟的，在席间毫无顾忌地来往穿梭，时不时还可以听到“冰糖葫芦”“天津萝卜”的轻轻吆喝声，好不热闹！尤其那些甩手巾把儿的拿手绝活儿，令人眼花缭乱，也叫我佩服得五体投地！只见他们把一团团滚热的毛巾像天女散花般抛来甩去，专供摆谱儿的富人们使用，或擦脸或拭手。在抛手巾把儿的时候，还故意弄出些像杂技般的花样来，什么“张飞蹁马”“苏秦背剑”，五花八门煞是好看！那情境真是台上一台戏，台下戏一台！

最初，让我闹不懂的还有一件事是关于“摆台”和“撤台”，这些活儿全都是明着干，根本不用启幕落幕做遮掩。于是，就出现这样的有趣场面，即穿戏装的演员和穿便服摆台的人同台活动，你唱你的戏我摆我的台，互不干扰。那时观众的眼睛较现代人的好像更有筛选功能。对舞台上搬桌子撤椅子的摆台人员是绝对地视而不见。还有，演员唱到要劲儿的地方，还可以不失时机地讨口水喝。这时，坐在我身边负责递水的老汉就连忙把一只小紫砂壶递上去，演员此时把背转向观众，右手接过茶壶送至嘴边，左手提起水袖把脸庞略微遮挡住，然后“咕咚咚”地紧喝两口，有的还趁机咳嗽两下，清一清嗓子，打扫一下被痰堵住的喉咙，然后转过身子继续“唱、念、做、打、舞”。后来我终于弄懂，那叫“饮场”。“饮场”完毕，演员再重新入戏，刘备依然是刘玄德，关羽依旧是关云长。新中国成立后，随着戏曲改革，上述见闻早已绝迹，成为现代人罕见的趣闻了。

记得，那位当初负责“摆台”和“饮场”的老汉姓高，所以我管他叫高大爷。老人家很喜欢我的机灵劲儿，凭着我手勤腿快，常常抢先帮他去“摆台”和“饮场”，这当然要在他的指点下，不然会捅大漏子的。

“嚯！高师傅，什么时候收了个徒弟呀？”有一次“鼓佬”问高大爷。没想到老人家答非所问，回了打板鼓的人一句模棱两可的话：“咳，这孩子挺机灵，您说是不？！”

自那以后，我在文武场那地界蹭戏就更加为人所默认。这在当时，很是令我那帮小伙伴羡慕的。

按说，蹭戏居然能蹭到这个份儿，总该心满意了呗？不。少年的好奇心像一块永远吸不满的大海绵，是无止境的，也是难以控制的。等我长大以后，十分庆幸自己在少年时期有那样多的好奇心。好奇心是对美丽世界认识的期盼，是对知识的渴望与企求，是童心中极其珍贵的求知欲望。待至在前台混熟以后，情不自禁地想往后台里面钻，对后台神秘的探求欲强烈地吸引着我。

果然是世界真奇妙，不看不知道！在后台，首先令人奇怪的是，人们或站立或走动，很少有人坐在椅子上或柜子上休息。后来据观察得知，那儿处少有的座位是专供“角儿”们使用的。在梨园界是非常讲究辈分的，以“角儿”为尊，也是行里约定俗成的规矩。所以，唱配角的，特别那些“跑龙套”的，就只好选个不碍事的旮旯儿或站或蹲地抽烟聊天儿。在后台还有个看不见条文的规矩，即不论“角儿”多大，辈分多高，当然也不论你多么疲惫，是绝对不能把屁股落坐在盛装“行头”的衣箱上的。否则，轻则遭受白眼，重则会受到呵斥，因为，据说那是对“祖师爷”不可饶恕的大不敬行为。还据说，谁若得罪了“祖师爷”就必会遭晦气，要倒霉！

那么，“祖师爷”是何许人？他为何如此神通广大？这就涉及我在当时的另一大“发现”：在后台的显眼处，有座被描金红蜡烛照得通明，案前香烟缭绕的神龛。凭我当时的知识所及，判断出里面供奉的既不是救世菩萨南海观音，也不是文武财神比干和赵公明元帅。尽管当时少年好奇心那样重，也没敢贸然地去询问：神龛里面坐的是谁？为我这个小戏蹭子留下一个大大的谜团。及至长大以后，才弄明白神龛里面供奉的是唐朝“安史之乱”时在马嵬坡赐贵妃杨氏死的唐明皇玄宗李隆基。

哦，原来供奉的是位皇帝！在历史上，就是这个李隆基在长安首设左右教坊并选坐部伎子弟三百人在梨园中受训，成为皇帝的梨园弟子。于是，这位不务正业的皇帝佬儿就成了后世梨园子弟顶礼膜拜的祖师爷。我后来想，在旧社会，唱戏这个行当被视为与“乌龟、王八、吹鼓手”为伍的“下九流”，演员被贱称为“戏子”，把一位至高无上的皇帝尊为自己的开山鼻祖，大概或多或少能够抚慰一些不平衡的卑微心理吧。

至此，我这个小戏蹭子总算把当年齐齐哈尔唯一的龙江大戏园蹭了个遍。

前台以为我是后台某位爷的子弟，后台的又误把我当成前台某位师傅的后生。以至到最后，我不仅令小伙伴羡慕地可以随意在戏园子里的任何地界看戏，而且时不时地还能在后台混一碗宵夜的云吞吃。您说说，我这蹭戏的功夫神不神？

如此这般，我再也不用以“燕子李三”偷入民宅的方式蹿入戏园子，而是可以大大方方地从龙江大戏园正门，堂而皇之地走进去。每逢这样的时候，那位先前曾揪过我的耳朵并在我的屁股上踹过一脚的把门人（我真的感谢他的健忘）却总是笑眯眯地边抚弄一下我的头，边打招呼地顺口说上一句：“来啦，爷们儿！”也是每逢这样的时候，我总是挺起干瘪的小胸脯，一边双手搭拳作揖，一边恭敬地问候一句：“辛苦了，师傅！”

自那以后，我蹭戏的功夫便达到了新的境界，可以不被阻拦地进入龙江大戏园了。蹭戏的功夫深了，对京戏的迷恋程度也就与日俱增了。

处在少年时期的我们，模仿能力是很强的。记得，我就曾把被单披在身上，头裹包袱皮，把苞米须子用线扎起来挂在耳朵上充当“髯口”，手持爸爸的旧蒲扇代替鹅毛扇，把柴火垛当城门楼子，操起还未变嗓儿的童音唱一段《空城计》：

“我正在城楼观山景，耳听得人马乱纷纷，旌旗招展空幡影，原来是司马发来的兵……”

我这里还没落腔儿，在柴禾垛下面等着的小伙伴早已按捺不住，于是“一马离了西凉界……”“劝千岁，杀字休出口……”“将军，千不念万不念，念你我一见如故……”“杨延辉坐宫院，自思自叹，想起了当年事，好不惨然……”此起彼伏，什么《武家坡》《甘露寺》《追韩信》《四郎探母》等，生旦净末丑，全出来了。

谁会想到，一群生活在大杂院里的穷孩子，居然通过蹭戏成了小戏迷。更有谁能想到，这一伙当时只是在读小学的小孩子们，竟然能张口“四大名旦”梅（兰芳）程（砚秋）荀（慧生）尚（小云），闭口“四大须生”言（菊朋）谭（富英）马（连良）周（信芳），数名“角儿”、报戏名儿如数家珍，所谓“耳熟能详”吧！

多少年过去了，这“蹭戏”的故事仍然如同发生在昨天。每当想起那段充满童趣甚至间或不乏恶作剧的生活，心中依然十分眷恋。回想起来，我当时是那样迷恋和喜欢京剧，遗憾的是，家境贫寒而又无人给牵线，所以最终与梨园无缘。

之后，我先是参军当了文艺兵，后又从文工团调进电影制片厂，然后是演员、摄影师、导演，在这人生经历的后面，似乎隐藏着童年时期的“蹭戏”，而那旧戏园子里的民族艺术的熏陶，不就是对我日后从事文艺工作的启蒙吗！

人生有许多事情是无巧不成书的。20世纪50年代末，我从当时的民主德国留学归来，回到长春电影制片厂独立拍摄的第一部故事片，就是描写旧时代河北梆子艺人苦难生活的《再生记》。那时候，我虽然仅仅是该片的摄影师，但在拍摄到戏园子以及与前后台相关的场景时，我几乎如鱼得水、游刃有余，毫无保留地把在童年、少年时期对于旧戏园子所熟悉的一切贡献出来，并且在征得导演和其他相关部门如美术的同意下，在拍摄中把那些已经不为当代年轻人熟知的细节付诸再现了 。

当时的情景令导演十分兴奋和惊讶，也使摄制组里的同志不解。记得曾写过《上甘岭》《党的女儿》，也是《再生记》的创作者、著名编剧林杉同志就曾问过我，你哪里来的这么多关于戏曲的知识？他当时十分有把握地猜测说：“你一定是出身梨园世家的子弟。”

我当时诙谐地回答他：“不，不。您猜错了，林杉同志。我不是正宗的梨园子弟，我是亚梨园子弟。”

在影片《再生记》(1960年摄制)中首次担任摄影师，
执摄影机者为作者

“亚梨园？什么意思？”

于是，我就给他和组里的同志讲述了对我迈入文艺领域影响极大的“蹭戏”的故事。

六　从演大戏起步的小小文艺兵

1946年春末夏初，聚集在齐齐哈尔的属于中共西满军分局领导下的文艺团体有西满军区文工团、第五师文工团、西满军区护路军政治部文工团和嫩江文工团等。根据军分局书记李富春同志的指示，他们接受了一项政治任务：配合对进入城市的干部、战士进行整顿作风教育，决定把根据郭沫若的《甲申三百年祭》改编的大型历史话剧《李闯王》搬上舞台。西满军区政治部还专门发出“关于演出话剧《李闯王》的通知”，强调“看剧的干部、战士和群众不只要当戏剧看，而要当作历史课来上……联系个人思想与部门工作，进行严肃的思想教育与反思”。

我那时年龄小，虽然在排练的空余时间也读过一些为配合演出发下的背景文件，但并没有弄懂其中的道理。一直到中共七届二中全会以后，那时我也稍稍长大些了，方才在一定程度上弄懂五幕十八场历史话剧《李闯王》在北满解放区那次历史性演出的非凡意义。

《李闯王》是阿英根据郭沫若的著作《甲申三百年祭》改编的五幕十八场大型历史话剧。它生动形象地向观众演绎了陕北农民起义领袖李自成领导的农民运动由成功走向失败的全过程。

这个舞台剧，是一次场面气势宏伟、布景辉煌华丽、出场人物众多的隆重演出。像这样的演出，在齐齐哈尔不能说是绝后，但绝对可以说是空前的。我为能参加这样的演出而自豪，更为能以演出该剧为契机而被选拔并终于成为小小文艺兵而庆幸！真是机会难得，难得的机会。它是我生命中极其重要的拐点，那次演出奠定了我一生从事革命文艺工作的基石。

为了能够尽快地完成上演任务，四个文工团集中住在位于齐齐哈尔龙沙公园附近的民众教育馆抓紧排练。在其中的几间大房子里，大家不分角色大小，也不论职位高低，一律打通铺睡在地板上。天亮了把铺盖一卷便又是排练场地和布景、道具及服装的制作间。

在那个临时驻地，创作气氛红红火火，大家的工作情绪十分高涨。力气活儿当然是非男同志莫属，而那些缝制服装、加工帷幔等细致的针线活儿就是所有女文工团员的强项了。

记得，除了因为戏份较重的，如扮演李自成的张惠春、扮演李岩的田川和扮演刘宗敏的吕方等同志外，其他人几乎都是一专多能，有戏则去排戏，无戏则去参加为准备演出的一切劳动。

我在《李闯王》中扮演起义军红娘子的儿子宝儿，戏集中在第五幕。这一幕，演绎的是起义军失败多年以后的故事。此时的李自成已不是当年叱咤风云的起义军领袖，而是为躲避清军追剿，削发为僧的老和尚——奉天玉师父。

大幕徐徐拉开，但见佛堂肃穆，香烟缭绕。右侧临窗处的木架上分别擎悬着暮鼓晨钟。透过窗棂，一丝夕阳投射进幽暗的佛堂，给空间轻涂上一层暖意。香案上的袅袅烛光，映托着在案前的一老一少两个人：鹤发银须，满面沧桑的老和尚——玉师父，一个浑身稚气未消的孩童——宝儿。

此时，小宝儿依偎在玉师父身边，倾听老僧人娓娓地讲述当年李自成起义军的故事，老少二人谈兴正浓……天真无邪的小宝儿向玉师父提出了一连串的“为什么”，使长伴青灯黄卷和晨钟暮鼓，沉浸在历史反思当中的老年李自成陷于尴尬。他很难用极简单的语言，让眼前这个尚不谙时世的孩童明了那段有切肤之痛的历史教训。

“迎闯王，不纳粮，闯王仁义震四方……”突然，小宝儿载歌载舞地唱起了当年民众欢迎李自成起义军的歌谣。老和尚愕然！他不是惊于眼前宝儿悦耳的童音，而是惊奇这生于穷乡辟野的村童，怎会唱出他李自成依然铭记在心的歌声？！这歌声引出他无限遐思，撞击着他的灵魂。

“宝儿，告诉我。你怎么会……怎么会唱这个歌？”

“玉师父，这是我妈妈教给我的。”

“你妈妈？！”

“是啊。”

玉师父怎么也不会想到，眼前这个常来寺庙中玩耍的村野儿童宝儿，竟然与他有某种剪不断、理还乱的历史渊源。小宝儿唱歌时对妈妈唯妙唯肖的模仿，不禁引起玉师父的狐疑：难道宝儿是当年身穿一身红色衣衫，边打花鼓边歌唱闯王的“红娘子”的后裔？

宝儿的妈妈来寺院寻觅儿子了。这时，观众看到的已经不是他们在第一幕中便熟知的，英姿飒爽、青春焕发的红娘子，而是一位红颜尽失、老态龙钟的乡村农妇了。他们的不期而遇，应了那“纵使相逢应不识，尘满面，鬓如霜”的诗句，“相顾无言，唯有泪千行”！

“晨钟暮鼓，暮鼓晨钟”，当年“敢把皇帝拉下马”的大英雄李自成，今日的老和尚玉师父，真真是“追前事不堪回首，肠断已销魂”了。

有道是往事悠悠，一事无成两鬓霜。原本期望“砺山河，大家齐唱大风歌，不日四方来贺”的“大顺皇帝”李自成，却因为整治军纪不严，对臣子们的劣行疏于问责，纵容部下争权夺势、钩心斗角、骄奢淫逸、贪污腐败，最终葬送了整个起义成果。

《李闯王》的演出获得了极大的成功。每天日晚两场，连续上演了三个多月还撤不下来，街头巷尾好评如潮。沦落于日本帝国主义铁蹄之下，经历长达14年奴化教育的齐齐哈尔市民真是大饱了眼福，即便那些原本看不起“八路”（当时人们对东北民主联军的习惯称谓）的人，也不能不心悦诚服地承认，这些身穿二尺半土布军装的“土包子”，除了能打仗之外，原来还是一支非常有文化的军队。用现在人们的话来说，把他们给“震”了！

此时，刚刚参军穿上军装的我，因演出《李闯王》而出名，自那以后大家都不叫我的名字常学武，而是叫剧中人的名字“宝儿”。“宝儿”这个别名成了我的昵称，被大家叫了很长时间，一直到我调离西满军区护路军政治部文工团为止。

说起名字来，我不得不交代一下我参军时的所谓“思想抱负”。如前所述，我原来的名字叫常学武，因为我自幼曾跟老父习练武艺而得名于启蒙老师。在参军的时候，并不懂要“为人民服务”的理念，在心灵深处只想要做一个文武双全有本事的人，这大概源于我喜欢看武侠小说受到的影响。为了给自己起一个全新的名字，以纪念刚刚开始的军旅生涯，我手捧字典查了好久，终于选出并认定了一个字—— 彦。

字典里对“彦”字的诠释为：“彦，意文彦，文采。旧指有才学的人。”

“有才学的人”，哦，真是棒极了！就是这个“彦”字了。如此，以后在自报家门的时候，便可以说：在下姓常名彦，字学武。文武双全，多么理想！ 这个名字蕴藏着我对自己未来的期望，也体现了一个少年对于自我塑造的憧憬。

历史剧《李闯王》的演出地点，是在当时齐齐哈尔最大的剧场——毛泽东剧场。之前，这里叫齐齐哈尔会馆。那时，这儿是日本浪人和军警宪特们独往独来的享乐天堂。事有凑巧，这个会馆距离我家住的大杂院儿相当近，而且当时唯独它门前有较亮的灯光照明，于是，我们一些天真的儿童便时不时地会聚集在它的门前玩耍。

然而，就是这样一点点自由，日本鬼子也不肯给予。有一次，趁我们毫无精神准备，日本宪兵竟然松开他们手里牵着的大狼狗撕咬我们。我当时即是被狗咬中的一个。被狗咬坏的伤处久治不愈，直到今天我的左脚踝处仍然留有依稀可见的疤痕。

历史无情，它给侵略者和压迫者以应有的惩罚，也给以无情的嘲弄。齐齐哈尔会馆这个不准中国人涉足之地，此时被更名为毛泽东剧场，成为广大劳动者欣赏文艺的场所。而我，一个当初连在它门前玩耍的权利都没有的穷孩子，不仅昂首挺身地走进这个被视为神圣的殿堂，而且还居然登上它的舞台，光明正大、堂而皇之地参加了齐齐哈尔有史以来最盛况空前的隆重演出。这不是极其富有戏剧性而又有讽刺意味的事情吗！

巧得很，我的家就在毛泽东剧场附近，因为每天都在这个剧场演出，所以，我便可抽空回家给妈妈送戏票。我至今仍然记得，母亲看了《李闯王》之后那无比兴奋的表情。她老人家夸奖戏好，说整个演出气魄大。她说："简直是没得比了！"她老人家选不出比这更好的词语来形容。当然，最叫她自豪的是，在这个"简直是没得比了"的大戏里面，竟然有她儿子的演出！

在我的演艺生涯中，我是个十足的幸运儿！当我进入革命的文艺队伍刚刚起步的时候，便有机会与那么多非常优秀的艺术家在一起生活和工作。时任西满军区文工团长的丁毅同志，是著名新歌剧《白毛女》的剧作者之一，他担任历史剧《李闯王》的导演团首席。在剧中扮演闯王李自成的张惠春同志，后来担任辽东文工团的团长。扮演剧中人李岩的田川同志，之后曾任中国人民解放军总政歌舞团团长。扮演剧中人刘宗敏的吕方同志之后是沈阳话剧团的团长。还有扮演老年红娘子，剧中人宝儿妈妈的洪彤江同志以及扮演宋献策、牛金星的等，我已叫不出姓名的诸多表演艺术家，他们在当时就是我极为崇拜的偶像和导师。

榜样的力量是无穷的。这些老同志认真严肃的创作作风和高尚的艺德，为我以后的艺术生涯树立了楷模，留给我的影响让我受用整整一生。

岁月不饶人，有的老同志可能已驾鹤西归，我深深地怀念他们！对于还在世的师辈们，我祝他们健康长寿！

七　“护路军”中一小兵

《李闯王》演出结束的时候，齐齐哈尔已经进入了秋季。参加演出的同志重新又各回各的文工团驻地。我所在的西满军区护路军政治部文工团的驻地，它位于齐齐哈尔火车站附近，是一幢日式的楼房。“护路军”，顾名思义，这是专指东北民主联军中负责保护铁路安全的特种部队，这个称谓早已不复存了。新中国成立以后，被改称为铁道兵。共和国早期的铁道部部长郭维城即是我们当初的司令员。我至今仍然十分怀念护路军政治部主任刘忠华同志。我因为出演《李闯王》中的“宝儿”而深获他的喜爱，只要他到我们文工团来巡视，便一定询问：“宝儿哪里去了，宝儿呢？叫他来，叫他来！”所以，团里的同志常开玩笑地说：“宝儿简直成了刘主任心中的宝贝了！团里有什么要求就让宝儿去跟刘主任提出，保准能批准。”当然这只是一种笑谈。不过，刘主任喜欢我，这倒真的是不争的事实。

对于我的成长，如果说文工团是培育我的一个文艺学校的话，那么在政治上，刘忠华主任则是我最值得尊敬的领路人和启蒙导师。

在西满护路军政治部文工团内，我是年龄最小的团员，当年刚满十四周岁。实际上还是个尚未进入青春期的孩童。与其说参加文工团是为了干革命，不如说是喜于一下子跳出了贫困家庭的窘迫生活。文工团内每天吹拉弹唱的基本功训练，对于一个十分爱好文艺的少年来说，简直就是极愿倾心于斯的娱乐活动。那是一段无忧无虑、十分欢快的军旅生活！

回想那一段生活，必须承认，我绝对不是那种先有了觉悟方参加革命队伍的人。当年西满军区护路军政治部主任刘忠华同志，当之无愧地是我的革命启蒙导师。

记得当时他曾规定，每个星期六，我必须到他的宿舍去聆听他专为我开设的党课。在每次上党课之前，主任又必定要他的夫人给我弄些好吃的东西，说："宝儿正在长身体，给开点儿小灶！"

新中国成立初期物资匮乏，文工团里的伙食以粗粮为主，每周改善一次生活。所以，主任夫人给弄的"小灶儿"总会让我胃口大开。在这之后，主任就由浅入深地给我讲授什么是革命和怎样革命。多年以后我才明了，刘忠华主任给我开的实际是个政治"小灶儿"！刘主任在政治上对我的悉心培养，真的让我刻骨铭心、终生难忘。

我第一次知晓"为人民服务"这个词，便是从刘主任的党课上获得的。他是延安出来的老干部，认识张思德同志，操着浓浓的四川口音，像讲故事般讲述了张思德牺牲前后的情形。讲述了毛主席怎样在纪念张思德的追悼会上发表了后来题为《为人民服务》的重要讲话。临别前，他还特意把他从延安带出来的一本毛主席所著的《为人民服务》的印刷本找出来送给我，语重心长地嘱咐我说，一定要好好地向张思德学习，把他为人民服务的精神学到手。后来，随着讲课的逐步深入，刘忠华主任陆续给了我在当时并不是所有的人都能阅读到的包括《整顿党的作风》《改造我们的学习》等文件在内的1942年延安整风文件汇编，特别是毛主席的《在延安文艺座谈会上的讲话》等经典著作。

上述书籍，在当时的书店里是买不到的。为了在当时还被视为机密的上述文件不致失落，我总是随身携带着。晚上睡觉的时候，我把它放在枕头底下，每晚总是在一种奇特神秘的感觉中悄然睡去。这些虽然都是发生在半个多世纪之前的事情，如今回想起来依然十分温馨 。

我真是十分幸运，能在参加革命队伍的初期，遇到如此偏爱自己的一位首长。自从参军离开家以后，我便很少有机会和父母在一起了。如果不去巡回演出，一般每十天半个月才回家看望一次双亲和妹妹们。所以，我对部队首长给予的酷似父兄般的关爱觉得格外的温暖！

我参军的时间是1946年6月，时逢国民党公然撕毁停战协定，悍然发动内战的那个月。记得在一次谈话时，刘主任问我：“宝儿，你能在国共两党关系破裂，内战爆发的情况下参加革命，说明你还是有点阶级觉悟的。你不害怕吗？”

“不怕。”我回答说，“我觉得国民党打不过咱们。”

“噢？为啥子嘛？你晓不晓得，他们的武器装备可比咱们的要好得多哟！”

我说：“可我们是人民的队伍，老百姓拥护咱们呀！”

“哈哈哈，要得！要得！”刘主任听了我的回答高兴地拍我的脑袋。

这简单得不能再简单的交流，普通得不能再普通的谈话，在当时得到首长的充分肯定。在他看来，我这个被他称之为“娃娃兵”的小文艺战士，能对革命未来前途有那般的信心，着实使他十分高兴，他对夫人说：“看来，小宝儿没白吃咱们的‘小灶儿’，有进步嘛！”

后来，主任为了表彰我的进步，他将从日本鬼子手里缴获的一把小提琴送给了我，并且鼓励我说：“这琴送给你做个纪念，希望有朝一日你能拉段曲子给我听。俗话说‘艺多不压人’。多学一种技艺，就多一份为人民服务的本领。现在是战争时期，文艺兵就是应该一专多能。吹拉弹唱样样通。这样在今后无论遇到啥子情况也难不倒你，你都会有用武之地。”

这一席谈话，使年幼的我茅塞顿开，把我在参加革命前为自我塑造而憧憬的目标革命化、具体化，激励我这个小小文艺兵，将多彩年华投入到获取知识、学习技艺的自觉行动中去，使我整个少年成长时期的生活过得极其充实而又有意义。那是一段极其精彩而又美好的经历。刘主任那可敬可亲的形象和他那父兄般的谆谆教诲，深深地铭刻在我的心中，直至我如今虽已年逾古稀，仍然十分感动，十分眷恋！

刘主任赠送给我的是一把日本产的“铃木”牌小提琴，琴身呈枣红色，音色极美，配有两把琴弓子的琴盒也十分精美。我把对它的全部喜爱投入到每天学习五线谱、拉练习曲当中去。这把琴，不论在后方或前方都一直没有离开过我。遗憾的是，在我到了东北电影制片厂之后，有人趁我去厂里摄影棚拍戏的时候，竟然将这极有纪念意义的提琴盗走，使我至今每每想起这件不愉快的事情，仍耿耿于怀。

由于第三次国内革命战争已经爆发，确保铁路运输安全畅通，是西满军区护路军的首要任务。这时，文工团的任务是去西满和北满铁路沿线巡回演出。这样的演出，大都是轻便易搞的小型节目。如新秧歌剧《兄妹开荒》《夫妻识字》及小歌剧《两个俘虏兵》等。此外，文工团因为有一个小型轻音乐队，就更增加了演出的机动性。即使仅仅只是轻音乐伴奏下的歌唱，在当时文艺生活比较匮乏的情况下，也会受到战士们的热烈欢迎。因为我们是护路军文工团，所以服务对象也主要是护路军和铁路员工。演出地点大都在沿线的铁路俱乐部或干脆就是在沿线车站的大厅里。天气暖的时候，索性就在车站前的广场或比较宽敞的站台上。总之，文工团流动性比较大，除了总部在齐齐哈尔市，都是演完了就走，很少在一个地方停留很长时间。

冬天的时候，就不太好过了。在四平保卫战的时候，我们深入到当时的前线地区白城子。没有住宿的地方，大家只能挤住在一节运输货物的闷罐车里面。在零下三十多摄氏度的严寒下，住在与冰天雪地仅有一层铁皮之隔的闷罐车里面，其寒冷程度是生活在和平时期的人们难以想象的。五六十人生活在一个没有取暖设施的闷罐车里面，唯一的热源是各自的体温。夜里演出归来，如同进入冷库，然后抓紧时间钻进冷若冰袋的被窝里。那时侯没有时兴“下定决心，不怕牺牲，排除万难去争取胜利”的语录歌，只能用我们刚刚学会的陕北民歌《信天游》来驱寒：“毛主席领导咱打江山，打江山……”因为闷罐车是停在铁路的备用线上，用不着担心扰民，直挨到被里略微有些暖意，再也唱不动了，才迷迷糊地睡过去……

现在想来，那情境真是应了老百姓那句谚语：“傻小子睡凉炕，全凭火力壮。”完全是仰仗着年轻抵抗力强，当然，最主要的是再加上一颗火热的心！

当时，最难受的体验是半夜里的“起夜”，好像膀胱故意地作弄人，越是寒冷越是逼着人起来如厕。一宿怎么也要折腾人两三次，所以被窝里就甭想能暖和。我因为年龄小，深受大哥哥大姐姐们的特殊照顾，允许我把车门拉开一条缝就向外面呲尿，而他们自己就只能下车去方便了。那西北风加“烟儿炮”的天气，可真不是一般人能抗得了的！ 由于过分寒冷，在当时的生活条件下，也顾不得什么讲究了。为了扎堆儿取暖 ，就是这样男女不分地同挤住在一节闷罐车里面。同样，也是因为我年龄小，便被派上了特殊任务，让我睡在中间，成为隔离男女同志的“界标”。于是，在那个时期，大家除了叫我的别名“宝儿”之外，又给我增加了一个好玩儿的绰号——“小隔离墩儿”。

“小隔离墩儿！”有一天，团长拖着长声这样叫我。

“有！”我答应着跑过去。原来是政治部刘主任又来到团里视察工作，刘忠华主任莫明其妙地问我：“宝儿，团长怎么又管你叫起‘隔离墩儿’了？乱弹琴，搞个啥子名堂嘛？”

“这，这……”我右手挠抓着后脑勺，一时不知如何回答是好。团长见我尴尬的样儿，便把绰号“小隔离墩儿”的来龙去脉讲了一遍。刘主任听罢笑得前仰后合，连连称道：“好，好，好个‘隔离墩儿’！等你长大以后，这可是一段很有意思的回忆呢。不过，你一旦长大，也就没得人再让你当什么‘隔离墩儿’喽！”忠华主任的一席话，弄得我是一头雾水，却逗得大家一阵哄笑。

是的，我尊敬的刘忠华主任说得对，那真是一段极其美好的革命大家庭的生活经历。

因为年龄小，大家不仅在生活上给我以特殊的呵护，在业务学习上，对我也是有求必应。尤其轻音乐队的老师们，不厌其烦地教给我掌握各种乐器的演奏技能。在不太长的时间里，我就能初步学会吹（如小号、中音号、长笛、竹笛和竹萧），拉（如提琴、二胡、板胡），弹（如三弦、吉他），打（架子鼓）等诸种乐器，甚至能抱着吉他，用“分解合弦”伴奏自弹自唱了。有所谓“样样通，样样松”的说法，我当时大概就属于这一类。

只要是需要，什么乐器都可以拿起来凑合一阵子。人说“艺高人胆大”，我则是人小艺胆大。也许真的是“少年不知愁滋味”，心中没负担，没有杂念的平常心态，十分有助于我在艺海里游泳，虽然泳姿可能不伦不类，但绝对不会沉没溺水。

文工团的战友们都夸我聪明好学，这种鼓励就更加激励着一个少年的求知欲和表现欲。一时间，从团长到同志们都戏称我“好似麻将牌里面的‘混儿’，放在哪儿都成”！后来，这种情况反映到政治部刘忠华主任耳朵里，刘主任在一次接见全团同志的时候，为我的所谓“多才多艺”还特别夸奖鼓励一番。

对我来说，这种极其良好的学习条件和环境氛围，在我还处于少年时期的成长阶段，极大地铸就了我好学的性格特征。我这一生几乎把所有的时间都用在学习掌握业务技能上了。了解我的人都知道，我一生都与消磨时间的象棋、扑克、麻将之类爱好无缘，这在一定程度上提高了我的生命质量，使我一生受益匪浅。

1946年12月初，东北文工一团到达嫩江省会齐齐哈尔。在齐齐哈尔的所有文艺团体齐聚民众教育馆，就是我们当初演《李闯王》曾住过的地方。门楣上写着“欢迎东北文工一团的到来”。在那次联欢演出中，我第一次以一个乐队员的身份参加正式演出。演奏中，我吹的是铜管乐器“巴力顿”（中音号）。一个小小的人儿，怀抱一只硕大的中音号站在一群坐着演奏的大人们中间，很是有点突出而又滑稽！

原《李闯王》剧组的同志好久没见面了，再聚集到一起感到格外亲切。当初演李闯王的张惠春同志一把将我搂在身边，十分善意地玩笑说：“宝儿，行啊，什么时候又学会吹号了？不过，你这次可不是鹤立鸡群，而是小鸡落入了鹤群里了。但是没关系，咱人小声音大呀！”

原《李闯王》剧组的同志都围过来与我握手祝贺，我在老同志们的调侃中，享受着演出成功的喜悦。因为是首次演出，心情十分激动。我心想，能允许参加正式演出，是老师们对我平时学习成绩的认可，没有什么能比被人承认更能激发人的上进心了！从那以后，我真的成了我们文工团里的多面手，除了演戏之外，因为我还没有变声，凭着我那悦耳的童音，还可以参加女声部的小合唱。此外，还可以参加音乐演奏或伴奏。那真是一段如鱼得水般的生活！

八　在多彩与多难中成长

我们家有五个孩子，我排行老大，下面有四个妹妹。在我参军以后，家里虽然少了一张嘴，但也少了个可以帮助妈妈的劳动力。从1946年的冬季，我父亲就因患上老年肺气肿久治不愈，不能够再到饭店里去“吃劳金”给人打工了。所以，维持家里生活的经济来源，就全靠我母亲和大妹妹给街道居民委员会纺棉花的劳动报酬，此外再无积蓄。

虽说抗日战争胜利了，人民政府还给予军属一定的补助和救济，但总的生活状况仍然十分困难。有一句成语告诫世人，叫作“滴水之恩，涌泉相报”。我一生遇到过很多好人、恩人，其中就有我当初的文工团副团长张玉铎同志。他从与我日常谈话当中，知道了我的家境十分困难。有一天，他坚持要到我家去走访，说要实际了解一下我的家境。虽说张玉铎带着访贫问苦的精神有备而来，但他一了解到我家的实际状况，还是被震惊了。用他回团后向团里其他领导介绍的话来说：“宝儿家实在是太困难了。家里连换一张完整炕席的富余钱都没有，更不要说花钱为老父治病了！”

那时，国家实行的是供给制度，每个月发给每人很有限的几块钱生活津贴，谁也拿不出钱来帮我解决当下的燃眉之急——给父亲治病。张玉铎团长把他戴的腕表摘了下来，说：“宝儿，把这只手表拿回去交给你的母亲，把它变卖了换些钱。”

“不，不要！”我打断了张副团长的话头，表示说，“团长，集的这些钱，我收下了。但您的手表我无论如何也不能要。”

“为什么？”

“因为，因为……”我当时仅是凭直觉拒绝着，说，“不因为什么，反正我不能要！”

“什么叫反正你不能要？”张玉铎以我从来没见过的严肃神气把那只手表直直地举在我的面前，并且用一种不容质疑的口吻说，“拿着，这是命令！”

……

我的手并没有伸出去，玉铎同志举着手表，依然动也不动地似军神般站在我这个小兵面前。我们两个这样僵持良久，眼前的空气好像要令人窒息，静得几乎能让我听到那只手表秒针跳动的声音……

“听到没有，常彦，这是命令，拿着！”

我不能再执拗地坚持不去接受那块手表了。张玉铎副团长已然不再叫我的昵称“宝儿”或“隔离墩儿”，而是直呼我的姓名，透出了绝对不容再商量的决心。围在身旁的其他战友也都劝说我听从命令，不要辜负团长的好意。我……我意识到只有服从了。

当我把那块沉甸甸的手表接过来的时候，再也抑制不住溢满眼眶的泪水，任它流淌下面颊。我哽咽着说了声：“谢谢！谢谢团长。”同时，我深深地鞠了一躬。

玉铎副团长一把将我搂进怀里，边为我擦拭眼泪边说：“宝儿，别哭。以后有钱了咱们再买嘛！”

他越是这样说，我越是无法控制住自己。眼前这无价的馈赠，实在令我感动不已。多少天来，自己面对老父重病毫无作为的无奈，早已使我十分愧疚，这两种情绪结合在一起一下子释放出来，一发不可收拾，我索性痛快地哭了出来……那是一种无法控制的宣泄。

后来，不知是谁将这感人的一幕汇报给政治部刘忠华主任。刘主任下令供给处，要尽可能在物资上给我家以资助。为此，供给处处长曾专门再去我家访贫问苦。之后又亲自带人给我家送去两张新炕席，两草包高粱米和六根可以劈开做劈柴用的旧枕木。供给处高处长告诉我妈妈说："今后将按月来给送柴米。"

我的妈妈为此深受感动，她从自己的切身体会中总结出一句话，嘱咐我说："儿子，娘真是有福，看到你能参加这样的军队，结识了那么多好首长。不为别的，就是为了报恩，你也要干出个样儿来！"坦率地说，我母亲灌输给我的这种朴素的报恩思想，深深地铭刻在我的心中，让我刻骨铭心。

1947年的春天，我们文工团全体进入西满军区护路军干部教导大队学习。大队的成员来自四面八方，是从各基层抽调来的排级以上的干部。他们将在教导大队集中培训四个月，期间除学习毛泽东的《整顿党八股》《为人民服务》《愚工移山》等著作外，还学习《中国社会发展史》和艾思奇的《大众哲学》等有助于建立科学的人生观与世界观的著作，最重要的活动是以"三查三整"为内容的审干整风运动。这是我参军以后的一段非常重要的经历。

一天，团长通知我立即去办公室。在办公室内，政治部刘主任正在接待我的母亲。

"娘，您怎么来了？"我吃惊地问了一句。

室里的气氛使我感觉到，一定是发生了什么不同寻常的事情。果然，妈妈含泪告诉我说："儿啊，你爹不行了。"

听到消息，我匆匆返家，还未进屋，便听到了妹妹们的哭声。父亲已经处于弥留状态，任凭我怎样地呼唤，我那劳累一辈子的老父亲，再也不能像往常一样笑着与我打招呼说一句："儿啊，回来啦！"

我趴伏在爸爸的胸前，紧握住他那还有一丝余温的手，边摇晃边拼命地呼唤，希望让父亲再给我哪怕仅仅是极其微弱的一瞥。

"爹——"我叫喊着，期待着……

但是，这一切都没用了。当我意识到，一生都没动过我一个手指的慈祥的老父亲，再也不能抚弄我的头顶，再也不能用呵护的目光关注我的一切的时候，我终于如井喷般哭了出来。

随同我前来的政治部王干事，好像早已有思想准备，他极力地安慰着我，然后又带着我跑了好几个棺材铺，为我的父亲选购了一口还未及涂抹油漆的白茬儿棺材。那是一口木质非常好、质地极其厚重的棺木，它受到我母亲和邻居叔婶们的好评，夸赞说“二爷”（邻里对我父亲的尊称）有福，没白养活我这个儿子。

当我已是古稀之人时，回忆起往事，自己这一生好像只为父亲做过两件事：一件，是在“伪满”的时候，爸爸因为病重极想吃一口面条，我在那个不堪回首的冬夜里背回来的，却是被警察掺了煤灰的白面！父亲心疼儿子为他挨了“伪满”警察一顿胖揍，发誓并且以后真的再也不曾吃过一口面条；再一件，便是在爸爸临终的时候，如同给他老人家选一件质地绝好的新衣似的为他购置了一口好棺材。但我认定，这两件事绝不能允我自诩为“孝子”。我一生为我的老爹做得实在是太少了，太少了！

但是，在给父亲送终时发生的一件事，却是我终生都深深感到愧疚和不可原谅的。

事情是这样的，我是常家的长子，按照民间的传统习俗，我是应该为父亲“摔丧盆”和“扛灵幡”的。然而，我作为刚刚参军不久的“小八路”，不知天高地厚，竟然自以为只有“拒摔丧盆“和“不扛灵幡”的举动，方能显示出自己的革命和脱俗。我的这些反常举动，当然不会获得周围邻居叔婶辈们的理解，他们不接受我自以为是的所谓“反封建”行为。有的私下里非议，有的直接斥责我违反孝道，甚至有人当面骂我混账！

一个人的一生可能做过不止一次错事，其中大多是可以改正的，但是有的却是永远没有机会了。我在为父亲送终时所犯下的错误，在我心底造成深深的阴影，它几乎无时不谴责我，那是我穷尽一生忏悔的罪过之一。只要一想起1947年春天那个阴霾的日子，我就常常发誓：愿用一生心灵的长跪祈求父亲的宽恕，饶恕儿子的愚蠢和不孝。

月有阴晴圆缺，人有旦夕祸福。我万万没有想到，那一年失去父亲后不久我又会失去母亲！

妈妈在她病危时曾对我说：“儿啊，看来娘也活不了多久了。娘死了以后，你会很困难，你在部队里娘很放心，可你养活不了你的四个妹妹。娘能为你做的都做了，只有你二妹妹，你想办法把她拉扯大吧……”

母亲对我说的“能为你做的都做了”，包含着她对身后事的全部思虑和安排。她老人家清醒地忍着心灵上的巨大伤痛，将四个尚未成年的女儿一一做了在她看似妥善的安置，以便让她那虽已是军人但实际仍是一个少年的儿子能安心于干革命。我的大妹妹那一年刚刚十二岁，就被母亲送给她结拜的干姊妹（我们称三姨）家做了童养媳。两个各为六岁和三岁的小妹妹都在中间人撮合下送给友人家寄养去了。只有二妹妹，是以军属的关系经由街道居民委员会的安排，给办到齐齐哈尔火柴厂去当工人。照顾她年龄小、体力弱，她被安排在大多是孤儿的车间里从事她们力所能及的劳作，如制作火柴盒或往盒里装火柴之类。后来，三妹妹被寄养家带回关内山东，最小的妹妹又被二妹给要了回来，二人相依为命地生活下来，度过她们困苦的童年。直至20世纪60年代初，我从原德意志民主共和国留学归来以后，才把在山东省夏津县纺织厂当工人的三妹接回长春，在组织的帮助下安排进长春电影制片厂工作，这是后话。

就当时的实际状况而言，我母亲临终前的这种种安排，完全是无奈。应该说，是她老人家的忍痛割爱之举。她当然不情愿那样做，但是她别无选择！用妈妈当时说服我的话来说，是因为我这个当哥哥的年纪太小，还承担不起独自支撑这个家并且养活四个未成年小妹妹的重负。可怜天下父母心，她太为她在当时还不中用的儿子着想了！

往事并不如烟。我时常想，在我们中国有多少像我父母一样的人，一生仅仅为求温饱而不可得。当儿女混得稍微有点模样儿的时候，他们自己却早已不在人世。儿女们想尽一点孝心，却已成为永远的不可能了！

人啊人，趁着你的至爱双亲还在世的时候，尽你的一切可能向他们敬献一份孝心吧！否则，你会遭受一生心灵上的折磨！

九　转战辽沈小号兵

1947年的夏天，我被调入在东北战场十分有影响的文艺团体——东北文艺工作团第一团。

这个文工团可是大有来头，它源于中共中央为建立东北根据地而组织挺进东北的“东北工作团”。1945年8月15日，日本宣布无条件投降。9月2日由延安鲁迅艺术学院师生组成“东北干部团二大队八中队鲁艺工作团”。时任领导成员的都是著名艺术家：队长，舒群；副队长，沙蒙；支部书记兼副队长，于蓝。鲁艺工作团经强行军于11月初赶至沈阳，根据工作需要，将工作团的名称由“八中队”改称“东北文艺工作团”，并因形势发展被最终命名为“东北文艺工作团第一团”（简称“东北文工一团”）。

如前所述，东北文工一团1946年12月4日奉中共东北局命令，抵达嫩江省齐齐哈尔并由西满军区代行管理。1948年秋，这支文艺劲旅奉东北局命令，整建制与正在组建的东北电影制片厂合并，成为新中国电影摇篮——长春电影制片厂建厂的中坚力量，这是后话。

我进入东北文工一团的时候，正是东北野战军发动著名的辽沈战役的前夕。那是围绕沈阳、长春地区所进行的一次规模巨大的战役。战役前，国民党在东北地区的总兵力分别收缩在长春、沈阳、锦州三个孤立地区。

“为人民解放战争服务”是当时我们东北文工一团的宗旨。因此，文工一团除参加土地改革，深入农村发动群众，发展和巩固刚刚建立起来的人民政权之外，就是上前方直接为野战军演出，为人民解放战争服务。

我调到文工一团的第二年，便赶上第三次上前方参加辽沈战役。为适应革命战争的需要，文工团被分成留守的后方队和赴前线的前方队。我刚好被分配在前方队。

1948年7月初，文工一团的前方队便从齐齐哈尔出发直奔长春外围，参加东北野战军围困长春的战斗。记得一开始还乘了一段火车，待到火车再从哈尔滨开出不久，便改为徒步行军了。我们这些城市兵，平时哪里走过那么远的路，第一天试行军仅仅走了五十多里，就把我们大部分人给走垮了！几乎所有的人，脚掌上都打了成串的水泡，脚一落地便钻心般地刺痛。所以，到达行军驻地后的第一件事便是烧水泡脚，然后小心翼翼地用针把脚掌上的水泡挑开，把脓水挤出来，再从女同志那里要一根头发，从水泡一端穿进另一端作为引流，经过如此这般简单地处理后，第二天脚落地时就不会再那么刺痛了。在那以后经过泡里再打泡、再处理，便在脚掌上形成一层老茧，那你就成了气候，炼就了一双走不烂的铁脚板儿，每天走个百八十里也“胜似闲庭信步”了。

事实上，后来我们几乎每天平均都要走一百二十里左右，像玩儿似的一点儿也不打怵。

当时有一首调侃式的打油诗，像口号般鼓舞着大家的士气：“千里急行军，炼就铁脚掌，赛过机械化，走垮国民党！”看似玩笑，但在一定程度上也确实反映了当时的真实情况。我军大部队的调动，硬是靠徒步行军，靠战士炼就的一双铁脚板。

东北盛夏，骄阳似火。军事上的徒步行军，可不是平时逛马路遛弯儿那般可快可慢，行军在步速上是有严格要求的。时速多少，每天要走多少里和预计要在哪里宿营，这些都是在军事地图上标明划定了的，可开不得玩笑！所以，常常是走得汗淋如雨、肩背皆湿、气喘吁吁、口干舌燥，那时的唯一奢求就是能有一口水喝。当时不由得想起《三国演义》里曹操大军“望梅止渴”的故事。解放战争时期，我们与野战军一样，装备极差，连军用水壶都没有，每个人只有一只可以装个饭团子的搪瓷饭碗。想喝水，只有顺路找到水井，所以，到现在我还记得我们在路边写的宣传鼓动顺口溜：“同志们，加油啊！前面有口井，凉水我来请，千万别贪多，喝多肚子痛。”还有什么“井拔凉水透心爽，同志兄弟不需抢，消停稳住喝个够，足底生风打老蒋！”我们不仅这样互相鼓励，有时还要像唱快板书那样唱给大部队的战士们听，鼓舞大家的士气。行军途中爬山越岭，固然很累，但是在当时大家都很年轻，所以一个个都是兴致勃勃，虎虎有生气。如果谁再讲个笑话或故事之类，那简直就是给枯燥的行军添彩了！

经过多日行军，我们终于到达国民党军队占领的长春地区，也就是说，我们抵达了真正意义上的前线。根据上级指示，我们文工一团前方队隶属东北野战军第十二纵队，驻扎在长春市郊怀德县的杨家屯（也叫杨家崴子），为围困长春的野战军演出和从事战地服务。同时，承担为东北野战军第49军（即十二纵队）组建一个实力较强的宣传队，以适应即将进入山海关进行战斗的新形势的需要。

演出的剧目有小型歌舞剧，颇有东北二人转风格的《全家光荣》和歌剧《杨勇立功》《血泪仇》等。战时的文工团提倡“一专多能”，没有适合我扮演的角色，我便在乐队里根据需要有时拉提琴，有时操二胡、吹笛子、吹小号，总之，年纪虽小但却是乐队中的主要成员之一。

我们当时在杨家屯的驻地，是一个院落具有相当规模的地主大院儿。整个大院儿相对封闭，非常适合团队居住和守护。白天或排练或演出，夜里大家轮流站岗放哨，就连像我这样年龄较小的也盖莫能外，都会在睡梦里被待班的同志叫起来上岗放哨。那时侯真的十分羡慕可以睡安稳觉的女同志。因为地处前线，被小股敌人夜里摸哨的事件时有发生，所以免除女同志夜里站岗放哨。虽然我这样年龄较小的同志也要上岗，但还是受到一定的照顾，夜里上岗的时候总是与成年的同志搭配在一起，以便给像我这样的“小嘎儿”们壮胆儿。

现在想来，那是一段极其珍贵的经历，是对我的一种极好的锻炼。它不仅磨炼了我的胆量和意志，更增添了对革命事业和对团队的责任感。

人们也许会说，不就是夜里站站岗、放放哨，干嘛说得那样悬乎，至于吗？请不要以为这是夸大其词，为什么这样说呢？请设身处地地想一下，一个刚刚进入16 岁的少年，每当夜行军在黎明前最黑暗那一刻，连千奇百怪的树影都会被他联想成妖魔鬼怪而胆战心惊的小孩儿，现在却让他独自在深夜里站岗。因为地处前线，时不时地还能听到枪声，虽然手里也握着一杆子弹待膛的钢枪，也依然会心里发毛！所以，在那么一种特殊的氛围下面，除了张大一双警惕的眼睛巡视四周以便能及时地发现敌情外，更多的是在心里默哼着乐谱给自己壮胆儿！

当时被国民党形容为固若金汤的长春已被我军层层包围，战士们摩拳擦掌，情绪激昂，只等总部一声令下，即刻发动总攻。时间一天天过去，进攻的命令却不见下达。

在消灭长春守敌已经形同探囊取物的态势下，我文工一团前方队完成了传帮带第十二纵队（东北野战军第49军）宣传队的任务，同时随军开始向辽宁省的沈阳方向运动。用我们当时的话来说：我们又开拔了。

这一段的行军较前一段更加艰苦，基本上全部改为夜行日宿。在当时，国民党仗着握有制空权，在白天肆无忌惮地袭击和骚扰我军的行军队伍，给我军造成很大威胁和伤亡。于是我们不得不将日行夜宿改为夜行日宿。俗话说：“日出而作，日落而息”，这是人类长期养成的生物钟和作息习惯。人类的生物钟给人养成顽固的适应性和习惯性，突然把人变成“夜猫子”还真的要有个过程。那一段的夜行军生活让我懂得，人类是一种适应能力极强的动物。生活在和平时期的人们，有谁能想象得到，人是可以边走路边睡觉的？我们那时就能！“绕开大路走两厢”，是当时行军择路的原则。因此，部队基本上都是在偏僻崎岖的山路和坑洼起伏的野道上行走。漆黑的夜里，没有任何照明，前不见排头后不见队尾 ，两眼时睁时闭，维持着一种似睡非睡的懵懵懂懂的状态，两条腿机械地保持着或紧或缓的运动，深一脚浅一脚地就这样走下去，走下去……

如同流行歌里唱的那样，跟着感觉走！所谓感觉，就是位于你前面的战友背包上绑着的那一条白毛巾。只要你在艰难地张开眼那一瞬间还能瞥见眼前晃动着的白点儿，你就这样睡下去、走下去好了，直到你的鼻子突然撞到前面战友的背包上。这时你方才突然醒悟，原来是队伍停下来了。

像这种似患了夜游症般的边走边睡虽然不可能让人做个长梦，但对于连续行军得不到充分缓解的人们来说，还是能起到一定的调节作用，因为我们实在是太疲劳也太累了，也因而会发生如下这样的事：在夜行军途中把绰号叫“小猫”的战友，即多年后成为著名影片《人到中年》导演的孙羽同志，给丢落在山沟里了！至今，每当回忆起那段往事，仍然使听者唏嘘不已，叫险不止。孙羽当时大约十四五岁。在一次行军途中，在山路上原地休息的时候，大家都习惯性地就地躺下来，孙羽不但躺下来，而且舒服地滚到路边的山沟里美美地睡着了。待到部队再出发的时候，因为没人知晓他在路边沟壑里依然熟睡，便丢队了。一直到我们走出山路十多里之后，方才被位于他后面的女战友薛雁发现——小猫不见了！于是就向前传，再向后问：“小猫在不在？”当终于得知孙羽被丢掉的时候，上级便立即被派返原路去寻找。最后发现孙羽真的像一只小懒猫般熟睡在黑夜下的山沟里，甭提睡得有多么香了。

那次幸亏被战友薛雁发现，否则后果难料。假如那次真的把他丢落在荒郊野地喂了野兽或被国民党军发现并被俘虏，后来中国影坛上著名影片《人到中年》的导演孙羽也就不复存在了！

在我们向沈阳方向运动的时候，还发生过一件堪称惊险的事件：那天是白日行军，黄昏时分赶到原定宿营地新开原。打前站的同志已将泡脚的水烧好，后勤的同志也已把晚饭做就。可是，就在脚还没泡好，饭还没来得及吃的时候，司令部派参谋来通知，鉴于铁岭敌军要突围，文工团要立即向老开原方向撤出。军令如山，来不得半点儿磨蹭和拖延，那是说走就走。据老乡说，新老开原之间相距大约十八里。像我们这样每天几乎平均都要完成日行军一百二十里任务的一支队伍，十八里根本就不算个事儿。结果，那天夜里我们大步流星地用了不到一个小时，就赶到了耸立着一座辽代古塔的老开原城。

原以为这回可以消停安营扎寨了，不！如同在新开原一样，依然是脚还没泡好，饭也还没来得及吃，便被告知要再次撤走。在那本已十分紧张的态势下，老天爷又偏偏跟着添乱，前半夜还银月如钩，后半夜突然变成狂风暴雨。就在大家准备出发的时候，当时担任协理员职务的李百万（即后来在影片《白毛女》中饰演大春的著名演员）突然通知我，立即去警卫连找司号员去学习“军号码子”（即军号的曲谱），以备应急。我们文工团是没有专职司号员的。幸亏我平时掌握了能在铜管乐队演奏的小号——铜管乐器家族中音域最高的乐器，视唱水平和记谱能力又比较强，在队伍出发前的一刻便赶回团队，把已经记录了二三十个号谱的那张纸递向李百万同志，以为自己已经完成任务了。

“给我干什么？常彦，给你二十分钟时间，把这些号谱全部给我背下来！”说着，他边将手中的雨伞移向我的头顶，边打开手电筒照亮我手上的军号曲谱。

在我的记忆里，队长张平，协理员李百万，从来都像老大哥般对待我，可那天夜里，乖乖，好厉害！让我第一次看到他们把脸拉得那么长，领教到他们作为我的上级和领导的威严了。

我当时委屈得不得了，心想，我又不是专职司号员，二十分钟背记下那么多“号码子”，大雨砸在油布雨伞上，发出“哗哗，哗哗”的声音，嘴里不停地“嘀嘀哒哒”反反复复地念叨……

感谢父母赐给我比较聪颖的头脑，还不到二十分钟，就居然把全部号谱拿下了。李百万又恢复了平常时的面孔，高兴地搂着我的肩膀说：“常彦，咱们现在已经进入敌占区，说不定什么时候就要用上这号码子，有备无患呀！”没想到，他的话不幸言中，真的叫我学以致用了。

那一夜，我们走得很苦，在一位当地老乡向导的带领下，我们顶风冒雨深一脚浅一脚地拼命追赶军部。天将放亮的时候才发现，我们走了将近半宿的时间，竟然还是在开原附近的一座山上原地打转转！这情境可把大家急坏了，要知道，那可是在敌人随时都可能冒出来的地方啊！

也是在那时，发现我们不仅掉队了，而且和军政治部直属机关的部队失掉了联系。

人们心里不禁打鼓，谁也说不准，那个当向导的老乡是故意的还是无意的。气得当时负责安全警卫的张营同志（后来在影片《小兵张嘎》里曾扮演俘虏胖翻译官的游击队长）吵嚷着一定要枪毙那个所谓的向导。若不是队长张平同志拦着，那天清晨肯定会出事的。

由于不停地下雨，先头部队在岔路口留下的路线标记已经难以分辨，再加上向导的误导，致使延误了撤退时间，这在当时是一种非常危险的处境。那一刻，我所学的军号码子便派上了用场。李百万命令我立即吹号，呼叫：“政治部，你在哪里？”我不停地吹响手中的小号，祈盼着能尽快听到回音。那时，我发现全文工团的同志都在用期盼的目光注视着我一遍遍地吹号、等待、再吹号、再等待……直到那一刻我方才明了，为什么领导于昨夜那样严厉地要我在那么短的时间里背记下号谱。明白了我手中的小号，关系着整个文工团在彼时彼刻的安危！

一个人在一生当中，不知会在什么情况下，会对集体显得那么重要，也不知自己在平时看起来也许是很平常的一个什么举动，会将自己的命运与革命利益紧密地联系在一起。我，一个还未满十六岁的小小文工团员，虽然并不是专职司号员，手中所持的也不是一般司号员所用的军号，而是一把演奏乐曲，带按键的“托蓝贝塔”（铜管乐器小号），却第一次感觉到那把小号的分量和自己肩负的重任！

我再一次专注地吹响“政治部，你在哪里？”的号码子，这次终于从山那边的极远处隐约地飘来了政治部回答的号音……

“噢……”人们欢呼起来，整个队伍的情绪立即沸腾了，有的战友禁不住向我鼓掌欢呼：“常彦，好样的！”我旋即感觉到一股热流从我的眼里涌了出来，不知是因为终于完成任务后的如释重负，抑或缘于终获成功后的喜悦？不知道，也说不清楚。

李百万将我的头搂过去，帮我擦掉腮边的泪水，我仰头看见，他的眼睛也已湿润，笑得眯成了一条缝儿，说了句：“常彦，我知道你行，我知道你行，谢谢你！”

“出发！”李百万转头挥手命令道。我们向着方才飘来政治部号音的方向，快速前进……

十　入关前的整顿

对我来说，1948年的秋天是难忘的。因为，我作为一个小小的文艺兵，曾亲身经历了东北野战军下锦州，战辽西，克沈阳，夺营口，歼灭了当年国民党号称“王牌”的军队四十七万余人，直至东北全境宣告解放。

我们东北文工一团前方队的同志，虽然没有在战场上亲自参加武装战斗，接受血与火的直接洗礼，但是作为文艺兵，却是实实在在以文艺为武器转战于整个辽沈战场，为战斗在第一线的野战军服务，做出了自己的贡献，接受了人民解放战争的考验。

1948年10月19日，经过激烈战斗之后，我军攻入国民党重兵防守的沈阳。在我们进入战斗硝烟还未完全散去的沈阳时，整个沈阳火车站是一片狼藉！车站大厅和站台上，到处散落着国民党军队溃散时来不及携带的军用物资以及搜刮到的民间财物。

我当时见到敌人丢弃在站台上的武器和弹药十分惊喜。在此之前，我持有一支七九式的小马枪，斜背在肩的子弹带里面，仅有十五发真子弹，其余都是用秸秆儿填充的，表面上看起来鼓鼓囊囊，其实大多是假货。那情景完全像影片《董存瑞》中所表现的那样。我那仅有的十五发货真价实的子弹，没有实际战斗，是绝对不允许随便消耗的，也就是说想放几枪过过枪瘾，是绝对不允许，自己也舍不得的！现在好了，那么多美国制造的新式卡宾枪散落在地上，原装的子弹成箱地摞在一起，就甭客气了！我当机立断，立即自动换装，放下破旧的小马枪，摘掉以假乱真的子弹带，背上卡宾枪，扛上一整箱子弹，哈哈，那是啥感觉？整个一个美式装备，心里禁不住美滋滋地喊叫：“鸟枪换炮喽！”

后来获知，不止我一人，好多战友都趁机改换了自己的装备，那叫一个神气！平时大家都把蒋介石戏称为运输大队长，说归说，还真没有切身体会，只有在大家都趁机更换武器的时候，才算真切地体会到他老蒋作为运输大队长的“尽职尽责”和“货真价实”！

根据纵队命令，文工团随四十九军军部进驻距沈阳三十多公里的苏家屯，在那里做挺进山海关之前的整顿和休整。那一段生活是非常紧张的。

首先，接收和改造俘虏过来的原国民党青年军二〇七师政工队人员。我军的一贯原则，是要使他们放下思想包袱，转变政治立场，迅速地成为我东北野战军的一员。被俘获的人员当中，除了能演话剧的男女政工队员外，还有一个人数相当多的军乐队。及时地对他们进行阶级教育，了解他们的业务专长和专业水平，成为当时的重要任务。他们当中除少数人坚持回家另谋出路外，绝大多数都留下来参加了我军第四十九军宣传队。后来，就是这支被壮大了的宣传队，随“四野”入关参加了平津战役并一直打到广东、广西直至海南岛。在全国解放后，这个曾注有我东北文工一团前方队心血的宣传队，成为中国人民解放军空军政治部文艺工作团的基本骨干。

其次，集中精兵强将加速排练进入大城市后的大型演出剧目。如《血泪仇》《白毛女》《杨勇立功》，等等。所以，那时在苏家屯的“讲武堂”里，整天是歌声音乐声不绝于耳。而《血泪仇》《白毛女》和直接表现解放军战斗生活的《杨勇立功》等歌剧，原本就是我东北文工一团的看家剧目，通过这些大型剧目的排练和传、帮、带，极大地提高了第四野战军第四十九军宣传队的演出水平和专业技能。

再次，思想上做好随时挺进山海关，参加华北平津战役的准备。物质上轻装减负，做好长时间行军的保障和精神准备。按军部规定，每个人的行李不得超过八公斤，原来舍不得丢掉的杂七杂八的东西必须一律清理掉，免得成为行军的累赘。军部为了表彰文工团，特意批给全团每人一份从国民党军队缴获来的战利品——一床美式军用鸭绒睡袋和一双滑雪鞋。这一下可救了像我这样体力较弱的小同志。因为可以使我们的行装顿时减轻分量。按当时的规定，各自背上的行李不准超过规定的重量。为了达标，我记得我与孙羽将一条军用毛毯从中间剪开，每人分一半。这样，在打好的背包两侧再各夹一双鞋，分量刚好不超。一般来说，为了行军都喜欢旧鞋，因为它跟脚，穿这样的鞋行军走路，脚不会被磨破或打泡，所以那时有“三新不换一旧”的说法。

有了鸭绒睡袋，就把原来从家里带出的旧被褥淘汰了。睡袋既轻又暖，钻进去的感觉十分舒服。说起鸭绒睡袋，不禁使我想起发生在我身上的一次调皮捣蛋的恶作剧了。俗话说“小孩儿屁股三把火”，没有老实的时候。我那时虽已不是孩童，但毕竟尚未成年，所以也免不掉偶尔做出一些出格儿的事来。例如，在排练的空当，抽空子钻进地堡里去过枪瘾。在里面实射，外面也听不见看不到。或者用卡宾枪瞄准野鸽子，一枪一个准，拿回来交给厨房改善生活。更可笑的是把子弹径直射进脚下的垄沟里，然后再把子弹从垄沟里抠出来，看看子弹到底能够打进土地里有多深等诸如此类。有些纯粹是嬉戏，有些则完全是为了满足求知欲和好奇心。

在苏家屯休整待命的日子里，我和全团的其他同志一样，精神上始终处于亢奋状态，以为不久就能挺进山海关了。没想到等来的军令不是进关，而是撤退到后方，与正在组建的东北电影制片厂合并。

我后来获知，调东北文工一团全建制去充实初建的东北电影制片厂，是中共东北局宣传部的命令。尽管四十九军宣传队十分不情愿，也舍不得放走我们原属东北文工一团前方队的全体成员，但是军令如山，谁也没法儿再挽留下去。

离开苏家屯之后，我们并没有径直地奔赴当时东北电影制片厂的所在地兴山，而是遵从东北局宣传部的指示，进驻刚刚回到人民手中的沈阳，为获得解放的沈阳市民演出。这是一项非常重要的政治宣传任务，为了演出方便，我们就住在沈阳市大光明电影院。没有足够的房间供居住，除了女同志住进房间外，我们大部男同志都住在电影院的二楼观众席。白天将背包集中存放，晚上将简单得不能再简单的行李摊开来席地而睡。

生活条件差一些不要紧，高兴的是演出条件比较好，尤其值得纪念的是，在沈阳大光明电影院剧场里的那次演出，可以被称为我东北文工一团告别舞台的绝唱演出。大概在大家潜意识里确实感觉到那是东北文工一团告别舞台的闭幕演出，所以大家都格外重视，因而也特别地卖力。

“大型现代歌剧《血泪仇》，东北文艺工作第一团隆重演出”的海报，醒目地出现在沈阳市的街头。成功的演出好评如潮，一时间成为沈阳市民街头巷尾的谈资。《血泪仇》的成功演出，向刚刚获得解放的沈阳市民表明，民主联军第四野战军不仅是一支战无不胜的军事力量，同时也是一支具有高水平文化的政治部队。

1948年的秋末冬初，这支由延安鲁艺成员为骨干组建起来的，为东北解放战争做出过突出贡献的东北文工一团，以它在沈阳的绝唱演出为自己的历史画上了一个光辉的句号。

十一　初识电影的兴奋

东北文工一团前方队的全体成员，在胜利地结束了它的最后演出之后，登上了北上的火车。那是一次极其快乐的旅行，因为整个东北已经解放，再也用不着担心遭受敌军的袭扰，而且还是乘火车，相比之下，比背着行李背包徒步行军惬意得多了！

眼望着车窗外面不断变换的景色，耳听着脚下“铿锵铿锵”的车轮声，大家不约而同地哼唱起当时非常流行的苏联歌曲《祖国进行曲》：

> “我们的祖国多么辽阔广大，她有无数田野和森林，我们没有见过别的国家，可以这样自由呼吸……”

车轮碾过钢轨的“铿锵”声，俨然变成为我们伴奏的音响，与我们的歌声呼应共鸣：“铿锵铿锵，呜——”

不知过了多久，我们才从各自幽深如谷的思绪中走出来，重新聚焦在一个令人入迷的话题上：我们真的是要去东北电影制片厂报到了吗？

离开充满硝烟的战场，面临的是一种什么样的未来？各有各的想象，各有各的憧憬，冥冥之中在脑海里闪现出新的歌词："我们的前途无限美好，它有无数成功和机遇"，伴着车轮碾压钢轨发出的有节奏的声响，身体不由自主地轻轻晃动着，每个人的脸上都泛上一层浮想联翩的笑容。

那一次乘火车北归，也是我平生以来第一次体验乘坐硬席卧铺车厢旅行的滋味儿！在那以前，我这个穷小子还真不知道在火车上居然也能把身体放平，躺下来睡觉。所以，当列车抵达哈尔滨车站时，似乎觉得还没有坐够。可是，既然已经到达目的地，没坐够也得下车了。

在俄罗斯式风格十足的哈尔滨站前广场，东北电影制片厂驻哈尔滨办事处的同志和文工一团后方队的战友们早已冒着严寒在等待我们，使我们立即感到回家的温暖。人们把我们接到哈尔滨道里面包街的一座俄式二层小楼，它门旁挂着一个白底黑字的牌子，上写"东北电影制片厂驻哈尔滨办事处"的字样。当时觉得那个牌子特别亲切，住进去便立即有一种终于回到家里的感觉。

刚从前方下来就一下住进洋房，对一切似乎都感觉新鲜。然而想不到，待到晚间睡觉的时候，我们大家可都大眼儿瞪小眼儿了！我不知道别人如何，至少我是第一次接触钢丝床，而我们的全部行李，仅仅是一个美式鸭绒睡袋和临离开苏家屯时领到的一条完整的，但却是薄薄的灰色军用毛毯。以这样的行李直接睡在没有任何铺垫的钢丝床上，就远不如直接睡在地板上舒服了。不是我们矫情，而是因为光板儿钢丝床上没有诸如褥子或草垫子之类的铺垫，所以，睡钢丝床远不是一种享受，而是地道的受洋罪了。

在哈尔滨停留的日子里，我们从前方回来的东北文工一团的同志，参加了我国人民电影的第一部长故事片《桥》的摄制。那真是"大姑娘坐轿，头一回"！虽然仅仅是出出群众演员，造造气氛，但是一切都那么新鲜，一切都那么刺激，陌生却饶有兴趣。

《桥》是我国第一部描写工人阶级的影片，内容是歌颂铁路工人在党的领导下，通过生产斗争支援前线的故事。由于敏编剧，王滨导演，主要演员有王家乙、吕班、陈强、于洋、杜德夫和鲁非等人。王家乙、杜德夫和鲁非都是我们东北文工一团后方队的成员，他们早于9月份已先来东影报到，故而有幸参加东影第一部长故事影片《桥》的创作。

电影《桥》摄制组的全体人员，就住在外景地哈尔滨三十六棚铁路工厂的大院内。当时的生活和拍摄条件都十分艰苦，在零下30多度的气温下，摄制组的同志全都住在已经报废了的火车车厢里面，虽然生了炉子，到了夜晚，还得靠大家像沙丁鱼罐头般挤在一起取暖。

导演王滨同志，特邀我们这批刚从前方下来的同志去参加拍摄一个战斗场面。用王滨导演的话来说："文工一团前方队的同志们身上还保留有很强的火药味儿，不用换服装（我们当时依然身着军装），也不用化妆（事实上都在脸部抹了一点黑油彩），拉过来拍就是了。"

电影，在参军前倒是看过，参加拍电影那可是"大姑娘上轿"了！所以，虽然已经过去半个多世纪，那第一次接触电影和参加拍电影的经历却仍记忆犹新。记得当时我扮演的是一个负伤的战士，由战友（梁音饰）背着穿过敌人的火炮封锁线。在那次经历之前，我们都是在舞台上演出，从未经历过拍摄电影的场面。所以，拍摄现场发生的一切，对我们来说都是那么新鲜而又刺激。电影拍摄现场发生的每一个细节都会令我们怦然心动！

那天夜幕降临之后，负责特技烟火的同志埋置炸点、施放烟雾，营造出酷似战场的气氛，遵照事前的排练，在导演一声："Camera"（开拍）的命令声下，我们便冲了上去。在我们感觉还未过足"戏瘾"的情况下，导演王滨高喊了一声："Cut！"便灯熄烟灭，据说是"OK"了。

"OK？什么意思？"我们不懂。

"就是没有NG（作废）。"有人回答我们。

"没有NG又是什么意思？"我们还是不懂。那时我们根本不知道这些英语的含义。

"没有'恩基'，就是'欧开'了。"那位操着胶东口音的同志耐心地解释说，"你反正这么说吧，没有'恩基'，就是'合格'了！'合格'了，就是'欧开'了！"他越解释，我们就越糊涂。

解放初期，电影行业圈儿里依照旧俗，保留着用洋泾浜式的英语来表达电影术语的习惯。这种状况，使我们这些初入影坛的"土包子"着实被弄得一头雾水。这就是我们这群电影门外汉步入影坛，初试电影拍摄时的情境。

几天以后，有人通知我们，到位于哈尔滨道里中央大街著名的“玛迭尔电影院”去看“拉秀”。

“看‘拉秀’？”我们又被弄懵了，“‘拉秀’是什么玩意儿？”

“拉秀……”那位胶东人并未能把英文“rushes”直译为“样片”告诉我们，而向我们解释道，“你反正这么说吧，‘拉秀’就是经过洗印还没剪辑的工作样片。”

按当时的实际情景，我们真的还想再问“什么叫‘洗印’？什么叫‘剪辑’？‘样片’又是什么东西？”之类的问题，可是我们着实不好意思再给人家添麻烦了。

“拉秀”就“拉秀”吧，跟着看就是了。

总之，我们当初就是在这样懵懵懂懂的状态下踏入进电影圈儿，这个对我们来说十分陌生而又完全新鲜的电影世界！这个注定使我们为之贡献一生的事业！

在等待看“拉秀”也就是看“样片”的时候，我们的心情十分激动，尽管我们不是主要演员，所参加的演出，用行话来说，也仅仅是“跑龙套出群众”。但是，如同初次分娩的年轻母亲般那样兴奋，那样祈盼和渴望看到自己的婴儿到底是什么样儿！我们的脉膊加速了，我们摒住了呼吸，我们终于看到了在银幕上的自己。虽然在银幕上仅仅是一晃而过，甚至连脸都看不清楚，也还是让自己兴奋得心跳加速，兴奋得那天晚上好长时间不能入睡！

载于苏联《电影》杂志《光芒万丈》（东北电影制片厂1949年摄制）的剧照（右二为作者）

1948年冬季的哈尔滨是值得保存在记忆里的，它在我们的脑海里刻下了怎样做电影的最初印象。给我们未来的生活展示出一幅十分令人憧憬的前景，我们十分愉快地期待着新生活的开始。

十二　东影在兴山

是的，1948年的冬天，对我们文工一团前方队的所有成员来说都是不平常的，它让我们初次品尝了拍电影的滋味，把我们的清纯形象收录进新中国所摄制的第一部长故事片《桥》中永葆青春！

不久，我们告别哈尔滨，又登上东去的列车，穿过小兴安岭林区边缘绵延的丘陵地带，向着当时东北电影制片厂的所在地鹤岗兴山，进发了。

鹤岗，在小兴安岭东麓，是个丘陵起伏的地区。南面距佳木斯约百余华里，北面靠近黑龙江中苏边境，周围被兴山环绕。

当初，之所以将东北电影制片厂的厂址选定在盛产煤炭的边境山城，是因彼时彼刻我们所处的战时形势决定的。长话短说，1946年随八路军进驻东北接收日伪“株式会社满洲映画协会”（简称“满映”）的同志在完成接收任务后，脚跟尚未站稳，形势便有了新变化。国民党在美国的帮助下集结大军疯狂北进，在四平与我军展开激烈的战斗，严重威胁长春。因此，中共东北局紧急指示，要求电影厂尽快撤离长春，把全部人员和器材设备迁往哈尔滨，选择适当地址重新建厂。然而战势并不如人愿，在我军撤出长春后，国民党军队将会跟踪北进，战线仍然会逐步逼近哈尔滨。在这种事态下，东北局权衡局势，当即决定电影厂不设在哈尔滨，索性撤到远离前线的后方去，最终便选中了兴山（现今的鹤岗）。

我们在去兴山的路上，获知兴山是著名的大矿区，尽管没曾把它想象得特别美，但至少认为它总会是一个相当繁荣的市镇，然而现实使我们多少有些失望。这个在我们想象中的煤都和影城，既没有热闹的市镇，也没有迷人的北国风光，而是一个人烟稀少、荒凉冷落的穷乡僻壤。

但是，我们毕竟是战士，是奉命前来充实和壮大刚刚筹建起来的人民电影基地的战士。历史既然赋予了我们这样光荣的使命，我们当然十分自豪和骄傲。

1949年1月5日，是个值得记住的日子，那一天我们抵达了兴山，踏进东北电影制片厂的大门，成为实实在在的中国电影人。

当时，作为电影厂的唯一标志物，仅仅是坐落在空旷的荒原上的一座用木板条钉制，横额缀以“东北电影制片厂”七个红字的木制小牌楼。但是，能够跨进那个大门，其意义却非同一般！

时任东北电影制片厂厂长的袁牧之同志，在用马厩改建成的礼堂里举行的欢迎大会上，以极其热烈的语言表示了对我们的由衷欢迎。从那一刻起我们意识到，我们的命运将和人民电影事业的兴衰紧紧地联系在一起。

佳木斯，当时属于合江省，新中国成立后改为黑龙江省。在最初，东北局曾有过将东影落地于佳木斯的想法。据说打前站的同志到了佳木斯一看，日本人在溃败撤退时，烧毁了所有营房，到处是断壁残垣，找不到可以容纳得下一个电影制片厂的房子。最终选在兴山建厂，完全是历史的选择。那是在敌强我弱的势态下，不得不选择的战略转移。从新中国电影的发展史来看，当初这一战略决策是完全正确的。

兴山，在当时却是满目疮痍，并不比佳木斯好多少。据比我们更早来到兴山的同志说，当时只有矿务局的房子还比较完整。人们发现在矿务局办公楼旁有一座小学校的校舍，院子很大而且空无人用。距小学校不远竟然还有一个新修起来尚未投入使用的电影院。在它附近又发现一批日本人住过的平房式的所谓“官舍”，正好可以用来做宿舍。

当时的兴山，只有一个矿务局，市长就由矿务局的局长兼任。这位市长对于来兴山建电影厂，可以说是有求必应，而且是一锤定音，根本用不着层层报批和相互扯皮。用当初参加建厂的同志一句话来说，那真叫天遂人愿！

我们东北文工一团前方队来兴山报到的时候，电影制片厂已初具规模。长影在庆祝建厂三十五周年的时候，曾经放映过一部纪录片，其中忠实地记录了当初建厂时艰苦而又其乐无穷的日日夜夜。人们以当年在延安“自己动手，丰衣足食”的精神，像挖窑洞、纺棉花、开辟南泥湾一样，自己动手盖厂房、修宿舍，着手把小学校的教室改成洗印、录音等车间，电影院则做了摄影棚……一个虽然简陋但却可以正常生产的电影制片厂，就这样建立起来了。从此，我们有了在新中国诞生之前成立的第一个人民电影基地——东北电影制片厂。

历史给予东影人建功立业的机会，他们硬是在极其简陋的条件下，为人民电影事业创造了许多个不愧载入史册的“第一部”！

我们踏入东影之时，除了已经有了纪录片《民主东北》之外，第一部科教片《预防鼠疫》、第一部美术片《瓮中捉鳖》、第一部木偶片《皇帝梦》、第一部译制片《普通一兵》、第一部实验性质的短故事片《留下他打老蒋》等大都已经拍摄完成。摆在我们面前的任务是尽快地熟悉电影业务，并且参加东影第一批故事片的创作。

“革命军人个个要牢记，三大纪律八项注意。第一，服从命令听指挥，步调一致才能得胜利。第二，……”《三大纪律八项注意》这首歌，在部队的时候，我们不仅时时唱着，也在身体力行地实践着。到东影后，我们不仅依然坚持着早起跑步出早操、外出请假、按时归队等部队生活纪律，更重要的是还保持着革命军人的基本素质——服从命令听指挥。所以，进了电影厂之后，对于每个人的工作安排，完全是看当时革命的需要和组织上平时对你的了解，一旦确定下来，那就没有什么价钱可讲的了。所有的同志在面对重新分配工作表明态度的时候，几乎都是众口一词：“服从组织决定！”我当然也不例外，在通知我的定向是“去演员组报到”的时候，我的态度也是那句话，服从组织决定。

“去演员组报到！”那将意味是去做演员，是去做能够上银幕的电影演员！

当电影演员，这个在时下已成为多少少男少女梦寐以求的行当，在当时的我们看来，仅仅区别于在露天广场或者在舞台上直接面对观众去演出，并没有什么特别引人兴奋之处，不过是换换演出的形式，先用胶片拍下来然后再放映给观众看，仅此而已。因此可以说，我们是一代没有“明星梦”，不会做“明星梦”甚至也不懂如何去当“明星”的演员。

至于演什么戏，担当什么样的角色，则根据需要全听组织分配，道理很简单，因为那是革命工作。还有这样的时候，建厂初期，人员配备并不十分齐全，有时因为录音需要而被借去临时充当歌队员或乐队演奏员。这种情况时有发生，反正都是革命工作，去就是了。战争时期的文工团员，大都是一专多能，只要是工作需要，那就没得说了，确实是招之即来，来之能战，战之能胜。

在离开兴山之前，我们这批刚刚跨入电影界的文艺兵，十分陶醉于能有机会学习电影，除了苏联影片《西伯利亚交响乐》《乡村女教师》《普通一兵》之外，还可以看到从“伪满映”接收过来的老德国影片，诸如《舞蹈会之夜》《蓝衣天使》《蒙泰卡罗之火》等。而且有些影片还是不止一次地反复看，用以加深印象。创建人民电影事业的先驱人物袁牧之、陈波儿等同志的电影讲座，更使我们茅塞顿开，使我们初步知晓电影是一种包容诸多艺术门类的综合艺术。

那时的东影演员科宛如一个表演艺术训练班或研究所，时任艺术处处长的表演艺术家陈波儿直接领导我们这些初踏影坛的演员们。在理论上崇尚俄国表演艺术家斯坦尼斯拉夫斯基表演体系，实践上强调体验生活和深入角色。

我们这批刚从前线下来的文艺战士很快就发现，电影厂里的有些活动是当时的我们所看不惯的，譬如每个周末所举行的跳舞晚会。

在兴山的时候，文艺活动比较贫乏，除了能偶尔看到当时苏联的影片外，便是在老式电唱机播放出的音乐伴奏下的交谊舞会了。我们这批生荒子哪里见过这等场面，用我们当时的话来形容：“男男女女，搂搂抱抱地勾肩搭背磨肚皮，像什么样儿！”

于是，我们“纯洁”得可爱的几个小兵，就开始恶作剧了。年头久了，已经记不起是谁想出的“高招儿”，把我们扭陕北大秧歌，打安塞腰鼓的锣鼓镲等家什搬了出来，按照锣鼓经“呛得隆咚呛”地敲了起来。

您想，隔壁舞厅里小小电唱机的声音哪里敌得过锣鼓镲的音响，再加上故意地把节奏敲得忽快忽慢，用不了多大工夫，就把他们的舞步给搞乱套喽！看着他们踩脚的踩脚，磕绊的磕绊，简直开心极了，哈哈……

十三　东影回长春

为什么在这一节用了“东影回长春”这么个题头？我还是本着长话短说的原则，略叙缘由如下：

1945年日寇投降前夕，统治伪“满映”的日本军国主义分子甘粕正彦，曾企图密谋用焚烧大量胶片引发火灾的办法，来毁灭伪“株式会社满洲映画协会”的财产和职工的生命。阴谋败露未能得逞后，日寇又勾结国民党反动派，企图将“满映”移交给国民党特务分子。厂内的爱国职工迅速及时地与中共组织取得联系，发起组织了东北电影工作者联盟，展开了护厂斗争。

1946年4月，对长春施行军事管制的苏军撤离，我东北民主联军及时地解放了长春。根据中共中央指示，田方、许珂、钱筱璋及袁牧之等人先后来长春执行接管电影厂的任务。

遗憾的是，由于东北战局的变化，电影厂被接管后还未来得及开展工作，便不得不进行迁厂撤离。直至1946年10月1日，人民电影的第一个制片基地——东北电影制片厂（简称东影），在兴山宣告正式成立。所以，我们有理由说，1949年我们再回长春，已经不是当年来接收伪“满映”，而是重回故地，将在边境城市兴山建立的东北电影制片厂迁回到长春。

当时的电影厂地处长春市西南郊区，远非今日之闹市。20世纪40代末的长春，气候似乎远比现在寒冷得多，尽管我们回到长春的时候已近阳春三月，然而乍暖还寒，站在现在已是长春著名商业区红旗街的地方向西南望去（红旗街当时被称作洪熙街），眼前是一片白茫茫的雪原，身后到处是残垣断壁，一片废墟。用东北话来说，那不是完整的建筑，而是一堆没有屋顶也无门窗的“破房框子”！之所以成为这般残状，是因为在被我军围困时期，国民党守军断粮缺薪，将郊区建筑拆毁，把房屋的木质门窗及房顶梁柱等通通拆下来用来烧饭取暖给烧掉了。

二十世纪五十年代初期，东影在拍摄诸如《人民战士》《保卫胜利果实》等有战争场面的故事片的时候，就对那片废墟来了个废物利用，营造出真实无比的战争环境和气氛，这是后话。

1949年年初，通往电影厂的路，国民党控制长春时期被命名为“影城路”。我站在“洪熙街”十字路口向右边看，“影城路”的路标依然还在，但通向电影厂的柏油马路却被挖开并被深埋在地下的一排两层密密的铁管子隔断。那一段“铜墙铁壁”，仅仅留了一个可以并肩通过两个人的铁栅栏门，那就是我军围困长春时国民党所设的“卡子”。电影厂则地处“卡子”之外，成为国民党军队守卫长春的一个非常重要的军事据点。越过制片厂再向前至现在的“宽平大路”之间，原本通畅的马路又被一排深沟和“铜墙铁壁”隔断。那就是当年进出长春的第二道“卡子”了。那座后来被作为东影第一宿舍的伪“满洲国赤十字医院”大楼，则孤零零地坐落在第二道“卡子”之外。

为了军事需要，电影厂里的许多房间均被国民党军队掏洞打通，室内设施一片狼藉，二楼走廊则堆满垃圾甚至粪便……这个曾被称为亚洲规模最大的电影制片基地，已经被糟蹋和破坏得不堪入目。主建筑周围到处堆放着被我军工兵清理出来的一堆一堆的尚未引爆的地雷，厂区内“小心地雷！”的警示牌仍然随处可见。

以上便是1949年2月末，我们作为进驻原伪“满映”旧址电影厂的首批人员，回到解放初期的长春后在电影厂故地所看到的一切。

十七岁时的作者

战争造成的破坏还来不及恢复和重建，可以说是满目疮痍。公共交通基本上不存在，大街上行人稀少，店铺冷落，一片萧条景象。据先我们来长春的同志说，出于安全上的考虑，建议我们先不要进驻电影厂。

同时，鉴于我们已应长春市政府之邀，答应借国际三八妇女节的机会为长春市民搞一次慰问演出。于是，我们这批人便被安排暂时住进“伪满”时期所建的“新京公会堂”，即解放后更名为“艺术剧场”里面。

那是一次以东北电影制片厂名义的演出。当时的长春正处于百废待兴之际，除了刚刚迁回的东影之外，根本没有其他文艺团体。所以，尽管演出的仅仅是一些《小放牛》《全家光荣》和小合唱之类的小节目，也给长春的国际三八妇女节增色不少。那次演出，与其说是为国际三八妇女节助兴，不如说是向长春首次亮出了“东北电影制片厂”这块牌子，同时向长春市民宣布：我们回来了！

不久，东影成立了继《桥》《回到自己队伍中来》之后的第三个长故事片《光芒万丈》摄制组。我们首批回长春的原东北文工一团前方队的同志大都被分配到这个摄制组，我也在其中。

故事片《光芒万丈》是反映电业战线的老模范刘英源的英雄事迹的。由陈波儿编剧，许珂导演，由张平、张琪、王炎等主演。我们其他人则在该片当中分别扮演发电厂的工人和家属。虽然在影片当中扮演的仅仅是群众角色，但因为是第一次正式地参加电影摄制组，所以一切都是那么新鲜，心情也就常常处于激动不已的状态。

摄制组成立的时候，我们搬回电影制片厂，成为长春解放后住进“小白楼”的第一批客人。这幢后来在中国电影界颇有名气的“小白楼”，原本是“伪满”

治安部大臣于琛征的别墅，地处制片厂的东北角。这是一幢屋顶为赭石色琉璃瓦，外观通体为白色的二层西式小楼，所以大家习惯地称它为“小白楼”。我们进驻的时候，楼内奇脏无比，庭院破乱不堪，垃圾成堆，所以进去以后第一项任务便是打扫卫生，清除垃圾。当时之所以住进“小白楼”是因为，在制片厂主建筑群之外，再也没有可供几十人居住的地方。在主楼通往“小白楼”的路两边，倒是有几排红砖建筑，但都已成为没有门窗、没有屋顶的断壁残垣。这种景象，更凸显制片厂的孤陋和破败。

因为楼内原有的铁床不够用，部分同志不得不打地铺，有的索性睡在壁橱的拉隔里面。战争时期培养了人们极强的适应能力，再艰苦的生活条件，在充满乐观主义的人们眼里也算不得什么，甚至还能苦中找乐。例如用“抓大头”的方法让被“抓”的人去很远的地方买爆米花，然后大家一起享受。如前所述，当时的长春几乎没有任何公共交通工具可以利用，从“小白楼”到可以买到爆米花的市区站前艺术剧场，往复大约有十七八公里路程。被抓的那个“大头”居然能徒步走去，然后夹着一面袋买到的爆米花招摇过市地再徒步走回来，最后大家你抢我抓尽情地大嚼特嚼，在当时那是何等的惬意！放到现在，就是有一席鱼翅鲍鱼大餐等在那里，恐怕也不会有人甘愿徒步往返那么远去赴宴的。

我们那时真年轻啊！

因为年轻，所以闲不住。《光芒万丈》摄制组的景地是长春市郊的火力发电厂。在完成拍摄任务的空闲时间里，我自己就常常钻进没有照明的小礼堂（后被称为第 12放映室）里面去独自享受清闲。小礼堂的舞台上有一架小三角钢琴，虽然键盘上的个别键已然破旧，但是音准仍然奇佳，故而在那里我可以自弹自唱。我那一手弹得并不怎么样的钢琴，就是在那个时候练出来的。

青少年时期对于文学、音乐的兴趣，中老年时期对于书法、绘画的喜好，几乎占了我整整一生的业余时间。我不敢说自己在上述方面天资睿敏，但的确有发自内心的愿意研习的兴趣。中国画论中《芥舟学画编》中的“酝酿”一节，对我一生的艺术积累影响极大，文章中的一些文字几乎成了培养自身素质的“座右铭”，如：

> “有毕生之酝酿者，有一时之酝酿者。少壮之时兼收并蓄。凡材之堪为吾用者，尽力取之，唯恐或后，唯恐不多。若少缓焉，其难免失时之叹。及至取资已富，别择其精，则当平其心气，抑其才力。以求古人之所以陶淑其性情，而自成一种气象者，又不在于猛烹急炼之功。是则一生之酝酿也。”

说得多么好啊！将“凡材之堪为吾用者”采取拿来主义“尽力取之”，经“兼收并蓄”而后“别择其精”，最终达到触类旁通，厚积薄发，“自成一种气象”，对于一个有志于创作的艺术家来说，那是何等可贵的一种境界！所以，对于这一段话，我始终铭记于心。

说起来有趣，1992年时任长春电影制片厂党委书记，后调任国家广播电影电视部副部长以及中国文联党组书记的赵实同志，在一次谈话后，就曾要我把上述那段关于艺术积累的妙语写给她，也说那是一种难求的境界。

这绝对不是自夸，我自信父母给了我一双辨音能力极佳的耳朵，它极有助于我的视唱水准。在当时的东影演员科，我在音乐方面的识谱和记谱能力，可以毫不自谦地说是比较突出的。在业余时间，喜欢唱歌的同志常常聚集在我的周围，大家一起学唱苏联电影歌曲。而那些电影歌曲，往往就是我看了新电影后追记下来的。

当岁月进入20世纪50年代，我甚至想过转行去搞音乐。如果不是由于恋爱对象的影响，我的一生也许真的与我喜爱的音乐连在一起了。

十四　事业与爱情

20世纪50年代初，东北电影制片厂（以下简称“东影”）的演员组已经因从各野战军文艺团体调来诸多骨干力量而获得充实和壮大，它的编制名称由演员组变为演员科。当时，位于长春宽平大路的原“伪满洲”赤十字医院大楼已经成为东影的第一宿舍。得益于解放初期的特殊情况，进驻长春的许多单位都在“跑马占荒”式地扩张各自的领地，作为新中国第一个电影制片生产基地的东影，自然受到格外的照顾。在中共中央“全党办电影”的号召之下，分散在全国各解放区和港澳地区的文艺工作者及电影专业人员，不断地被吸纳到东影。随着东影人员编制的不断增长和扩大，东影的宿舍也相应地不断增加，形成了以制片厂为中心向外辐射的生活区。从俗称“满赤大楼”的第一宿舍算起，相继建立了东影第二、三、四、五……乃至第十、十一、十二宿舍。

当时的东影演员科，已经占了一宿舍的整整第四层楼。五楼则是演员科专用的练功房。在练功房里配有钢琴和肋梯、把杆儿、划船器、拉力器、鞍马及跳箱等健身器械。虽然与如今流行的时尚健身俱乐部相比还相当简陋，但是在当时，有那样的练功房已经是非常令人羡慕的了。于是，演员科的成员除了每天清晨照例出早操之外，又有了由专门形体老师指导的练功课。当时的东影演员科很像一个表演艺术进修的团体，它的成员除了被选中主演某部影片而参加摄制组生活外，其余留在科里的成员平时有两项任务：首先是工作——即全力保证全厂各摄制组对群众演员的需求，由演员科统一调度。在生产繁忙的季节，留守在家的演员，有可能上午去甲摄制组扮演八路军战士，下午赴乙摄制组去扮演国民党军官，到了夜班的时候，他又可能被丙摄制组调去扮演工人或农民了。我们当时习惯地把这种“跑龙套”式的工作称之为“出群众”；其次是学习——即有计划地组织业务讨论，内容包括以斯坦尼斯拉夫斯基所著《演员自我修养》为主的表演理论学习，排练小戏以及影片观摩，等等。除了上述活动外，在生产空余时间，还分组、分批地深入工厂农村或部队去体验生活……总之，20世纪50年代的东影演员科充满生机，朝气蓬勃！

何以见得？在东影迁回长春的初期，它就把自己的发展与长春市的建设捆绑在一起，并用自己的影响把东影塑造成长春市的标志性企业。

在长春市的公共交通尚未完全恢复的时候，东影居然自筹资金铺设了从自由大路到红旗街，再从红旗街到宽平大路的有轨电车轨道。这样，东影的职工凭着胸前佩戴的厂徽，便可以免费乘坐有轨电车，甚至方便到可以招手即停。作为东影的职工，是何等的神气啊！东北电影制片厂，已经是一个令人十分羡慕而又难以进入的工作单位了。

创作环境和生活条件的不断改善，极大地促进了影片的创作和生产。东影，这个年轻的人民电影制片生产基地，在共和国成立后的一年时间里，竟然以年产十三部故事片的辉煌战绩，把一度垄断中国电影市场的美、英电影赶出新中国的银幕。并且，东影在20世纪50年代便因创作生产出《赵一曼》《白毛女》《中华儿女》《钢铁战士》等著名影片而享誉海内外。

对于刚刚诞生的新中国来说，东影在文化建设方面的贡献是突出的，东影的每一位职工，都掩饰不住发自内心的喜悦，我当然也不例外，但是，我的内心深处却有某种程度的丝丝隐痛——它使我平生第一次体验到了失眠的滋味。

20世纪50年代成长起来的许多青年，几乎没有人没读过奥斯特洛夫斯基的《钢铁是怎样炼成的》那部小说，也几乎没有人不熟知书中通过主人公保尔·柯察金讲过的那段著名的人生警句：

> 人最宝贵的是生命，生命对于人只有一次。一个人的生命应当是这样度过的：当他回首往事的时候，不会因为虚度年华而悔恨，也不会因为碌碌无为而羞耻；这样，在他临死的时候，他就能够说：我的整个生命和全部精力，都已献给世界上最壮丽的事业——为人类的解放而斗争。

1950年，刚刚年满18岁的我，不仅把这段掷地有声的话语誊写在日记本的扉页上，而且牢牢地记在心中用于自勉。我和同时代的年轻人一样，十分赞赏那些话语，但绝对不是简单地欣赏，而是把它作为座右铭来审视自己，我是否在虚度年华？我是否沉湎于碌碌无为而不自觉?

我已经由一个少年向青年过渡了。作为演员科的基本成员，在东影早期的故事片里面都可能找到我的影子。之所以称之为“影子”，是因为你要费很大力气才能在众多的群众场面中“找”到，假如你想找的话。如《中华女儿》《赵一曼》中的游击队员，《人民战士》《保卫胜利果实》中的小通信员和警卫员，以及《卫国保家》里的群众角色，等等。总之，虽然我和一些同志一样，日以继夜、毫无怨言、全身心地投入工作，但所担当的仅仅是一些有你不嫌多、无你也不嫌少的毫无建树可言绝非可称为“角色”的角色!

人们常说：一个不想当将军的士兵，绝不是个好士兵。那么，一个不想当主演的演员，会成为一个好演员吗？！

我开始意识到，以从事电影表演艺术的角度来要求，自己当时所处的年龄段是非常尴尬的。我必须实事求是地面对生理上的及体态上的变化，面对由少年向青年转化过渡期给我带来的绝对不利：形象上的局限，使我演成年人嫌小，演小孩儿又嫌大，一种老少都不宜的“青黄不接”年龄段。这是多么令人尴尬的处境!

我自信，自己还不是一个毫无表演天赋而硬要当明星的人。但是，追求生命价值，要让自己的生命充满光彩的愿望强烈地激励着我，不愿继续去过那种“为虚度年华而悔恨”的日子，更不想去做那种待到“回首往事的时候”，方才明了“因碌碌无为而羞耻”的人。

你必须有所作为！我在心灵深处对自己大声地呐喊。

人世间，不可能有不付出代价的成就，任何人，对他渴望的事业都是要付出代价的。为了能够在银幕上真正体验到创造角色的喜悦，当然，我也可以等下去，因为人总归会长大的，但代价是要假以时日。然而我更清楚，假以时日地等待，无疑于满足无作为地混日子，那岂不是对生命的不负责任，岂不是对青春年华的无端浪费！

我承认，在我生命处于那段“青黄不接”的时候，我耐不住寂寞了。我要摆脱令生命处于“碌碌无为”的窘境，重新为自己寻找或开辟一个可能有所作为的天地。于是想到了我自幼便情有独钟的音乐，内心深处萌动着想成为音乐作曲家的憧憬……但是，最终我还是没有搞成音乐，那是因为我的生活中发生了一件足以改变我一生的故事——我恋爱了。

1951年继刘青山、张子善“新中国第一大案”之后，在政治经济领域里全国范围内开展“三反”“五反”运动。当时，东北电影制片厂已更名为长春电影

姜欣和友人（右为姜欣）

制片厂，虽然它是文化单位，也毫无例外地“运动”起来。不过，“运动的重点”是行政、后勤，特别是与供销、采购有关的部门，因为他们离不开钱和权。像我所在的演员科这般文人集中的单位，不敢自称“一身正气”，但却可以说是“两袖清风”的人就成为当年“打虎队”的最好人选。于是，我和许多同志一样，被编入了“三反”工作组。

“三反”工作组在厂党委组成的“三反运动办公室”的直接领导下开展工作，为了保证它的客观公正性，其组成人员是来自全厂各个单位，大家混编在一起。正是由于这种混编的机制，使我有可能接触到演员科以外的同志。也许这就叫缘分吧。在这个时候，我认识了原本属于摄影科照相组的姜欣同志，而她后来成了我的爱人。

姜欣，山东黄县人（现龙口市），1947年参加革命工作，毕业于东影第三期干部训练班。毕业后，她被分配到隶属摄影科的照相组工作，其直接领导，是后来调到中南海专为毛主席拍照的女摄影师侯波。

我与姜欣同志因参加“三反”工作组而从相识到相爱，完全是彼此逐渐倾心式的自由恋爱。没有父母之命，也没有媒妁之言，因为我们两人在当时都已经是父母早丧的孤儿。也许这种相同命运，驱使我们不仅选择了共同生活，而且认定了彼此是各自生活中的另一半。

20世纪50年代的我们单纯得很，加之都是自幼便参加革命，头脑也简单得很，没有那么多风花雪月，在求爱的时候甚至连一句“我爱你”都不会说。记得我在恋爱时对姜欣说的第一句话是：“姜欣，我们做个朋友吧！好吗？”姜欣回答我一句：“你在演员科的朋友还不够多吗？”把我给呛在尴尬之中。于是我们在“要好的朋友”“不是一般意义上的朋友”“可以视为亲人般的朋友”等概念上磨嘴皮子，方式实在是枯燥而又原始，但实际上却在互相表达着爱意，并且最终确定相互认可对方为“特殊朋友”的恋爱关系。

在解放初期的部队里，谈恋爱的资格限定是极其严格的，必须够“二八七团”的条件，即：二十八岁、七年党龄和团级干部。20世纪50年代的电影制片厂虽然不是部队，但在那个时候，谈恋爱也是需要报告组织并必须获得组织上的批准同意的。我和姜欣的恋爱关系，当然也不例外，同样要报告组织备案。

青年时期的作者与妻子姜欣（1954年摄于北京颐和园）

我们确定恋爱关系后，我与姜欣之间的一个很重要的话题是，我还要不要继续留在演员科。就在我还举棋未定的时候，从厂的人事部门传出一个信息，说准备调我去厂的保卫科工作。这个信息，成了敦促我尽快决定未来何去何从的催化剂。

一般说来，能够被选中去从事保卫部门工作，固然也不错，说明组织对我在政治上的信任。但说心里话，我对搞行政工作实在缺乏兴趣，因此，这个信息对我也就没有令人心动的吸引力。更何况，无论是我个人还是我当时的恋爱对象姜欣同志，都不想把我的未来寄望于仕途。在这一点上，我们俩的想法是完全一致的。但是，当我把非常想去搞音乐的想法告诉她的时候，我们之间却有了分歧。按照姜欣的说法，如果我坚持要改行的话，那么，她非常希望我能去从事电影摄影专业，用她的说法，这样我们之间在一起便会有更多的共同语言，在业务上可以互相切磋，共同进步，那将是何等幸福的事！

当一个人处在恋爱季节的时候，恋人的话是最容易打动人心的，也是最有分量的。我是一个凡人，自然也做不到例外。姜欣的话深深地打动了我，我从她对我们未来生活的设计和憧憬中，第一次体验了两人世界的甜蜜和温馨。尽管我们那时还仅仅是刚刚处于恋爱阶段，但一旦你意识到，在这个世界上已经有一个人将她的命运与你捆绑在一起的时候，在获得幸福感的同时，你会发现，自己的肩膀上突然增加了构筑两人世界的责任感。那时，你的一切决断都不再仅仅是你一个人的事，而是在创造共同的生活以及决断未来两个人的整体命运。

感谢我未来的爱妻，在事业选择上如果当时没有她在我身边相助，我不会那样毅然决然地由演员转向电影摄影，而如果那时没有转向摄影，也就不会有我后来的一切。

当我将自己改专业的申请报告递交给组织，请求由演员科调往摄影科的时候，时任生产厂长的袁小平同志告诉我一个令人振奋的信息：中央已决定在新建的中央电影学校里设立电影摄影系，你如果愿意，可以报名去北京学习，那样，就不必去摄影科通过当摄影助理的途径发展，而是去电影学校学习，成为电影摄影专业的第一批科班生 。袁厂长的一席话，为我打开了一扇通往专业知识王国的大门，使我兴奋得几乎跳了起来！我当即表态：“袁厂长，我愿意去电影学校，保证努力学习，争取做新中国自己培养的第一代电影摄影师！”

“好啊！不过，姜欣能放你走吗？小心她要扯你的后腿。”袁厂长还与我开了个不大不小的玩笑。

如前所述，20世纪50年代，谈恋爱是需要向组织汇报并且要得到批准的。通过这种方式让组织在政治上给“把关”。如获准，那就可以放心大胆地继续谈下去，如不获准，那对不起了，不论你谈得怎样热烈，爱得如何死去活来，那也得就此打住。袁厂长是通过我早先打的报告，知道我与姜欣的恋爱关系，所以才有上面的玩笑。

不久，我荣幸地获得通知：尽快去北京，到中国刚刚组建的电影专业唯一的最高学府——中央电影局电影学校去学习。

十五　难唱的“摇篮曲”

20岁时的作者

1952年9月2日，我离开了哺育我进入影坛的新中国电影摇篮——长春电影制片厂，步入另一个摇篮，新中国电影教育的摇篮——中央文化部电影局中央电影学校（后相继更名为北京电影学校、北京电影学院）。

那一天，我与演员科的李慧颖同志同行，她是被调往电影学校去当老师的，而我则是去我国电影学校中第一个电影摄影专修科去学习深造。

由长春车站始发的60次列车还未开动，演员科来为我们送行的朋友们对我俩千叮咛万嘱咐，希望我们能以优异的成绩回报大家的期盼。我们相互热烈地拥抱、紧紧地握手，没有人注意到把我的恋人给冷落在一边。我的爱人姜欣，站在人群外的一边，默默地流泪，经历着她与初恋爱人的第一次别离。

“哎，别哭啊，姜欣。这样，常彦该舍不得走啦！”记不得是谁喊了一声，在一片起哄声中，人们把我推搡到姜欣面前。

那一刻，我们相对无言，一时间不知说什么是好，头脑里一片空白。我望着她饱含泪水的眼睛，终于伸出双手，左手抚慰她的肩膀，右手轻轻地为她拭抹去腮边的泪水，用只有她一个人才能听到的声音轻轻地在她耳边说了一句：

“等着我吧，我会回来，不过要等待……”

我感觉到我的声音颤抖，喉头一阵抽搐，姜欣则不停地点头，任凭泪水默默地流出，口中念念有词地重复着两个字：“我等……我等……”

这是一对热恋着的人的第一次别离，这是彼此看重的一对亲人的别离，这是一对相依为命的人的别离，又是两人共同选定并甘愿忍受思念痛苦的一种别离。

相对无言，一切尽在不言中……

“呜……”蒸汽机车头的一声吼叫，打断了离别的惆怅，把人们的情绪重新又拉回彼此激励的祝愿和祝福当中。

在发车铃声的催促下，去北京的列车终于缓缓起动。我心爱的姜欣跟着列车疾步紧跑，招手喊着：“常彦，来信啊！我等着！”我明白并且十分领悟她所喊出的“我等着”，绝不仅仅指的是书信！

“常彦！”慧颖同志的一声招呼，打断了我的思绪，她说，“看得出，姜欣和你的感情是很深的。不然的话，她不会这样的动情！”我苦笑着答了一声：“是的。”一时间，真的不知该怎样描述我当时的心情。为掩盖心中的不平静，我把慧颖同志襁褓中的小儿子接过来抱在怀里，慢慢地向她叙述我与姜欣相识与相知的过程。我们谈得是那样投入，以致慧颖大姐忘记了给孩子把尿，她的宝贝儿子在我的怀里足足地尿了一大泡。

从长影那个新中国电影的摇篮进入电影学校这个电影教育的摇篮，是我人生旅途中的又一个最重要的拐点。多少年来，我仿佛常听到一个声音，有时很遥远，有时又近在耳边，那就是姜欣在当年对我的期望：“你去吧，我坚信你一定会成功！”我当初是多么想把那一支电影“摇篮曲”唱得动听一点啊！

大凡上过学的人，都不会忘掉培育过他的母校。对每一个走出校园的学子来说，母校是神圣的、亲切的、难忘的。母校在每一个学生的心中播下知识的种子，培养良好的风范，与学生建立起一种特殊的精神联系，一种难以割舍的精神“血缘”。

在后来的年代里，凡是北京电影学院毕业出来的同窗学友，在相遇寒暄时几乎都打招呼地问一声：“你是第几期的？”在他们的眼里，北京电影学院俨然是中国电影的“黄埔军校”，所以，我有时便诙谐地回答：“我是‘电影黄埔’一期！”如此，便一下子拉近了彼此的距离。不过，那时的“电影黄埔”还不叫电影学院，而叫中央文化部电影局中央电影学校。

新中国成立后的第二年即1950年，为了培养与电影有关的专业人才，在老一辈电影表演艺术家陈波儿的倡导下，首都北京筹建了这个中央电影学校的前身——中央电影局表演艺术研究所。这个研究所位于北京西城石老娘胡同四号，那是一座两进的四合院儿（据说曾是军阀张宗昌的公馆）。1952年扩建的中央电影学校，则位于新街口豁口外，严格地说，当时那里还是一片工地。

一幢灰色的两层筒子楼，鹤立鸡群般地立在几排红砖简易平房的一端，那就是学生的宿舍楼。学校周围依然是一片农田，附近的唯一景色是北京的古老城墙，护城河以及巍峨的德胜门城楼。至于教学需要的摄影棚、放映厅、剧场等还刚刚在打地基，或还停留在建筑图纸上。

难道这就是中国电影专业的最高学府？

针对入学新生的思想状态，学校的政治部主任曾不无风趣地说：“同学们来校之前，一定认为电影学校应该是进门有喷泉，两边是花园，天天看电影，顿顿吃西餐。结果呢，进门一片砖，砂堆满庭院，饭厅看电影，吃饭大碗端。”写到此处，我似乎依稀还能够听到这调侃在当年获得的开怀笑声。

北京人按传统把那个地方叫“小西天儿”，从北京站接送我们的三轮车师傅又告诉我们，说那个地方又叫“公主坟儿”！

“真丧气！”我当时心里想：怎么上学竟上到“西天”来了，而且还又是什么什么“坟”，真是不怎么吉利！冥冥之中我预感到，这是一个需要我玩儿命的地方，是一个我不死也要被扒层皮的地方。

当年，国家为了有计划地培养各类专业人才，高教部对高考制度进行了改革，由各大学分别招生改为全国高等院校统一报考，并根据志愿和需要进行统一分配。所以，慕电影之名而来的多数同学，是当年的应届高中毕业生。而我，则是班里少数几个调干生中的一个。所谓调干生，即从各种工作岗位经组织调动或推荐而来校的在职干部。 调干生的长处是，他们较刚走出中学校门的同学有较多的社会知识和经历，但他们的共同弱点，则是文化程度低，基础知识底子薄弱。

如前所述，在参加革命队伍之前，我的文化水平仅仅是六年高小毕业。而现在即将进入的摄影专修科，其课程中必须涉及的数、理、化，都是我闻所未闻，更不要说那些我根本不认识的英文字母和以它为代号的各类计算公式了！

记得学校为我们开设的基础课有“电影技术概论”“电影艺术概论”“文学概论”“新闻学”以及“绘画基础”等科目。在当时，电影学校毕竟尚处于初建阶段，不要说与名牌大学如“北大”“清华”相比，就是与其他高等院校相比，无论教学设备、教学条件以及师资配备等各方面，都显得十分简陋和匮乏。

前些年，我接待了来自北京电影学院的三位研究生，他们是为庆祝学院55周年华诞做准备而专程来长影访问的。交谈当中，我向几位年轻的学友回忆了我们这些号称“电影黄埔一期”的学长们，当初是怎样在几乎近于原始的条件下进行学习的。学友们听得兴趣盎然，他们共同的反映是：那是真的吗？简直不敢相信。我所讲的一切，对他们来说，应了四个字——匪夷所思！

电影摄影系，理所当然地应当有摄影技巧课，但我们实际上讲的只能算作照相技巧课。原因很简单，我们没有电影摄影机。在最初讲授电影摄影机操作课的时候，难坏了主讲老师，他们甚至只能求助木工师傅按“埃姆”的外形，为我们做几个木头的手提式“摄影机”，拿它去练习推、拉、摇、移的拍摄动作。 因为没有电影摄影机，在很长一段时间里，我们只能用照相机代替摄影机来完成作业。至于大型电影摄影机，那更是绝无仅有，当时学校仅有一台维纳斯型号的摄影机被视为宝贝。上课时，由助教架好机器、接好电源，然后让学生轮流通过取景器看看接通电源后转动的画面，就算体验了做“摄影师 ”的滋味了！

好在我进校前就已熟知电影厂的实际拍摄情况，见识过各种型号的摄影机，所以，也就不那么心急火燎地急于夹住机器摇柄，去过过所谓“摄影师”的瘾了。

人们说电影摄影师是用电影胶片“堆”出来的，这话有一定道理。没有消耗大量胶片的实际拍摄经验，是培养不出好的摄影师的。我们那时不要说用摄影机拍摄作业，就是用照相机也只能是三个人共用一台苏式的“基辅”照相机。至于胶片供应，就更显得捉襟见肘了。每个作业三人只发给一尺半，即半个胶卷（相当于摄影机转动一秒所耗的胶片长度）。可怜的一尺半胶片分到每个人头上，只够拍五六个画面。那真是举轻若重，每按一次快门都要三思而后行啊！

专业课和专业基础理论课也显得比较薄弱。实事求是地讲，初建的摄影专修科除摄影物理、摄影化学、摄影电学、电影技术与感光材料等课程，还有比较系统的教案、教材外，其余的专业创作课始终没有较完整、较系统的教案和教材，也没有固定的专业老师。即便属基础课范围的如光学物理、光学镜头等科目，对于刚从应届高中毕业而来的同学来说，他们认为缺乏应有的高度和深度，他们觉得“吃不饱”！为此，有的同学还正经地闹过一阵子情绪，少数同学甚至闹到高教部去讨说法，问：为什么大学不像大学，专科不像专科？教学高度和深度不够，是不是为了迁就文化低的调干生？我们是来读大学的，不是陪他们来混大专文凭的！如此等等。

学友们当然有理由表达他们对学校有关教学方面的意见。但是，当获知他们把与我等同窗视为“迁就”，甚至指控我们是来“混文凭”时，在内心深处禁不住有一种隐痛，有一种被羞辱的感觉。

在人类的一切活动中，即使是在同一种条件下，也会因为种种原因使彼此间产生差异，并且分出上下高低。但是，他们在人格上应该是平等的。在一个群体中，假如你被人认为是一个滥竽充数者，是一个落后的标志物，是一块阻碍人们前进的绊脚石，那是极其痛苦的。我意识到，改变这种处境不仅是对我能否完成学业的考验，同时，也是对我性格和心理承受能力的一种磨炼。

在入学的初期，我以较早便已参加革命队伍的经历，被公开选举为中央电影学校的学生会主席和校共青团团委副书记。在选举前，包括我在内的候选人的生平经历，都张贴在宿舍楼的墙面上。彼此尚未熟悉的学友相互探询，哪一个是常彦？那感觉是既兴奋而又责任重大。在我最终当选的时候，我曾暗暗发誓，一定要学出个样儿来，不辜负拥护我的学友们对我的信任；不辜负远在东北的恋人和战友们对我的期待。

然而，我还是低估了我面临的困难。摄影专修科的有些课程，对于来此就读大学的应届高中毕业生们来说，他们觉得“吃不饱”，而对于似我这般的“调干生”却真的早已是“消化不良”了！

那是怎样的日子！眼望着黑板上书写的化学分子式，看不懂；耳听着老师的讲解，如同坠入云里雾里，分不清个数。两眼发呆，头脑混沌，笔记不知如何下手，唯有香烟一根接一根……我曾经向访问我的年轻学友们这样来形容当时的尴尬形象；告诉你们，我甚至后悔，当初改行时为什么没有直接去摄影车间当助理，而是不自量力地来北京读什么大专！

说实话，假如没有我在“文艺理论课”“电影艺术概论”以及“文学概论”等方面的相对强项，在成绩面前多少为我找回些许平衡，找回一些面子，那我简直就该去死了！

进入学校的第一学期，我的学习成绩是畸形的：仰仗入学前曾较长时间在文艺团体深受培养和熏陶，在“电影艺术概论”和“政治理论基础”等方面我还能够挺起胸脯昂首走路，可在摄影专业的几门主科的成绩表现上，就使我抬不起头来，真的是无颜去见江东父老了。在一个短时期里，我几乎难以承受功课给我带来的压力，而不甘人后、不服输的好胜心理，又增加着并不十分健康的思想负载。我失眠了，而且不是一般的失眠！

严重的时候，超剂量地服用“冬眠灵”之类的安眠药物，竟然也不能使我安然入睡。两片、四片，甚至后来增加到八片、十片“冬眠灵”入口，虽然感觉到药物在发挥作用，搅得血液向脑际“轰轰”地冲击，使人一阵阵昏迷，但就是睡不过去！一次，在通宵未睡的第二天，靠勉强支撑答完试卷后，居然来不及在试卷上角完整地签上自己的名字，便伏在书桌上鼾声大作了。

后来我得知，课堂上先是一阵哗然，接着是一片唏嘘。这情况很快被反映到了校领导那里，说："常彦崩溃了！"

时任校长的白大方同志是我熟知的从东影调来的老干部。他是一位把一生都献给电影教育事业的园丁。从1947年开始，他就在东北兴山、长春两地，为东影连续举办过四期近七百人的干部训练班。我远在长春的恋人姜欣，便是他领导的第三期训练班的学生。新中国成立后，他挂帅中央电影学校，成为名副其实的北京电影学院的重要奠基人之一。

"怎么搞的，小小老同志！把自己弄成恁个样子！？"白大方校长把我叫到他的家里，操着浓重的乡音调侃但却是心疼地问我。平时，每当我以学生会主席身份在校务会上与他相遇，他也总是调侃地说："常彦可是个小小老同志，听听他的意见。"现在，因过量服用安眠药物导致熟睡课堂的事惊动了他，他详细地过问了我的学习情况……

"心急，我理解，可也不能一口吃出个胖子来呀！有些课一时跟不上，不要紧，慢慢来。不要有自卑心理，党既然把你送来深造，就说明相信你能完成任务，要科学地解决实际问题。心急是吃不了热豆腐的！"那时，还没有去看心理医生一说，白大方同志动情地剖析，缓解着我因学习负担过重引发的心理障碍。

"你这个小小老同志，千万不能再靠服用安眠药睡觉了。那个'买卖'不行！"（山东方言里常用"买卖"一词泛指一切事物）。临别前他叮嘱他的夫人孙莲清把珍藏的一段老山参找出来给我，要我拿回去煮水喝，用以调节我极度衰弱的神经，他说："这个'买卖'可是好东西，你喝喝试试！"

十六　在拼搏中前进

白大方同志把他珍藏的好“买卖”——老山参给了我，可他忽略了告诉我怎样切片煮水喝。我把一整段野山参放进搪瓷缸子里冲上水，放在火炉上煮沸，待稍凉后喝下去，那滋味苦中带甜，有一股浓浓的特殊的味道。我喝下去、喝下去，而且喝了不少……那一夜我睡着了，我真的美美地睡着了！但是，但是可不得了了！

“常彦，常彦，你醒醒！”

“常彦，你这是怎么了？”

睡梦中从鼻孔中流出的鲜血，在枕头上汪成一片，润湿了我整整半个面颊。这血淋淋的惨象，把按时起床的同学给惊呆了！他们围绕着我，轻摇着我，呼唤着我……

在同学们的呼唤中，我睁开了眼睛，不明白他们为什么用那样诧异的目光看着我。我习惯性地拿出放在枕头底下的手表一看：“哎呀，糟糕！我没听见起床铃，怎么搞的这是？！”平时尽管经常失眠，但却从来没有因晚起床而迟到过，这回是怎么了，我真的着急了。

“你还是快看看这是怎么搞的吧！”同室的顾德信同学指着我枕头上的那汪血迹说。

那是我有生以来第一次领教老山参的药用效力。那一汪鼻血警示我，喝老山参水喝过头了。人世间的事就是这样怪，无论什么事物都有个度，即使好的东西也不能贪，牢记“过犹不及”。

大方校长嘱咐我“在学习上要科学地解决实际问题”，给我以启迪，悟出“实际问题”是我的数、理、化基础过于薄弱。毛主席早就告诫说：找到主要矛盾的解决办法，其他次要矛盾便会迎刃而解了。

“三人行必有我师焉。”我们班里的三十多位同学，可以说个个都是我的老师。我坦率地向他们求教了。在学识面前，来不得半点虚假，要敢于和善于不耻下问，绝不能不知以为知，这是面对知识唯一正确的态度。

感谢我的同窗学友，在我需要他们帮助的时候，他们无私地伸出友谊之手。在我的倡议下，几个“调干生”组织起中学基础课补习小组，请基础好的同学给我们当老师，利用课余时间为我们补习初、高中的理科功课。

20世纪50年代的校园里，充满着无私精神，人与人之间的关系极其单纯，同学间饱含着真挚的感情。

为了使我们几个自称“笨鸟”的“调干生”能够与他（她）们尽快地并肩，学友们采取分题包教的办法，有重点地为我们补习数、理、化。我们在一起对初、高中的理科基础课进行有目的的筛选，采取急用先学的办法，填鸭般快速灌输。教者有的放矢，学者各取所需，这种有针对性的补课，很快把我们几只“瘦鸭子”给填肥，使我们摄影主课的成绩明显有了起色，扎扎实实地赶了上来。

在学识的积累中，从来投入和回报都是成正比的，没有付出时的汗水就不会有丰收时的硕果累累。在知识的海洋里游泳，拼的是实力和技术基础，任何细节上的缺陷或疏忽，都会影响你抵达最终目的的实际能力。一个人，在从事任何创造性劳动的时候，都要清醒地知道自己的弱项是什么，盲目的自卑和盲目的骄傲都是不足取的。不能以己之昏昏，使人昭昭，否则，你永远摆脱不了尴尬。

回想当初，每当夜深人静，由护城河或周围田野传来的青蛙鼓噪声，弄得本已被白天搞不懂的功课折磨得很难入睡的人，更加辗转反侧，那是一种令人

1953年作者在长影

难以忍受的精神折磨和体魄耗损。现在好了，经过补习基本上能跟上主课进度之后，虽然仍有失眠的时候，但已不是难耐地躺在床上眼巴巴地等待天明，而是利用学生会的办公室主动地开开夜车，搞一点“笨鸟先飞”，自享其中的乐趣。

那一段经历对我日后的成长十分重要，生活的现实使我更加明白，在现实生活中，你和什么样的人在一起非常重要，甚至能改变你的成长轨迹，决定你的人生成败。和勤奋的人在一起，你不会懒惰；和积极的人在一起，你不会消沉；与高人为伍，你也能登上巅峰。性格决定命运，态度决定一切。学最好的别人，做最好的自己。借同学的智慧，成就自己，关键在你对自己有个正确的定位，要敢于承认自己的不足。

当时间进入1953年的夏天，发生在我身上的两件事，在校园内外引起了不大不小的反响。

第一件：那一年，中央文化部召开了部直属机关和单位首届共青团代表大会。我因为在学习上表现和成绩突出而被选为参加团代会的正式代表。同时，大会向中央文化部直属机关和院校团体下发了我被嘉奖，授予优秀共青团员称号的《优秀共青团员事迹汇编》。

我远在长影的战友，当然也包括我的爱人姜欣，通过上述“事迹汇编”知晓了我在北京的学习情况。他们纷纷来信向我祝贺，还说长影厂的共青团组织正在贯彻文化部团代会的文件，组织学习《优秀共青团员事迹汇编》。这信息给我以极大的鼓励，因为那是我生平第一次受到那么隆重的表彰，它激励我更加努力地去创造更好的学习成绩。

发生在我身上的第二件事，非常偶然。一天，我正在全神贯注地看张贴在告示栏上的校方通知。那块栏板立柱是埋设在地下的，所以，如果对面来人只能看到我的下半身，当然，我也看不到我对面的来人是谁。突然有人问我：“这是谁呀？大夏天的还穿着双棉鞋，是有病啊还是发神经！”从声音上我辨认出，问话者是我们原东北文工一团的老战友杜粹远同志。

当时，北京电影演员剧团的宿舍与电影学校相邻，故而还常常能见到一些剧团的熟人。杜粹远是我们文工一团副团长，著名演员张平同志的夫人，我们平时都尊称她为“小杜同志”，或索性亲切地叫她“小杜”。

我绕过告示栏迎上去打招呼：“您好，小杜同志！”

“哎哟，常彦，是你呀！”小杜吃惊地望着我，又诧异地瞥了一眼我脚下穿着的那双旧棉鞋，问道：“怎么搞的你，干嘛在三伏天还穿着双棉鞋？大热天儿，也不怕捂出毛病？发的是什么神经！”

“不是发神经，是我……”我真的不好意思说出口。

“是你什么？”小杜同志急切地追问着。

我不得不老实交代：“是我……是我没有鞋可换。”

“什么？”小杜不理解地问了一句，“那为什么不去买一双？”

“小杜同志，实话告诉您，我……我没有钱！”

“……”杜粹远同志怎么也不会想到，她熟知的小战友在生活上竟困难到如此地步！

我向她解释说，自从进入学校就不再有工资，每个月只有十三块钱的助学金，扣掉十元钱的伙食费，只剩三块钱可支配用作补充学习用具和购买诸如牙膏、肥皂之类的生活用品，而且当时我还吸烟。

“怎么搞的嘛！你是调干生，怎么能把工资给停掉呢？你没有问问吗？”

“我没好意思问，好像伸手向国家要钱似的。”

“哎呀，你这个小常彦！这是哪儿跟哪儿呀！”小杜同志批评我，为什么不及早向组织上反映。临分手前，她又问了问我穿多大尺码的鞋。

当时的实际情况是，我的确也弄不清楚调干生是否应该享受区别于一般同学的待遇。在我的印象中，自打进入学校以后好像又退回到供给制了。冬天既然发给每位同学一套棉衣和棉帽，便以为还能领到夏季的衣物，但实际并未供给。能够被选送到电影学校来深造，我内心中已经是对党感恩不尽了，哪里还好意思去追问事关个人的待遇问题。当时的想法，就是这么简单。

第二天，杜粹远同志就给我送来一双显然是刚买来的新单鞋。同时还告诉我说，她已经把我的困境转告给白大方校长，相信他一定会帮我尽快解决。

没多久，电影局的白帆同志（他也是从当时的长影调来的）给我来电话，说长影来京的一个摄制组为我买了一些东西，还给我留了一些钱，让我去取。

估计一定是小杜同志把我的经济窘态传到了长春，面对东影演员科的同志给我买的衬衣衬裤、裤衩背心、鞋子袜子，甚至香烟，还有那上百元的人民币，战友和同事们用这种举动，向我表达他们的情谊，不能不使我深深地感动。我至今还记得那页留有许多同志签名的信笺上的嘱咐：常彦，因转乘去南方，来不及去看你。为你买些衣物，留点钱，略表对你的支持。不要言谢，我们为你优异的学习成绩骄傲！

现在想来，早在20世纪50年代，我已经堪称贫困大学生了。那个时候，除了大家都平等地享受一样的助学金外，还没有奖学金一说。所以，能够在生活上显示出境况不同，只有看各自家庭的富裕程度和接济情况。我的情况比较特殊，因为父母早已先后去世，当然也就没有了传统意义上的家了，所以，也就不可能再指望有什么人在经济上接济我。就是我在暑假回长春探视女友姜欣的火车票钱，也是她把一支“英纳格”手表卖了后给我寄来往返的路费，那真是怎一个“穷”字了得！

生活上，我们艰苦活泼；
工作上，严肃紧张。
学习上，努力认真；
不怕难，我们要向前进。
走遍田野，走遍大江南北，
我们的歌声到处传扬。
在战斗中，我们锻炼自己，
一条行列，一颗钢铁的心。

这是一首利用苏联影片《钢人铁马》主题曲重新填词的歌，我在学校的晚会上常常唱给同学们听。但更主要的还是，我常常用它来激励我自己。

也许是因为自幼便是贫困家庭出身的缘故吧，在学校期间的拮据，自己并不觉得难堪。手头没有宽裕的零钱，当然有时也会使自己尴尬，但并不觉得丢人。穷人自有穷人的活法，我这个穷小子倒也生活得蛮惬意。我现在已经是年逾八十岁的老人了，看到电视中有关当代大学生的某些报道，不由得产生一种忧虑。一个孩子上大学，少则父母两人，多则爷爷奶奶、外公外婆，甚至姑姑小舅、叔叔阿姨全都倾巢陪送。入住学生公寓的一切劳动有"钟点工"伺候，宿舍要有电话，怀中应备手机，随时能掏出信用卡等，这哪里是新生入学，整个是一幅少爷或小姐出游图。

"常彦在三伏天还穿棉鞋"的事传到校领导的耳朵里，白大方校长平时就是一位不乏幽默感的人，这件事被他调侃为"棉鞋事件"。他特意向我检讨说："你这个小小老同志，真能给我上眼药！为什么不找我？当然，这怪不得你，但是这个'棉鞋事件'暴露了我的官僚主义，我向你检讨！"然后他告诉我，由此引发出的关于调干生待遇问题会很快得到解决。果然，待遇问题不仅很快获得解决，而且还按月给我补发了该得的工资。

写到此处，我不由得从心灵深处涌出对这位早年在新疆被盛世才监禁并险些被杀掉的老共产党员，我尊敬的校长白大方同志的思念。他，是一位性格开朗倔强，平易近人而又作风泼辣的人；是一位把毕生都献给新中国电影教育事业的开拓者。他是十分敬业而又关心同学的长者，同学们夸他是位亲和力极强，善于把严肃的谆谆教诲变成轻松的家常话那样的教育家。他极其富有幽默感，常用淳厚的男低音和带有山东口音的俄语唱那首著名的《伏尔加纤夫曲》。每次唱罢，还在胸前竖起他那粗粗的大拇指，自问自答地夸奖说："怎么样？简直就是中国的夏里亚宾！"接着，便是他那似洪钟般的呵呵笑声，笑得那样坦荡爽朗，那样亲切感人！

十七　入党后的第一次考验

早在来电影学校之前，我还在东影的时候，就已经向组织递交了入党申请书。来到北京以后，我也不曾间断地靠拢党组织，时时用共产党员的标准要求自己。在20世纪50年代，是否拥有中国共产党员的光荣称号，那是政治面貌中极为重要的标志。而且，我始终觉得，如果当初我不离开西满军区，仍然在老政治部主任刘忠华领导下工作，可能早已经解决入党问题了。我转调到东北文工一团后，虽然表现也不错，但毕竟时间较短，而且很快又调到东影，尽管仍是党组织的重点培养对象，但在尚未付诸讨论的情况下，又调转到北京电影学校。频繁的调动，必然影响党组织对自己的了解，但是，我要求入党的愿望，始终没有中断，没有动摇过。我坚信终归有一天，我会成为一名合格的中国共产党党员。

1953年11月21日，那个令人终生难忘的日子终于来了。自那一天起，我终于成为一名光荣的中国共产党党员。

我不能忘记引导我参加党组织的两位入党介绍人，一位叫郭良，当时任我们摄影专修科的政治辅导员；另一位是时任科系主任的刘德源。刘德源是新中国新闻电影的创建人之一，是早期东影《民主东北》的主要摄影师，也是用电影摄影机向全世界报道毛泽东主席抵临北京，在南苑机场检阅部队的著名摄影师。他们是我的入党介绍人，是我学习的楷模，也是我永远不能忘怀的良师益友。有这样两位同志做我的入党介绍人，真是我一生当中极大的荣幸！遗憾的是，两位被我视为兄长和师友的人，都已仙逝，使我失去了当面向他们致敬的机会。我愿将我一生的成绩变成一束鲜花敬献给他们，略表我深深的敬意和怀念。

当一个人面对中国共产党党旗，屈臂握拳宣誓，那一刻，是极其庄严而又神圣的。入党宣誓，绝不应该仅仅是在形式上履行一个仪式，它是对自己新的政治生命的一种承诺。从那一刻起，把自己的一切，必要时甚至生命，都贡献给人类最壮丽的事业。

我，作为一名普通的共产党员，始终认为，既然你已向公众公开宣布了你的信仰，你就应该在你的岗位上为这个信仰的最终实现，做力所能及的事情。

在时下市场经济为主的商品社会里，有两个时髦的词非常流行：一曰包装，二曰打造。共产党员这个光荣称号，是绝对不能依靠“包装”或“打造”等诸般美化手段来制造。否则，你就不配被人尊称为名副其实的共产党员。

回想入党之初，这个称号极大地增加了我对客观世界的责任感，也提高了我对自己主观世界严格要求的尺度。作为一名在校大学生，谈不上有什么业绩可创，但是在学校里，你必须是一名品学兼优的学生。在我回首往事的时候，可以毫无愧色地说，这一点我还是做到了。

“不积跬步，无以至千里；不积小流，无以成江海。”这是《荀子·劝学》中的一句话，它所表达的意思是再明白不过了。我有个简单的理解，凡事都要大处着眼小处着手，即所谓小是大的根。古人云：不厚其栋，不能任重。在我进入电影学校之际，我便暗下决心，一定要珍惜这难得的机遇，通过努力学习充实自己，力争成为新中国自己培养的第一代优秀的电影摄影师。

从我的实力来讲，我十分清楚，要实现这个夙愿，不经过一番超乎常人的努力是做不到的。我在给我当时远在东北长春的恋人的书信中曾许下诺言：不学出个样儿来，我就没脸见你！虽然正处于热恋期，但因彼此地处两厢，来往的书信中没有那么多卿卿我我，当然，也没有那么多花前月下。来自恋人的鼓励常常可以浓缩为八个字：好好学习，注意身体。记得我在给姜欣的书信里曾经这样描述过我的学习状况，我说，在校学习期间的感觉，总体来说，好像经历了一个完整的登山过程。在登山的初期，我好像拖着一副先天发育不足、后天又营养不良的身体与一群健将级的运动员出发在同一起跑线上，那结果是可想而知的。我跟不上，我落伍。我后悔我原本就不应该参加这注定不在一个水平上的竞赛。我埋怨自己不自量力，我怀疑我是否能够坚持到最后，甚至有过中途退出、索性自我取消继续比赛资格的想法。但是，也正因为有了上述体验，使我明白了一个道理，那就是：只有坚持，才能胜利！而且使我弄懂了，许多成功者在总结经验时总是强调，最难战胜的不是别人，而是自己。

我战胜了自己了吗？可以回答，我战胜了。如果说在入学的第一学期我还是一个总成绩不及格的落后生的话，那么，到毕业前的最后一个学期，我的学习成绩已在全校名列前茅。在百分制成绩的标准下，我各科综合的总平均分数为：96.5分。

也许正是基于我的品学兼优吧，学校给我一次让人羡慕的深造机会——出国留学。1954年的夏末，在毕业典礼还未举行的时候，政治辅导员郭良和政治部的萧忠信主任代表学校领导和我谈话说，中央文化部决定在当年向苏联派遣首批电影专业方面的留学生，生源将从全国电影系统当中选拔，我们北京电影学校获得一个名额。经学校领导认真研究和考查，决定把这一难得的出国深造机会给予你。学校领导相信，你一定能够不辜负党的信任和培养，以优异的学习成绩回报党的培养，为国争光。

我不能不说，那是一次让人心动，使人震撼的谈话。在整个谈话过程中，我几乎听到了自己心脏猛烈跳动的声音。

出国留学，这是自己连想都没敢想的事情！现在，这机会竟突然从天而降，而且是实实在在地摆在面前。我知道，只要自己表个态，说几句感谢党组织的信任和培养之类的话，去苏联莫斯科电影大学进一步深造的机会便唾手可得。可是……

“常彦，你今天是怎么啦？这么好的消息告诉你，你怎么从头到尾锁着个眉头！？”我的入党介绍人之一的郭良同志关心地问我，“你哪儿不舒服吗？”

“不，不是。”当着真人不说假话，我终于鼓起勇气，给了当时与我谈话的两位领导怎么也料想不到的回应，“萧主任，郭良同志，你们今天告诉我的这件事，对我来说，当然是件大喜事，我感谢组织上对我的信任。但我不能贸然地当即表示是否接受。因为，因为这个决定对我来说太重要了。我请求容我考虑一天，允许我明天再给党组织一个认真的负责任的回答。”事后，萧主任和我谈起我当时的表态时，说我当时的一番话的确是他们俩料想不到的。他与郭良同志私下里曾议论我，是不是读书读呆了读傻了！要不，怎么会在出国机会面前还犹豫不决呢？

20世纪50年代初期，正是大张旗鼓地提倡“一边倒”，全方位向苏联学习的时候。在中苏友好的大背景下，宣传的是一切以苏联为榜样的口号，“苏联的今天就是我们的明天”，以俄罗斯文化为主体的苏联文化艺术全面地影响着中国。文学方面托尔斯泰、契诃夫、奥斯特洛夫斯基、法捷耶夫、肖洛霍夫，音乐方面的柴科夫斯基、里姆斯基、科依萨柯夫、哈恰都良、肖斯塔科维奇、杜纳耶夫斯基，戏剧方面的斯坦尼斯拉夫斯基、丹钦柯，绘画方面的列宾、苏里可夫、希什金、列维坦，电影方面的爱森斯坦、普托夫金等大师的名字不仅耳熟能详而且被奉为楷模。他们的作品和理论也在绝对地影响着中国的文学艺术。在那个特定时期，能够去苏联学习，无疑会被认为是即将进入天堂，是绝对令人羡慕的机会。

然而，去苏联留学这个被人视为千载难逢的机会，却使我望而却步，令我一时举棋不定难下决心。这是怎么一回事？又是为什么？就像事后有人议论的那样，是不是因为儿女情长，舍不得离开已经等了我两年多的恋人？

不是，绝对不是。

其实，我当时的思想很简单，是担心自己不能出色地完成祖国交给的任务。这种担心，是基于我对自己在学识上的实力估计和对自己学习成绩实事求是的评价。不错，在毕业考试中我的确获得了骄人成绩，但我并未被成绩冲昏头脑。我清醒地知道，那成绩的获得，除了源于自己主观上的刻苦努力之外，另一个不可低估的客观因素是，我亲爱的同班学友们给予我的无私帮助。在任何情况下，我都不能沾沾自喜，把成绩的获得完全归功于全凭自己的努力。出国留学到另一个国度去学习，不会再有像北京电影学校这样的学习环境，不会再有似我摄影系这般无私的同窗，即便也有，但由于语言的隔阂和障碍，也很难达到透彻的理解和沟通。而如果没有了我认为的“天时、地利、人和”的条件，我将很难创造出令我的祖国满意的学习成绩。如是，不仅是我个人的耻辱，同时也会给新中国丢脸！

这就是我当时真实的思想状况。

第二天，我把我的思考结果，向萧忠信主任和系辅导员郭良同志做了汇报，并且建议不要考虑调干生，应在文化基础比较扎实，摄影专业成绩也较好的同学当中选拔。在问及我具体倾向于哪位同学时，我认真地做了推荐。

上述谈话结束之后，萧主任认真地向我发问：“常彦，你能不能如实地告诉我，是什么能让你战胜个人得失，把出国留学的机会拱手让给别人？”

“这个决定，对我来说是重大的，做出这个决定也不是一件轻而易举的事，但是，这个想法的起因确实极其简单。我是一名共产党员，萧主任，请相信我，这不是漂亮话，我真的就是这么想的。这么好的机会，理应给予文化基础比我好的同志。”

萧主任紧绷着嘴唇重重地“嗯”了一声，然后毫不隐晦地转向我的入党介绍人说：“你呀，郭良，你和德源同志真是介绍了一个好同志入党！”

后来，我推荐的那位同学果然被审定出国深造，她先是以优异的成绩毕业于苏联莫斯科电影学院，后又成为我国北京电影学院摄影系的著名教授。

送人玫瑰，手留余香，我的这位同窗成为我的挚友，并在日后还被我邀请到长影，在我导演的影片《困惑》中担任了摄影。

十八 “命里注定”的机遇

1954年的夏秋之交，我们这批新中国培养的第一代电影摄影专业的大学生，兴高采烈地走出校园。

在毕业分配之前，北京、上海、长春各电影制片厂的人事部门，都派专人来电影学校选人。后来被戏称为“电影黄埔一期”的摄影系毕业生共三十九人。不知是巧合还是有意，包括我在内，被分配到长春电影制片厂的四个人都是调干生。我们分别被分配到长影的摄影车间、特技车间和科教片室任摄影助理。

我是从长影出去的，这次又回到长影，和其他学友不同，有一种回家的感觉。因为，这里不仅有曾经与我生死与共的原来属于东北文工一团的战友们，更有准备与我相伴终生的恋人。

这一年的秋天，我作为摄影二助理参加了毕业后的第一个故事片摄制组《人往高处走》。这是一部以描写农村合作化运动为题材的黑白故事片，导演徐苏灵，摄影王启民。

按照我国当时一贯的用人体制，即便你已经过了专业的大学培养，按照时下流行的说法，你已经有了专业学历和文凭，你也必须从最简单的助理工作干起。作为摄影助理，其工作范围极其有限，主要负责按照技术操作规程往摄影机里安装胶片，拆卸胶片，填写送交洗印的报表和送洗生片。再就是及时清洁片盒和摄影机，以免混进去的杂物将胶片划损。至于手持测光表协助摄影师布光量光和拉皮尺送焦点，那是摄影大助理的活儿，容不得二助理插手，除非人家“照顾”或“培养”你，才可能把拉皮尺测距离、报焦点的活儿下放给你。如果你有积极性的话，你也只能再帮助被称为“万能工”的场工去铺设移动轨道和推推移动车而已。

在《人往高处走》摄制组当摄影二助理，是我自1948年进入电影制片厂以来第一次全程熟悉摄制组的运作情况。因为是毕业后第一次参加摄制组工作，新鲜感固然有，但更主要的是要表现一下自己毕竟是经过专业培养的，所以工作特别卖劲，在组里获得颇好的口碑，假如不是操作时曾经发生过一次失误，也许那一年我会被组内评为先进报厂里参评。

众所周知，拍电影离不开胶片。在新中国成立初期，我国还不能生产胶片，西方国家又封锁我们。所以，胶片供应十分紧张。鉴于大家都是社会主义国家，当时的苏联倒是提供部分胶片给我们，但由于胶片的技术含量低，所以，原本用惯了西方国家胶片的老摄影师们，一般是不大喜欢使用“老大哥”制造的“A”字型胶片的。于是，他们手头存有的零星“家底儿”便奇货可居。以我们组为例，摄制组按规定领取了定额数量的苏“A”字片，在摄影师王启民手里还有一些英国生产的“依尔夫”高感光度胶片。于是，摄影师便决定依据不同的气氛和不同的场次使用不同的胶片。甚至在同一场景里拍女孩儿时使用“依尔夫”，拍其他人物则使用苏联的“A”字型胶片。如此这般，二助理就必须按需要不停地将装有不同胶片的两个片盒换来换去，并且要在摄影记录本上登记清楚，其记录必须与场记表完全相符，否则，一旦出了差错，就可能在投卸已经曝光的熟片时，把原本不应该撕断的完整镜头给撕断。而我恰恰由于过份自信，一次在卸熟片时忽略了核对，把内装不同胶片的片盒搞错，待意识到双手在暗袋里把一个镜头撕断是错误的那一瞬间，奈何为时已晚。于是立即向摄影师和导演报告并承认错误。害得大家在第二天不得不将那个镜头重新再补拍一次。在我全部从影生涯中，那是在我身上发生的唯一一次技术性的失误。

现在，距我当年担任摄影二助理，已经过去了整整半个多世纪。有些事情经过五六十年的积淀，可能看得更清楚，想得更明白。

人说，吉人自有天相。尽管我并不认为自己是什么所谓“吉人”，但是，在我这一生里，好像命中注定要去国外深造一番似的，再一次降临了出国留学机会。

1955年夏的某一天，正当我待命接受下一部戏摄影助理任务的时候，厂的人事处领导奉厂党委之命找我谈话。谈话伊始便问我：是否在电影学校曾经放弃过一次出国留学的机会？我说是的。接下来，要我讲一下事情的缘由和经过。

必须说，起初我被弄得一头雾水的谈话，真的把我搞懵了。随着谈话的深入，我终于明白了组织上的考虑，原来还是要我出国到苏联留学深造。

“为了迎接电影事业的大发展，中央电影局决定再选送一批在职的，有培养前途的同志去苏联留学。如果这一次又选择了你，你愿意吗？”人事处领导李品同志非常郑重其事地问我。

在片刻的沉静之后，我给了她一个想不到的回答，我说：“如果允许我讲心里话，这在别人看来定认为是难得机会的消息，并没有给我带来多大的惊喜。就目前的实际状况而言，我更倾向于多跟戏，在实践中提高。”

李品同志一听就笑了，说：“常彦，我劝你能看得远一些，不要只顾眼前。这次局里让厂选派留学生，厂党委研究时首先就想到了你。这就证明大家是承认你的。鉴于你曾经放弃过出国的机会，这次党委要我征求你的意见，如果党委经研究并最终决定选派你出国，你会……”

“李品同志！”我打断了她的话，表示说，“请转告党委，我是党员，当然无条件服从党的决定。而且，假如我能通过电影局的选拔考试的话，我一定会用优异的成绩，回报党组织的培养。”

“你有这个态度就好。”李品笑着补充说，“这件事对你和姜欣都是一件大事。你们刚结婚不久，还要做好姜欣的思想工作。这一去可要好几年呢！回去问问媳妇能不能放你走？别着急，三天后听你的最后答复。”她居然给我三天期限，让我不要匆匆忙忙地决定，要我做好新婚不久的妻子的思想工作。

20世纪50年代的干部，大都非常有人情味儿。李品虽是我们当时的中层领导，但平时我们都把她视为老大姐，所以，她要我做好妻子思想工作的话是极其诚恳的。

1955年1月21日，我与恋爱将近四个年头的爱人姜欣结婚。与我们同时在那一天举行婚礼的还有摄影车间的另外两对新人，那是一次集体方式的结婚仪式，举行典礼的地方很有纪念意义，即长影厂接待过我国三代国家领导人的长影主楼的大接待室。那天晚上，不仅是我们新人的节日，也成了整个摄影车间，甚至全厂的节日。因为是周六，厂里许多同志前来祝贺并参加婚礼后举行的舞会。会后，大家又回到一宿舍去喝酒和闹洞房。

李品同志说得对，因为结婚不久，我不得不认真对待出国留学这件事。

当我小心翼翼地将这个消息告诉给我的爱妻时，一开始她怎么也不相信，说：“怎么可能呢？你别是做梦吧！国家不会再给你第二次机会了……”

“不，这是真的。我真的又获得了一次机会！”接着，我把厂党委和人事处的打算详详细细地告诉了她。我注意到，姜欣的目光由诧异逐渐地变成惊喜。

“太好了，太好了！我真的为你高兴！”姜欣把头依偎在我的怀里，用拳头捶着我的胸膛说。

“可是……可这真的要苦了你了。你已怀孕，我走了，谁来呵护你！而且这一走将是好几年的时间……”我还没有把话说完，姜欣就把话头给拦住。

她说：“常彦，你千万不能犯傻，这次机会无论如何也不能再放过了。你放心，我绝对全力支持你。我们都不信命，但是，一个人能在短短的时间内获得两次出国深造的机会，这是命中注定你要经受出国留学的磨炼。如果再次抗命，实在是有违命运安排，更对不起党组织对你的看重和信任。”

那天晚上，我们谈了好久好久，谈论我们未来的生活，谈论我们即将来到这个世界的孩子和我们为了事业必须做出的付出。总之，那是一个对未来充满憧憬和信念的不眠之夜。

没等到限定的时间，第二天我就去人事处把我们商定的态度报告给李品同志。

十九　出国前的突变

1955年的夏末秋初，华北地区气温最热的时候，我去北京参加选拔出国留学生的考试。与我同去参加选拔考试的还有长影的吴国疆同志。我们俩寄住在北京新街口豁口外小西天，北京电影学院（简称北电）新建的学生宿舍楼里。那时北电的学生尚未进住这座新建成的校舍，整个大楼里就我们来自长春和上海的几个出国应试的人。北京中央新闻纪录制片厂参加应试的几位同志不住在北电，而是住在厂里各自的宿舍，只有正式考试的时候，我们才聚集在一起。

八位来自祖国大江南北的电影专业出国应试人员，都是经过了各有关电影制片厂党委人事部门的严格政审合格后推荐来的，来京主要是参加高教部的出国人员统一考试和中央电影局的电影专业考试。也就是说，我们必须经过政审、统考、专业考试以及体检这四关，只有全部合格的人，才能进入实质性的出国预备阶段，即到北京外语学院（简称北外）留苏预备部去进修。经过如此这般“过五关斩六将”式的考试，我荣幸地成为最终被选进三名电影摄影专业的一个，正式成为留学预备生中的一员，跨进当时位于北京近郊中关村的北京外语学院留苏预备部。

留苏预备部，顾名思义，是当年“一边倒”时期，北京外语学院专为赴苏联留学人员开设的特殊班级，课时八个月，中间有一个寒假。教授的课程除了时事政治和体育之外，当然主要是俄语。目的在为未来的出国人员奠定初步的俄语基础。

进了这个预备部，并不意味你就最终获得了出国的资格。因为在预备部学习期间依然在对你进行各方面素质的考察，不合格便会被淘汰出局。

不了解情况的外界人员以为，既然是国家选派的，岂不轻松地便出国了！其实不是那么回事。所谓“选派”，只是国家给予了你一次机会，能不能最终出国留学，不仅看你能否通过前述“四关”的测试，而且最终还要看你在留苏预备部的表现。语言是否过关，俄语是否达标，当然是最重要的。凡是来这里的预备生都知道，语言是人类交流的手段，也是未来在异国能否出色学习的工具。在非母语的异国留学，如果语言这一关过不了，无疑使自己变成聋、哑、瞎的废人，那是绝对不行的。所以，在留苏预备部那段学习，简直就是一段玩儿命的经历。很多时候，每天要记忆八十到一百个单词或生字，并且要做到基本能够在实际当中运用。大家都知道，在学习外语的时候，单词在头脑里的积累数量和掌握句型的多寡，基本上便决定了一个人的语言表达能力和理解能力。所以，学习并且熟练地掌握一门外语，只有花时间强记苦练，勤说多听，没有其他捷径可走。如同婴儿咿呀学语一样，从字母发音到简单的生字，从简单的短语到复杂的句型，再到对复杂长句的快速反应，都需要反复地一练再练。

除了语言课之外，在北京外语学院学习那段难忘的时间，也给大家在身体锻炼方面打下了较好的基础。

不言而喻，身体健康是一切的根本。没有良好的体质，不要说应付不了未来的出国留学，就是在北外的学习也应付不了。所以，在校的体育科目成绩也必须达标，即达到国家的要求。记得在一次负重越野跑的时候，每人必须负载十五公斤沙袋在规定的时间里跑完全程。那次规定的路线是由校内操场出发，从中关村跑到颐和园再折返回学院的体育场。这样大的运动量，对于我们这些来自各单位的在职干部，一是年龄普遍偏大，二是平时又很少锻炼，其结果是可以想象的，汗流浃背自不必说，简直就差一点儿被累得屁滚尿流了！

出国前夕的同学合影（第二排右起第四为作者）

经过苦苦挣扎，我们几个未来的文科生，也居然能达标，尽管在到达终点的时候已经精疲力竭不堪再跑一步，但我们还是用拼搏证明，我们行！

在留苏预备部学习期间，那一年的国庆节刚过不久，我收到来自长春的电报。电文为："瑶瑶降生，母女平安。"我那颗惦念妻子生娃娃而悬着的心，终于放了下来。女儿平安地来到这个世界，我的生命进入了既为人夫亦为人父的阶段，自觉肩膀上又增加了一份责任。

在孩子尚未生下来之前，我与妻子姜欣就曾翻查字典，想为我们的宝宝起一个理想的名字，两个人约定，如果生的是儿子就叫"琼琼"，如果是女儿就叫"瑶瑶"。总之，无论生男生女，他们都是我们生命中弥足珍贵的宝贝！

寒假时我返回长影，第一次看到尚在襁褓中的小"千金"，她乖乖地卧在小床里面，眨着明亮而又黑黑的眼睛看着我这个初当爸爸的人。开始时她还舞动着两只小手，蹬踹着两只小脚丫好像在欢迎我，但当我弯腰将她抱起并企图亲她那张酷似苹果般的小脸儿的时候，她却"哇"地一声哭起来！

"噢，我的女儿已经开始懂得认生了！"

寒假过后，我又回到北京外语学院，继续完成未竟的学业。经过八个月“填鸭”般的突击学习，终于即将启程出国了。然而谁也不曾料到，1956年党提出了“双百方针”，即：百花齐放、百家争鸣。毛主席也发表了《关于正确处理人民内部矛盾的问题》的重要讲话。在这个讲话里，他号召我们要学习人类一切先进的文化和先进的经验。在这个情况下，没成想我们拼命学到手的俄语成了无用之物，因为，根据国家的最新决定，我们一些原定赴苏的留学生不再赴苏联，而是改去德意志民主共和国或东欧的其他社会主义国家了！我们几个原本要去苏联莫斯科电影大学进修电影摄影专业的留学生改为去德意志民主共和国（东德）！

应该说，这一变化标志着我国在学习、借鉴外国先进科学技术和文化方面，不再固守所谓“一边倒”的政策，而是采取了相对比较开放的举措。历史证明，那是我国在治学和学习外国先进经验方面一次具有战略意义的非常重要的调整。随着“百花齐放、百家争鸣”方针的浮出水面，我们在学术方面不再仅仅盯住苏联“老大哥”一家之长，而是开始把眼光投向世界更广的范围。于是，学声乐的改为去保加利亚，学音乐的改为去肖邦的故乡波兰，学农业的改为去农业机械比较发达的匈牙利，学文学和戏剧的改为去德意志民主共和国，因为那里是歌德、席勒和布莱希特的故乡，我们学电影专业的也改为去当时的德意志民主共和国，因为，在世界电影发展史上，那里不仅是电影机械和电影胶片的重要生产基地，在电影艺术发展方面也是一个非常重要的艺术学派。

这突如其来的变化，给我们这些原来一门心思地将去苏联留学的出国预备人员，带来几乎可以称之为灾难性的后果：即，我们拼死拼活好不容易学会的俄语，顷刻间失掉了使用价值，我们面临的是，要到一个语言完全陌生的国度去学习。

我们当然不会德语！德语和俄语属两个完全不同的语系，前者属于日耳曼语系，后者属于斯拉夫语系，它们之间无论文字、发音和语法都是完全不搭界的。也就是说，去德国将使我们重新回到面对外语成为聋、哑、瞎的状态。这样大的变化和跌宕，是我们完全没有思想准备的。在听到这个决定的最初，只能用瞠目结舌形容我们的不知所措！

那一天，北京外语学院的礼堂被布置得相当庄严，舞台的横额处悬挂着一幅写有“到祖国最需要的地方去！”的条幅。对于我们这些即将远离亲人去异国他乡学习的人来说，没有什么比“祖国”两个字更重要的了。

“祖国的需要，就是我们的志愿！”会场里面有人带头振臂高呼。不论你心里是否真的想得通，在那种特定氛围之下，大家也不约而同地举臂回应。但是散会之后，从会场中走出来的学子们全无应该有的欢声笑语，几乎个个表情茫然地低头思虑着什么。因为这个变化实在是太大，也太突然了！

面对这样大的变化，即将出国的学子们能怎么样呢？出国预备部的领导要求各党、团支部立即组织讨论，并且要把每个人的态度弄清楚，搞落实。

我所在的党、团支部是由第三十九、四十、四十一三个班的成员组成的。在进入北京外国语学院的时候，原本已经超龄退团的我，由于工作需要不得不重新恢复共青团团籍，任共青团支部书记。同时还被选为党支部的宣传委员。身为党、团支部领导，我当然要带头表明态度，积极拥护国家的决定。

二十　出国前后

1956年夏末秋初，我们这群蓄势待发已久而且早已迫不及待的出国留学预备生，终于带着期盼的心情进入了实战状态。这期间，进行了出国前的最后一次身体检查。那是一次非常重要的检查，如果通不过国家确定的健康标准，将被当即取消出国资格，毫无迁就、妥协的余地。

其实也不难理解，国家总不能让一些“病秧子”去完成他们承受不了的学业吧。之后，所有体检合格，拿到“黄皮书”的人，便进入置装准备阶段。于是，按班级排定的顺序去量身材、选衣料、定颜色、领备品，整个北京外国语学院留苏预备部俨然成了服装试穿、加工修改、领取备品的热闹集散地。

为留学生提供的所有备品都是遵循并按照当时国家规定的标准配置，或购买或制作。

以男生为例，冬季用品有：皮帽一顶，藏青色毛呢面料丝棉大衣一件，蓝色卡其布面棉夹克一件，高腰皮鞋一双，毛袜一双，毛衣、毛裤一套，皮手套一副；春夏秋季用品有：粗条纹夹克衫、细条纹夹克衫各一件，双排扣毛料西装两套，领带两条，藏蓝哔叽中山装一套，解放帽一顶，三接头皮鞋一双，休闲式黑皮鞋一双，皮凉鞋一双，中腰胶皮雨靴一双，大地牌风雨衣一件（配前进帽一顶），衬衫两件，线背心两件，衬裤两件，内裤两件，线袜两双，还有黑色猪皮手提书包一个。总之，这些衣物把发给我们每人两只四角包皮革的绿色帆布箱子塞了个满满当当！

国家提供的这些东西，除了颜色有所区别之外，规格、数量、质量、品种，甚至样式都完全一致。总之，待遇绝对平等，用不着互相攀比去争论你多我少之类。

20世纪50年代，还没有自费留学一说，故所有中国公派留学生的衣着装备，都是国家无偿提供的。于是，在国外很容易就可以识别我们中国留学生，那身颜色缺少变化、规格样式统一的着装，便是中国人的标志。

东德魏玛市歌德席勒剧院门前（左二为作者）

勿庸讳言，20世纪50年代的中国，人民普遍生活水平不够高，绝大多数老百姓都还是一身布衣。当时并不富裕的国家，为了使自己的公民在衣着方面能与外国基本接近，就像父母对待将出远门的儿女一样，也是尽其所能将他们从头到脚精心地打扮一番。这些即将走出国门的莘莘学子，毕竟是以一个新中国公民的身份去与外国友人交往的。他们的形象将直接影响留学生驻在国人民对新中国的看法。这是无法回避的事实，套一句现在时兴的话，为了“与国际接轨”，那是真叫精心包装和打造啊！

说句实话，对于我们这批即将跨出国门的许多人来说，绝大多数人可能都是第一次穿西装系领带，体验西装革履、油头粉面的穿着打扮，用当时的流行语言来说，那也是一项非常严肃的“政治任务”呢！

其实，要说政治任务，对我来说，应该是下面这件事——即在办理完出国的各项手续并将出国个人护照集中之后，学院政治部代表国家交给我一项非常光荣的任务，委任我为赴当时德意志民主共和国中国留学生的总带队，负责把近200人的队伍安全地带到德意志民主共和国的首都——柏林。

看来，这回是真的要走了。来自北京的学生家长自不必说，他们可以说是“近水楼台先得月”，不断地来学院探班。也有外地的学生家长抓紧时间来京探视，对即将离开祖国的儿女千叮咛、万嘱咐。一时间，北京外语学院的院子里亲情绵绵，热闹非凡。

作者妻子姜欣

在出发以前，我曾经特意到中关村邮局往长春打过长途电话，告诉妻子开往莫斯科的国际列车经过长春的具体时间，希望她能带上我的宝贝小女儿到车站见上一面。然而，天公不作美。没想到老天爷竟然在那一年大发洪水，据说把从公主岭直至洮赖沼一带的铁路路基多处冲垮，列车根本无法通过。于是，原本还想让爱人姜欣给送个西瓜来，这回可好，不仅西瓜没吃上，连个人影都没有可能见到了！

20世纪50年代，由北京去莫斯科的陆路还没有由二连浩特出境途经蒙古国乌兰巴托抵达莫斯科的路线。我们所乘国际列车的原本路线应该是：列车出山海关经沈阳、四平后途经长春、哈尔滨、昂昂溪，然后直奔中国边境城市满洲里。现在不得不改道为由四平转白城子和泰来，直穿昂昂溪抵达满洲里了。

这就是说，我没有机会路过自己的家门了！

我是在到达车站时才获知上述消息的。北京至莫斯科的国际列车即将开出，我甚至连给家里发个电报的时间都没有，更何况即使发了，妻子也可能赶不及接到。总之，那是一件令人十分遗憾，十分沮丧的变故。天公不作美，奈何！我只好烦请北京电影制片厂来送行的朋友给我的家人挂个长途电话，表示一下我的无奈与酸楚！

二十一　途中见闻

北京至莫斯科有近八千公里，列车要运行七天七夜。就是说，我们要在国际列车这个狭小的活动空间里度过整整一周的时间。

国际列车上十分整洁舒适。记得，我们乘坐的国际列车是由当年德意志民主共和国制造的，每节列车有十二个包厢，每个包厢可容纳四个人，虽然是硬席，却很像我们国家的软席卧铺车。在列车没有驰出国境之前，列车上的服务人员都是中国人。车上的其他乘客也大多是中国人，所以基本上没有语言障碍，留学生被安排得比较集中，路途中倒也不使人觉得寂寞。

国际列车在东北的大地上飞奔，很多人依然在心里品评着北京车站上那激动人心的送别场面。站台上簇拥着欢送出国学子的首长、家长以及亲戚和朋友……

“我们走在大路上，意气风发斗志昂扬……”

“社会主义好，社会主义好。社会主义国家人民地位高……”

站台上扩音器播放着雄壮的歌声，空气中弥漫着鲜花的芬芳香气，发自内心的亲切祝福和祝愿此起彼伏，紧紧地握手，握得彼此都有些痛感难忍；热烈地拥抱，抱得双方几乎都透不过气来——那是一个何等壮观的送行和出征场面！

“请相信，我们不会给祖国丢脸；放心吧，我们一定会以优异的学习成绩回报祖国和亲人！”

在列车缓缓启动那一刻，不知是谁喊了一声，那声音是那样高昂而又坚定。可以说，那声音代表了我们这一批莘莘学子的心！

带着祖国人民的重托和希望，带着家人的希冀和期盼，我们真的上路了。

座下车轮碾压在钢轨上的“铿锵铿锵”声变得越来越有力度，那钢轨接缝给车厢带来的震颤频率越发加速，我们不平静的心才慢慢地安稳下来。

列车飞驰，载着我们穿过广袤富饶的东北大地和大小兴安岭，到达出境前的最后一个城市满洲里。

也许因为它是带有“国门”性质的原因，满洲里火车站比一般车站显得高大而气派。按常规，我与副领队带着早已集中在一起的出国护照去边防站和海关办理出境手续。这时，我们乘坐的列车车厢被起重装置吊起来，安装在早已停放在宽轨线的车轮底盘上。

看到此种情景，我们才知道，原来“苏联老大哥”的自我保护意识竟是如此之强，他们的铁路轨距比我们的铁路宽得多。所以，尽管是“国际列车”，也不能径直地开过去，在这里要解决的不是“接轨”，而是“换轨”！

换轨之后，火车再次启动，便是碾压在苏联的宽轨上，列车上的所有工作人员也一律换成苏方人员。而且，从穿越标有中华人民共和国国徽的国门牌楼那一瞬间，列车上播放的音乐就再不是中国音乐，而是俄罗斯音乐了。当然，列车上的餐车也不再供应中餐，改为只供应俄罗斯式的西餐了。这就是说，我们已经不再处于抽象的所谓“出国”，而是已经在具体地体验跨出国门的滋味了！

尽管在出国前预备部的有关人员已经就如何吃西餐、怎样使用刀叉都做过详细介绍，甚至还到北京展览馆的莫斯科餐厅去实际体验过。但是，当真的到了必须改变饮食习惯时，还真是需要有个适应的过程。这个过程又因人而异，有的人适应得快一些，有的人则适应得慢一些。

我早在西满军区护路军政治部文工团的时候，因为经常到扎兰屯、博克图、海拉尔一带去演出，那一带俄国侨民比较多，因此较早就接触了俄式餐饮，所以，当列车上的饮食改为西餐时，我反倒食欲大增。而有一部分同学可就不行了，不得不整天地吃事先准备的四川榨菜、咸鸭蛋和白水煮挂面，因为那时还没有现在风靡一时的快餐食品方便面。

从北京到莫斯科再到柏林，路上耗时九天九夜，有些人因为不适应饮食而消瘦了许多，有些人则反倒增加了体重。以我为例，在这段路途后，我的体重就几乎增加了近八镑！

二十二　西伯利亚乍暖还寒

国际列车一旦驰出边境城市满洲里，人们的心情自然而然地就处于一种好奇而又亢奋的状态。人文景观的变化，使我们这些初次踏出国门的年轻人极其激动而又兴奋，几乎看什么都新鲜，真是别有一番滋味在心头。

列车行驰在西伯利亚的大铁路上，连绵不断的红松树林和白桦树林组成的自然景色，真是美不胜收。那些景致不由得让人联想到俄国著名的风景绘画大师列维坦和希什金的经典大作。

“看，那里还有雪！”不知是谁惊奇地喊了一声。“哦，看到了，看到了，真的还有雪呀！”

尽管已是盛夏季节，但在山的背阴处依然残留没被融化的皑皑白雪，由此可见西伯利亚之冷！

我长期工作生活在祖国东北，每到秋冬季节，就常受来自西伯利亚的强风或冷空气的袭扰之苦。当目睹夏季西伯利亚残雪时，方才真的在形象上感知西伯利亚之严寒。

记得在国内曾经看过一幅当代俄罗斯画家的作品，油画中画的是列宁被沙皇流放在西伯利亚时的情景，孤陋的三角形马架，余烟未尽的篝火，列宁披着上衣迎着晨光，伏在权作书案的树墩旁构思革命的伟大篇章……想到这些，我的心不由得一热。

“快来看哪，贝加尔湖！”不知又是谁喊了一声，把人们的注意力一下子引向车窗外……

啊……果然是碧蓝深邃而又奇美无比的贝加尔湖！

西行的国际列车在经过外贝加尔斯克、赤塔之后，从乌兰乌德到伊尔库茨克那一段路几乎就是沿着贝加尔湖的东南岸行驶的。那情景真是相当迷人，甚是令人陶醉，整个列车就好像缓缓地行进在一幅看不到尽头的风景画里面！

记得在1948年的冬天，初到位于兴山的东北电影制片厂的时候，曾经看过一部名为《西伯利亚交响乐》的苏联彩色影片。在那部影片里，著名演员得鲁日尼科夫扮演的男主人公安得烈怀抱吉他自弹自唱，那是一首极其动人的抒情歌曲《啊，贝加尔！》。我曾经通过银幕记谱配词的方法，将那首歌记下来并传教给当时演员科里喜欢唱歌的朋友们。现在如果给我一把吉他，我依然可以弹奏出那首歌曲的动听旋律，但它的歌词是无论如何也想不起来了，因为，那毕竟已经是半个多世纪以前的往事了。

过去只是在字面上知道，贝加尔湖是世界上著名的淡水湖之一，而在具体形象上感知她的美丽却是现在，这不，她竟悄悄地来到我们面前。哦，美丽的贝加尔湖！

西行的列车根本没有减速的意思，而我们多么希望它能多少放慢些前进的速度，为的是让自己大饱眼福，尽情地欣赏贝加尔湖那魅力无穷的倩影。湖水看上去广袤无垠，碧蓝而又深邃，难怪有那么多俄国诗人用那么多美丽动人的诗句去赞美她，她果然名不虚传，令人陶醉！

据列车上的乘务员讲，火车要绕湖边走三个多小时。而且还告诉我们，前边的火车站叫伊尔库茨克，那是西伯利亚地区的一个著名的大站。在它的站台上可以买到当地的独特美食，原料是产自贝加尔湖的白鱼，这就是著名的贝加尔湖烤鱼。

列车抵达伊尔库茨克车站后，那烤鱼我们在站台上倒是看到了，外表呈油亮油亮的金黄色，也闻到了它散发出的特殊浓香，但就是没有可能亲自去品尝它的口福，因为我们都囊中羞涩，身上一个卢布也没有！我们一路上的伙食费是含在火车票中的，吃的是餐车上固定供应的餐饮。所以，尽管贝加尔湖烤鱼的味道让人垂涎欲滴，但是我们这群来自中国的“娃儿”，也只能望“鱼”兴叹了！

二十三　不愉快的遭遇

伊尔库茨克火车站是列车进入苏联国境后的第一个大站。

“走哇，下车去看看呐！”同学们彼此招呼着，不约而同地走出车厢，到站台上去欣赏、领略异国风情，呼吸一下新鲜空气，体验与“苏联老大哥”的零距离接触，锻炼着大家原本不十分熟练的俄语。站台上充满欢声笑语……

但是非常遗憾，原本愉快和谐的气氛被发生在站台上的猝不及防的不愉快事件给彻底破坏了。“嗨，站住，站住！”汉语的呼叫声打破了站台上的友好氛围，光天化日之下，在站台上休息漫步的中国留学生竟然有两三位遭抢了！

因为我是经苏联去东欧的留学生的总领队，在站台上相继发生的“被抢”事件不断地汇总到我这里来。

事情是这样的：刚刚走出国门的同学在站台上散步时，都非常愿意和“老大哥”们搭讪攀谈，借以展示中国青年对苏联人民的友好，同时还可以检验自己运用俄语的熟练程度。没想到眼前的“老大哥”会以迅雷不及掩耳的速度，突然摘走插在留学生上衣口袋里的自来水钢笔便逃之夭夭。更有甚者，有的同学在与人握手示好的时候，竟然猝不及防地被人将戴在手腕上的手表给撸走。

“哎，哎，达瓦利士（同志），你？！哎呀，抓住他呀，他把我的手表抢走啦！”

那句被逼出的不伦不类的中俄“协和语”式的呼叫，除了引来不解的笑声和诧异的目光之外，根本免除不了当事者的厄运。说实话，凭着当时我们有限的俄语水平，还远不能应付此类突发事件，只能瞠目结舌地眼看着那坏蛋逃逸。

自来水钢笔和手表是刚刚走出国门的学生们的必备品。而此刻，在光天化日之下竟被人强掳而去，当然是件令人十分沮丧的事情。而且，被掳去手表的那位同学含泪对我述说，那手表戴在腕上还不满三天，是他母亲在送别的车站上亲手给他戴上的！他哭了，显得那样委屈而又伤心，甚至愤怒地骂出一些不加选择的咒语。

我们这些在20世纪50年代成长起来的年轻人，在国内受的是中苏人民世世代代友好下去的教育，头脑中装的满是“苏联的今天就是我们的明天”这样的憧憬。那一代的中国共青团员，几乎每个人都会唱那支著名的苏联歌曲《祖国进行曲》:“我们的祖国多么辽阔广大，她有无数田野和森林。世上没有任何别的国家，可以这样自由呼吸……”人们哪里会想到，在堂堂伟大的苏联境内，竟然会发生如此赤裸裸的抢劫行为！

我们被眼前发生的现实惊呆了。惊呆了又奈何？作为领队，我曾与其他两位俄语较好的同学一起找戴有站长袖标的负责人交涉。那位站长倒是极其热情地接待了我们，但听罢我们的申诉，他把两臂伸张开，做了一个俄罗斯式的典型动作——端肩缩膀、撇嘴歪头，表示无能为力。之后，他右手抚按左胸诚恳地向我们致以深深的歉意。由于停车时间有限，那交涉在毫无结果的情况下，我们便不得不返回车厢继续前行了。

作为总领队，我只能用不解决痛痒的好话去抚慰那几位遭抢的同学，并且嘱咐他们：千万不要把此等偶发的不愉快事件扩散出去，否则影响不好！之后我又召集了各车厢的临时组长，一方面统一了对此次偶发事件的看法，一方面强调提高防范意识，再下车时不要把贵重物品裸露在外面，以免再发生类似事件，如此等等，也只能如此而已。

实事求是地讲，当时的苏联虽然比我们初建的共和国要强大、富庶得多，但其经济发展和物资供应也是不平衡的。客观地说，当时的苏联在计划经济的指导下，经济发展上重工业与轻工业、工业与农业的比例不协调，致使居住在大城市和边远地区的居民生活水平差距不是一般的大，而是相当的大。在冷战时期，出于维护社会主义阵容的需要，我们在解读苏联时不可避免地存在着一定的片面性，夸大了它的富裕程度，使人们错误地以为，只要是进入了苏联，就无处不是天堂！不，根本不是那么回事。

实际上，当时苏联的远东地区开发得远远不够，如同我们现在的老少边地区一样，地处远东的西伯利亚地区仍然十分贫穷落后。远非如他们的彩色影片《西伯利亚交响乐》里所表现出的那样富足而又浪漫。

以我们当时的亲身感受为例，挂有北京至莫斯科标牌的国际列车，在中国境内只有在途经大站的时候方能有停靠，故而车速极快。然而列车一旦进入苏境，特快列车便成了逢站必停的慢车。有的小站设备极其简陋，管理也不尽如人意，所以常常会见到满口酒气的醉鬼和衣着褴褛的孩子们沿着车窗伸手索要纪念品，或是顺手牵羊掠走一切可以到手的东西。而有的妇女则索性上了列车，高喊着：“牙布拉赤卡！牙布拉赤卡！”兜售她们篮子中为数不多并且已经不甚新鲜的苹果。

在一个小车站，我们曾遇到一位有着中国人相貌但却讲中国话不灵、讲俄国话也不灵的苏联老铁路工人。他用非常僵硬的山东口音的中国话向我们打听：“从中国到苏联的莫斯科，火车票需要用掉几百吊钱？”天呢，他居然对我国币制的现状毫不知情。从他的问话里可以获知，他对我们新中国可以说是一无所知，好像我们中国仍然处在清末民初的时代。

二十四　踏上德国国土

北京至莫斯科的国际列车终于抵达了它的终点站莫斯科。在驻苏使馆的安排下，我们赴东欧各国留学的全体人员匆匆地浏览了一下莫斯科市容。当晚，在另一个车站换乘莫斯科至柏林的国际列车继续前行。这辆列车除继续穿过苏联的西部国土外，还要横穿波兰人民共和国全境，最后到达终点站——东部德国的首都柏林。

在莫斯科至柏林的国际列车离开苏联国境进入波兰之前，我与另一位领队曾借列车换轨的时间，到布列斯特车站大厅里给中国驻德大使馆发了一封电报，将我们一行抵达柏林的具体时间报告大使馆。

国际列车驶出苏联进入波兰境内，大家都很想在列车停靠波兰首都华沙的时候，看一眼那个在中国银幕上出现过的曾饱受德国法西斯蹂躏的城市。我们这一行人，几乎都看过那部在国内放映的翻译片《华沙一条街》，所以谈资很自然地涉及第二次世界大战中的某些典故。毋庸讳言，我们那一代人基本上是看着苏联的影片长大的。所以，当列车穿行在波兰国土驶向它的邻国东部德国的时候，同行中竟有人不无调侃地说：嘿，同学们，我们现在是走在苏联电影《攻克柏林》所走的路上。

话虽然调皮，但却是事实，至少我们这一代人是从苏联的电影中具体感知名叫“柏林”的那个城市的。在当初观看《攻克柏林》那部影片的时候，我们看到被战火吞噬的柏林城的惨状。我们曾经为英勇的苏联红军终于将红旗插上德意志帝国议会大厦的圆形尖顶而鼓掌，同时也为这座美丽城市惨遭战火而惋惜。

现在，我们即将亲临这座古城，这座早在13世纪的时候就成为贸易集镇，17 世纪发展成为地方性政治、经济、文化中心的古城。我们知道，从19世纪普鲁士王朝开始，柏林就一直是日耳曼帝国的首都。魏玛共和国时代，柏林已是一座毫不比巴黎逊色的艺术之都。随着纳粹上台，柏林的繁荣笼罩着战争的阴霾。第二次世界大战后，柏林被分裂为一城两制、东西两半。我们即将抵达的，是作为德意志民主共和国首都的东柏林。

历史就是如此，眼看即将抵达此行的目的地柏林，大家都很兴奋，都在发挥自己的想象力，想象我们会在德国首都受到怎样的欢迎和接待。作为该年度来德国留学的代表，为了做到彬彬有礼，我甚至还抓紧时间暗打腹稿，应急地准备了一段答谢辞。可是不知什么原因，驻在德意志民主共和国的中国大使馆竟然没收到我们在出苏境前发出的至关重要的电报，使我们第一次体验了初到异国之难。

国际列车抵达柏林的东火车站，时间是上午九点多钟，大家兴致勃勃地携带着各自的行李在车站站台上等候，等候德方有关的文化、教育部门的官员和中国驻德国大使馆的有关人员来迎接我们。

柏林是那列国际列车的终点站，下车的、接站的熙熙攘攘很是热闹。而我，作为那一年赴德国的留学生领队当然是情不自禁地四处张望，力图能在第一时间发现来车站迎接我们的中德两方的有关官员。然而，随着时间的推移，原本热闹非凡的站台逐渐地冷清下来，直至站台上仅只剩下我们这一小队仍然在翘首以待的中国留学生。

时间分分秒秒地过去，就是不见我们期盼的有关人员出现。看来只好在近处打电话给中国驻德大使馆，报告我们已在车站等候多时了。

在我的记忆里，在柏林火车站第一次见到自行投币的电话设施。不是我们不会用，而是因为囊中羞涩，手中不要说没有马克，连一个芬尼西（德国的分币）都没有。那情景真是糟糕透顶，我们队伍中的女同学需要上厕所，因为手中没钱不能投币而无法如厕！怎么办？情急之中突然想到设在车站里的苏联军人接待站，我求他们给接通中国驻德国大使馆。

“喂，这里是中国大使馆，您找谁？”当我从听筒里听到对方用中国话发问的时候，只觉得自己喉头一紧，眼泪不由得涌了出来。那感觉完全像走失的孩子终于又找到了母亲！

大使馆文化处的同志和民主德国高教部的官员匆匆地相继赶来，在车站里的华丽餐厅中以极其丰盛的午宴接待了我们，欢迎我们一行人平安抵达民主德国首都柏林。

午宴之后，德方宣布：鉴于大家在来德国之前都没有接触过德语，所以首先要解决的是抓紧时间过语言关。因此，稍事休息后便离开柏林，径直前往东德的第二大城市莱比锡市。在莱比锡市卡尔·马克思大学语言学院的外国学生部，我们将集中学习德语，解决语言障碍。

德国人一向以注重办事效率著称，餐后稍事休息，我们便转乘大巴匆匆离开还来不及细看的柏林直奔萨克森州。

在对柏林的匆匆一瞥中我们发现，虽然第二次世界大战距离当时已结束了十多年，但战争留给这座城市的严酷后果却依然历历在目。如前所述，我们曾在银幕上的《攻克柏林》影片中看到过这个当年纳粹德国的首都惨遭战争摧毁的景象。现在，当我们置身其中时，依然被眼前的真实景象所震惊。可以毫不夸张地说，几乎到处是残垣断壁，即使是比较完整的建筑物上，也仍然留有弹痕累累的残迹！

十年多的时间，仍不足以恢复一座曾被战火吞噬了的城市，可见那场战争破坏力之大！目睹眼前的惨象，使我们这些战后十多年后来访的中国青年，不得不深感人类付出巨大代价后所赢得的和平的可贵。

载着我们的大巴车相当舒服，车队浩浩荡荡向莱比锡市进发。

德国留学期间的作者

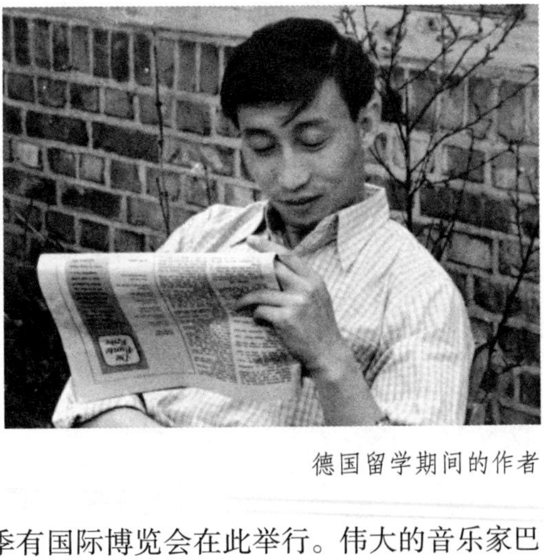

德国留学期间的作者

莱比锡，它位于萨克森州莱比锡盆地中心。在魏塞埃尔斯特河与普莱塞河的交汇处，是德国东部的第二大城市。莱比锡在当地的古语中是“种有菩提树的地方”，到处可见菩提树。伟大的诗人歌德十分喜爱这里，称它为“小巴黎”。这里的街道整齐、商业繁华，是世界闻名的博览会城、书城和音乐之城。每年春秋两季有国际博览会在此举行。伟大的音乐家巴赫，曾在市内的托马斯教堂担任乐长二十多年。莱比锡市的格万特斯豪斯交响乐团有着两百多年的历史。所以，莱比锡市又是地地道道的文化名城。

我们报到的学校原名莱比锡大学，它创立于1409年，是欧洲最古老的大学之一。我们到此学习的时候适逢它改名为莱比锡卡尔·马克思大学（1953年

Karl-Marx-Universität Leipzig, den 1-2. 57

Der Student Dschang Jän
Die Studentin

geb. am

ist Bewohner des Studentenwohnheimes

Internat „Nürnberger Straße"

Zimmer Nr. 140

Dieser Ausweis ist beim Betreten des Heimes unaufgefordert dem Pförtner vorzuzeigen.

980 S VLV Erfurt Ag 308/56 DDR V b 1000 7/56

卡尔·马克思大学国际学生大厦出入证

至1991年，之后又改回原称)。这所大学可是了得！共有十九个学院一百多个研究院。我国许多著名的学者，如蔡元培、周培源、林语堂、辜鸿明就曾就读和施教于此。

我们后来了解到，整个莱比锡可以说是个“大学城”。和中国的大学不同的是，所有的大学没有围墙或篱笆。人们几乎到处可以看到属于这个大学的教学楼、研究室以及学生公寓。著名的莱比锡大学校舍，构成了这座城市的主体，占了整座城市相当多面积。同时，莱比锡还被人称之为“国际经济博览之城”，每年一度的莱比锡国际博览会将来自不同国家、不同肤色的人们吸引到这个名副其实的国际大都市，使我们即将进驻的这个城市显得更加生机勃勃，更加丰富多彩。

我们的校舍位于莱比锡市C1区顿尔尼采尔大街五号，那里整整一条街都属

德国留学期间的作者

于大学的外国学生部。除了教学楼、文体中心（包括各种球类的体育场馆、游泳馆、小剧场以及商店等），甚至还有校医院，可以说一应俱全。

当年来自世界各国的除人数比较多的中国留学生外，来自亚洲的还有朝鲜、蒙古和越南的学生。来自欧洲的有苏联、波兰、阿尔巴尼亚、保加利亚与捷克的学生，还有来自阿拉伯地区的伊拉克、以色列的学生。人种肤色不同，宗教信仰不同，语言文字当然也不同，那真是一个典型的国际大家庭。大家为了一个共同的目的——尽快地掌握德语聚集在这里。

我们最初的宿舍是一幢幢别墅式的三层小楼，设备极为齐全。被分配与我同住一室的除一位来自波兰的留学生之外，还有一位校方为我们俩配备的辅导员身份的德国在校学生。这样的搭配非常好，三个来自不同国家的年轻人住在一起，只用一种语言，即德语交流。这种语言环境，对于我们来自不同国家的留学生尽快地掌握德语起到非常好的促进作用。后来，我们又搬到新建的莱比锡卡尔·马克思大学国际学生大厦。这个学生公寓为双人间，学生拥有自己的卧室、公用厨房、卫生间、会客厅及备有钢琴和视听设备的活动室。

莱比锡大学实行学生自治，有自己的小委员会。我便是当年中方的学生会主席。在校期间，尽管我们中国留学生都是党团员，但只有我一个人的政治身份是公开的，这就更增加了我对自己严格要求的自律性。

二十五　“牙牙学语”起步难

如前所述，我们这一批留德学生是在事先毫无语言准备的情况下，突然来德国的。大家在最初与德国人交流时，只能用在北京外语学院学到的初级俄语，当然，条件是对方也必须会俄语，我们之间才能交流。而直接负责教我们德语的两位班级老师又偏偏不会俄语。由于来德国前准备不充分，甚至连《德华词典》那种必备的语言工具书都没有配备，这给在莱比锡的初学德语阶段带来极大的困难。试想，师生双方没有一种第三国语言可以沟通，我们之间怎样交流？那真是难坏了学生，也难坏了老师。不过，好在男女两位德国老师都非常有经验，他们完全像带婴儿般教授我们这一群“牙牙学语”的外国人。从学习26个字母、发音、拼音，从学单词到用它组成简单的词组，再到学会组成复杂的句型，在没有工具书辅助的情况下，老师们是手舞足蹈地比画，学生们则是连猜带蒙地接受，有时课堂上不免闹出诸多笑话。例如：把“我在午餐之后，又吃了一个苹果”这样的句子，弄成“我在午餐之后，又吃了一个猴子”。因为在德语里“苹果”和“猴子”的音型是极其近似的。面对如此搞笑的场面，老师一边在黑板上画个大苹果的图形，一边放慢口型读出德语的“阿—圃—菲—

勒”，然后再做出猴子的抓耳挠腮状，也放慢口型读出德语的“艾—圃—菲—勒”。现在想起来，那课堂上的气氛，完全像幼儿园的老师带着一群孩子在做游戏！

说来也真巧，莱比锡的动物园就在国际学生楼附近，近到可以时常听到虎啸狮吼的声音。每当虎啸狮吼的声音传来，我们的德国老师便立即张牙舞爪地作老虎或狮子状，然后再放慢速度，大声地用德语告诉我们老虎或狮子的发音。

由于国内一时还寄不来学习语言的工具书《德华词典》，这无疑给我们增加了学习难度。好在两位负责教授的老师经验丰富，能灵活地用肢体语言辅以实地演习的生动实习场景让我们从实际体验中去揣摩和领悟。例如：带我们去邮局边做边学从购买邮票到写信寄信的全过程，这其中可能运用到的一切单词，或者带我们去百货商店选物购物，学习在这个活动中可能用得到的所有生词、语句，如此等等。

好在这种情形没维持多久，待祖国将每人一部《德华词典》寄到我们这些极似“嗷嗷待哺”的留学生手里，那真是“如虎添翼”，再学起德语来便“势如破竹”般突飞猛进了。

我在前面已经说过，莱比锡卡尔·马克思大学的外国学生部集中了来德国留学的所有外国人，构成了一个极特殊的生活与学习环境。据我所知，我们中国留学生的普遍学习成绩都较其他国家的学生更突出、更优异些。这与我们在国内所受到的爱国主义教育有关。人们自觉地把留学异国看成是接受祖国母亲的希冀与委托，将学习成绩视为向祖国和亲人的汇报。

在莱比锡学习德语那段时间，所有当年来德的中国留学生不分专业仍然集中在一起过组织生活，成立临时的学生会和党、团支部。我们的党支部与学生会作为维护我方利益的代表与语言学院的德方有关部门发生联系。至于我方人员政治身份的详细状况，对外是保密的。同时，中国驻德国大使馆也是通过留学生党支部实施对留学生的领导。这期间，我被选为当届的党支部书记。因此，我的政治身份是公开的。也因此，常常出席校方召开的含有来自不同国家的留学生代表的联系会议，并且时不时地要去柏林我大使馆汇报情况、领取相关指示，等等。

这一段时间虽然不长，但却绝对锻炼了我与包括德国人在内的外国人接触交往的能力，极大地提高了我在国外的学习效率。也因为大家知道我是中国共产党党员的政治身份，在生活中较其他未披露政治面貌的同学获得了更多的尊重。

前面我曾说过，莱比锡之于当时的民主德国，颇似我们的大上海之于中国。原本就已有比较发达的商业布局，再加上一年一度举办的“莱比锡国际贸易博览会”，使得这个城市显得格外生机盎然。在这个城市里，不仅使我掌握了在德国赖以生存和学习先进专业知识的语言工具——德语，同时也让我开阔了眼界，获知了我们的发展水平与世界相比究竟尚有多大的差距。以汽车行业为例，在1957年博览会上，我们展出的汽车还只能是长春第一汽车制造厂刚刚出厂的“解放”牌载重汽车。当时的苏联展出的，却是车头上饰有“奔鹿”标志的“伏尔加”小轿车，而那时的德国不仅早有“奔驰”在世，即使是“大众”牌轿车，也已经是满大街跑了！

那真叫“不比不知道，一比吓一跳”！

在1957年的“莱比锡国际贸易博览会”上，我们赖以自豪的展品除了传统手工艺制品外，工业制品几乎都难与国际知名产品相抗衡。但作为中国的子民——在国外求知的中国留学生，我们还是因为亲眼看到了车头上标有毛体“解放”二字的国产汽车，难于掩盖发自内心的无与伦比的兴奋！在我向其他外国朋友介绍时，还着意强调那辆饰以草绿色的“解放牌”汽车是由我所居住和生活的城市——长春制造的。而我来德国前曾工作的电影制片厂，便以这个城市命名，叫作长春电影制片厂！

哦，难忘的莱比锡！

二十六　德发电影制片厂

在莱比锡卡尔·马克思大学的德语学习结束之前，为了了解我们将要去报到的德意志巴倍斯别格电影学院的教学状况，我给电影学院写了一封求助信。说明我们是三名来自中国的将要赴该院摄影系学习的留学生，请他们将摄影系的教学大纲寄给我们，供我们研究。在拿到教学大纲之后，我和来自同一电影厂的吴国疆及来自新影厂的孟海峰根据各自的不同情况，重新考虑了对未来留学的设想。

认真研究了德国电影学院摄影系的教学大纲之后，我发现德国电影学院摄影系教授的内容与我国电影学院摄影系教授的内容基本相似，于是便产生了如下的疑虑：我有必要把在国内已经学习过并且已经有了一定实践经验的知识再在异国他乡耗费三四年的时光复习一遍吗？如是，将是对自己人生的无端浪费，也是对国家极大的不负责任！因此我决定，根据自己的具体情况，不再进电影院的摄影系留学，而是直接进德国久负盛名的德发电影制片厂实习。由留学生改为实习生或研究生，全面地学习、考察、研究德国电影艺术、技术、制片等方面的成就。

大使馆的文化参赞虽然赞同我的意见，但他们没有改变留学生志愿的权力。于是便要我给国内高教部写一个申请改变留学志愿的报告。这个报告很快就被国内批回，并且深获高教部的赞赏，认为申请人是实事求是的，既对个人负责也对国家负责，要使馆有关部门配合好。于是，我们三个人便根据各自的情况做了如下决定：常彦、吴国疆改为实习生直接进入电影厂。孟海峰则仍为留学生，进入位于波茨坦巴贝斯堡的德国电影学院摄影系。

1957年的夏天，我们离开已经熟悉的莱比锡，奔赴德国的电影之城波茨坦巴贝斯堡。第二次世界大战后期，1945年8月2日，美、英、苏三国领袖在此签订了有关处理战后德国原则和促进日本投降的《波茨坦协定》，国人大都知道这个著名的小城。波茨坦位于中德北部侵蚀山脉和冰川区内，距柏林十公里。波茨坦是城市设计中的杰作，它依据自然背景，从有利的视觉角度来组织城市的园林和宫殿建筑。尽管建筑样式丰富、风格多样，但整座城市和谐美丽，除了巴洛克式古典风格，还有洛可可风格。被称为“无忧宫”（法语cangcuci）的波茨坦夏宫之于柏林，犹如颐和园之于北京，都是首都郊区的风景地。孟海峰径直去德国巴贝斯堡电影学院报到。我和吴国疆则进入德发电影制片厂，开始了实习生留学国外的生活。而这种生活的内容不像进电影学院，从学习内容到日常生活完全都需要由我们自己安排。

在柏林近郊的格利普尼茨河畔的风景区，耸立着一幢三层小楼，它便是德发电影制片厂的宾馆。这个在我们国内一般习惯称之为招待所的地方，也是用来接待来制片厂工作的宾客的地方。我们到达这里的初期，便被制片厂的接待部门安排住到此处。在我们入住这里之前，就已经有一位中国人住在这里，即我国著名电影表演艺术家金焰。他正应约在这里拍摄一部电影。金焰见到我们非常高兴，说难得在这里见到中国人，于是有空我们便凑到一起，互相交流来到德国的生活感受。可惜我与吴国疆在这个宾馆仅住了一个月便不得不离开，因为费用远非我等实习生能够承受。尽管当时留学国外的实习生较留学生的助学金每月多五十马克（国家津贴留学生二百五十马克，实习生三百马克），我们也很难负担得起。我们只好在厂外另寻在经济上能承受的住处。

非常幸运，我们在德国竟然结识了一位对中国具有特殊情结的德国朋友，

与鲁迪一家人在一起

他的名字叫鲁道尔夫·阿尔布来希特（Ludolf Albrecht）。此人原系老乌发电影制片厂的职工，时任柏林电视台的美术师兼美工车间主任。1952年，民主德国曾在我国首都北京举办德国工业博览会。鲁迪（鲁道尔夫的昵称）当时便是那个博览会的总体设计师，因而有幸来中国并且与中国结下难忘的情缘。他的夫人玛尔塔·阿尔布莱希特（Marta Albrecht），时任德发电影制片厂工会副主席。获知我们住处困难后，她说她的丈夫非常希望能有一位中国朋友住到他们家，而且他们的住所就在电影厂同一条街。

玛尔塔和鲁迪只有一个即将升考中学的女儿朵莉特（Dorit Albrecht）,她也非常欢迎中国朋友能住进她家。一家人的热情真是令人感动，我决定接受这种难得的友情。

新的住处安顿下来之后，我便全身心地投入到实习、考察与操作的学习中。

为了全面地提高自己对彩色感光材料的理解与运用，更深入地了解彩色胶片冲洗、印制方面的技术和工艺流程，我决定用三个月的时间深入德发电影洗印厂，学习的重点放在彩色片印制过程中最重要的工艺流程段——彩色配光。这个工艺流程之于未来将在影院实际放映的电影拷贝的色彩还原，具有决定性的影响。好的彩色配光人员，运用其高超的配光手段可以弥补摄影曝光不甚精确的底片的彩色还原。摄影师如果也能熟知这一工艺，则有可能与配光人员合作，为影片创造出杰出的艺术韵味。这就不仅仅只停留在追求基本的彩色还原的初级阶段，而是可以达到更出色的艺术处理层次。

二十七　学成归国

1959年的5月7日，我终于登上柏林至莫斯科的国际列车，开始了返回祖国的行程。同样，依旧是在莫斯科换乘开往我国首都北京的国际列车驶向远东，穿越西伯利亚大铁路。

三年前离开祖国进入苏联的时候，也许由于过度兴奋的缘故，只顾欣赏异国的自然风光和人文情调，根本没有注意到西伯利亚铁路早已经实现了电气化。这次回国的途中，终于补看到铁路电气化的壮观景象。为了回国后能够介绍给朋友们，我甚至将随身携带的照相机伸出车窗外，拍了好几张列车行驶在弯道时的景色。这样取景拍照，既能够显示出排列整齐的电线铁塔，又可以看见远非蒸汽机车模样的电气机车头。

国际列车再次经过美丽的贝加尔湖的时候，虽然我已经不再像三年前初见它时那般的激动，但是为了纪念，我还是拍了几幅贝加尔湖的风景照片。其实，彼时彼刻任何景色都已不再能令我神往。那时候，我的心早已飞向让我魂牵梦绕的祖国了。

列车终于抵达出苏联边境的最后一个车站——新贝加尔斯克，人们纷纷下车散步或跑进小卖店去处理身上所余下的外币卢布。我虽然在苏境内并未更换外币，但在列车进入中国边境之前，餐车将我在苏境内所余的餐费以卢布退还给我，并且告诉我，尽量在苏境内消费掉。

在我去车站售货商店的路上，突然发现了一个令我不可理解的怪现象：同车的许多中国乘客，竟然在商店里抢购我国出口的长城牌清水猪肉罐头！那是一种净重大约四五斤，铁听装的猪肉罐头。另一抢手货是产自浙江的帆牌洗衣服的肥皂！

我看见有人居然捧抱着四五罐之多的猪肉罐头眉飞色舞，还看到有人成箱成箱地扛着洗衣皂从商店里出来。看到人们笑逐颜开的神情和流露出的购物满足感，我简直被弄得丈二金刚摸不到头脑！

我心想：这是怎么了，我的同胞们？为什么把祖国外贸出口的东西，又如此这般地抢购回去？这不是发疯吗！是不是比在国内买要便宜一些呀？我心想，即使是便宜几个钱，也不能给我们中国人丢这个份儿呀！于是不由得又想，我可要绅士一些，不能像他们那样让俄国人笑话，我当时真的是这样想的。

为了当作纪念，我把手中的卢布先是买了一只标有“苏联制造”字样的小闹钟，然后买了一瓶香槟酒，那是为了与分别三年多的妻子共进团聚后的第一顿晚餐时用的。还想到，我回到家里的初期必会有诸多朋友来访，为了接待他们，特意买了一整条俄罗斯大白杆儿香烟。那是一种当时较有名的香烟，可惜时间太久，无论如何也想不起是什么品牌了。还剩下的卢布就全部买了巧克力糖，作为初当人父的我，总该为我那三年多未曾谋面，如今已经近四岁的女儿买一些她喜欢的糖果呀！

当我美滋滋地欣赏自己的斩获时，国际列车已经缓缓地驶进了书写着“中国”两个红色大字的国门。那是极其令人激动的一刻，内心深处情不自禁地升腾着一句话：祖国，我伟大的祖国，您的儿子回来了！

久违的满洲里火车站，依然是那么高大明亮。办完了入境手续，我趁机浏览了一下车站大厅。在漫步到车站小卖部的时候，我发现货架上除了摆放着一些棉织的浴巾、面巾之外，货物实在是不甚丰富。落地的玻璃橱柜里倒是放着一些鱼、肉类和禽类罐头以及香烟酒类等货品，但是在货柜的显眼处摆放着一个写有“本柜展品只供给外宾”的标签。

这个小小的标签有两个界定：一，柜子里面的东西是不卖的“展品”；二，你一定要买，那就必须是外国人。

这是怎么了？几年不见，中国人连生意都不会做了？对于像我这样离开祖国已经三年多的人来说，满洲里车站大厅小卖部的冷清，与苏联境内铁路商店里的人头攒动形成了鲜明对照。

在我的印象里，20世纪50年代初，中国的社会生活状况可以说是非常好的。不仅社会生活安定，人们常用“路不拾遗，夜不闭户”来形容当时的社会状况；而且市场物资供应也相当丰富。特别值得一书的是，城市与城市之间在生活物资供应方面几乎没有什么大的差距。我所在的长春市，其生活供应的种类与品种，绝对不亚于我国首善之都北京。我们当年留学时离开祖国，带走的印象就是这样的，可现在怎么会是这样一种状况了呢？

俗话说，“民以食为天”。对于普通老百姓而言，没有什么比饮食更重要的了。老实说，在国外生活的那段时间，除了饮食习惯要入乡随俗，吃人家的西餐之外，在生活物资供应方面，当时的中国绝对不逊于欧洲。然而，小别仅仅三年多的我的祖国，生活物资怎么会变得如此匮乏！

从满洲里车站开车不久，就是该吃晚餐的时间了。心想，进入中国境内以后，应该可以吃到向往已久的正宗中餐了。国际列车的餐车里，能供应些什么好吃的呢？从服务员提供的菜单上，我点了两菜一汤：油焖大虾，炒肉木耳白菜和鸡蛋榨菜汤。啊，终于又吃上了正宗的中国饭菜了，那一餐吃得真是美极了。唯一的遗憾是，发现大虾脊背上的那条黑色泥线摘得不够干净。当我煞有介事地把这发现当作意见告诉服务员时，那位女服务员笑了笑说：“实在抱歉。餐车上的条件毕竟有限，没法和您在家里做的大虾比，请您原谅了！”我还非常客气地回了她一句：“不客气，没事儿！”

什么“没事儿”呀！直到回家若干天之后，我方才回过味儿来，甭说吃大虾，就连小虾米，甚至于虾皮也是买不到的啊！在国内过了没几天，我终于明白了那位餐车服务员留给我的那句“致歉”的话，其实是句暗含讽刺意味的黑色幽默！

“列车行进的前方，长春站就要到了。请在长春下车的旅客做好准备！”车厢里的扩音器终于播出了我期盼已久的声音。其实，在扩音器还没有广播上述通知之前，我就早已经坐不住了。我将头贴近车窗，目光投向站台，在接站的人群中急切地搜寻着自己的亲人！

哦，看到了！看到了！在列车依然还在缓缓移动的时候，我就看到了怀中抱着小女儿瑶瑶的爱妻，也看到了来车站迎接我的诸多老朋友们！

下车了，我的双脚终于又踏上了故乡长春的土地！然而，当近距离接触亲人和朋友们的时候，伴随着十分激动的心情突然在心灵深处掠过一丝阴影：除了我那小女儿瑶瑶的面色还算正常外，几乎来车站迎接我的人个个面色都蜡黄蜡黄，看上去仿佛生了病一般！这是怎么啦？我心里直嘀咕，但一时又不好问出口。

“你的面色看上去真好，简直就像婴儿一样！”初见面时，我的妻子曾这样夸我。

“可你们是怎么搞的？”我终于忍不住地把心里的疑惑说了出来，“一个个都像患了黄疸病似的！”妻子姜欣悄悄地拽了一下我的衣角，用一句玩笑把话头岔过去：“是奶油、鱼子酱把你撑的，胡说些什么！”

后来我获知，那时的国人大多已患上了营养不良症。而我这个真正刚刚愈后出院的肺结核病患者，在他们眼里却成了红光满面的健康人！

坦率地说，半个多世纪前我这个刚从海外归来的年轻人，对于祖国当时灾难性的实际生活状况，是丝毫没有精神准备的。从最初的惊愕，到不敢流露于言表的怀疑，使我不能不警惕自己的言行，小心翼翼地适应回国后最初的那段日子……

尽管我的面色“看起来像婴儿一般”，但毕竟是一个刚刚大病初愈的人，身体仍处于恢复阶段。我的爱妻在当时供应极其困难的条件下，想尽一切办法调节我们的饮食，使我非常感动。

为了让我熟悉国内当时的实际状况，爱人姜欣特意陪我去逛距离长影最近的第六百货商店。真是应了那句话，不看不知道，一看吓一跳。直到那时我才有些明白，那些短期出国的同志为什么会在入境前疯狂抢购各种肉类罐头，大量购买洗衣肥皂甚至火柴了。因为他们了解国内的实际情况。

那个距离长影制片厂和我们的生活区最近，平时大家都习惯地称它为“六百”的商店，原本是长影职工经常光顾的百货商店。在我的印象里，地处长春市红旗街的“六百”，它的面积虽然不大，但它供应的商品种类还是相当丰富的。从生活用品到糕点副食，从文化用品到五金小百货，可以说应有尽有。可到了1959年，我从德国回来的那个时候，“六百”当时的供应情况已经相当糟糕了！

老百姓过日子所需要的生活用品，柴、米、油、盐、酱、醋、茶，几乎全都已经凭票供给。严重的是，有时即便你手中握有某种物品的配给票，商店里却无货供给。譬如凭票供应的大豆腐，就常常无货。而一旦哪一天有豆腐供应了，那就真的要抢先去排队，否则你就买不到。至于主食，除了在粮店可以买到定量的粮食以外，往常在商店里可以买到的糕点、饼干、面包之类的食品已经都买不到了。尽管玻璃橱里仍然像模像样地摆着诱人的糕点，但在玻璃橱的显眼处却也被贴上“橱内展品不供出售”的标签！

我很快便知道，我必须尽快地学会与同胞一起渡过那一段不知何时方能结束的“困难时期”……

在生活上克服暂时的困难，对于像我这样曾经有过旧社会苦难境遇的穷孩子和参军后又有过艰苦锻炼的战士来说，本不算什么了不起的考验。尽管当时自己也不过是一名刚从国外归来的留学生，但实事求是地说，与国外三年多比较优越的留学生活相比，还是感觉落差实在是太大了！不仅出国前到处可以买到的面包、奶油成了难得一见的奇货，就连定量的粮食，也已经不能足量供应了。为了填饱饥肠辘辘的肚皮，在长影第三宿舍地下室的集体厨房里，我也学会用所谓“增量法”，将已经榨出糖浆的甜菜渣子，甚至榆树叶子，混进苞米面或高粱面里去欺骗自己的肠胃。混面蒸出的窝头可以蒙蔽眼睛，你瞧它个头儿够大，分量也不轻，但它的营养成分却由于被大大地稀释而大打折扣！

人们常用“相濡以沫”这句成语来赞美世间有福同享、有难同当的患难夫妻们。但在20世纪跨入60年代的当口，我却亲眼所见，住在长影三宿舍里多少平时看起来相亲相爱的年轻夫妇，因为争食而反目。有的甚至打到不可开交，甚至于闹到离婚的程度！

在主副食供应相当匮乏的特殊时期，为了有计划地使用按节约标准供给的那点儿粮食，几乎家家户户都用罐头盒自制了一杆土秤。如此，家庭主妇再投米下锅时便可做到心中有数。饥饿已经将以食为天的国人逼到如此精打细算的程度，奈何颇具悲剧色彩的家庭丑剧仍旧时有发生。

回想那段不堪回首的往日，我和我的妻子非常骄傲，我们是当年长影三宿舍里少数几个没有自制小土秤，不计较谁吃多少的家庭之一。虽说我们那时还都不到而立之年，但是我们坚信“面包总会有的，一切都将会有的……”在我们的餐桌旁，我与爱妻常常有这样的对话：

“姜欣，你多吃一些吧。我刚刚回国，肚子里还有油水，我扛得住，你多吃一点儿。”

“不行，不行！常彦，你刚刚出医院，身体还亟待恢复。先保证你，你一定要吃饱！”

两个人就是如此推来让去，直到饭菜几乎都凉透了，仍无言地以泪眼彼此相望良久，最后几乎是同时再劝说对方一次：“亲爱的，还是你多吃一点吧！”

……

当我已是耄耋老人的时候，每当回忆起我们夫妻同国人一道经历的那段食不果腹的艰难岁月，依然感慨良多！日子是不好过，但是我们和国人一起还硬是扛过来了。

时光进入1963年之后，国民经济经过“调整、巩固、充实、提高”，市场供应逐渐有了转机，但仍然不可能一下子从根本上改变当时的供应现状。大人还好，总算可以用意志抵抗饥饿，而幼小的孩子就不行了。1961年，我们的第二个女儿璐璐出生了。妻子姜欣因营养不良而影响奶水。牛奶是买不到的，甚至连代乳粉也是买不到的。我们可怜的孩子基本是靠说不清楚是由什么成分混兑出的一种名叫“代代乳粉”的东西养大的。值得让现在生活在蜜糖罐儿里的我的外孙一代知晓，在那个特殊年代，连那种真正代乳粉的替代品“代代乳粉”也不能敞开了买，因而也就不能让幼儿够吃！还在婴儿时期的我们的小璐璐，仰起小脑袋张开小嘴，贪婪地吮吸着送进她口中的那种颜色灰黑灰黑的面糊！

日久天长，每当她听到用小勺刮碗边儿的声音，就会条件反射地张嘴大哭。她太小，还不能表达她胃肠的需要，只能用哭声表达她的基本诉求——我还要！我还没有吃饱！

几年后，当她已经在湖蓝色的小木床里会爬的时候，我曾经十分苦涩地发现：将一小块窝窝头和几块饼干同时抛进小床，我那心爱的小女儿竟然会急切地爬向那小块苞米面窝头，小手抓起来就往小嘴儿里送。她吃得是那样地香啊！而对散落在她身边近在咫尺的那么多饼干，却看也不看，抓也不抓。因为自打她生下来就从没见过，也从未吃过这东西——饼干。她不知道饼干要比苞米面窝头香甜多少倍！

许多年之后，当我的女儿璐璐也已身为人母的时候，我将她年幼时苦涩的故事讲给她听，她无论如何也不相信那会是真的发生过！

我告诉她，那是真的发生过！只有知道祖国曾经有过怎样的艰难困苦，才能够更加珍惜我们现在的幸福生活。

二十八　为他人作嫁衣裳

生活上遭遇的困难并没有压倒我，但着急的是，我期盼能尽快获得拍戏的实践机会。从当初进入北京中央电影学校摄影专修科学习摄影专业伊始，我就立志做一名新中国自己培养的最好的电影摄影师。现在，终于到了我可以用已学得的技艺报效祖国的时候了。

我从国外归来是1959年的夏季，电影厂正全力制作当年的电影，实力颇强的长影第三创作组里，导演于彦夫正在为影片《笑逐颜开》收尾；导演林农全身心地在筹拍历史巨片《甲午风云》；导演王炎也在忙自己的电影。没有新的摄制组建立，自然便无法安排我的具体工作。我这个刚刚从国外归来的“准待业人”只好临时为需要补戏的摄制组干些“打补丁”的工作。先是为彩色影片《笑逐颜开》补镜头，拍出来的样片获得了导演与主演的夸赞：“拍得太棒了！如果早回来能给我们拍全片就好了！”再后来，想不到导演苏里同志到长影第三宿舍对我的一次造访，为我展示自己在摄影专业方面的学习成果，提供了一次小试牛刀的机会。

在那次造访中，苏里先是十分温暖地问了问我身体的恢复情况，然后又问我去过广西的桂林吗？那里可是“山水甲天下”的地方，想不想去桂林疗养一段时间？

苏里导演并不是我们第三创作组的成员，而是第二创作组的主任，他怎么会想到安排我去以优美山水闻名于世的桂林呢？面对我的一脸狐疑，苏里导演终于把话挑明说：“常彦，事情是这样的，我现在正全力做《刘三姐》的后期工作。在剪辑全片的时候，发现有些镜头拍摄得不够理想，特别是空镜头。不仅数量不够用，而且由于摄制组当时拍摄匆忙，光调、气氛也不甚讲究。如果将就着用，将一定程度地影响整个影片的艺术质量。看了你给老于（导演于彦夫）补戏所拍的镜头画面处理，现在老哥向你求援。假如可能并且你也愿意的话，请你带上个剧务和摄影助理，辛苦你去一趟广西，为我的影片《刘三姐》拍摄一本胶片（一本胶片一千尺）的风光素材，供我剪入影片。完成任务后，让剧务和助理将拍好的底片带回厂，你可以继续留在广西疗养，时间长短由你定，期间的一切费用均由《刘三姐》摄制组报销，你看如何？”

哈，谁会想到竟然还会有这样天上掉下馅儿饼的好事！而且又是在我等待上戏的空当时期，我便很快应允下来，平生第一次踏上美丽的广西。

我一生对待机遇一向比较认真，在我看来，机遇只为有准备的人创造。所以，在电影专业方面，只要能给我一点阳光，我就会力争使它灿烂。为了不辜负苏里老大哥对我的信任，当然也是为了能在一定程度上展示自己留学德国学成的成果，为不虚桂林之行，我在出发前认真地做了功课。

同行的还有一名摄影助理和一位负责对外联系的剧务，我们三人组成了一个摄影小分队。到达桂林后，我们被安排住进原属国民党将领白崇禧的公馆——著名的榕湖宾馆。为了熟悉第一次造访的城市，我们登上位于市中心著名的叠彩山，但见有山平地拔起，千姿百态；漓江之水蜿蜒曲折，明洁如镜。据桂林彩调团的同志介绍，桂林是山多有洞，洞幽景奇；洞中怪石，鬼斧神工，那才叫琳琅满目，于是形成了“山青、水秀、洞奇、石美”的桂林四绝！

经过研究，我提出租用一条船，带上在桂林彩调团选出的替代刘世龙、黄婉秋两位主要演员的替身演员，沿漓江顺流而下，途经兴坪直奔“甲桂林”的终点阳朔县城。我估计，在水上泛舟两三天，再加上陆地上拍摄到的景色，相信足可以完成苏里导演的委托。

为我们所乘渡船掌舵撑船的是一对中年夫妇，长期的船上生涯，不仅行船经验丰富，而且熟知漓江两岸的景色，为我选择可摄景物提供了绝好的咨询。加上两位替身演员，我们一行五人工作在船上，生活在船上，夜宿在船上，那是一段极其美妙的生活体验。我真的十分感谢苏里导演为我提供了这样一次欣赏祖国绮丽风光的难得机会。

舟行碧波上，人在画中游。如果不是亲临其境，你是无法想象泛舟漓江上所能获得的那种悠然自得、心旷神怡、令人陶醉的感觉的！

清澈的漓江水，曲折萦回在千山万壑之间，犹如一条长长的青罗带，千姿百态的奇峰峻岭，又恰似一颗颗造型精美的碧玉簪镶嵌其上。再加上浅滩秀水，碧波回旋，曲流幽深，青峰倒影，构成了一幅幅绝妙的风景画面。眼前的这一切在尽收眼底的同时，我也不失时机地用摄影机将它们记录在“阿克发”彩色胶片上。

在夕阳西下落红映照碧峰的时刻，我们的船在兴坪停下。兴坪是从桂林到阳朔县必经的重要古镇。它位于阳朔县城东北部，距县城25公里。这里不仅有“相看两不厌”的九马画山，而且还有著名的螺狮山、莲花岩、天水寨、灵宝阁等诸多景点让人叹为观止。还有粉墙乌瓦石板小巷等古巷，秀丽的漓江水在兴坪这里绕了一个大弯，江岸两边翠竹茵茵，田园农舍掩映其间隐约可见。船老大将船靠岸，让我们尽情地欣赏并拍摄了漓江上这颗璀璨的明珠。

“春江漓水客舟轻，两岸奇峰列送迎。马跃华山人睇景，果然佳胜在兴坪。”这是叶剑英元帅在造访兴坪后曾留下的诗句。我们离开桂林沿江顺流而下的第一个夜晚，就是在这“佳胜”之地兴坪抛锚度过的。

“莫道兴坪秀，阳朔景更佳。奇峰披玉黛，古树笼烟纱。鸟语催晨雾，林涛挽落霞。舟行漓江上，一览众芳华。”

1997年，也就是距那次初访漓江三十八年之后，我因执导电视连续剧《李宗仁归来》，再一次泛舟美丽的漓江上，用上面不成样子的诗句记述了我与儿子常江同游漓江的感受。我对子承父业已经是摄影师的儿子说：“三十八年前，你的老爸险些丧命于漓江！”

“怎么会呢！真的吗？”我的儿子惊诧地问。于是，我给他讲述了当年那段惊险的故事……

我第一次去桂林为《刘三姐》补拍镜头时，刚刚进入而立之年。虽说已经过了少年气盛的年代，但青年的意气风发使自己按捺不住畅游漓江的欲望。船老大似乎早已看出我们的心情，他好心地提醒我们，一定要选水区距离浅滩较远的江段下水，否则容易出事！

在拍摄镜头的空闲，清澈见底的漓江水着实吸引人。我们终于按捺不住，除了两个替身演员留在船上，摄影助理、剧务和我相继入水。我们随着顺流而下的工作船游泳，甭提有多么爽了！

“哦，快上来，快上来！前面有浅滩，快上船！”船老大大声呼叫我们。

正在起劲儿戏水的我们，仅仅是迟疑了片刻，当感觉到江水的流速明显地改变的时候，我们再想攀住船帮登上小船，已经是来不及了！原来顺流缓缓漂浮的工作船，突然间加速离开了我们。当摄影助理和剧务还能勉强急速随船游去时，按顺序游在最后的我无论怎么加速，也扭不过浅滩湾处水流的力量，我只能顺流，不自主地飘向了与工作船相左的方向。

“常彦老师，你在哪里？”我的助理呼喊着 。“常技师，你在哪里啊？”剧务也在叫，然而我只能闻其声而不见其人，因为我已经被急速的湍流推向与工作船相左的另一支流，为了不被似奔腾野马的江水将我吸送进山洞里的暗河，我拼命扑泳向一个露出水面的礁石。当我双手攀住礁石那一刻，湍急的水流竟然把我的身体吸抽进暗礁的底面，身形体态从俯卧完全变成浮仰！啊，天呢！那一刻我真的觉得自己的小命危在旦夕了！

年轻的时候，我一向是比较喜欢体育锻炼的。除了不踢足球，篮球、排球、网球乃至乒乓球，我都喜欢。喜欢玩双杠、悠双环，练就一身腱子肉。如果打赤膊亮出我那一身疙瘩肉，还能赢得令人羡慕的眼光。至于动作敏捷，则得益于自幼随父习练武术。突出的弹跳力，曾让我获得过长春电影制片厂和电影学校运动会的跳高冠军。完全是由于平时有上述积累的身体本钱，使我在漓江遇险时能集全力摆脱被湍流吸进山底暗河的悲惨结局！

我极力镇静自己的神经，竭尽全力向上猛按，强忍锋利的礁石划破肌肤的痛楚，终于爬上那块礁石！然后再由此及彼地不断入水更换礁石，缩短与江岸的距离，最终登上距离主航道较近的江岸，重回到我们的工作船，把我拉上船的摄影助理竟然激动得流泪不止……

三十八年后，已经担任电视剧《李宗仁归来》摄影师的儿子听了上面的故事，依然唏嘘不已。而我则以四句小诗，为那段回想起来仍有后怕的经历画了个句号：

“而立之年拍漓江，阳朔兴坪桂花香。不知量力浅滩泳，强攀礁石肌肤伤。”俗话说，吃一堑，长一智。自那以后，再不敢有类似的莽撞行为了。而当年为“他人作嫁衣裳”的临时“活儿”，在一定程度上展示了我在电影摄影专业上的锋芒。我拍摄的风光被导演尽兴剪入了《刘三姐》影片中，用苏里的话来说：“常彦呐，你这广西一行为老哥的影片增色不少，如果没有这部分镜头，我们得不了摄影奖啊！”

二十九 《再生记》：我的摄影处女作

1960年的春天，我终于等到了盼望已久的独立拍戏的机会。我所在的第三创作组决定成立《再生记》摄制组。该组的导演是当时仍在苏联莫斯科电影学院导演系学习的刘群同志。他原本是长影译制片厂的演员，后又担任译制片导演，1955年作为第一批派往苏联留学的中国学生，进入莫斯科电影学院导演系专攻电影导演。那一年是他毕业前最后一个学年，他专程回到祖国求助于母厂长影，完成一部作为他毕业作品的故事片。此事对于刘群个人来说，当然是非常重要的。这部作品的成败，关系他能否拿到莫斯科电影学院导演系的毕业文凭，他的请求获得了厂里的全力支持。

也是在这个时候，时逢当年哈尔滨电影制片厂（简称哈影厂）有一个完整的摄制组建制的成员组在第三创作组学习，长影为了给哈影厂在长影实习的同志提供一次独立的创作实践机会，也正在等待时机。于是长影便决定哈影厂的同志作为新成立的《再生记》摄制组的基本成员参与完整的摄制过程，并且可以把完成品作为实习成绩向黑龙江省委和哈尔滨电影制片厂汇报。第三创作组则派出得力的制片人员全面负责运作，并且把未来的完成品纳入当年向厂承诺

影片《再生记》（长春电影制片厂1960年摄制）剧照

的生产计划，之后将最终达到一定水准的完成片推向市场。

通过上述介绍可以看出，成立《再生记》摄制组，是一项一举数得的举措，完全符合当年崇尚“多、快、好、省建设社会主义”的“总路线”精神。

在为摄制组选配主要创作人员时，导演刘群执意要求由我担任他这部处女作品的摄影师，用他的话来说：“我们都是刚从国外学成归来，怀有同样强烈的创作欲望和表现诉求，在创作上容易找到共同语言。”刘群的这种意愿，获得了第三创作组及厂领导的认可。最后，他在提供的诸多剧本中最终选择了《再生记》。

《再生记》这个剧本，是第三创作组专业编剧林杉的作品。林杉是誉满中国银幕的红色经典影片《上甘岭》《党的女儿》以及后来《冬梅》等影片的作者。剧本《再生记》是1958年林杉参加中苏合拍影片《风从东方来》时在莫斯科停留期间写成的。它描写了广东粤剧这个剧种以及粤剧演员在新中国成立前后的遭遇。故事婉转曲折，人物生动鲜活，而且还有林杉作品中少有涉及青年男女情爱的故事情节。

正当全摄制组整装待发，奔赴广东拍摄外景的时候，厂党委突然下令，必须重新对林杉的原创剧本进行“大刀阔斧的改造，否则不能开机”。理由是剧本的基调不够健康。在当年强调“政治挂帅”的年代，党委的意见当然是一言九鼎的。尽管原创编剧想不通，甚至拒绝参加修改，《再生记》这个剧本还是被推上“集体创作”的手术台。改后的《再生记》，虽然最终获得了再生，但已大异

影片《再生记》剧照

于原创。将剧本里所涉及的剧种由广东粤剧改成河北梆子，用以增加剧种的高亢气质。也是出于同样的原因，在故事情节中塞进演出现代戏《白毛女》的情节，用于加强其“革命性”，用它取代原来的剧目《牡丹亭》的所谓“软绵绵”，等等。

应该说明的是，尽管《再生记》经过了“大手术”，但因原创剧本较好的故事框架和人物设置，故“再生”的剧本依然具有一定的艺术质量，也因此获得了林杉的基本认可，同意在剧本上署名，不过不用林杉，而是用“李玉华”这么个颇有些女人味儿的名字。

因为表现的剧种改变为河北梆子，故外景地也相应地由去广州变为在河北地区的天津及其郊区农村。如前所述，由于摄制组成员的特殊组成，使这个组较其他摄制组更有研究气氛和学术氛围。大家齐心努力要把《再生记》拍成功，成为拿得出手的东西。所以，拍摄现场各部门彼此尊重、相互切磋的气氛特别浓，保证了未来影片的质量。大家调侃着互相鼓励说：一定要认真再认真，力争交上一个能获得一百分的毕业作品！而我与初执导筒的刘群，则边拍戏边探讨20世纪

50年代因拍摄著名影片《不同的遭遇》与《马门教授》而蜚声世界影坛的苏联摄影师乌鲁社夫斯基和德国摄影师别尔克曼的艺术成就。学习运用创新的场面调度与高超的画面造型，极力追求《再生记》的艺术质量能获得令人刮目相看的水平。用导演刘群在私下里与我说的那句话——“咱们无论如何不能给出国留学人员丢份儿”来暗自彼此相互激励。

影片《再生记》剧照

然而，创作态度的认真，并不总能给我们带来愉快。往大了说，是出于对作品的艺术质量负责，往小了说，真是为了“不能给出国留学人员丢份儿”，使我对摄影质量的要求太较真儿了。在拍摄现场为了获得理想的光影效果而耗时等待，这在正常情况下当然无可非议，因为摄影师要对作品的画面造型负主要责任。想创造好的银幕效果，当然要追求理想的光效。然而，在彼时片面地强调“多、快”，忽略“好、省”的“大跃进”余温未冷的时代，我的“光线不理想，绝对不拍”，常常与注重拍摄进度的制片部门发生矛盾与冲突。后来，剧务部门竟将我在创作上的执拗向厂党委做了片面的汇报。说我执行“总路线”不坚决。而厂党委副书记竟然偏听偏信，不做进一步的调查研究，居然在全厂的党员大会上指名道姓地批评说：“常彦，本是我们自己培养起来的专家，可是在拍戏过程当中，居然向党的‘多、快、好、省总路线’叫板，动辄就撂挑子，动辄就不拍了！说是要对艺术负责，那政治上的责任还要不要？同志啊，有什么了不起，不就是到国外吃了

影片《再生记》摄制组演职员合影（第四排左四为作者）

几年洋面包嘛！”

冤枉哉！一个年轻的摄影师，仅仅为了在银幕上获得较好的画面造型，坚持了一下创作中的认真，便被扣上“向党的总路线叫板”，何其了得？！但在那个时代，你没有解释的份儿，因为话语权不在你这里。好在这种令人压抑的事仅仅是偶尔发生，习惯了也就不必过分认真了。

影片《再生记》终于顺利完成了，并且达到了一定的艺术、技术质量。记得当时创作组与厂领导还颇为正式地表扬过导演与摄影均达到了较好的水平。之后，导演刘群高高兴兴地凭此片获得了当年莫斯科电影学院导演系毕业作品的高分。哈影在长影的实习人员，也欢天喜地携着它向黑龙江省委宣传部及新组建的哈尔滨电影制片厂递上了他们合格的进修答卷。对于第三创作组和长影厂，黑白故事片《再生记》不仅被顺利地推向市场，而且的确实现了它一举数得、皆大欢喜的预期和承诺。

我作为从国外学成归来的专业人员，能在业务上有这样一个开始是相当不错的。我的家人和好友们，都为我获得的成绩高兴。尤其让我高兴的还有导演刘群从莫斯科电影大学给寄来的好消息，他说有关教授在评论他所交的毕业作品时不仅在导演专业上给予了充分肯定，当他们获知《再生记》是由一位刚刚从民主德国专攻电影摄影的留学生拍的处女作品时，还特别给予了赞扬。刘群甚至调侃说，你虽然没入莫斯科电影大学，但已获得这里的认可，可称你为没有毕业文凭的莫斯科电影大学摄影系的高才生！

呵呵，我们两个年轻人当时真的被处女作获得的成功陶醉了！

三十　联合摄影的《冬梅》

在创作情绪十分高昂的状态下，我开始接受回国后独立摄影的第二部戏——《冬梅》。这部戏当时不仅被第三创作组列为重点，也是导演王炎十分看中的作品。

影片《冬梅》在某种程度上可以说是在国内电影市场上已获盛名的影片《党的女儿》的续集。其中的反面人物，仍然是叛徒马家辉和国民党保安团的孙主任。故事发生在1936年秋，红军撤离中央苏区北上抗日之时。红军干部李冬梅因怀孕不得不留在地方上工作。她带着贴身通信员小妹与留在后方的伤员组成游击队，处决了叛徒马家辉，有力地打击了敌人。但冬梅不幸坠入国民党保安团的陷阱，诱骗被扣。被解救后，受党的委托下山与国民党谈判，她有力地揭露了敌人搞假和平的阴谋。

为了能保证未来影片的艺术质量，导演王炎决定邀请上海电影制片厂著名演员白杨担纲扮演李冬梅。《冬梅》是演员白杨1959年来长影拍摄故事片《金玉姬》之后，再一次被邀请来长影主演的第二部作品。

白杨，1920年生于北京，1932年考入联华影业公司，从演出《茶花女》在

影片《冬梅》（1961 年摄制）剧照（右二为主演白杨，右三为小妹的扮演者卢桂兰）

剧坛崭露头角后，新中国成立前因主演《八千里路云和月》《一江春水向东流》而蜚声影坛。新中国成立后因主演《春满人间》《祝福》等片达到她表演艺术的顶峰。但是，俗话说岁月不饶人，白杨被导演王炎邀请来扮演女主角李冬梅的时候，她已经是人到中年，四十岁了。而剧中的红军指导员李冬梅，却是一位因怀孕而被迫留在根据地坚持斗争，年龄在二十五岁左右的年轻人。演员与角色之间较大的年龄差本已是一个挑战。而在人物关系中，李冬梅身边又无时不伴着一个年轻漂亮的贴身小通信员小妹（由青年演员卢桂兰扮演），这就更加威胁到白杨能否在银幕上创造出一个体态轻盈、年轻动人的女红军形象。白杨作为一位银幕上已经塑造过诸多著名形象的演员，她深知除了依靠自己精湛的表演艺术功力之外，还要借助化妆造型，尤其要借助摄影师的造型帮助。

有经验的电影演员都知道，摄影师对人物的光线、角度等的肖像处理，会直接影响演员与角色之间的年龄感差。说得更直白一点，同是一个演员，经过电影摄影师的肖像处理，照相技术上漫不经心或是精雕细刻，在银幕上会展现

影片《冬梅》外景现场工作照，图中掌机者为作者

完全不相同的结果。因此，当我这个年轻摄影师在长影的小白楼与白杨第一次见面的时候，她在表示高兴与我合作的同时，递给我一摞她在各个时期拍摄的黑白照片。明着说是供我参考，潜台词则无疑是希望我不要把她拍丑了。我十分理解她的心理，并在实践中运用各种手段，认真地选取拍摄角度，细致地进行光影处理，千方百计地减轻她的年龄感。总之，最大限度地减轻了演员白杨的精神负担。

俗话说：万事开头难。自己回国后在事业上有这样的起步，令人相当欣慰。然而，我完全没有料到，令人惋惜的事情连连发生，使我这个年轻的摄影师，在发挥业务专长的途中，人为地被推入低谷。如若不信，请看我从国外归来后，在专业发展上遭遇“暗算”的创作年表：

1960年，我作为摄影师独立完成了摄影处女作影片《再生记》，并且受到表扬。请注意，是“独立完成”。

1961年，我在导演王炎的《冬梅》摄制组虽仍任摄影师，但受制于当时的体制机制，我只能与他人署名联合摄影。而且在以后的很长一段时间里，我甚至做起了摄影助理的工作。

是我真的没出息，以致在电影摄影技能上不仅没进步，反而日益滑波吗？是我满足于曾求学中外专攻电影摄影后不求上进吗？是通过《再生记》《冬梅》的摄影实践，已证实了我根本就不是电影摄影师这块料吗？当年我遭受“冷处理”的时候，我曾极度痛苦而又委屈地如此连连地责问自己。答案当然都是否定的。我自信，在发挥专业技能上遇到的这种每况愈下的境遇，绝对不是我自身的原因。

随着时间的推移我终于明白，在某些人眼中，我这个“后生可畏”，并且威胁到他们的权威地位了！在当年，为安抚我这个刚满二十八岁就已经能够独立拍片的年轻人时，不惜用“因为任务少，只能降格使用，这也是保存干部的一种方法”来蒙骗、来掩盖即使在新社会也依然存在的不平等的业务竞争和极不公平的所谓“论资排辈”！

《冬梅》剧照

也许是源于少年气盛，我向当时主管生产的副厂长提出离开某影片摄制组的请求。但领导不应允，并用“可以留组任副摄影”来安抚我。而我拒绝了，我认为，一个本已经独立拍片的摄影师却被“恩赐”做“副摄影”，实在是对人的侮辱。

当时长影厂的党委书记兼厂长的主要领导人，为了说服我，还曾引证我在拍摄《冬梅》的黑白片中，“没有把影片中的红旗拍成红色”，而好心地规劝我说，“还是要加强基本功啊，怎么能把红旗拍成灰色的呢？这可是个原则问题哟！”这十足的外行话，让我平生第一次领教了什么叫“欲加之罪，何患无辞”。面对如此这般的长影一号首长的高论，真叫人啼笑皆非。于是，我说：“厂长，在黑白影片中，摄影师只能用黑白灰三种色调来表现实际生活当中千变万化、丰富多彩的现实世界。在使用黑白胶片表现多彩的自然世界的时候，中外所有摄影师经过反复试拍比较，一致公认唯有中灰色调可以被认定是表现红色的，这可是共识啊！”

“就这么绝对吗？”厂长明显地不以为然。

“绝对是。”我答复道，“我总不能违反世人对黑白片中表现色彩长期形成的共识，硬是把红军手中打着的旗帜处理成黑色调或白色调吧？您想，那就不仅仅是原则问题，而是彻头彻尾的政治问题了！”

“……”厂长一怔。

我接着说：“您想想看，让咱们的红军扛着黑旗或打着白旗，行吗？”

少顷，厂长终于仍以退为进地问我道：“你是留过洋的人，要有点雄心壮志，就不能在黑白片中把灰旗拍成真正的红色吗？那才显出你的真本事嘛！”

我笑了并回答他：“厂长，从目前的科学技术水平来看，我做不到。也许将来能。但我可以告诉您，倒是早就有人用手工染色的办法把黑白片中的灰旗给弄红了。”

“谁？”

“俄国人爱森斯坦。”

“爱森斯坦？”

“是的，爱森斯坦。”我接着说，“他早在执导影片《战舰波将金号》的时候，就异想天开地花了个把月的时间，将起义后战舰上升起的原本在黑白片中只能是灰色的旗帜，逐画格地用手工染成了红色！”

“哈哈，好啊！”可爱的厂长显然兴奋了说，“常彦，你也要有这个雄心壮志，外国人能做到的，我们也应该能够做到哇！你说呐？”

“厂长，爱森斯坦所做的仅仅是表述他个人政治热情的一种试验，不能效仿。”

“为什么？”厂长打断了我，急切地问道。

“您想啊，他当时涂染的仅仅是影片结尾一场戏中的几个镜头，而且仅限于他做实验的那一部正片拷贝。以我们的影片《冬梅》为例，影片中几乎近一半的场景中都有出现红旗的场面，不要说大批拷贝，就是一部拷贝我们涂染得了吗？”

“为什么？”厂长又一个反问。

我回答说：“胶片在摄影机中每一秒要转一尺半，那就是二十四个画幅啊！怎么涂染得起哟，我的厂长大人？！”

……

原谅我的不恭，这一次绝对属于“对牛弹琴”式的交流，以不分胜败的结局告终。要知道，在“教授治校”“专家治厂”不被各级执政者看好的大背景之下，且又有“外行领导内行”的原则撑腰，要长影的党政一把手认输？那真是“比登天还难”哟！

就这样，时值我创作欲望极其强烈、精力又十分充沛、旺盛之时，我被冷处理了，提前成了20世纪60年代在职的待业青年！于是，在近两年多的时间里，我没戏可拍，虽然我并不自认自己是什么“英雄”，但却正儿八经地体验到了“英雄无用武之地”的苦衷了。

写到此处，不由地想起一段小插曲：十几年后，也就是“文革”结束以后，由我执导并兼任摄影师的影片《保密局的枪声》获得成功之后，已经时任厂长的苏云同志曾问过我：“常彦，你怎么导演、摄影、美术、音乐几乎样样都行，你什么时候具有了这种能力？”我不无苦涩地告诉苏云同志：“我在1959年从国外留学回来之后，就有这种能力，可惜拍完影片《再生记》之后我就被冷藏了！”

影片《冬梅》剧照

让人聊以自慰的是，在事业上一度遭受不公平待遇的我，为革命而学习的意志从未消沉。我把时间用在了攻学美术，填补自己在绘画方面的不足。在我看来，电影摄影师与美术界的画家有互通之处，他们之间仅仅区别于所采用的表现工具不同。电影摄影师是运用物理的光与感光胶片作画。我觉得，略通一点美术，对于一个想做优秀电影摄影师的人来说，无疑是在做“如虎添翼”的事。于是，读中国画论，习西方素描，我自认为找到了抒发情绪的宣泄点，于是一发不可收。什么水彩、水粉、油画、国画，总之，趁着自己还年轻，“少壮之时，兼收并蓄，凡才堪吾用者，尽力取之，唯恐不多，唯恐或后”，因为，“若稍缓焉，其难免有失时之叹”，懂得要像前人总结的“及至取资已富，则当别择其精而又自成一种气象者，又不在极烹猛炼之功，是则一生之酝酿也”的道理所在。我把中国画论中的上面一段话作为座右铭激励自己、鞭策自己，不仅敢大胆地舞文弄墨，也敢不惧他人讥笑地去挥笔作画了。

话说到这里，我不能不由衷地感谢我年轻的爱妻当年对我的支持。我倒是支起画板可以全神贯注地挥笔作画了，每每将小小蜗居弄得脏乱无比，每一次几乎都是妻子默默地收拾干净，然后坐下来品评我画作的优劣。当时仍是幼年的儿女们，是我那些初期画作的第一批观众。我在事业上暂被冷落之时，享尽了我家所独有的天伦之乐！

正是经过这样一番不怕别人评头品足，更不惧丢人现眼的努力，我成为在长春电影制片厂内，除专业美术人员外，唯一可拿得出绘画作品参加美术作品展览的艺术人员，这也叫功夫不负有心人吧！至于经自学而在美术方面获得的造诣，则在我得以重执摄影机摇柄时，使我拍摄的电影画面或多或少出现一些与众不同的审美韵味。

俗话说：“塞翁失马，焉知非福？”我真的很赞同这句古训，并且早在20世纪60年代，便已经体验到了80年代方成长起来的央视名嘴白岩松那句名言：痛并快乐着！

三十一　从重操摄影机到编、导、摄一体

是的，痛并快乐着。

1965年秋天，我终于再次获得了独立拍戏的机会，接受了与我同姓的导演常甄华的邀请，在他独立执导的处女作——黑白故事片《雁红岭下》中担任摄影。

这是一部充满乐观童趣而又颇具幽默感的影片。其中的男女主角大部分是少年儿童，参与其中的成年演员，则是在当年已颇有名气的张园、白德彰、庄焰以及演员新秀赵文瑜。

导演常甄华，1921年生于山西省长治县。1937年参加革命，在晋冀鲁豫边区太行山剧团任乐队员、演员。1951年抗美援朝时，担任志愿军二十兵团文工团团长，1958年转业到长影。常甄华在独立执导《雁红岭下》之前，曾与因影片《冰山上的来客》而著名的导演赵心水联合执导过影片《红雁》。应该说，常甄华无论从年龄或工龄都是我的老大哥。没想到，我俩在多年后还会成为儿女亲家，这是后话了。

坦率地说，虽然我的这位老本家已在长影生活工作了七八年，但他的导演专业水平确实还仍不尽如人意。这表现在尽管他也如其他导演一样，把文学剧

本像“切豆腐”似的弄成了电影分镜头剧本，但在拍摄现场如何依据现场实况调度演员和摄影机，却明显暴露出功力不足。于是，在我们总体合作上还算和谐的情况下，偶尔也会发生不甚愉快的故事。如有次我们在现场因选择摄影机机位发生了争执，用我们圈儿内的“行话”来说，在处理镜头调度时错误地“越轴”了，我对他说：“不能这样拍呀，我的老哥！这样处理会让内行人笑掉大牙的！”没成想这句话伤了我这位合作者的自尊心，他竟然放下脸来斥责我说：“你少跟我来这一套！我是不如你，没到希特勒那里读过洋书，但你也不要唬我。按我说的拍，怎么就接不上？”我这个曾有留学德国经历的人，成了去“希特勒那里读过洋书”的“假洋鬼子”。后来经过我耐心的解释，导演还是接受了我的主张。

为了帮助受我尊敬的，又与我同姓的“老本家”导演尽快地掌握形象思维与电影蒙太奇技巧，我不得不将他的分镜头画成“小人书”式的诸多画面。这种活动是我前几年利用“待业”而下功夫自学苦攻美术的成果，在此获得了用武之地。此举自然很受常导演的赞赏与欢迎。于是，我俩之间曾发生过的上述“历史争论”，便成了厂内同行间偶尔的笑谈。

《雁红岭下》是我重操电影摄影机机柄，在摄影方面再露锋芒的事业拐点。作为已进入“而立之年”的我，自然格外用心。故而影片的摄影质量在同行中颇获好评。然而遗憾的是，这“痛并快乐着”的时日并未能维持多久。正当我欲在摄影专业上重显身手的时候，又被下放到农村搞“社会主义教育”，当“四清工作队”的队员去了。

1965年的冬季，天气十分寒冷。长影“四清工作队”第十二小队，来到吉林省梨树县郭家店报到。按规定我们以“不得骚扰老百姓”，施行与老百姓“同吃、同住、同劳动”为原则。在这个所谓“三同”的规定中，“同劳动”自不必说，“同吃”又被限制为不准吃肉蛋和细粮。而“同住”，则专指必须住进老百姓家，不能搞任何性质的特殊化。然而，我们却不得不“特殊化”了。因为，在我们被分配去的那个生产队，家家住房紧张，紧张到没有一家可以接待我们。所以，除了当地的农业机械站可以安置一人外，另一人则只能住进条件极差的牲口棚子里面去。

与我同被分配在一个小分队的另一位工作队员，是曾经赴德意志民主共和国德发电影制片厂学习音乐录音的年轻录音师韩维钧。因为彼此是老朋友，所以在分配住所时，我主动让他住进条件比较好的农机站，而我自己则选择了住进根本就无采暖设备的牲口棚。这个原本不适人居的所谓“居所”，就是当地农民专为“接待”来此“搞四清”的客人准备的。为解决取暖，社员特意在马厩的一个角落里分隔出一间小屋，并在这个只能允许一个人活动的空间里搭置出一铺可以升火的小炕。由于这铺小炕是在我进住前不久才搭置起来的，它并没有凉晒到干爽透彻。于是，我只能在那仍稀软的土炕上多垫一些稻草再铺上自己带来的行李。然而我无论如何也不曾料到，这种自认为能克服困难的革命精神，几个月之后，竟给我带来了致命的灾难！

长春的1966年春夏之交，乍暖还寒。当时，由于较长时间睡在根本没有被干燥透彻的土炕上面，我得了风湿骨痛，原本已经是不得不手拄小棍儿仍继续坚持“社教”的我，在一天早晨一跤跌下去，竟然完全站立不起来了！

工作队领导采取紧急措施，用吉普车将我拉回长春送进吉林省医院急诊室抢救。经诊断定为颈椎及双腿患急性风湿症，必须立即留院医治，否则后果严重很难预料！

感谢省医院专家们的高超医术，在留住医院的三个多月之后，我被允许出院回家继续疗养。我庆幸自己还有个比较良好的体质，随着身体状况的逐渐恢复，我又能与正常人一样，可以从事一切活动了。这时，我最大的愿望便是再次重操电影摄影机的机柄，享受摄影艺术创作的喜悦。我期盼着哪一天会有人通知我上戏。然而……然而我跃跃欲试等来的，不是去哪一个摄制组拍戏，而是给国人带来无比灾难的“史无前例”的“文化大革命”！

当初被看好有培养前途的北京电影高等院校的高才生，再经出国深造，回国后原本想大显身手报效祖国的年轻摄影师，在“史无前例”的运动中被当成似乎根本就无专业的闲散劳动人员；但“文革”后，突然又成了长影历史上第一个集编剧、导演、摄影师一担挑的人了。

众所周知，当国外人们日常生活中的照相和电影已摆脱了黑白片的一统天下，进入彩色片为主的时代之时，我国的彩色胶片制造业还处于研制的初期。

随着市场需求的日益提高和国外垄断企业对我国进口彩色胶片的“关卡压”，我们不能不加速研制自己的彩色胶片。

1972年的夏季，国家将我国自行研制生产彩色胶片的专家集中到东北的沈阳市，准备在沈阳召开国产油溶彩色胶片研讨会，解决我国自力更生研制生产的彩色胶片遇到的质量问题。为使会议能开得有针对性，会议组决定请长春电影制片厂派一个摄制小组，使用国产油溶性彩色胶片拍摄一部专供会议研讨的专题片。同时要求，该专题片必须在会议开幕之前完成并送到主办单位。长春电影制片厂接受该任务时距会议开幕还有两个月，于是立即组成了一个小型摄制组赶赴风光绮丽的云南。然而，谁也不会预料到，这个小摄制组由于多种原因迟迟未能开机。一个多月过去了，摆在长影厂领导面前的问题是，必须当机立断，再重组一个摄制小组去拍摄这部对于“胶片会议”至关重要的专题片。而且，不管由谁再去完成这个推脱不掉的特殊任务，都必须将完成片按时即会议开幕之前送到会议主席团手里！

也许是命运的安排，这个当时被大家视为“烫手的山药”竟然落在我的手里。时间紧、任务重，我当然知道这个“山药”的分量，更何况，这个将由我挑头的所谓“摄制小组”竟然小到不能再小。即除了我必须担任摄影师亲自掌机拍摄的同时，还要担当这部具有学术价值的纪录片的编剧和导演。这就是说，我的这个所谓“摄制小组”除我之外，还有两个人，一位是负责对外联络、肩负剧务工作的行政人员，另一位则是负责协助我拍摄的摄影助理。当真是小得不能再小了！我的爱人心疼丈夫，说：“常彦，你不能接，这不是要累死你呀？”她没有怀疑我能接受这个“烫手的山药”的能力。但她担心丈夫会被这突如其来的所谓“重任”给累垮，因为她知道，只要是常彦认准了的事，不干则已；干，就要最好。我们三人从登上去大连的火车开始便争分夺秒地行动起来。

从大连返厂后，身兼三职的我，根据写好的拍摄提纲和拍摄的影片素材，剪辑这部题为《油溶彩色胶片实拍实验汇报》的专题片。根据这部专题片的特殊要求，我撰写了影片解说词。

正如长影厂领导预期的那样，这部具有科学实验性质的专题片，不仅在沈阳油溶彩色胶片会议正式开会的前一天按时送到，而且在放映后颇受会议好评。

在我从事电影艺术创作的一生当中，上面叙述的这部具有科学实验性质的专题纪录片，以及在它之后我再一次接受为联合国科教文组织拍摄我国引污水治理嫩江的科教片《人欢水笑》，冥冥之中成就了我由一个单纯的电影摄影师转为能担任电影编剧、导演和摄影师的“一肩挑”的全面人才，无疑是我艺术创作生命中的重要预演。写到此处，我不能不感谢长影厂具有伯乐眼光的历任领导，是他们给予的信任、机会和认可，成全了我这个在电影艺术创作生涯中永不自我陶醉，永远敢于向自我挑战的电影人。

1976年，我作为电影导演执导了彩色故事片《芒果之歌》。《芒果之歌》是“文革”时期产生的一次极不光彩的电影创作实践，它以故事片电影的形式记录了那个特殊的时代。对我个人来说，它是我作为电影导演无法抹掉的处女作，也是一次足可引以为戒的创作经历。

之后，我又因种种原因，先后退出《熊迹》和《济南战役》摄制组。离开《济南战役》摄制组后，我便投入到影片《保密局的枪声》的创作中。

纪录片《人欢水笑》在吉林查干湖拍摄

三十二　《保密局的枪声》导演谈

（一）故事梗概

上海解放前夕，由于叛徒的出卖，我打入特务组织国民党上海军统保密局的地下党员刘啸尘的联系人周甫祥突遭逮捕并壮烈牺牲。

中共地下党组织派史秀英接替周甫祥同刘啸尘联系，并让他从中协助查清叛徒。

当叛徒黄显才在百乐门舞厅向特务组长冷铁新再次告密时，认出了地下党员刘啸尘。情急之中刘啸尘当机立断，用无声手枪将冷铁新、黄显才二人击毙，在已经暴露身份的情况下，决定冒生命危险用自伤来欺骗敌人。刘啸尘毅然开枪打伤了自己，昏死过去，被送进医院抢救。

新任特务组长张仲年派特务余云禄以“照顾”为名监视住院的刘啸尘。接下来，狡猾的张仲年对出院后的刘啸尘实施了种种考查计谋，但均未发现破绽。老奸巨滑的张仲年又精心策划一计，派刘啸尘和余云禄同去侦查一个所谓“共党秘密集会”。身陷阴谋中的刘啸尘审时度势、随机应变，敏锐而又适时地识破了敌人的诡计。他将计就计，与伪装的“地下党员”顽强地搏斗，并一举杀死了化名“李阿全”的特务队长。

张仲年弄巧成拙，赔了夫人又折兵。刘啸尘终于重新获得了敌人的信任。在与史秀英恢复联系时，根据史秀英提供的材料，刘啸尘利用一在淮海战场被我军击毙的张仲年的老同学的关系，获得了张仲年的格外信任。刘啸尘被张仲年提拔为贴身的少校副官后，利用这一有利身份和时机，机智勇敢地战斗在敌人心脏里，有力地保护了上海的学生运动和工人运动。由于他及时地送出情报，使张仲年偷袭大学、秘密逮捕学生领袖的行动计划彻底破产。

在特务队长杨玉林奉命抓捕我地下工作人员的行动中，杨玉林认出了正去给地下党领导小组报信的史秀英。刘啸尘施计拖延，使史秀英得以逃脱。在杨玉林为首的特务们终于闯进罢工领导小组的房间时，杨玉林等特务被我地下党假扮的“中统”人员缴了械。

刘啸尘趁张仲年为上述失败疑心重重的时候，对他巧施连环离间之计，利用敌人内讧，促使张仲年下决心，秘密处决了特务行动队长杨玉林。

上海解放在即，国民党军队逃出大陆之前，张仲年制订了潜伏特务的“二线工作计划”。为了把这个关系到上海解放后安危的“潜伏计划”弄到手，刘啸尘千方百计地说服、争取管理档案的阿纪。在刘啸尘强大的思想政治攻势之下，阿纪终于弃暗投明，把敌人的“潜伏计划”交给了刘啸尘。不料，余云禄奉命追踪而来，在殊死搏斗中，余云禄被刘啸尘、阿纪合力打死。在他们二人正欲脱离虎口之际，突然被张仲年和老三给截住。

当张仲年执枪步步紧逼地要刘啸尘举手就范之际，危急时刻站在张仲年身后的老三手中枪响，但见张仲年应声倒地。原来这开枪的“特务”老三，就是又一名我地下党的优秀战士，他的名字叫常亮。

刘啸尘在战友的配合下，胜利完成了任务。而隐蔽得更深的常亮，则随敌军退去台湾，继续在党的第二条战线上战斗下去……

（二）导演阐述

1.影片的主题思想及其现实意义

（1）通过塑造上海解放前夕战斗在白色恐怖下的周甫祥、刘啸尘、史秀英，以及常亮等普通共产党员的英雄形象，歌颂党领导下的无形战线，歌颂战斗在这条战线上的先烈和战士们前赴后继的革命精神及其对党的事业的无限忠诚。

（2）“必须将沦陷区的工作提到和解放区的工作同等重要的地位上。”“必须有大批工作人员到沦陷区去工作。”“我们应当加紧那里的地下工作。”（引自毛泽东《论联合政府》）

我们选中并且热爱这个题材，因为它遵循了毛主席的上述教诲。我们喜欢这个题材，不只是因为它故事性较强、情节颇曲折，因而比较引人入胜，而是认为，拍好这样一部有关党的地下工作的影片，可以作为一首颂歌，敬献给那些为中国的解放事业英勇献身的无名英雄。

我们热爱它，还因为我们大家将参与创作的影片，会直接批判“四人帮”对党的地下工作所推行的虚无主义，从而为广大地下工作者在“四害”横行时所遭受的无端迫害伸张正义。

2.冲突和贯穿动作

（1）影片将通过主人公刘啸尘打入敌特机关、隐藏下来、战胜考查、获得信任，直到搞到敌特潜伏计划并且胜利归来的故事情节，展示了以刘啸尘为代表的正面人物与以张仲年为代表的反面人物之间的斗争。

这种以敌我之间的反潜入与潜入、考查与反考查所表现出来的矛盾冲突，不仅要揭示出我地下工作人员与反动敌特之间的殊死斗争，更重要的是，充分表现这一斗争的实质，即两种心理、两种信仰、两种世界观的斗争。

（2）消灭叛徒黄显才和敌特首脑冷铁新，不只是为了刘啸尘的个人安危，更重要的是为了保护党组织的安全；刘啸尘在敌人心脏里隐蔽下来并取得敌人的信任，不是为了苟且偷安，而是为了更有利的出击——拉出阿纪，消灭余云禄、弄到敌人的潜伏计划，最终消灭张仲年。

因此，“消灭敌人，保存自己”，“保存自己的目的，是为了更好地消灭敌人”，应该作为我们影片的主人公所遵循的原则，也是我们影片的戏剧贯穿动作。

3. 风格与样式

首先，我们肯定要把这部描写党的地下工作的影片处理为惊险样式，这是由生活本身提供给我们的素材决定的。情节曲折，人物经历险恶，尖锐的矛盾冲突和解决矛盾冲突的出人意料，都要求我们这样做。

其次，影片的总体处理将与一般的打斗片即动作片不同。我们将不强调外部的激烈形体动作，而是强调内部的气韵生动。尽全力打造一部能获得让观众屏住呼吸看下去的、好看的全新电影。我们的杀手锏是全力处理好悬念！

最后，无论正反面人物，都应着重富有心理色彩的内心刻画。通过动与静的正确处理，把创作重点置于刻画人物。塑造那些由于革命工作的需要而必须具有高度适应能力的党的地下工作人员的英雄形象。

4. 关于影片的基调与节奏

黎明前，是最黑暗的那一刻，但更是孕育着无限光明的那一刻，即黑暗即将过去，曙光就在前头。

因此，知黑守白这一命题，既可被视为戏剧处理的种子——揭露与战胜敌人行将灭亡前的垂死挣扎；同时，也可被看作是影片造型艺术处理的钥匙——即在白色恐怖的黑暗中展现正义事业必胜的无限光明。

所以，紧张中存在着从容，惊险中存在着镇定，跳跃中孕育着沉静，跌宕中包藏着抒情。

上述动与静的相辅相成关系，构成了影片蒙太奇中长、短镜头，移动与固定摄影，音乐音响与画面的对位，摄影角度与方位的变化，标准镜头与变焦距镜头的不同光学处理等诸多元素的转换，从它们形成的统一体中创造出本片所需要的节奏和韵律。

5. 对人物的理解与设想

刘啸尘：

他大约在三十岁左右，身高一米七五以上。其外在形象看上去应该既有军人气质的体魄与仪表，又兼有落落大方、潇洒的风度。他反应机敏但不锋芒毕露，善于不露声色地沉着应战。

刘啸尘虽然身在敌巢，因而有较高的职业适应能力，但绝不流于匪气。我们不祈求用豪言壮语去“制造”这个不同一般的英雄人物（告诫演员诸君切勿故作英雄状）。而是能够从战斗在敌人心脏里这个典型环境中去把握人物性格，从他那脚踏实地的工作及高度的党性原则中去发掘他的性格特征。

刘啸尘既有机智的一面（如在对付敌特及突发事变中的表现），也有憨厚的一面（如与自己的同志在一起的时候）。

作为导演，我希望将要担纲此角色的演员同志能用人物忠于共产主义信仰的观念去充实角色的内心世界，而不要醉心去“表演”英雄，更不希望仅仅重视外在动作的那种浮夸式的演出。

一句话，刘啸尘不是惊险片的所谓“硬派小生”，而应是一名政治上成熟的无产阶级战士。

史秀英：

年龄在三十岁以下，身体匀称、健美，身高应在一米六八以上。

她是一名具有公开职业掩护的专职地下工作人员，因而对各种不同环境有较高的适应能力，即平时人们常讲的干什么像什么的那种人。

因工作的特殊需要，她可能常以华服出现于公众场合，其仪表雍容华贵，但眉宇间仍不失出身清贫的朴素本质。她应该是善于应酬，然却绝不落于轻浮。

在她与刘啸尘的关系中，彼此虽年龄相近，但她庄重、温柔，加之她有联络员兼直接领导的地位，因此颇有大姐的风度。

史秀英应该是落落大方、毫不矫糅造作，语言坚定而非娓娓动听。简言之，她绝不是生活在旧社会里的娇小姐、官太太似的俗人，而应该是革命队伍中的女杰。

作为导演，我希望在本片中扮演正面人物的演员诸君，不要把党的地下工作者视为超人。他们默默无闻地工作，毫不夸大自己在历史上的作用，他们兢兢业业地完成党交给的每一项战斗任务，没有丝毫个人的追求。这些人之所以值得我们尊敬，是因为他们深知自己是为中国人民的解放事业而斗争的战士，懂得为这个事业的胜利不惜牺牲一切，包括自己的生命。

冷铁新：

年龄在四十岁以上，身高不低于一米七三。他是一名职业特务。系统的法西斯教育使他十分注意外表，动作敏捷略显刻板，但富有军人气质。他是一个锋芒外露、目空一切的自大狂。在特务营垒中，他是这样的人物：永远成不了谋士，只是一个杀人不眨眼的刽子手。

法西斯的职业特点渗透进他的灵魂，构成了他神经质的暴躁性格。他能够在对人施以酷刑时发泄其虐待狂，并从受刑者的惨叫中享受兽性的满足，然却无法忍受被害者的沉默无声。

冷铁新是一个崇拜权力的刑具万能论者。

导演提示演员，要有分量地掌握这个人物，表演时要特别掌握分寸，万勿张牙舞爪！是为至嘱。

张仲年：

年约五十岁左右，身高不低于一米七。他应该是略微谢顶、体形微胖的人。这是一个受过专门训练的职业特务。文化程度较高，举止谈吐颇讲究风度。他属于完全不同于前任冷铁新一类型的人物。其显著的特点是常以外表的文质彬彬甚至装腔作势的"学者风度"来掩饰其反动腐朽的政治灵魂。极力追求以"正人君子"的假面，施展其不露锋芒的狡猾与奸诈。

张仲年，在金丝边眼镜儿的后面经常闪动着一双鹰一般的眼睛，然而言谈语吐却佯装温文尔雅，动作舒缓庄重，貌似忠厚老成。

导演设想，张仲年是特务营垒中依靠所谓"心理战"起家的人。是一个善于用假象迷惑人，实质上是一个笑里藏刀、杀人不眨眼的狠毒家伙！

其他人物，诸如杨玉林、阿纪、余云禄乃至老三（常亮）等，恕不在此一一赘述。敬请演员诸君能从我对上述主要人物的设想和要求中得到启发，把表演风格统一到导演的总体把握与要求之中。

请注意，人们通常以"披着人皮的豺狼"来形容坏人。我以为这形容是贴切的。首先，注意到他们"披着人皮"，即具有一般人的外貌；其次，点出斯人的本质是"豺狼"的本性。坏人是从不在脸上刻字的，因而不易被发现和识破，也因此危害性更大。

在我们即将拍摄的影片中，将出现大量的敌特人员，请不要在外形上丑化他们。如果把他们表现成一群张牙舞爪、挤眉弄眼的“八大金刚”式的坏蛋，我们的电影就必定失败无疑。这些敌特人员的反动性是其政治立场和他们的政治信仰决定的，他们的欺骗性是也具有一幅普通人的外貌。故而，把他们还原成人！希望在本片中扮演敌特人员的演员，不论角色大小，都能从“披着人皮的豺狼”这个词语中获得启发。坚决摒弃“四人帮”所鼓吹的脸谱化、公式化的表演流毒，创造出不同性格的活生生的反面人物来。

6. 对摄影、美术、作曲和录音的要求与希望

（1）关于摄影

在彩色片已经占领中国银幕的时期，我们即将拍摄的影片《保密局的枪声》决定拍成黑白故事片。我提请诸位注意，不要轻视这个决定。须知，黑白片是较彩色片更难驾驭的技术表现手段，其技术要求更高、更难。从摄影光、化学的角度看，我们选择了黑白胶片，无疑给摄影增加了难度。请注意，选择黑白片不是技术上的倒退，而是银幕造型艺术的需要和考虑。这一举措对于本片的摄影来说，是十分具有挑战性的。

从《保密局的枪声》的风格样式出发，摄影师应大胆地探寻突破一般化的、循规蹈矩的表现手法，一定要力图出新。本片的故事发生在还未获得解放的大上海，但万不可将影片的基调处理成昏昏暗暗的灰色。画面的总基调应表现出黎明前的黑中有亮，具有强烈的对比反差，在大面积的黑色中，突出点点亮斑。画面影调要响亮、清新，不能灰蒙蒙一片混沌。我们将特别重视摄影机位与角度的选择，运用大幅度的高、低、仰、俯，追求画面构图的多样化。

照明光线处理应源于生活、高于生活，即注意光源，又不拘泥于光源。针对本片的特殊性，为了突出影片的心理色彩，有时甚至不排除适当地“怪诞”。不过请注意，这里所以用“怪诞”这个词，仅仅是为了鼓励大胆地进行创造，而绝非有意地去追求“怪诞”本身！

简而言之，照明要有所作为，绝对不能仅仅是开灯把场景照亮而已。具有生活真实的光线处理与戏剧化的光线处理兼而有之，要运用得当。总之，要讲究照明布光的艺术效果性。

（2）关于美术（含化、服、道）

我必须提醒大家,《保密局的枪声》是一部历史题材的影片。美术的首要任务，就是应该全力再现那个时代的氛围与情调。要善于“画龙点睛”地以点带面，切不要无所不包地堆砌。从实际出发，我们没有那么多经费，要正视我们拍摄的是一部低成本影片，因此希望美术处理能尽量“巧”一些。提倡粗中有细、虚中有实地完美结合。凡是细与实的部分应不惜工本，力求精益求精，而粗与虚的部分则能以简代繁。追求一种删繁就简、领异标新的美术意境。

我将倾向大量地运用实景拍摄制作方法，但不排除必要的局部加工（此处特技部门有发挥的余地）。对于不得不在摄影棚内搭景拍摄的场景，请在布景设计中最大限度地突破“四方框子”的局限。希望能为影片画面造型和摄影场面调度提供多样化的空间条件。

凡是处于近景状态的服饰和道具陈设，应该做到一丝不苟；处于远景状态的，亦应大体相宜。

在化妆造型方面，不要因为表现的是发生在敌特营垒中的故事而故意地采取“丑化”的方法。即使是反面人物，也应像对待正面人物一样，注意生活、真实，少一些脂粉气。

作为导演，我特别提请服装部门注意：影片中所有军服与西装都一定要非常讲究，服装要笔挺、帅气。必要时应做新的，切勿用库里的旧衣物代替。要早一些下手定制礼帽。

综上所述，我希望我们摄制组能创造一次导演、摄影、美术比较完美地结合，把我们的精力、物质、经费都尽可能地用在“刀刃”上。

（3）关于音乐

希望作曲家能从本片的惊险样式出发，谱写出有独特风格的乐曲来。本片的作曲当然是全片音乐的创作者，同时，也应该是影片中表现时代音响特征的再现者。为此，建议作曲家多搜集一些旧时代的音乐素材与资料，以备导演选用。

音乐的总体设计应根据本片的特点，不宜追求过分华美的乐句，而应着重以质朴的旋律、简单的配器、巧妙的变奏达到丰富的音乐效果。建议试用新技术——电子乐器！

音乐在具体处理上应有紧张、神秘的色彩，用以拨动人们的心弦。但是不要怪诞。导演寄希望于音乐的是，它能够增加本片富有心理色彩的戏剧处理成分——从情节的节奏、人物的心理、矛盾冲突的急缓跌宕等诸多方面出发，而不是给影片不适当地披上不相称的华美外衣。

让我们共同大胆地去探索、勇敢地去创作。

（4）录音

切记，我们不是在记录一场话剧，而是在再现历史上的一段生活。

严格地说，电影是一种声画相结合的视听艺术。遗憾的是，我们常常习惯于重画面、轻声音，即陷于重视视觉感受轻视甚至忽略听觉感受的误区里不自觉。

“空山不见人，但闻人语声”“林深无人鸟相呼”“空山松子落”等，这些古代诗人们笔下创造出的美的意境，无一不是画面与音响的美妙结合。

录音师对声音构成的敏感应不亚于摄影师、美术师对光影、色彩及造型的敏感。我希望录音师在声音造型方面能够为演员创造生活化表演的有利条件。最大限度地接近生活的真实感是录音的最高境界。追求一点艺术氛围，不要仅仅满足于还原物理上的声音。万勿被所谓“技术标准”束缚住美妙的艺术想象力。

台词录音应该是生活的、细腻的，切勿动辄要求演员提高声调；音响处理亦应真实、细腻，富于效果性。影片中的个别场面的音响效果处理，从本片的风格样式出发，甚至不排除一定程度戏剧性的夸张。

简短的结语：

摄制组是一个小的创作集体。故所有参加摄制组的成员都应该有这个集体的荣誉感。电影是一门综合艺术，各专业部门亲密无间的合作是未来影片质量的唯一保证。在团结合作与良好的敬业精神方面，导演与导演组应率先垂范，以身作则。

我敬请大家注意：不要轻视在彩色片的银幕世界里，我们将要拍摄的仅仅是一部小小的黑白故事片。弄好了，我们的《保密局的枪声》未尝不可鹤立鸡群！这就叫雄心，也是壮志。

就全厂制片任务安排而言，有所谓“重点片”与“非重点片”之分。我们不羞于承认自己拍的是一部“非重点片”。然而就完成我们的本职工作来说，却不应该有“重点”与“非重点”之别。一定要自信，在影片质量方面我们能争取到最好的，因为我们大家都尽心尽力了。高度的敬业精神，将使我们在银幕上少留遗憾。

作为导演兼本片的摄影师，我将与大家一道认真地进行创作，并且愿意以这个“导演阐述”为尺度和规范与大家共勉。愿得到从严要求，愿得到广泛支持，愿得到真诚批评和帮助。

（三）探索与实践

——导演创作心得

对我来说，参与创作《保密局的枪声》的文学剧本到影片最后摄制完成，是一个惊险样式影片探索与实践的创作过程。

1.有所追求，脱出俗套

惊险样式的影片绝不自《保密局的枪声》始，因循守旧毫无出路，只有脱出俗套，避免陈陈相因，才能在创作上达到某种程度的新意。这是我在创作影片《保密局的枪声》全过程中给自己立的目标。

设想，如果这部影片中的正面人物都神通广大、料事如神，反面人物又是那样蠢笨无能;情节结构再那样司空见惯，致使观众从影片伊始的几组镜头就几乎能够预见到故事的始末，那就毫无惊险样式可言了。鉴于此，无论从影片的整体构思、情节的选择和处理以及表现技巧上，我们均力图有所突破、有所追求、有所创新。

以影片的结构而论，我们有意不以刘啸尘最后搞到敌特潜伏计划为全剧的中心事件去构成最高任务，而是以主人公在敌人心脏里隐蔽下来、战胜考察、取得信任、保护党组织的安全，直到获取敌特潜伏计划等诸多情节，构成一个奇峰迭起的布局。然后，采取层层攀登的手法在每一个“出乎预料”上做文章，达到最终阐明影片的主题：战斗在敌人心脏里。

为了能使这种新意突出，在从文学剧本到分镜头剧本的再创作中，我增写了影片的序幕与尾声，并在影片的结尾处着意使常亮（即老三）这个人物突显出来，用以标新立异、深化主题。为此，我们打破常规，不把影片结束在影片的主人公刘啸尘身上，而是把焦点从一个具体事件——获得敌特潜伏计划上移开，因之也即从主人公身上移开，以奔放的大笔触去勾画老三（常亮）这一人物，使《保密局的枪声》形成俨然一部"老三（常亮）外传"，从而达到异峰突起、寓意无穷的一种艺术效果。

于是，从老三当初向史秀英保证"我不会轻举妄动"，到最后告别刘啸尘说："等从台湾回来后我们再见"；从史秀英的"我们还有许许多多像常亮这样的无名英雄，在第二条战线上继续战斗"，乃至刘啸尘的"人民不会忘记他们"，就使影片的主题升华，深化。完成了我在"导演阐述"中的总立意："我们热爱此题材，不是因为它情节颇曲折、故而易于引人入胜，而是认为可以把它作为一首颂歌，敬献给那些为党的事业英勇献身的无名英雄；我们热爱它，还因为我们创作的影片，会直接批判"四人帮"对党的地下工作所推行的虚无主义，从而为广大的地下工作者在"四害"横行时所遭受到的迫害伸张正义。"

2. 扣人心弦，引人入胜

"欲知后事如何，且听下回分解"，此话常出自评书艺人之口，常见于章回体小说之中。人们每当听到或读到此处，不仅被那经过绘声绘色地渲染、描写的"来龙"所吸引，更被那扑朔迷离、捉摸不定的"去脉"所蛊惑，于是要听下去或读下去。这，就是悬念的功效。

一部惊险样式的影片如果没有奇峰迭起、高低莫测的诸多悬念，那就休想获得扣人心弦、引人入胜的剧场效果。所以，在影片《保密局的枪声》的创作过程中，我常常是不断地给自己设题，用一个未知数去诱发想象与推理，以便推动悬念的发展。经由不断地设置悬念、解决悬念，再设置再解决的途径，给整个影片营造出一波未平、一波又起的那样一种螺旋式上升的态势，借以获得环环相扣、步步紧逼的艺术效果。

试以影片主人公刘啸尘自伤前的情节为例，剖析《保密局的枪声》是如何处理悬念的：

刘啸尘从史秀英那里获知出了叛徒，但具体是何人？能否从敌人内部证实？（第一个悬念形成）——刘啸尘不仅从电话中、台历上得到了间接证实，而且从冷铁新的“我在等一个朋友”的话语和百乐门街上站在化装成三轮车夫的杨玉林身边的黄显财那里获得了确认。（第一个悬念解除）——“这个人姓黄，是从部队开小差的。”但是刘啸尘能否如史秀英所嘱，“避免与黄显财直接接触，以防意外”呢？（第二个悬念启动）——事与愿违，刘啸尘身不由己而被叛徒认出。只有因势利导、当机立断，用无声手枪消灭敌人。（第二个悬念解除）——刘啸尘所处危机暂缓，但身份暴露。怎样再隐蔽下去继续战斗？（第三个悬念开始发挥作用）——“我想还来得及挽救”，“有办法吗？”——自伤！

到此为止，影片就是以上述一些小悬念的推波助澜，构成了刘啸尘既侦查出叛徒，又保证了党组织的安全这个大悬念，并用自伤这一情节为后面即将出现的潜入与反潜入、考查与反考查埋下伏笔。

从上述对悬念处理的探索中不难悟到：假如仅仅设置一个总的悬念（大悬念），而没有若干局部悬念（小悬念）相配合，便不能达到峰回路转、柳暗花明的艺术效果。这是其一；其二，还必须紧紧把握住各个小悬念之间的有机性以及它们与大悬念之间的内在联系。在一部影片中，只有大小悬念的有机配合和相互作用，才能不断地营造出“预知后事如何，且听下回分解”那样一种引人入胜的局面。

正是出于上述目的，我把文学剧本中刘啸尘认识黄显财的模糊感剔除了，而代之以明确交代他俩曾有过在一起的经历，用以增强叛徒对主人公的威胁；同时，又着意使杨玉林在舞厅外面监视那条线突显出来，构成一个并非主线的次悬念（杨随时都可能上楼），给主人公再构筑一个潜在的危险。如此，用大小、主次悬念的相互作用，达到扣人心弦、引人入胜的目的，以便让观众饶有兴趣地看下去、再看下去。

3. 意料之外，情理之中

弃悬念即不能扣人心弦，无悬念则休想引人入胜。但在处理悬念的时候，却应尽力做到“出乎意料之外，入于情理之中”，否则，即会流于不真实。假如一部惊险样式的影片最后的结果是不真实，那便什么都没有了。

怎样在创作实践中去解决这个矛盾呢？下面，我以《保密局的枪声》中怎样为老三（常亮）击毙张仲年这一笔做前后布局，试述如下心得：

在刘啸尘策反阿纪，通过对他晓以大义终使对方站到人民这一边。那份涉及上海解放后安危的敌特潜伏计划也终于弄到手。受张仲年之命前来四号档案室逮捕刘啸尘的余云禄更终被除掉，所有上述情节均向观众暗示：影片的矛盾冲突已基本解决，故事情节的发展也已接近结束。按观众正常心理期待值分析，他们想继续看到的，无非是刘啸尘与阿纪二人如何胜利归队了。但是，且慢！偏偏于胜利在望的圆满结局之时，银幕上传来画外张仲年的一声吼叫："站住！"

于是，接下来银幕上所展现的一切，不仅对主人公刘啸尘是一个致命打击，同时也使剧场里观众的心理预期当即破灭。

显而易见，如果说刘啸尘在此之前，曾通过坚忍不拔的意志和完美的斗争艺术战斗在敌人心脏里都已获胜了的话。那么，此时此刻的刘啸尘，因其政治面貌完全暴露而处于绝对的被动了！在这个巨大跌宕之后，刘啸尘要么"把枪放下"束手被擒，要么在极其不利的情况下强行反抗，后果不堪设想。恰恰在此生死关头、千钧一发之际，老三即常亮的枪响了！

就解除在观众心理造成的悬念"刘啸尘怎么办"来说，老三这一枪具有极大的爆发力。同时，又因这一动作本身所具有的爆炸性，加重了出乎意料的色彩，获得了观众把它称为"神来之笔"的赞许。

为了老三这出乎意料的一击入于情理，在构思时力图做到：一，不能让他的真实身份过早暴露，以利于孕育悬念；二，在老三的言行中又不能失掉他是中共地下工作者的本色。为此，影片不仅在"量"上注意，即增加了老三的出场次数，更特别注意把握住这一特定人物的"质"。举例如：当周甫祥被捕牺牲，特务乙不得不佩服地称赞他"这个人真厉害，硬是一个字不招"时，身旁的老三一语双关地说了句："共产党嘛，都这样。"当刘啸尘自伤后被审查，与张仲年唇枪舌剑进行反审查的斗争之时，老三进入室内，借口提醒"组座，该吃点心了"予以冲击和干扰。当张仲年命令"备车，去四号档案室"逮捕刘啸尘之际，老三用一时"找不到司机"为借口和托词，实行干扰与冲击。最后，当战友刘啸尘在张仲年面前彻底暴露并危及生命安全的时刻，老三当机立断挺身而出，毫不犹豫地向张仲年扣动了扳机，射杀了敌人，使自己继续潜伏下去。

凡此种种，就使老三枪击张仲年这一个偶然发生的行动，寓于必然性之中，从而达到不仅故事情节真实可信，在技术处理上也终获得“出乎意料之外，入于情理之中”的艺术效果。

上述实践，仅仅是我在创作中的一些尝试，拙文中的不妥之处，尚望观众及读者批评指正。

（四）努力创作真空感人的惊险影片

——《保密局的枪声》导演创作回顾

影片《保密局的枪声》是郑荃、金德顺同志根据吕铮同志的小说改编的。为把小说改编为电影文学剧本，我们曾去上海深入生活，搜集资料。在有关部门支持下，查阅了大量有关资料、档案，还与当年从事地下工作的同志举行了多次座谈。在这个过程中，我们产生了一个强烈的愿望，就是要歌颂党领导的第二条战线，歌颂战斗在这条无形战线上的先烈和无名英雄们对党的事业无限忠诚、前赴后继的革命精神。

怎样表现这一主题？怎样把这一思想贯穿于整个影片之中？我们根据原著的题材、故事情节和人物经历，决定拍摄一部惊险影片。而惊险影片过去由于“四人帮”推行“三突出”之类的所谓文艺理论，被破坏得不成样子了，已成为模式化的玩意。我们试图打破常规，避免陈陈相因，努力为惊险样式的影片恢复名誉。

作为惊险影片，我们首先考虑到的是影片的结构。为了更好地体现主题，决定不以主人公刘啸尘最后搞到敌特潜伏计划为全剧的中心事件，去构成矛盾冲突，而是以刘啸尘在敌人心脏里隐蔽下来，战胜考查、取得信任、开展斗争，直至取得敌特潜伏计划，胜利归来的诸多情节，构成一个奇峰叠起的布局，在每一个“出乎意料”上做文章。如果以搞到敌人的潜伏计划为中心事件，那就有可能落入俗套，同某些电影雷同，不能达到预期效果。

其次，是要紧紧地把握住惊险片的特性，充分体现它的特点和个性。如影片的开头，我们原来在电影文学剧本中的构思是从审讯室内拷打周甫祥开始的。这样的开头固然并无不可，但它的不足是比较难与一般的正剧明显地区别开来。后来，我们在实拍的时候，增加了影片序幕，使影片从周甫祥深夜被捕和常亮连夜向党组织报警开始。这样处理，使我们有可能运用多种艺术手段，如通过镜头调度、摄影造型处理、音乐和音响的烘托和渲染等，使影片一开始就具有神秘的色彩，以利于展现战斗在敌人心脏里这一特定的典型环境。

在影片的展开部分，我们以惊险的情节和某些特殊处理来贯穿全剧的始终，以便获得扣人心弦、引人入胜的艺术效果。

刘啸尘和余云禄奉命去工棚侦查“敌情”那一场戏，本来是特务头子张仲年精心策划的一个阴谋，目的在于用此计迫使刘啸尘暴露真实身份。可是在最初写在文学剧本里的这段戏却太露了。结果是：刘啸尘透过玻璃窗看到屋内地下扔满了长长的烟蒂，看到屋内开会的人们露出洁白的衬衣袖口等细节，很快就判断出这实际是敌人在假“开会”。显然，这样的处理，不仅结构上过于简单，而且使悬念很快就消失，以致冲突还未展开便已经真相大白。

为了弥补上述不足，在分镜头和实拍时按照事物发展的本来逻辑，先让刘啸尘表现出难辨真伪，进而又表现他甚至误以为真。用这个过程来突出悬念，造成一种紧迫感。正因为他甚至误以为真，所以就设法解救他们。他暗暗地将一段木头踢到余云禄的脚下，意在造成声响，好让他误以为是“同志”的人们逃跑。这时观众不仅为刘啸尘捏一把汗，同时也不能不赞佩他反应灵敏和对策巧妙。在刘啸尘和余云禄被人强扭进室内之后，影片又出现了一个新的捉摸不定的局面，主人公重又陷入新的迷惑不解、扑朔迷离的境地。只是当刘啸尘从那些原以为是自己“同志”的口中，听到“站着进来，躺着出去”这句张仲年的口头禅之后，才恍然大悟：原来站在他面前的，是一群见不得阳光的丑类！在拍摄这场戏的时候，又即兴增加了一个情节，即刘啸尘在经过与敌人一番搏斗之后，索性将化名为“李阿全”的特务队长杀掉，借以突出主人公化被动为主动的大智大勇，刻画他的英雄气概。

鉴于影片的样式是诸种要素构成的，我们对这场戏的处理不仅运用了特殊的镜头调度、虚实处理和光影效果，同时运用了声画对立等诸多手段加以渲染。接下来又增写了一场余云禄连夜向张仲年报告“李阿全”被杀的一场戏，以略具讽刺喜剧的手法，揭露特务头子张仲年的弄巧成拙，反衬前一场中刘啸尘之处境险恶。

惊险样式影片固然要惊险，但是惊险本身并不是目的。为了深化《保密局的枪声》的主题，在从文学剧本到分镜头剧本、再到影片现场拍摄的全过程中，我们尽量处处求新，力争每前进一步都能有所突破，并注意对细节的表现，如影片序幕中常亮将一把金属钥匙交到史秀英手中。这把钥匙作为贯穿全剧的道具，让它在全剧中犹如一根链条，把故事的各个情节和正面人物的内心活动连接起来，把周甫祥、刘啸尘、史秀英以及常亮等人的斗争串联起来。

如上所述，这个贯穿道具所形成的细节不仅在序幕当中以特写画面出现，用以表现周甫祥对党的忠诚，还在影片中多次发挥作用。史秀英在危急时刻以突然方式与刘啸尘取得联系。当听到周甫祥同志已经牺牲了时，握在手中的钥匙不由得落地。刘啸尘弯身将它从地上拾起。在影片的结尾部分的尾声处，当史秀英终于揭开“老三”的真实姓名叫“常亮”之时，那把观众已经熟悉了的钥匙又出现在常亮的手里。这时不仅将影片的尾声与序幕呼应起来，解开了序幕之谜，更由于史秀英和刘啸尘的画外音：

“我们还有许许多多像常亮这样的无名英雄，在第二条战线上继续战斗！”

“人民不会忘记他们。”使这把钥匙成为战斗在第二条战线上的接力棒，成为党的地下工作者建立丰功伟绩的有力佐证了。

我们创作和拍摄这部影片，绝不仅仅因为它情节曲折、易于引人入胜，而是因为它可以作为一首颂歌，敬献给那些曾经战斗在第二条战线上的无名英雄。

我知道，影片《保密局的枪声》远不是成功到完美无缺的作品，它还存在着许多不足，如：大到典型环境的真实还不够，有的情节还有漏洞，小至个别道具还欠考究；从个别演员表演处理上的过火或不足，到整个影片的节奏处理有时还嫌拖沓等，所有这些，有的是因为构思还不够严谨，有的是因为表现手段掌握与运用得不当。我们将认真总结、吸取教训，继续努力提高创作水平，拍摄出更多更好的影片来。

（五）为惊险样式影片呐喊

——“惊险样式影片研讨会”感言

1979年的夏季，中国电影家协会在北京召开了“惊险样式影片研讨会”。我深为这次研讨会叫好！这次学术会议是一个标志，它表明，惊险样式终于被承认是一种专门的艺术样式，不仅应该引起有关方面的重视，同时需要认真地加以研究。这不能不说是个极好的势头。

长期以来，尽管大家都公认惊险样式的影片深受广大观众的喜爱，但是，在电影圈内却又存在一个怪现象，即对这种样式影片的轻视。虽然我们也拍了不少惊险样式的影片，颇令人遗憾的是，无论创作、生产部门还是评论界，都很少对它进行认真、深入地探讨与研究。对于生产发行部门来说，较多时候对惊险片采取实用主义的态度，即把惊险片这一片种视为可以平衡经济上盈亏的“摇钱树”。于是，惊险样式的影片在电影艺术宫殿中身价低卑，很难获得与其他片种具有平等地位的一席之地。不仅如此，在某些领导与理论权威眼里，似乎惊险片本身注定就只配被视为“小玩意儿”或“下品之作”，甚至被看作电影创作中的“没出息”与“堕落”。于是就造成这样一种情况：一方面，大多数有经验、有成就的创作人员不想，也不愿染指惊险片的创作，以免降低自己的身价，影响自己的声誉；另一方面，由于惊险片所遭受的不公正待遇，使一些原本还有志于在这个领域里从事创作的同志也不得不“洗手”不干了。

我执导的影片《保密局的枪声》，曾荣获文化部颁发的优秀影片奖，可以说是得天独厚了，但我也被迫不得不“改邪归正”了！自然，我不能不承认自己是软弱的，屈从了舆论压力。我心里想，既然同是搞创作，那何必因为拍惊险影片使自己在创作队伍当中比别人矮三分呢！

造成轻视甚至蔑视惊险样式影片的原因很多，我以为，其中首先是国产惊险片中成功的力作不多，艺术质量不高。但是，我们不能不承认，我们似乎也还缺乏培育这种样式影片产生力作的环境和舆论。举例来说，电影厂一般是把这一片种作为“练兵片”来安排的。当然，把惊险片的创作与拍摄视为“练兵”

之道似乎也不无道理，因为，即便影片最后拍“砸”了，也会利用观众对影片的特殊喜爱而把本钱捞回来的。但是，观众看后会有何反映呢？这就无人问津了。这种指导思想与安排，无疑是不正确的。实际上，惊险影片并非简单易搞，与其他样式的影片一样，它有它自己的、独特的创作规律，这就成为一种专门学问。试想，如果不对惊险样式影片进行合乎其独特规律的专门探索与研究，怎么会创作出惊险样式的力作呢？

容我斗胆地说，某些自以为搞“阳春白雪”或“艺术精品”为荣，以拍惊险片为辱的“大师”，恐怕也未必能搞出像样的惊险片来。因为他们没有下功夫进行过研究，搞起来就不能得心应手。这也是一种眼高手低吧。

我以为，艺术上有高低，样式上无尊卑。外国有善拍惊险影片的悬念大师希区柯克，这被我们大家所公认。我们中国人的创作智商并不比外国人低，为什么我们就不能创造一个能够哺育并造就我们自己的悬念大师的创作环境与社会舆论呢？不要求全责备。其实，即便被我们大家公认为大师的希区柯克，也并非部部都是成功之作，甚至在他的力作中也不免会有某些败笔。但这从未影响我们对希区柯克的尊敬，不是吗？！

影片《保密局的枪声》（1979年摄制）工作照

所以，正常的、公正的、平等的和实事求是的电影评论永远是需要的。而那种视惊险片为旁门左道，轻视甚至蔑视惊险影片的态度是不正确的，也是不公平的。至于专门靠“求全责备”为大棒，以贬低惊险片抬高自己身价的某些“大师”或“评论家”，我们是否可以一问：不是文艺要为社会主义、为人民服务吗？不是号召人们要多创作些广大群众所喜闻乐见的作品吗？为什么深受广大观众喜爱的惊险片反倒使你们如此不屑一顾呢？有成见、有偏见的评论非但有失自身的身价，到头来是会脱离群众的。

在我们请求评论界对惊险样式影片持公允态度甚至稍微宽松一些的同时，我们有志于开拓这一领域的同志本身则应严于律己。应该意识到，随着电影创作生产重视经济效益、重视电影要好看，惊险片会有一个较大发展的空间。毫无疑问，这种极好的事态将有助于涌现出惊险样式影片的精品，但同时也潜伏着一个新的危机，这就是，假如我们不注意提高艺术品位和艺术质量，继续以经济上的实用主义来对待惊险片的创作、生产和发行，势必会带来灾难性的后果，即大量质量平庸甚至低劣的作品上市。到那时，原本就对惊险片嗤之以鼻的“高雅之士”就会更加振振有词，重新更凶猛地挥舞起大棒砸将下来，那将是悲剧性的恶性循环！

谨此告诫，谨此告诫，并愿以此与热爱惊险影片创作的同行们共勉。让我们静下心来，试着在惊险样式这种类型影片的创作中，拿出更多的精品来。

（六）生活与创作

——《保密局的枪声》创作纪实

故事片《保密局的枪声》将以献给中华人民共和国成立三十周年国庆的名义，在国庆期间呈现在全国电影观众面前。毫无疑问，这对于曾经参与这部影片创作的所有工作人员，都是一个莫大的荣誉。

影片《保密局的枪声》是根据吕铮同志的小说《战斗在敌人心脏里》改编、摄制的。这部中篇小说最早以连载的形式刊登在上海《解放日报》上，当时就

影片《保密局的枪声》剧照

曾引起广大读者的兴趣。事情已经过去二十多年了，之所以把这篇小说经过加工和再创作搬上银幕，是因为我们发现了它并且非常喜欢这个题材。

影片面世后，媒体界的朋友问我：当年为什么选中了它？

我在本片的《导演阐述》中所说的一段话，表明了我们创作此片的动机：“我们热爱这个题材，因为它遵循了毛泽东同志对白区工作的教导；我们热爱这个题材，不只是因为它情节曲折、故事引人入胜，更是因为可以把它作为一首颂歌，敬献给那些为党的事业英勇献身的无名英雄；我们热爱这个题材，还因为我们大家将参与创作的影片，会直接批判林彪、‘四人帮’对党的地下工作所推行的虚无主义，从而为广大地下工作者在‘四害’横行时所遭受的迫害和不公正待遇伸张正义！”

稍具历史常识的人都知道，在解放战争时期，上海的地下党不仅配合人民解放军粉碎了国民党进攻的正面战场，通过声势浩大的群众运动打击和牵制了敌人，同时，在配合解放军解放大上海的斗争中，建立了不可磨灭的伟大功绩。

影片《保密局的枪声》，通过塑造在上海解放前夕战斗在白色恐怖下面坚持地下斗争的周甫祥、刘啸尘、史秀英，以及“老三”常亮这样一些普通共产党员的英雄形象，歌颂党所领导下的“第二条战线”所取得的辉煌战绩，以此让我们的观众，也让我们自己在重温这段惊心动魄的革命历史中受到教育。

为了改编好电影文学剧本，也是为了拍摄好这部影片，我曾带领摄制组的主要创作干部来上海深入生活、体验生活。在那段时间里，我们查阅大量的文字、图片、档案等材料，极大地丰富了银幕上再现上海解放前夕那个历史时代所需要的背景材料。尤其具有意义的是，我们通过登门造访和组织座谈等多种

在长影第七摄影棚内搭建的上海百乐门一条街的场景

方式，结识了不少位曾经从事过党的地下工作的老同志。这是一种极为重要的创作准备。

在上述极其有意义的接触中，他们有的直接评论我们最初剧本构思的是非成败，给我们编写剧本出主意、想办法：大到故事情节的发展是否合理，小到某个细节是否真实；有的向我们生动地介绍自己或战友的某一段惊险的遭遇，用以启发我们的思路，激发我们的想象。通过他们介绍的大量事实，特别是与这些无名英雄的直接接触，影片《保密局的枪声》中不同类型的人物形象，在我们的头脑中更加清晰起来。这不仅极大地有助于我们掌握未来影片中的人物性格的基调，同时也为最后完成塑造人物的各项工作奠定下良好的基础。

以影片中的正面人物为例，通过深入生活我更加明确，主人公刘啸尘应该是既有军人气质的体魄和仪表，又应该有落落大方、潇洒的风度。他应该是反应敏捷但绝不锋芒毕露，善于应酬却不流于俗气。只有这样处理，方能比较准确地表现一个地下党员必须具备的基本素质。

刘啸尘身在敌特机关军统保密局，必须具有较高的适应能力，就如许多老地下党同志介绍的那样，应该精通“一笔好字，两口二簧，三杯老酒，四圈麻将”之类，但又绝不能流于匪气和流气。否则，必会有损其共产党员的本色。总之，他应该是既有机智的一面，表现在对敌斗争和应付突发事变中善于随机应变、因势利导；具有巧妙的对敌斗争艺术，也有其非常质朴的一面，表现在与史秀英的关系中，能坦率地流露出对战友的极其有分寸的爱慕之情。

影片《保密局的枪声》剧照

影片《保密局的枪声》中刘啸尘（陈少泽饰）和史秀英（向梅饰）

而史秀英与刘啸尘相比较，两个人的年龄虽然接近，但因为史秀英是联络员兼直接领导，在政治上她就表现出像大姐般的成熟。由于工作上的需要，虽然她不得不常常身着华丽的服饰出没于社交场合或其他大庭广众之下，但是其眉宇间应不失庄重质朴的本色。史秀英应该是美丽动人的，但绝不妖艳；应该是善于应酬的，但绝不流于轻浮；应该是落落大方的，毫不矫揉造作。一句话她绝不是生活在旧社会城市中的娇小姐、阔太太之类，而是在特殊环境下从事革命秘密工作的女杰。

在对正面人物的塑造中，我们不能祈求于用豪言壮语去制造所谓“英雄”，更不醉心于只注重外在动作的设计，浮夸式地去表演“英雄”。简而言之，扫除“四人帮”在文艺上搞的所谓“三突出”那一套“帮气、帮风”的流毒，竭尽全力使我们的演员能从战斗在敌人心脏里这样一个典型环境中去把握人物性格，从他们脚踏实地的战斗中以及高度的党性原则中去发掘人物的内心世界和性格特征。

在上海深入生活、体验生活和学习生活的过程中，我从党的地下工作者们身上，获得了许多东西。对于这些把头颅提在手上、为了革命事业出生入死的无名英雄，油然产生无比的敬意。他们在白色恐怖下，默默无闻地工作、战斗，毫不计较个人安危，毫不夸大自己在历史上的作用。他们兢兢业业地完成党交给的每一项战斗任务，没有丝毫个人私利方面的追求。然而，他们却又以“特殊材料制成的人”令敌人胆战、受人民敬爱。他们之所以能有如此浩然正气，是因为他们知道自己在为中国人民的解放事业而战斗的战士行列中的地位，懂得必须为这个事业的胜利，在必要时如同影片中的周甫祥那样，不惜牺牲自己的生命。我认为，正是这样一些高贵的品德，使这些无名英雄在白色恐怖下无私无畏、舍身忘死地勇于献身，也是这些高贵的品德，又使他们不曾屈服于林彪、“四人帮”的淫威。

所有这些，都极大地加深了我们摄制组主创人员对影片《保密局的枪声》主题意义的理解和认识，加深了对所要讴歌、颂扬的无名英雄的敬仰，加深了对影片的热爱，从而诱发出全体创作人员更大的创作激情。

还记得，上海解放后，党中央在1949年5月30日曾发出贺电，向上海前线人民解放军、中国共产党上海地方组织和上海人民致以热烈地祝贺。三十年后的今天，如果影片《保密局的枪声》能在向新中国成立三十周年献礼的同时，还能对伟大的上海人民传达出我们的敬意，那无论对我本人抑或对摄制组全体创作人员而言，都将是一种无比的欣慰和荣幸。

补记：本文是应上海《解放日报》特约而写就的。原文刊登于1979年9月11日《解放日报》第四版。该报发表拙文时，在文章的前面，增添了如下的“编者按”：

> 长春电影制片厂拍摄的向国庆献礼的影片《保密局的枪声》，九月十六日起将在市区放映。该片导演常彦同志定于国庆期间前往罗马尼亚出席中国电影周开幕式。开幕式上将放映《保密局的枪声》。这是常彦同志行前专为本报读者写的一篇导演札记。

《解放日报》在发表拙文时将原题《生活与创作》更改为“《保密局的枪声》

导演札记”。

在我带领摄制组的主要创作干部去上海深入生活、搜集资料、修改剧本乃至后来整个摄制期间，中共中央还未来得及对被林彪、“四人帮”歪曲的白区工作正式平反。也就是说，在我们从事影片《保密局的枪声》创作的时候，“文化大革命”给历史上白区工作所做的不正确评价还未获得拨乱反正。也因此，当初才有心怀善意的同志劝告我们“要慎重对待这个题材”，用他们的话来说：“是要担风险的。即便要拍，也要等待党中央对白区工作有了肯定的定论之后。”

事实证明，我们在上海深入生活、体验生活的时候，倒真是体验到朋友们当初的担心不无道理。有谁能想象得到，在1978年的秋季，当我们这个修改剧本小组访问原来从事党的地下工作的老同志时，竟然有些颇似搞地下工作的味道！他们中有的竟然是不久前才从提篮桥监狱被释放出来的！有的同志虽然未被囚禁起来，但也曾受过各种形式的所谓“群众专政”。残酷斗争和无情打击给这些历史上曾为地下工作做过贡献的老战士们的心里留下阴影。我们原本想把这些老同志请来组织一个座谈会。但他们中的大多数都不同意参加集体方式的座谈会。即使单独约见或走访，也不希望他们之间相互知情，更不希望有第三者在场……坦率地说，我的心颤抖了！我深深地感到，他们是痛苦的，也是无奈的。当时我曾对组里的同志说，我们应该给这些老同志以充分理解。我们只能尊重这些深受伤害的同志，不要去追问这是为什么。于是，那段对老同志的访谈，竟然完全采取的是类似地下工作中“单线联系”的方式，后门送走一位，前门才能再迎进另外一位！

值得庆幸的是，1979年5月，当我携完成片去北京送审并且获得电影局顺利通过后的第四天，《人民日报》在第一版刊载出中共中央为白区工作平反的决定，为在“文革”中遭受迫害的同志平反昭雪。

三十三　《保密局的枪声》评论篇

（一）思想解放的新收获

——由影片《保密局的枪声》所想到的

影片《保密局的枪声》以饱满的热情，真实地反映了我党地下工作者英勇斗争的事迹，塑造了他们的光辉形象，歌颂了老一代革命者对党无限忠诚的高贵品质和为革命事业所建立的功勋，思想上有一定深度，艺术上也有新意。可以说是粉碎“四人帮”以来出现的并不太多的一部优秀影片。

影片没有肤浅地描述一个传奇故事，也没有企图哗众取宠地脱离生活内容和人物性格，单纯地去追求什么古怪离奇的情节，而是将主人公置于上海解放前夕，敌我斗争非常尖锐、复杂的典型环境中，为我们展现出一幅又一幅动人心魄的画图。对于这类题材的处理，如果循规省力，缺乏独创的勇气，事实证明，是很容易表现得一般化，成为一部平庸乏味的影片。但是，这部影片的编导人员不是这样，而是按照生活的本来面目力求以新颖独创的手法去表现生活，如同我们看到的，整个影片一环紧扣一环，一个悬念紧接一个悬念，扣人心弦，引人入胜，收到了应有的艺术效果。

这部影片的编导，对他们所表现的题材，有深切的理解和感受。在“四害”横行时，他们亲眼看到许多对革命事业忠贞不渝的老干部、老同志，包括曾长期从事地下工作、久经考验的同志，遭到残酷迫害，他们心痛难忍。所以，当他们发现《战斗在敌人心脏里》这部小说时，便激起改编的热情。他们不仅仅是简单地把小说来个电影化，搬上银幕，也不是按照小说的原样改写电影，而是倾注了全部感情和心血进行再创作。他们在进一步深入生活，搜集材料的过程中，一方面了解到无数党的地下工作者白色恐怖下英勇顽强、可歌可泣的斗争事迹，对党的事业无限忠诚的高贵品质，甚至有不少同志默默地献出自己的生命，使他们感动至深，受到很大教育。另一方面，他们也了解到，在“四人帮”猖狂时期，一大批当年出生入死，为党的事业做出重要贡献的党的地下工作者，受到了迫害。他们悲愤难抑，意识到自己的责任，觉得有许多话——也是代表了所有受迫害的地下工作者的心里话，要向党向人民倾诉。于是，编导决定用电影艺术的武器，表现好他们的斗争史实，把被“四人帮”颠倒了的我党地下工作者英勇斗争的历史重新正过来。同时，也就是怀着这种感情，他们才敢于冲破旧的思想束缚，大胆探索新的艺术途径。当然，不可否认，影片《保密局的枪声》也还存在某些细节和环境不够真实、失之粗陋的缺点，但它的艺术成就是主要的。

尤其值得欣慰的是，这部影片的编导和创作人员，大多是青年人，导演兼摄影师的常彦同志也不过四十来岁。他们在电影艺术创作上的经验并不是很丰富，但他们勇于突破长期以来形成的思想禁锢和创作上的一些老套子，摈弃陈词滥调，按照艺术的特性和特殊功能，努力探索独特的艺术方法，去获取艺术生命不可缺少的真实性和创造性。众所周知，在过去相当长的时间里，文艺创作思想上受着极“左”思潮的严重影响，形而上学和庸俗社会学猖獗于文坛，电影艺术模式化、概念化的倾向司空见惯，直到现在，这种贻害党的文艺事业的流毒还未清除干净，创作思想上仍然受着有形或无形的束缚。在这种情况下，《保密局的枪声》的出现，是十分可贵，非常有意义的。这个事实，使我感到振奋，同时也引起我的深思。为什么有些同志能够有勇气突破旧的思想束缚，创作出具有特色的文学和艺术作品，而有些创作人员却仍然走着“保险”的路子，唱着陈旧的调子呢？当然，我们不应该过分责备创作人员，谁个不想解放思想呢？我们既然要为社会主义电影事业做出贡献，就必须有勇气有信心从“四人帮”的流毒影响中挣脱出来，坚持贯彻党的“双百方针”，这仍然是一个需要付出极大勇气的艰巨任务！否则，好影片不会出现。现在我们逐渐取得可喜的成绩。我深信，一定会有更多的作家、艺术家，其中必然会有青年艺术创作人员，闯出一条新路子，把我们的电影创作推进到一个新的阶段，使影片的思想性和艺术性达到一个新的高度。

（原载于1979年7月28日《解放军报》第三版，作者纪叶）

（二）情节可信　形象感人

《保密局的枪声》成功点在于编导者构思的故事情节有创新，不落俗套，真实可信，而且人物形象感人。

在情节上，它巧妙地构思了明、暗两条线索。编导者用大量的镜头描写了我党地下工作者刘啸尘打入敌人内部，经受考查、开展工作，窃取敌人潜伏计划的情节，这是一条明线 ，是实写的；同时还以十分经济的、寓意深刻的镜头刻划了老三（常亮）这个人物，这是一条暗线，是虚写的。

明暗两条线索交织起来的构思，真实地反映了我党“第二条战线”上艰苦卓绝的斗争，塑造了一系列英雄群像：英勇不屈的周甫祥，勇敢机智的刘啸尘，冷静果断的史秀英，沉着果敢的常亮等。巧妙的构思把主人公刘啸尘惊心动魄的斗争，置于我党“第二条战线”的历史长河中，有力地深化了这部影片的主题。这种构思使故事情节的发展波澜起伏很大，十分紧张，充分地发挥了惊险片引人入胜、扣人心弦的艺术魅力。

影片开头和结尾的设计，周甫祥和常亮这两个人物的安排，一把钥匙作为全片贯穿线索的构思，无不体现了编导者的匠心。影片开头周甫祥的突然被捕和只露背影用一把钥匙报警的常亮的出现，立刻抓住了观众，马上把观众带进戏中。这种笔法简洁的交代，容量是很大的，既点出了故事发生的历史背景，又交代了我党早已有人打入了敌人内部，同时还介绍了钥匙的特殊作用，为情

影片《保密局的枪声》剧照

节的发展埋下了伏笔。影片的结尾，刘啸尘拿到了敌人的潜伏计划后却被张仲年从背后喝住，情势十分紧张。这即将开始的殊死搏斗，把观众的心一下子提到了嗓子眼。“砰”的一声枪响，倒下的却是张仲年，真是出乎意料之外！在这万分危急的关头，常亮同志的行动挽回了险局，保护了同志，第一次亮出了身份。这里编导者成功地运用了“突变”这个艺术技巧，收到了较好的银幕效果。紧张之余，仔细玩味故事开头的报警，中间几次出场的表现，又全在情理之中。片尾常亮说了一句意味深长的话“从台湾回来见”！这种别出心裁的构思，打破了以往以一个主人公贯穿始终的老套，而且使影片余味无穷，收到了片虽止而意无穷的效果。曲折的情节能够吸引人，但是要打动人还必须靠成功的人物形象塑造。刘啸尘这个人物在观众心目中之所以能够立得起来，就是因为作者没有把他神化而是把他写成有感情、有理智的人物。如：他乘阿纪酒醉之机拿下了保险柜钥匙希望轻而易举地把敌人的潜伏计划搞到手。这一行动显然缺乏深思熟虑，没有事先考虑好应急措施。但也正因为有这次失败，才导致后面更为惊险的斗争，才使这部影片如此有吸引力。很难设想，如果安排他一次就拿到了敌人的潜伏计划，观众会怎样对待这部影片呢？影片的编导者还注意到了对主人公内心的刻划。比如：在刘啸尘目睹了自己亲密战友周甫祥牺牲后，影片用比较慢的节奏拍了一个大雨中漫步回宿舍的长镜头，进门后，靠门伫立，这几个镜头有力地表现了主人公此时此刻复杂的内心活动——强烈的爱和恨。再如：在刘啸尘面对张仲年的审查，让他去看“凶手”时，编导者没有简单地一笔带过，先是用了一个很长的走楼梯的镜头配上“铛铛”的脚步声来渲染刘啸尘沉重而紧张的心情，而后用了一个特写镜头，细致地刻画了他紧张、关切的心情，

影片《保密局的枪声》现场工作照

描写了从辨识到确认的过程，比较有力地表现了他的内心起伏和感情变化。刘啸尘奉命和余云禄同去侦查一个“共产党”秘密会议这场戏，处理得也很细腻、真实。编导者描绘了他从信以为真，企图暗中报警，到明察真相、将计就计、假戏真做的过程。这场戏既刻画了刘啸尘所面对的对手是如何奸诈狡猾，又表现了刘啸尘对同志的爱、对敌人的恨，以及他果断、勇敢的性格。这样的形象有血有肉，真实可信立得住，自然是观众所能接受的。

影片对反面人物的刻画没有停留在脸谱化的水平上，而是进行了比较深刻的性格化的描绘。比如：刘啸尘的两个主要对手——冷铁新和张仲年就各有特色。冷铁新狂暴自信、凶残野蛮，是个反革命本性溢于言表的莽夫；而张仲年则不同，他貌似温文尔雅，骨子里却藏着阴险的毒汁，是一个老谋深算的笑面虎。反面人物性格化的描写对于表现主人公的思想性格，是十分有力的反衬。

这部影片还有些不足之处。比如：在百乐门舞厅中，国民党达官显宦、特务、美国大兵群魔乱舞，而刘啸尘与史秀英却在这里公开交换情报，连暗语都不用，这是十分不妥的。再如：用一张已被我击毙的敌旅长的照片，就轻易地骗取了张仲年的信任，也欠斟酌。但瑕不掩瑜，总体来说，《保密局的枪声》还是一部情节真实、形象感人的成功之作。

（原载于1979年9月17日《黑龙江日报》，作者王烈）

（三）巧设枪声　引人入胜

我们沿着崎岖的小径，观赏苏州园林的时候，往往有一种峰回路转、曲径通幽的味道，使人流连忘返。故事影片《保密局的枪声》在情节安排上，特别是悬念运用上，也给人以同样的享受。

影片一开始，刘啸尘的联系人由于叛徒出卖壮烈牺牲。在查找叛徒的过程中，刘啸尘又被叛徒认出。这时，四周特务密布，刘啸尘怎么办？他的命运立刻成了悬念。影片编导在回答这个问题时，体现了较高的创作技巧，对情节的安排并没有陷入观众“意料之中”的老路上去，而是奇峰突起：刘啸尘当机立断，掏出无声手枪，打死了叛徒和特务组长。至此，查找叛徒的任务已经完成，刘啸尘的身份也已暴露，按照常规他只能转移，党组织也是这样安排的。然而，编导在这里却做了另一种设计：刘啸尘为了继续战斗在敌人心脏——军统保密局，开枪打伤了自己，用自伤来欺骗敌人。一开场，影片就通过千变万化、扑朔迷离的惊险情节，创造了一个引人入胜的“胜境”。接着，影片编导又抛出了两个悬念：刘啸尘的枪伤，敌人能否看出破绽？他又怎样接受敌人的考查？在“考查”的戏中，影片编导把刘啸尘的对手——新任特务头子张仲年塑造成比他的前任更为阴险、狠毒、诡计多端的人物。这样一条老狐狸，不是那样轻而易举能战胜的，甚至在某些时候差点使刘啸尘中了计。这样一来，观众要看看刘啸尘是怎样和张仲年斗智斗勇，在突然出现的情况下，如何凭自己的敏锐识破敌人的诡计，战胜这个特务头子。于是产生“期待”“猜测”“紧张”的悬念，使观众的心跟着情节的发展忽明忽暗、时紧时松，时刻为人物的命运所吸引。

戏剧的魅力产生于悬而未决的冲突之中，在所谓“中统”与“军统”特务“矛盾”的那场戏里，假戏真演，一点不露痕迹。军统特务好不容易抓住的史秀英，又被“中统”特务劫去。张仲年生气、发火，大骂部下无能。一直到后来才揭开这个谜，原来所谓“中统”特务竟是我地下党的同志装扮的，史秀英同志早已安全脱险。

影片中藏得最好的，还在“老三”这个人物身上。他在影片序幕中曾出现过，就是通知史秀英老周被捕的那个神秘的人。开始，观众并没看清楚他的面孔，只是到了最后刘啸尘经历千辛万苦，冒着生命危险，经过生死搏斗，好不容易拿到敌特的潜伏计划，正要凯旋的时候，突然，背后被张仲年和一特务用枪逼住。观众以为，尽管以前刘啸尘迷惑住了张仲年，可现在物证俱在，刘啸尘再有天大本事，也难逃脱了。然而影片却是这样处理的：刘啸尘突然转身，拼命反抗，一声枪响，观众的心往上一提，只见慢镜头中倒下去的却是张仲年。原来，“老三”是地下工作者常亮，是他开枪击毙了张仲年。从一开始编导就卖了一个“关子”，把“老三”藏在了包袱的最里层，而到了最要紧的关头才亮出来。看到这里，观众无不拍手叫绝。这真是“山重水复疑无路，柳暗花明又一村”。在惊险样式的同类题材影片中，《保密局的枪声》之所以被人们刮目相看，悬念运用得好，是一个重要原因。

（原载于1979年6月23日《解放军报》第三版“银幕漫笔”，作者博志）

（四）北京市文联创作联络部座谈《保密局的枪声》

长春电影制片厂摄制的故事影片《保密局的枪声》在北京上映以后，引起广大观众的普遍注意。北京市文联创作联络部业余电影创评组召开了座谈会，就这部影片进行了座谈。参加座谈会的有工人、教师、干部，他们对这部影片从内容、思想性到表现形式，做了许多评论，充分肯定了它的成功方面，同时指出了一些缺陷与不足之处。这些意见，可供电影工作者参考、借鉴。

曹志国：《保密局的枪声》反映了我们党领导的地下斗争的艰巨性、复杂性和历史功绩，歌颂了党的地下工作者的革命英雄主义和斗争才干，有力地批判了林彪、“四人帮”否定白区工作、迫害当年从事地下工作的老干部的罪行，对广大人民群众，特别是对青少年具有深刻的教育意义。

张维安：影片通过党的地下工作者周甫祥的被捕、牺牲，刘啸尘在极端危险的条件下坚持战斗，胜利完成任务的故事，表现党的地下工作者的机智、英勇、个人生死置之度外的自我牺牲精神和对党的无比忠诚。他们不仅钻进敌人心脏狠狠打击了敌人，而且巧妙地保护了人民；不仅发动、配合了白区人民的反蒋斗争，而且为解放上海、解放全国做出了不可磨灭的贡献；不仅为巩固即将建立的革命政权做了必要的准备，而且有许多像常亮那样的同志还在为统一祖国的大业继续进行着不懈的斗争。他们的光辉业绩和牺牲精神是任何人也抹杀不了的，是值得每一个革命同志、革命后辈永远学习的。

影片《保密局的枪声》剧照

林洪桐、鲁鸿桑：《保密局的枪声》在艺术处理上做了一些探索。它比较好的运用了电影创作的重要技巧——悬念。

影片的序幕运用简洁、新颖的摄影手法，将观众很快置于悬念之中：一个身着讲究、头戴礼帽的中年人从远处迎面向我们走来……紧接着，两个特务一拥而上，抓走此人。短短的几个镜头就深深地吸引了观众。人们很想知道此人是谁，急切地期待着剧情的进一步发展。

影片中史秀英两次被“捕”的情节更是扣人心弦。第一次，当战斗在敌人心脏里的刘啸尘果断地打死叛徒和特务头子，用自伤掩护自己之后，阴险狡猾的张仲年对他进行考查，突然说“我可以告诉枪杀你的凶手”时，刘啸尘紧张了，观众的心也提了起来。没想到史秀英安然无恙，刘啸尘渡过难关，观众也松了一口气。第二次，史秀英被敌人发现、追捕。刘啸尘用各种办法搭救。按过去影片的逻辑，刘啸尘必定解救史秀英脱险。但影片没有用这个老套子。展现在我们面前的是一场错综复杂的中统特务和军统特务争夺史秀英这个“战利品”的戏。这场敌我较量的戏是从“险”着笔的，而悬念的利用也是从“险”着手的。步步紧逼，扣人心弦。这一节十分惊险的戏是以生活为依据，抓住了敌特内部不同派系之间的矛盾，写出了我地下工作人员深谋远虑、防患于未然、临危不乱、化险为夷的大智大勇。

梁仲华：《保密局的枪声》在整个剧情的发展过程中，人物的出场破除了“四人帮”那套“三突出”、远铺垫、近铺垫的框框，无论是我地下工作者还是敌特的出现都出人意外。如史秀英在刘啸尘的宿舍出现，张仲年在刘啸尘治伤的医院出现，常亮在刘啸尘面临危急的关头出现，他们的行动和动机，都不是观众一望而知的，要随着情节的发展才能逐步看清。这样的处理，是和影片所规定的特殊的斗争环境相切合的。这种人物出场的突然性，既是情节发展的必然要求，又是情节发展的动因，人物和情节有机地结合起来，从而使人物性格得到有力地表现。

王芝瑜、陈玉通、郑云鹭：影片塑造常亮（即老三），笔墨不多，却给人留下深刻印象。

片头，我地下工作人员周甫祥被捕，接着就安排了以背影出现的常亮。他以钥匙为接头信号，给地下党组织的联系人史秀英送去了消息，并证实组织内部有叛徒这一关键性重大问题。这个以背影出现的人物，恰到好处地向观众暗示，党的地下组织已经在敌人内部安插了我们的革命同志。从剧情需要出发，常亮被安排在一个配角地位。刘啸尘处于困境时，保护者常亮不过出现一个远镜头、一个侧面和一个影子。却巧妙地体现出啸尘同志不是在孤军奋战，党在关怀着他，不相识的战友在掩护着他。常亮这个时隐时现的人物又一次揭示了，他在深化主题中起了积极的作用。

全剧临近尾声时，常亮这出其不意的亮相，使观众对他的景仰升华到高潮。然后，尾声用抒情的调子表现常亮手持与党组织联系的标志——一把铜钥匙，向即将迎来黎明的上海留下最后深情的一瞥，无言中揭示了他对党和人民肝胆相照的忠诚。

成志伟、梁仲华、苗稼全：《保密局的枪声》在一定程度上克服了反面人物脸谱化、简单化的倾向。例如，反面人物冷铁新和张仲年先后担任特务组长，他们都具有凶恶、奸诈的反动共性，但个性却各不相同：冷铁新傲慢、冷酷、狂暴、自信，反革命气焰嚣张外露。张仲年却不同，脸上时时挂着微笑，似乎待人比较热情，关心体贴部下，实际上却是诡计多端、老奸巨滑，是个笑里藏刀的狐狸，比冷铁新更加狡诈阴险。我们不主张把敌人写成不可战胜的狂夫，也不应该把敌人描写成不堪一击的草包。重要的是，要刻画出他们的独特个性，通过个性的描写来揭示敌人的反动本质，指出他们必然灭亡的命运，从而反衬出英雄人物的勇敢和智慧，展现出人民最后一定会获得胜利。

黄会林、余谦：《保密局的枪声》之所以具有一定思想教育意义与艺术欣赏效果，是由于它的真实性。总体来说，影片比较真实地反映了解放战争末期，我们党的优秀地下工作者与蒋介石集团特务机关所进行的殊死战斗，向人民揭示了在黎明前最黑暗的日子里，为了人们的胜利，战斗在敌人心脏中的许许多多无名英雄舍生忘死、无私无畏的献身精神。正因为这样，影片才取得扣人心弦的艺术魅力，深深地打动了观众。

（原载于1979年7月2日《人民日报》第四版）

（五）好影片　新收获

——工人座谈电影《保密局的枪声》

国产新片《保密局的枪声》放映后，本报邀请首都部分工人观众进行了座谈。大家认为这是一部较好的影片，思想内容深刻，情节引人入胜，手法不落俗套，同时也谈到了影片的某些不足之处。现摘登如下。

1. 无名英雄的颂歌（北京实验机床厂 金增幅）

《保密局的枪声》成功地再现了我党地下工作者为中国人民的解放事业舍生忘死、前仆后继同敌人进行的一场殊死斗争。

联络员周甫祥由于叛徒的出卖而被捕，壮烈牺牲；刘啸尘战胜了敌人的种种考验，辗转战斗在敌人的“心脏”；关键时刻，“老三”常亮挺身而出，配合完成了任务，并继续深入虎穴进行地下斗争。在新中国成立前的上海，我们的地下工作者就是这样机智勇敢地打击敌人，保护了学生运动、工人运动和地下党组织，出色地完成了党交给的任务。

这些默默无闻的为党献身的共产党员，和其他在战场上英勇奋战的英雄一样，为中国人民的解放事业立下了不朽功勋，人民是永远不会忘记他们的。

《保密局的枪声》以生动、真实的情节，热情地歌颂了这些无名英雄，是对林彪、“四人帮”的有力批判，也是我们学习先烈、继承革命传统的生动教材。

2. 可喜的突破（北京热电厂 龚仁平　北京第一机床厂 佘时英）

《保密局的枪声》在克服内容的雷同化、人物的脸谱化、手法的公式化上有一些新的突破。前一段看到的同类影片，剧中人物常常“走亲家”，故事内容常常“串胡同”，使人感到不真实、不新鲜。《保密局的枪声》则不然，特别是几场关键戏的处理比较新颖，臆造的痕迹较少，基本上合乎情理，所以人物的形象和剧情给人留下的印象比较深刻。如刘啸尘和叛徒黄显财“对质”的一场戏，就比较真实，没有故弄玄虚的感觉。刘啸尘面对这意外的情况，一举把“组座”和叛徒击毙，然后再设法脱身。这样的处理不仅能够使人信服，而且为以后的戏做好铺垫，进而深化了主题。当刘啸尘争取阿纪，取出“特档”，又遭到张仲年的伏击，在这千钧一发的时刻，“老三”巧妙地出场亮相，举枪击毙匪首，化险为夷。这几场戏安排得一环扣一环，观众都揪着一颗心，捏着一把汗，直到亮了“底码”，才一块石头落地。这样的处理既出人意料，又在情理之中，取得了较好的艺术效果。另外影片在几场惊险场面的处理上，也较为成功地运用了画面转换、灯光的变化、音乐的烘托，这些也较过去拍摄的同类影片有了可喜的改进。

3. 希望寄托于新的一代（北京工程机械公司 张虎）

《保密局的枪声》的编剧、导演、演员绝大部分都是新人。一个新班子，取得这些成绩，是可喜的。

现在，广大观众非常迫切地希望看到我们自己的好影片。尽管从事电影工作的同志做了很大努力，拍摄了一些新影片，但离群众的要求还有一段距离。群众着急，电影界的同志恐怕更着急。为了把我国电影尽快地搞上去，满足广大群众的要求，壮大电影工作者的队伍，培养新生力量，是一个很重要的问题。长江后浪推前浪，希望寄托于新的一代。

《保密局的枪声》是一个很好的开端，它告诉我们必须在充分发挥老电影工作者的作用的同时，积极地培养电影战线的新生力量。让年轻的电影工作者在游泳中学习游泳，边学、边干，努力实践，我们的电影事业必将大有作为。

4. 几点不足 （北京化学工程设备厂 刘晓川）

《保密局的枪声》是个好影片，但也有些不足之处。个别情节的处理有些过于简单化，经不起推敲，因而显得不够真实。

特务组长张仲年是个阴险狡猾、诡计多端的家伙，然而在影片中，他的几个决策却很轻率。刘啸尘负伤住院后，张仲年对他产生怀疑，尤其是在监狱中张仲年亲眼看到刘啸尘有些“动心”之后，这种怀疑就更强烈了。但刘啸尘却轻而易举地就战胜了张仲年对他的几次试探，打消了张仲年对他的怀疑。及至刘啸尘假以被我军在西北战场击毙的敌旅长为自己的“姑父”，来取信张仲年，张仲年竟不加分析和考察就轻信了他。这些处理我们以为不太可信，同时也不利于充分揭露敌人的狡猾、凶残，不利于充分表现我地下工作者的英勇机智。

另外，影片中敌人保密局四号档案室存放着军统特务的绝密文件，除机要秘书阿纪外，其余人员须持张仲年的手令才能进入，可见进入此地非常困难。为什么四号档案室的前门不仅没有敌兵设防，后门更畅通无阻？而且特务余云禄用铁锤砸阿纪房间的屋门，刘啸尘与余云禄激烈格斗时所发出的枪声都不曾引来任何敌人。我觉得这一情节安排不够真实，减弱了影片的感染力。

（原载1979年6月19日《工人日报》第四版）

影片《保密局的枪声》在某地上映前，观众踊跃购票

（六）精巧安排　出奇制胜

——《保密局的枪声》的情节与悬念

长春电影制片厂摄制的《保密局的枪声》上映后，观众踊跃，争相观赏。据反映，电影院里“盛况空前”，它成了近几年来最受群众欢迎的一部国产新片。影片获誉颇多，有的说它“形象生动，构思巧妙”，有的说它“情节曲折，手法新奇”，有的说它“悬念惊险，脱出俗套”。这些都说明了广大观众对这部影片喜爱的缘由。该片是根据中篇小说《战斗在敌人心脏里》改编的，它描写了党的地下工作者刘啸尘等人在敌人心脏——军统保密局里的斗争，歌颂了当年紧密配合革命战争、战斗在第二条战线上的英雄们。编导自出机抒，于原著的基础上，在主题、人物、情节、风格等方面，做了加工提炼与提高。影片尤其在情节与悬念的构思上，让人耳目一新，引人入胜，值得我们学习与研究。

惊险影片的吸引力，在很大程度上取决于故事情节的优劣。没有一个好的故事，没有一些生动的情节，影片是难以取得观众的欢悦的。《保密局的枪声》故事新颖。保密局是国民党法西斯统治中最黑暗、最残暴的特务机关之一，环境之险恶，任务之艰巨，斗争岗位的重要性，长期隐蔽的需要，决定了主人公活动的复杂性与曲折性。影片不是把主人公限于完成某一项重大任务而进行的活动中，而是让主人公常常面临事先预料不到的情境，需要主人公机敏、勇敢、沉着、果断地去应付。影片故事曲折，采用了为广大观众喜闻乐见的情节结构，着重组织了几场精彩的戏，如刘啸尘打死敌特组长和叛徒之后自伤；刘啸尘经受新组长的反复考查；挫败敌特逮捕学生的阴谋；掩护地下党领导人的斗争；获取敌二线工作计划的文本，等等。它们各自有矛盾冲突的重心，段落分明，又融为一体。影片以出奇制胜的艺术构思，描绘了一幅主人公善于隐蔽自己、保护革命力量、打击敌人、取得胜利的动人画卷。

情节中包含着尖锐的矛盾冲突是这部影片的一个鲜明特点。在几个重场戏中，或有身份已经暴露与要继续隐蔽下来的矛盾冲突；或有敌人发生怀疑与消除这种怀疑，即考查与反考查的矛盾冲突；或有被敌人发现、情势紧急与挽救

影片《保密局的枪声》内景工作照

危局的矛盾冲突，与偶有得手比较顺利与出现意外阻碍的矛盾冲突等一系列转危为安的戏剧矛盾冲突的过程，形成了一浪又一浪的小高潮，形成了扣人心弦的发展节奏。生动曲折是这部影片情节的又一特点。影片每一大情节中矛盾冲突的内容，本身又是复杂的、曲折的，处在激烈的动荡、变化与发展之中，总是一波未平一波又起。主人公在完成任务的每一回合中都要“过五关、斩六将”，每次胜利都来之不易。期间，或有进攻与防守互相交错，或有被动与主动相互转化，或有逆境与顺境相互生成、变幻莫测，把人带进时而狂风暴雨、时而雾蒙空山、时而风和日丽的情境中，人们的情绪也随之时而急切期待、时而舒展平和、时而惊骇、时而喜悦……生动性、曲折性使情节有了内在的活力，引起观众思想上紧张思索，情绪上变化起伏，动心了，动情了，眼开了，获益了！

电影情节的构成手法、故事叙述的方式是多种多样的。不能说电影只能采取没有复杂的纠葛、没有离奇的情节、没有剧烈的冲突的叙述方式，才是上乘，而别的都予以革除。《保密局的枪声》影片的创作实践与观众的反应，也说明了把电影的逼真性与戏剧性对立起来是不妥当的。现实生活本身就内包含有戏剧冲突，影片为什么要排除它呢？把戏剧性看作电影艺术进一步发展的对立面，是不公正的。我们不应该排斥欣赏习惯和审美趣味的多样性，诸种美的形式是可以并存的。何况影片的叙述方式还要受内容、题材、样式的制约呢！当然，把舞台戏剧艺术跟电影艺术鲜明地区别开来，是必要的。电影艺术的不断探索与发展，一直在加强着两者区别的鲜明性，两者区别越鲜明，也越便于发挥电影艺术的特点。然而，不要把矛盾冲突的戏剧性与表现形式的戏剧化混为一谈。电影应尽量避免搞成戏剧化的电影，但不能排除矛盾冲突的戏剧性。电影有自己许多鲜明的特性，这些特性完全有助于表现戏剧冲突，根本不存在电影特性与戏剧冲突的不可调和的矛盾。《保密局的枪声》描写的是解放战争时期某一方面的斗争，地下工作中矛盾斗争的过程构成了使人兴致勃发的戏剧性。影片并不因此不像个电影，并不因此就成为戏剧化的电影。惊险影片是矛盾冲突的戏剧性特点很鲜明的片种。要是自始至终采用所谓“记录”风格，不要故事，表现所谓自然而然的日常生活与行为心理的描写，不仅观众会感到索然无味，而且就连这个片种也难于生存下去。事实上，许多观众是喜欢有戏剧冲突的故事情节的。影片《保密局的枪声》于险—夷、险—夷的进展格式中，使它的情节得以发展变化，戏剧性强，使人如入峰回路转、曲径通幽的丛山之中，取得非一望平川所能有的情趣。影片事件丰富，节奏紧凑，人们像走进景色连绵的园林，目不暇接。这部影片诸多情节构成了一个比较和谐的艺术整体。其完整自然，不仅由于人物贯穿其中，事件发展的逻辑贯穿其中，也由于“枪声”贯穿其中，一把铜钥匙贯穿其中而得以加强。更有惊人之处，影片采用了伏兵之法，一开头就埋伏一线之兵，人们只知常亮其影其名，不察其容。在故事发展中，人们又只见老三其貌，而不知其实。只是到了最后，豁然开朗，老三即是常亮，见到了庐山真面。一枪之击，出奇制胜，终了全局，凯旋收兵。像这样的戏剧性，为观众所欢迎，电影何乐而不取呢？

《保密局的枪声》编导较好地发挥了惊险片悬念的艺术功能，使影片有着很大的艺术吸引力。这部影片悬念的力量，不在于它自始至终有什么令人屏息的神秘性，也不在于它有什么使人眼花缭乱的手法，而在于悬念本身的内容和有特色的组织方式，以及悬念产生和变化的突然性。影片除了个别地方外，总体来说，是以从容的节奏和紧张的悬念形成惊险动人的旋律的。影片的悬念一环又一环，组成犹如连环套式的悬念。影片的开头，由于叛徒的告密，刘啸尘的联系人被捕牺牲。为查叛徒，刘啸尘接受任务，既要证实叛徒又要避免被叛徒认出，形成了悬念。不料“冤家路窄”，叛徒在敌组长面前认出了刘啸尘。这就产生了惊险的悬念：主人公处于一对二的劣势。刘啸尘迅速拔枪对准敌人，影片以舞厅里热歌狂舞的镜头与刘啸尘跟敌人周旋的镜头反复组接，渲染气氛，加强了悬念的紧张性。刘啸尘打死了他们，悬念又生：走还是留？继续隐蔽下去还是走马换人？在这关节上，为了保住好不容易才安进敌人心脏里的钉子，刘啸尘冒着生命危险向自己胸部开了一枪。这一自伤的行动，推动了悬念的转折，悬念复杂化了：敌人对刘啸尘的态度将会如何？如何通过敌人考查这一关？影片以层层小波激起悬念上的大浪头，浪头掀起又铺展开来，激荡一片。此后，影片展开了新组长张仲年对刘啸尘进行独特的考查过程：先是验伤口，看是自伤还是他伤；接着以假史秀英来考验刘啸尘；随后又是步步紧逼地盘问现场情况；最后设下了极为阴险的圈套，形成了一连串的悬念，生动地展示了这场斗争的尖锐性与复杂性，表现了敌人的阴险狡诈与刘啸尘的机智勇敢。编导较好地运用了与悬念有关的诸种因素：惊险性、解决矛盾的难度、发展的奇特性，以及引起多种猜测的可能性。影片悬念环环相扣，跌宕起伏，使人们的情绪总是保持着紧张感、新鲜感，把观众引入一个又一个的妙境。

文艺家创造的意想不到的情境，会给人们以独特的美感。《保密局的枪声》的好处还在于它不乏又险又妙的意想不到的情境。以张仲年要捕捉刘啸尘而刘啸尘要保护某区地下党的领导人那场斗争为例。这场斗争，影片以一波三折的手法，做了层层推进、节节紧迫的描写，在悬念的构成与变化上奇趣横生。先是特务盯察到的新的领导人开会的地点，张仲年命令特务们开始行动，刘啸尘得知后，急忙向史秀英报告，开会地点改了，成一波澜。不料新地点又被发现，刘啸尘脱身无由，无法报告，只得乘特务队长杨玉林怯阵之机，智激杨玉林请他随行，好在其间应变。他们在行动中，突然遇上了史秀英，又起了一波澜。杨玉林死命要捉住史秀英，刘啸尘设法解脱：一来虚指去向，二来故意跌倒，三来鸣枪报警。情节犹如曲岸翻波，拍打观众的心胸。影片回旋纡折，时“擒”

时“纵”，忽明忽暗，引得观众的心情也随之一再地起伏、紧张，悬念逐渐加强。当刘啸尘与杨玉林他们追上楼，人们正一心在猜想刘啸尘将如何解此危局时，忽然洞天别开，奇峰兀立：他们破门而入，只见史秀英被押坐在墙边椅上，两个男人正蹲在地上翻搜书纸之类的东西。接着一阵唇舌之战，杨玉林等人被这两个自称“中统”的人缴了械，史秀英被带走了，杨玉林他们反被关进了壁橱。这一场短兵相接，既出乎特务们的意料，也出乎刘啸尘的意料，更出乎观众的意料。只是当出现了铜钥匙时，大家才有点明白其中之奥妙。而后，剧情又继续发展，悬念向前推进：保密局将如何与中统交涉？

悬念生变的意外性，还表现在主人公多次“绝处逢生”。用笔如用兵，陷死地而后生，影片在解“死结”上，屡屡惊心动魄。影片开头，以刘啸尘自伤瞒敌，解一“死结”。在影片的结尾，刘啸尘取得敌二线工作计划的文本后，正与阿纪准备离开时，被张仲年从身后用枪逼住了，逃生无术，眼看遇难，突然枪响，张仲年倒地，老三出奇兵，刘啸尘又一次绝处逢生，化险为夷。影片巧妙地设结，又出人意料地解结，一次次出奇制胜的悬念，一场场殊死的斗争，生动地描写了英雄们的智慧与胆略。

“老三”这个人物的设计，给影片增色不少。影片开头以常亮神秘的背影渲染气氛，结尾时常亮沉着自信地展望未来。影片以悬念始，又以悬念终，风格分外鲜明。

惊险影片，要情节惊险，悬念紧张强烈，更要惊险性与合理性统一。惊险情节要经得起推敲，设计要严密，符合生活逻辑，尽量做到不出破绽，不露痕迹。不然，弄得不好，不仅徒劳无功，失去真实性，还要引起反感。《保密局的枪声》在惊险性与合理性的统一上，有成功的地方。影片注意了惊险性的真实条件。如张仲年用假的罢工领导小组集会来考验刘啸尘，影片没有故意露出漏洞，去让刘啸尘过早识破骗局，而是使他信以为真。只是到了特务喊出张仲年的口头禅“站着进来，躺着出去”之后，刘啸尘才明白真相，并以假当真，进行了一场殊死搏斗，取得了与张仲年斗争的主动权。在这场戏里，张仲年布置任务的时机、地点，剧情的前后发展，人物的关系，气氛的渲染，刘啸尘的心理描写等，都为这场戏突然袭击的惊险性创造了真实的条件。也只有把惊险性建立在真实性的基础上，才是令人信服的。此外，影片于可疑点的排除过程中展开了情节的惊险内容。如影片写刘啸尘自伤前，找史秀英商量，这样安排，虽然失去了突然性的力量，然而加强了合理性，否则，枪无法处理。自伤后，安排史秀英与杨玉林在楼梯上打照面，也为刘啸尘的自伤减少疑点。往后，影片通过法医、假囚等一步步地排除种种疑点，即堵塞可能存在的“漏洞”，就使得影片的惊险情节越有合理性，从而造成强烈的真实感。影片从开头至刘啸尘受考查结束止，逻辑严密，笔墨细腻，为整部影片受到观众的信任，打下了坚实的基础。但这部影片也由些情节不甚严谨。如最后一场戏，好几处是经不起推敲的：刘啸尘在档案室如入无人之境；敌人追捕刘啸尘只派余云禄一人去档案室，而这之前余云禄却带了一队人马去刘啸尘宿舍抓他；喝得烂醉的阿纪后来竟醒如平常；余云禄砸门，刘啸尘安然不防，等等，都有做戏的痕迹。要不，影片会更精彩些。可见，为惊险而惊险是要不得的。

有些惊险影片人物的刻画不太成功，不大生动，很重要的一个原因，是在描写人物时，不怎么考虑整个人物的性格特征、行为逻辑的完整性，不注意人物个性对矛盾冲突的影响。这部影片没有把张仲年写成草包，而是写出了他的狡猾多疑、心狠手毒的特点。可是，细析起来，这个人物前后的性格表现不很一致，到后来，变得易于对付了，这就影响了情节与悬念的效果。再有，老三这个人物，笔墨如更有力些，会更有回味之处，让他既有作为又不露“马脚”是可以做到的。此外，影片在表现手法上，有些地方单调呆板，也影响了情节与悬念。如敌人的枪老是“哑巴”等，这很可能是由于主观倾向性多于客观逻辑性的缘故。

我们希望，惊险片的制作能更严谨些，更合理些，人物刻画更丰满些。在新的收获的基础上，创造出令观众回味无穷、百看不厌的更好的影片来。

（原载于《电影艺术》1979年第5期，作者韦华）

三十四　从《彩云归》到《情天恨海》

（一）《彩云归》引来一场笔墨官司

在结束了影片《保密局的枪声》之后，许多朋友（包括电影观众）曾建议我，继续拍些故事性强，具有惊险样式特点的影片，以利于我在探索处理悬念的技巧上更上一层楼。大家对我未来艺术创作上的这种关注，深深地感动着我。然而，我却在市场上正热映《保密局的枪声》的时候，发现了广西两位作者发表在《人民文学》杂志上的短篇小说《彩云归》，并且热切地希望把它改编成搬上银幕的电影。为此，我把小说呈送给负责文学剧本创作的厂领导纪叶同志，他看罢也认为小说的改编潜力极大，并且预见将会是一部非常好看的影片。于是当场决定，由厂出面与作者联系，欢迎两位作者来长影与常彦导演一起将《彩云归》改编成电影文学剧本，并由常彦导演执导兼摄影师将之搬上银幕。十分荣幸，广西有关方面及两位原作者愉快地接受了我们的邀请。

短篇小说《彩云归》之所以被我选中，其缘由除了该题材十分符合当年的政治要求，即全国人大常委会的《告台湾同胞书》外，我还非常喜欢作者的深刻构思以及通过对人物命运的洞察所提炼出的主题思想，喜欢笼罩在小说中的那种抒情的、哲理的色彩。我自认我不是个电影理论家，不配强要自己去著书立说。我对电影艺术的理解或解释也是极通俗的，以为电影要么叫人哭，要么叫人笑，要么叫人啼笑皆非，但却能悟出些什么、思索些什么。我们一些从电影创作一线上退下来的“老家伙”有感于当下影视作品的窘态曾调侃道：胡编滥造，瞎打乱闹，信口雌黄，胡说八道。没有故事，爱情凑料，挤眉弄眼，胳肢搞笑。如若是动作片 ，则是：景地随意，混沌时代，飞檐走壁，全凭绳拽。抻臂踹腿，不清门派。嘿呀哈呀，一锅炖菜。而我们当初拍片，最基本的要求则是自己首先要被感动。

当我与《彩云归》的两位作者李栋、王云高同志一起改编电影文学剧本之时，有的朋友曾劝我说：这不是你的风格，你不应该搞这一类题材。也有的编辑问我：你到底喜欢什么？这使我很窘，茫茫然无从答起。在我看来，对于题材和风格，似乎没有必须遵守的规程。故很难说喜欢什么或不喜欢什么。所以，每当我处于上述窘境时，我总是以“我喜欢搞我所喜欢的东西”作答。乍听起来这颇似句废话，然而它却是实在的。

搞创作似乎不应该或很难做到整齐划一。搞点游击战，打一枪换一个地方也未尝不可。这样做可以不断地在主题选择上有所发现，在表现形式上有所变化，做各种各样的尝试。总之，既不步别人的后尘，也不总是沿着自己的脚印兜圈子。俗话说：一母生九子，九子各不同。如果可以把创作和拍摄一部影片比喻为怀胎十月，孕育和生出一个婴儿的话，那么，我倒是极乐于看到自己所生的幼儿们的长相、神态、气质、性格各异。我怀着这样的心态，全身心地与李栋、王云高两位年轻同志一起投入到将小说《彩云归》改编成电影文学剧本的创作活动中去。

功夫不负有心人，《彩云归》电影文学剧本一出世，便受到长影厂领导的肯定 ，他们认为这部剧本在叙事方式上有创新。尽管在施工也就是在拍摄时会困难重重，因为在当时大陆的摄制组非但没可能去台湾，甚至连去香港都不可能，可《彩云归》的故事却偏偏发生在香港和台湾。在我充分地阐述了我的摄制方案后，厂领导给予了强烈支持。接下来，便是我带领几乎是原《保密局的枪声》

摄制组的全班人马赶赴福建、广东和海南岛去体验生活和采选内、外景地。然而，就在几十人的摄制组摩拳擦掌正欲开机的时候，却从厂里传来要我“暂停”的命令。

为什么要“暂停”？！原来是作者李栋、王云高二人在改编小说《彩云归》问题上，正面临一场不大不小的笔墨官司。中央电视台某导演在未获原作者同意的情况下正在改编《彩云归》，有关部门正在协调此事。

1979年12月21日，广西省南宁市文联向中共中央宣传部发出公函，文中称：“李栋同志系南宁市《邕江》文艺编辑，王云高同志系南宁市粤剧团干部。他们向中宣部写的信，经我们看过，所写情况完全属实。他们提的要求，我们认为是合理的。请中宣部领导给予考虑。”同时附带呈上标题为：“关于请求中央电视台停止录制电视剧《彩云归》的申诉”。

身为影片《彩云归》摄制组的主要负责人（党支部书记、编剧之一、导演、摄影师），我不能不认真考虑厂党委和厂领导的决定。为了拍好这部能为祖国统一大业做出一定贡献的影片，为了能使我们生活在大陆上的观众在银幕上获知发生在港台的故事，我曾带领摄制组的主创人员远赴深圳，广州和海南岛去熟悉生活、体验生活，我坚信，我们将要拍摄出的影片的艺术质量，不会输给任何人。但是，我的这个坚持要把《彩云归》拍下去的愿望，能否会获得长影厂领导的首肯？我们焦急地等候着……

（二）　《彩云归》更名《情天恨海》

长春电影制片厂于1980年2月25日发出了（80）艺摄字第三号《通知》：“彩色故事片《情天恨海》（原名《彩云归》）定为1980年生产任务，筹备阶段于3月2日结束，从即日成立摄制组。”并同时公布了该组全部职、演员共四十六人的名单。

是什么力量促使长影的领导在中央电视台抢先录制的情况下，还依然下决心冒风险继续支持导演将《彩云归》改名为《情天恨海》的影片拍摄下去？

首先是它的故事，其次是编导在影片结构方面的创新。故事发生在台湾的承天市。“傅子兰医寓”的主人魏芝圃原系国民党将军头衔的退伍医官，他在电视新闻中发现自己的义子朱义，因跳海西渡未遂而被当局捕获的消息。被震惊的魏芝圃连连叹呼：“凤阳啊，凤阳，你只说暂时不与我来往，怎么又跳海西渡了呢？”

凤阳生父名朱福，原系魏芝圃在大陆时期的贴身副官。抗战胜利后，身为高级军医的魏芝圃渴望饱经战乱的人民能安居乐业，希望国共和谈能够成功。没想到绥靖区参谋长曾耿却遵命要魏芝圃与其内弟钟离汉同他共摆“鸿门宴”，对共方谈判代表陶叔冶进行劫持。反对此阴谋的魏芝圃，暗中协助黄埔军校老同学逃过此劫。然而在国民党退离大陆之时，曾耿却将魏芝圃与朱福骗至台湾。到台湾后，曾耿在军界任职，魏芝圃则离职赋闲，钟离汉弃官经商，而朱福被迫到农村谋生。后朱福病危时将凤阳托孤给魏芝圃。魏芝圃在探监时获知凤阳与孝珍相爱。魏芝圃去翡翠歌厅见孝珍，方知孝珍原是自己内弟钟离汉的生女。孝珍告诉姑父，她在大陆的姑母仍健在。三年前，钟离汉去香港见到共产党高干陶叔冶，他促成钟离汉与钟离秀兰兄妹团聚。不幸此事被台湾当局发现，致使钟离汉死于狱中。从此，孝珍被迫卖歌为生。

魏芝圃知后恼怒异常，误认为均系曾耿在幕后指示所为。于是带上侄女去找曾耿算账。曾耿告他，发生的一切均系新瀛市警备司令任九车所致，他密报上级，以“通共”罪将钟离汉处死，并企图制造车祸来诬陷魏芝圃自杀。曾耿面对老友们相继横遭暗算，愤然提出辞职但未被应允，之后被贬任承天市。当他从魏芝圃口中获知钟离汉的女婿朱凤阳竟然也被关在他的监狱中后，便毅然决定放走凤阳。恰在此时任九车来电要立即将凤阳押解走。这时，曾耿将事先写好的绝命书交给魏芝圃，并派出自己的专车，将魏芝圃、钟离孝珍和朱凤阳送出司令部，然后自杀成仁。曾耿在“绝命书”中哀叹道：

“思往事不堪回首，想未来无以所为，我唯有以死以铭志。愿任九车之流终不得逞，愿我的祖国早日统一。如是，我虽死亦无恨！呜呼！情天恨海，作孽何人，后世儿孙，当能定论！”

魏芝圃老泪纵横地评价自己已杀身成仁的老友：“是的，他醒悟了，但是他不应该选择这条路！”

在台湾生长起来的第二代，钟离孝珍沉重地含泪问道："在一个前进的时代里，难道被一种荒唐的偏见所制造的悲剧还要永远演下去吗？"驾车的朱凤阳坚定地回答："这悲剧是不会永远演下去的！"

为了能把这个动人的故事讲得生动、丰富而又好看，我努力要自己在影片结构上想办法出新。在我看来，影片的结构，应该是电影导演用以表达一定内容所选择的某种叙述方式，它决定了整个影片的布局和铺排。所以，如何构成一部影片，应该是导演艺术构思的一部分。它当然不会也不应该被随心所欲地胡乱安排。

在彩色影片《情天恨海》的创作中，我没有遵循按故事情节发展的时间顺序从头到尾、循序渐进地叙述习惯，而是通过大量的穿插，把近三十年前的往事与现实交织起来，用回忆、倒叙、补叙手法重新加以组合，把本来并不按时空发展逻辑的诸多情节连接起来，造成一种新的完整的艺术效果。

这样一种艺术结构，我说不上在影片中是不是运用得很成功，但我认为，这样一种结构多少会赋予影片一定程度的散文色彩，而这却是我所要追求的。但是，影片《情天恨海》既非"散文电影"，也不是"电影散文"。

就影片《情天恨海》而论，之所以采用了现实与倒叙、补叙以及"闪回"相结合的电影构成方式，是考虑到在银幕上不到两个小时的时间里，要展现三四个人物将近三十余年的遭遇，运用通常习惯的那种按时空顺序平铺直叙的影片结构，显然很难达到预期效果。于是，在影片中我便试着以魏芝圃从电视新闻中骤然获知义子朱凤阳被捕为契机，以他赴监牢探视义子，在歌厅巧遇侄女钟离孝珍以及魏芝圃怒斥曾耿等情节为经，以魏芝圃、钟离汉、曾耿、朱福等近三十余年往事的种种回忆为纬，通过这种经纬交织，让光与影的明灭，黑与白的对比，历史与现实、屈辱与悲痛、友谊和爱情、苦难和温暖，错踪交织、纷至沓来，展示出魏芝圃、钟离汉、曾耿等为主的国民党高级官员们从大陆沦落到台湾的老一代，在经历了一番人生坎坷、走过艰辛道路后的内心世界，和朱凤阳、钟离孝珍为代表的台湾青年一代的理想追求。把亲人要团聚，祖国要统一这一主题思想变为形象的呐喊，从而使生活在海峡两岸的亿万炎黄子孙为之有所深思，为之有所作为。

海南岛三亚外景地《情天恨海》（1980年摄制）工作照

在电影文学剧本与导演分镜头剧本讨论阶段，诸多朋友曾担心，这样的影片结构是否会被观众接受？手法是否太“洋气”！其实，这种把现实与历史交织在一起的叙事方式，对于我们民族来讲并不陌生。它很像我国章回体小说中的那种“此处暂且按下不表，且说……”的处理方法。遵循的是一条“有话则长，无话则短”的叙述原则。这“则长”或“则短”，取决于影片情节的发展和人物成长的需要。无疑，按上述方式来处理影片结构，必然要求导演尽量删除和减少那些与故事情节的发展、人物性格的成长无关紧要的琐事。尽管这样的影片结构有时会使银幕上表现的时空关系是颠倒的，但是，只要让矛盾冲突的发展符合人物之间相互关系的逻辑，符合人物性格发展的逻辑，就不必担心观众能否看懂和接受。因为，就现在我国电影观众的普遍欣赏水平来说，电影这种艺术形式早已不是什么“洋玩意儿”，他们早已不满足于银幕上的“简单句型”，而是需要欣赏到较之更丰富、更复杂的“句子形式”了。

综上所述，目的不是说《情天恨海》的影片结构就是成功的，只想说明电影导演作为艺术家，总是要“有所为，有所不为”。为什么采用这样的而不采用那样的影片结构，总是出自自己的艺术构思，是缘自艺术上苦思冥想的结果。

影片《情天恨海》上映之后，受到广大观众的欢迎。摄制组也十分高兴，得到了众多知音的认可。

（三） 影片《情天恨海》导演解析

早在与演员们一起研讨如何创造角色的时候，作为导演，我就曾向他们强调，《情天恨海》中虽然有诸多充满戏剧性的事件，但我并不希望将注意力更多地投向那些事件本身，而是应当集中投向相关人物激烈的内心反应以及那些内心活动的彼此影响，同时如同着力创作一部交响诗那般地在银幕上展现那些相关人物的命运。

我设想，在未来影片中既充满着命运的安排，但更存在着对命运的抗争。说得明白一些，我希望把影片《情天恨海 》谱成一曲命运交响诗。

影片中的人物，诸如魏芝圃、钟离汉、曾耿、朱福以及绰号叫“袁大胡子”的袁先觉等，是一些被命运抛到海峡另一边的人们。他们接触到的也许是他们从未料到的，甚至是从未想过的残酷现实——离开大陆到台湾。只有经历了几多坎坷的遭遇之后，一个人方才在个人与民族、分裂与统一这样的问题上，做出重要抉择。

是的，他们都出走台湾，但是，他们的思想和性格发展却远非整齐划一。就这些人物当时的实际处境而言，在兵败如山倒的境况下，有曾耿那种循军人天职、服从命令甘心追随的；有魏芝圃那种因注重义气而“上当受骗”的；更有朱福那种因所谓“舍命陪君子”而被裹胁的；等等。所以，尽管他们全都同属于一个反动营垒，然而由于出走的动机与原因不同，他们到达台湾后的境遇又各异，便形成了各自不同的性格发展。说得再直白一些，这些国民党人内心形成的不同程度的思归感，使人物的共性有了不同的个性特征。

我以为，如此分析与理解，将会有助于演员诸君在把握人物共性的同时，能够紧紧地把握住各个人物的不同性格特征。

艺术的典型，就是通过鲜明的人物个性反映生活本质和生活的某种规律。

影片《情天恨海》剧照

塑造典型人物原本就不是一件轻而易举的事，而《情天恨海》要塑造的又偏偏是一群生活在台湾，我们极不熟悉的人们，这不能不说我们面临着的是一种特殊的困难和非同一般的挑战。

我的思索，自认为还算是严肃的。当我着手考虑如何把文学形象转变为银幕形象的时候，脑子里便萦绕着这样一个问题：我怎样塑造和表现与我的信仰和世界观格格不入的，和我生活在不同社会的，因而也是我所极不熟悉的这些人物呢？

一个小小的生活插曲，给了我以极大的启发。在有我参加编剧的《情天恨海》经《电影文学》发表之后，一位朋友说出了他的读后感：剧本《情天恨海》最大的不真实或败笔，是写了剧中人物大都想回到大陆，这是不可思议的，也是不真实的。因为，据这位朋友的逻辑认为，这些剧中人在台湾不是生活得还算相当“过得去”，有的甚至可以说还很“惬意”吗？他们为什么还要思归？问得好！乍听之下，我这位友人的高见似亦有道理。是的，影片中的剧中人确有身居高位的。台湾那种优渥的、灯红酒绿的物质生活，似乎颇足以使他们心安理得地满足于现状，甚至去所谓“享受人生”。但是，如果一个人在满足了一切物欲的同时却失掉了人生最可贵的信念与追求，失去了与整个民族同呼吸、共命运的珍贵品格，失去了对更高理想境界的追求与向往，完完全全地沉醉于平庸的醉生梦死之中，钻进无聊的、脱离人民的所谓“幸福”中去，岂不是人生中最大的精神悲剧？！

恰恰“精神悲剧”这四个字使我获得了启发，找到了打开人物心灵之锁的钥匙。

物质生活的优渥，并不能减少剧中人物近三十余年的不幸遭遇和种种厄运：魏芝圃的被贬，朱福的被抛弃，钟离汉的被囚，曾耿的被暗算……这种“既战败于对手，又受挤于同僚”的窘境，不可能不影响他们，更何况再加上他们随着年老体衰而不断增长的乡思离愁呐！

君不见，现实生活里较我们影片中诸多人物官场地位更高、生活条件更加优厚的国民党元老于佑任也曾发出他撼人心魄的绝唱：“葬我于高山之上兮，望我大陆；大陆不可见兮，只有痛哭。葬我于高山之上兮，望我故乡；故乡不可见兮，永远不忘。山苍苍，野茫茫；山之上，国有殇。”按我那位友人的逻辑，于右任岂不是“身在福中不知福”的老糊涂虫吗？！

然而，现实生活却是于佑任老人驾鹤西去之后，后人遵其遗愿，将他葬于可眺望海峡的阳明山之上。长太息以掩涕兮，绝唱变哀思。

俗话说：人行万里，落叶归根。作为影片的编导，我的意图就是期望通过诸多人物不同程度的思归感和念乡情，对剧中人的心灵进行剖析，让他们站在命运的天平上接受心灵的考验，做出合乎他们各自心理逻辑的人生抉择。由此，它决定了我作为本片的编剧和导演对影片《情天恨海》中几个主要人物的具体理解与艺术处理：

关于魏芝圃：

此人曾受训于陆军黄埔军校。身为高级军医的职业，他较一般军人更具有知识分子的特点。

抗战胜利以后，他曾满怀希望地祈盼祖国能在战后复兴，人民得以休养生息、安居乐业。然而，国民党的寡头政治引发起的内战，使他的幻想破灭。他是不甘心随波逐流的，这表现在能做某种程度的消极反抗。从他注重情义、擅自给陶叔冶通水，到败局已定时不惜“甘当共产党的顺民”，充分表现出他尚能顺应历史潮流的思想倾向。在被骗去台湾后，因被当局疑有二心而不受重用，他形成饱受压抑、少言寡语的性格。从受诬陷到险遭暗害，他终于悟到：虽然他自命清高、忧国忧民、有正义感，但在台湾那种境遇里，却只能是一个被人遗弃、被人所不容的边缘人。为逃避现实不得不隐姓埋名，过着与世隔绝的生活，这又不能不给他的性格蒙上一层内向的、深沉的色彩。

在这部影片里，编导试图通过魏芝圃与老友因政见不同而形成的矛盾，通过他对自己、对亲人在台湾的悲惨境遇和命运的感受，揭示他内心的强烈震荡；透过他表面上对世事的冷漠，表现出他内心深处对家乡、对亲人日益炽烈的思念之情。

饱经忧患、内心充满乡思离愁的魏芝圃，从把台湾海峡视为“横在面前的一道危险深渊”，到愿意返回大陆，以便把自己“有生之年贡献给祖国统一大业”，应该说，这一转变是从一般的朴素思归情感升华到较高的理性境界了。因此，这样一种从量变到质变的思归感，即是魏芝圃这个人物的行为线与贯穿动作，也是把握其性格发展的一把心灵钥匙。

关于钟离汉：

身为军需官，他既不认同军医身份的魏芝圃信奉的所谓“人道主义”，也不认可曾耿信仰的什么“铁血主义”。“和商人打惯了交道”的自白及他所标榜的“现实主义”，恰恰是他善于应酬，富于灵活性的思想根源。

与魏芝圃的内向性格不同，钟离汉的性格应该是豁达开朗、富于幽默的。他的台词中偶尔夹杂着乡音，旨在强调其作为四川人所独有的特点。

在思归乡恋方面，他似乎没有魏芝圃那般激进和锋芒外露，然在本质上却与魏芝圃没什么不同。在“宦途险恶”的环境里，他主张“还是小心一点为好”的处世哲学，这种心态有助于表现他作为商人应有的世故与谨慎。

人世沧桑，宦海沉浮。钟离汉赴台后虽然弃官经商，但并未摆脱台湾无处

影片《情天恨海》剧照

不在的政治旋涡。作为一个善良的人，他怎么也不会想到，在香港能与故友陶叔冶邂逅以及与阔别长达三十余年的胞姐重逢，而这竟然成为任九车手中的把柄——被诬陷为“通敌”的佐证。

当身处囹圄、饱受迫害之时，他这个自认“当初绝不是个危害党国的人”竟毅然走上叛逆的道路。因此，他对任九车的唾骂与不顾后果的一击，不仅是他不甘心被秘密处死的顽强反抗，也是他钟离汉一生性格的完成。对此，在银幕上一定要着意予以强调。

关于曾耿：

与前述二人相比，曾耿是另一类典型。作为一名标准军人，他恪守唯上级军命是从的原则。虽然他也饱尝“既战败于对手、又受挤于同僚”的苦果，但对党国的愚忠促使他甘愿委曲求全。

正如他所说，曾耿羡慕郑成功“由秀才而封王”的业绩，自以为还能站在维护蒋家王朝的末路上仍能“自辟千秋业绩”，在风雨飘摇的穷途上成为再鼓雄风的所谓智者。但是，正如他在“绝命书”中所悟：“经一生坎坷，终于知道何谓历史无情。”

现实中，威风不再的“大胡子”袁先觉已落发为僧，钟离汉惨遭秘密杀害，魏芝圃险遭毒手幸免于死，钟离孝珍弃学卖唱、沦落江湖，以及朱凤阳的渡海不成反被囚，等等。这一系列阴谋对于人的践踏，苦难对于人的折磨，屈辱对于人的扭曲，把他心目中仅存的一点点光明与希望都通通扑灭了。他“唯有一死以铭志”。然而，也正是在这种来得过迟的觉醒中，曾耿作为一个正直人的本质方才被显露出来。

曾耿自杀前，我们着意表现其内心痛苦和灵魂深处的矛盾，并且通过魏芝圃说出的“他醒了，但是他不应该选择这条路”给予他以公正的评价。在我看来，他的自杀是时代悲剧的投影，也是他阶级性与世界观的局限性必然造成的悲剧。

我希望通过上述对剧中人物的诠释，先是有助于我剧组演员诸君把握人物，而后则是希望观众进一步理解并接受这些沦落到孤岛上的我们并不十分熟悉的人。

《情天恨海》这部影片，可能是我国银幕上第一部涉及台湾地区的电影。对于它的成败可以见仁见智，编导的心愿却是唯一的——即希望我们的影片在促进祖国统一大业方面能够略尽绵薄之力。

三十五　《心灵深处》创作回顾

（一）关于《心灵深处》的艺术思考

影片《心灵深处》是征得作家孟伟哉的应允并依据他尚未发表的《一座雕像的诞生》手稿改编的。孰料，这部中短篇小说在刊物上问世以后，有人竟持着“一经发表便是社会财富”的论据，板着“作者无权干涉”的面孔，抢先搞成什么剧、什么片，而且还不止一部。于是，本已版权在握的电影制片厂和摄制组反倒面临极其尴尬的被动处境：原本是合情合理的合法改编，却成了姗姗来迟的“步人后尘”！

怪谁？怪电影的摄制周期过长抑或怪我们拍电影的在艺术上过分较真？

不能不承认，某些方面以快速见长地“先发制人”，确已赢得了“先入为主”的优势，且不说影片的主要情节已先为人知、会倒观众的胃口，单是媒体上那些“题材雷同”“创作上一窝蜂”等之类的指责，就已经够咄咄逼人的了！影片还未出世，就已经横遭训斥（而且还是在权威的电影刊物上！）：“为什么在什么什么之后，还要拍电影？”其来势不可谓不凶！

当然，发问者是无辜的，但被问者又何尝有罪！结果是于事无补，等于白说、等于零。真是滑稽得很，这又怪谁？

因为电影《心灵深处》是个迟到者，不自愿地被抛进比赛场地，遭受到未曾登场就已被判违规而扣分的不公平待遇，嘘声虽然尚未听到，然“啦啦队”却是真的不准备给“加油”了。

难怪有的朋友不无调侃地说我：“你的前一部《情天恨海》就遭此厄运，这回《心灵深处》又重蹈覆辙，常导啊，你得认倒霉！”

悔不该当初吗？噢，不。这个《心灵深处》，我曾为它兴奋，为它激动，为它淌汗，为它流泪，为它饮食不香、睡眠不足……的确，它生得迟，为人们提供了更充分的品头论足的机会。我以为，这倒也不失为是一件好事，既然当初硬着头皮把它孕育出来，那么，这份关于它的“出生报告”也就还得硬着头皮写下去……

1. 主题与立意

在导演阐述里我曾有过这样的立意：《心灵深处》应该是一部比较富有哲理和充满人性美的影片。

历史，好像一条始终奔流不息的长河，永远有它的连续性。任何人，不论他如何不凡，甚至怎样伟大，也不能把现实与历史、今天与昨天一刀两断。因为，在它们之间总有一种内在的物质的和精神上的联系。我们需要表现当前现实生活的，也同样需要表现已成为历史了的、过去的生活的影片。然而，现实又总是在不断地审视历史、选择历史。观众随着时代条件的变化，对描写过去已成为历史的影片，会不断地提出新的要求。这是极其正常的，也是合理的。

“文革”十年之后，人们在普遍地重新思索人生意义，重新认识人的价值，重新建立人生的信念。近年来，人性问题更成为文化领域内愈发引起思考的一个重要问题。我们不是哲学家，也非政治家，不能用著书立说的方式参与这场颇有意义的讨论。但是，我们能不能拍摄一部与这种探索人生意义的思潮相契合、相呼应的影片，从而拨动人们的心弦、引起人们的思索呢？

这就是李玲修同志与我选中孟伟哉的《一座雕像的诞生》并把它改变成电影剧本、由我来执导筒拍摄成《心灵深处》的背景。

影片《心灵深处》（1982年摄制）剧照

尽管影片《心灵深处》呈现在银幕上的是20世纪50年代初，即我们共和国尚处于摇篮时期的一段往事，但即使在今天看来这个故事也不陈旧。我们认为，它依然能够从历史联系中切中时代脉搏。因为，正如我在前面所说过的，现实与历史、今天于昨天之间总有一种内在的物质上和精神上的联系。如果我们处理得当，就可以从过去的生活素材里提炼出对今天有积极意义的主题。我们不曾想也没有能力去教育任何人，而仅仅只想给观众讲一个曾感动过我们的故事。

《心灵深处》中的主人公欧阳兰，并不是一个曾经建立过特殊丰功伟绩的英雄。她身为中国人民志愿军中的一位普通女军医，只是千万个“最可爱的人”中的普通一员。在朝鲜战争结束的前三天，战友李坚夫妇相继牺牲了。烈士生前的临终托孤和为死难烈士的饮恨而悲怆，再加上遵嘱去探视遗孤等，这一切成了欧阳兰不可遏制的激情。然而，在如何对待两个遗孤问题上，她与未婚夫黄益升发生了矛盾。而且，这种矛盾冲突已不只是对待两个遗孤的态度分歧，而是由此引发出的两种道德观念的深刻分裂。应该说，欧阳兰所遭遇到的矛盾，既是“最个人的”，又是与社会、与革命事业联系得最紧密的矛盾，因而是痛苦的，也是深刻的。

欧阳兰的初恋结束了，她毅然地取消了婚约，开始面对新的生活。至于影片中张森这个人物的出现，我认为，其目的不应仅仅着眼于表现一种与黄益升完全不同的思想境界去召唤欧阳兰，让她在爱情上终于寻找到新的归宿，而应该把新的爱情故事看作是影片对无私精神的进一步升华，是更深层次的张扬。

在处理上述人物关系和塑造人物中，影片有意识地铸进历史的、社会的以及道德的内容，从而使观众通过影片欣赏去思考人生的真谛，去理解什么是真正的“人的价值”，以便在众说纷纭的“价值观念”中去分辨美与丑、崇高与卑下、真诚与虚伪……

影片《心灵深处》现场工作照

鲁迅先生说：能爱能憎方能文。影片《心灵深处》当然浸透着编导的爱与憎，不过，在表现这种爱与憎的时候，不能把自己降低到孩提的程度，用标签或脸谱去标志“好人”或“坏人”，而是应该透视进人物的心灵深处。影片试图通过欧阳兰、张森及谢英等诸多人物与黄益升的对比，展示我们对人生、人性的理解：人性是具体的，它受着社会环境和生活条件的制约和影响。在不同环境和生活条件下成长的人，会有不同的人的“价值观念”，有的以无私的心灵和美好的情操为内容，如欧阳兰、张森、谢英等，有的则以利己主义和实用主义为核心，如像影片中的黄益升那样的人。

固然，黄益升在银幕上的形象并不是个獐头鼠目的坏蛋，但是，透过躯壳观众看到的却是一个丑陋的灵魂。这位外表文质彬彬的书生在与女友欧阳兰分手时，不是还十分担心自己的“形象”吗？他不是还祈求于客观世界，“希望不至于把我想得过坏”吗？可见，黄益升的行为完全是有意识的自觉行动，因此，欧阳兰的临别忠告：“人世间的事是很难用‘好人’和‘坏人’两个字眼儿就能概括得了的！这对你、对我、对所有人都一样。”这就是有的放矢了。因为，在现实生活中，道德是调整人们之间以及人与社会之间关系的行为规范总和。

所谓“坏人”，一般是指触犯了法律而应受制裁的人，法律不能强制道德，道德的力量却无处不在，它比法律在社会生活中的作用更加广泛、更有渗透性。

生活中像黄益升那样的不是“坏人”的人，它可以不受法律的审判和制裁，但却无法逃避道德的谴责，无法在道德准则面前把灵魂掩藏！

个别年轻人由于不理解革命的传统观念，看罢影片后也许会说：怎么可能呢？世上哪里有欧阳兰那样的傻瓜！

毋庸置疑，也用不着回避，对有些人来说，他们不相信的事太多了！我还曾接到过这样的来信，说：“欧阳兰的事迹倒是挺感人的，但要我去爱她，没门儿！”当然，我很理解他是指已经领养两个革命烈士的遗孤之后的欧阳兰。可是我不禁要问：难道说，这就是人们常说的那个所谓的“代沟”吗？

十分明显，在当前拍摄这样一部影片的直接意义，当然不会旨在要广大观众都去认领孤儿，或者，执意要年轻人专门去追求已经领有孤儿的未婚母亲。

作为影片的创作者，仅仅是意识到欧阳兰所遇到的矛盾内涵，涉及当代人，特别是青年一代普遍会遇到的问题，即：人生的意义，怎样对待爱情、家庭幸福以及应该有什么样的道德观念等。如果前面所列举的是事实的话，岂不说明我们多么需要正面，有时甚至是带有某种程度的强制性去疏导和填补吗！

现在，影片已经摄制完成并与广大观众见面了。作为影片的导演，我没有把握说，我们把上述几种关系都已经梳理得很清楚，处理得也很好了，但是，当沉静下来总结这部影片的得与失的时候，有一点却是极其清楚的，即：我和我的摄制组的演员、主要创作干部们在整个创作和摄制过程中，有一种强烈的愿望，就是有意识地集中从道德的层面去反映并剖析心灵，褒贬人物，反映时代的流动变迁。正如我当初在向全组做“导演阐述”时所说的那样：我希望我们的《心灵深处》是一部寓意颇深的道德影片。

《心灵深处》所反映和再现的20世纪50年代，那是一个充满火热斗争的年代，是社会道德曾经达到一个相当高峰的年代。对于我这样年龄的人，希望他们看过影片后，能通过美好的回忆唤起共产主义的“人性复归”。对于20世纪80年代正处于成长期的年轻人，希望他们能通过影片认识革命的历史传统，了解他们的父辈曾经怎样奋斗过，从而更有信心地面对未来。

但愿，当影片《心灵深处》呈现在银幕上的时候，我们的观众能够从影片人物行为当中获取到举一反三的启迪，引起一些思索，更能在社会主义精神文明建设中有所行动，如是，则对影片的所有创作者无疑将是一种无可比拟的奖励。

以上，就是我在创作和执导影片《心灵深处》时的一些思考，现在写下来，也算对媒体关心的“为什么在当时选择这么个题材”的回答吧。

2.唯有动情，方能感人

针对我近几年的创作实践，传媒界有的朋友问我：你究竟对哪一类题材感兴趣？我总是习惯地回答：题材不拘，重要的是它必须能打动我，使我能为之动情。

我一直认为，在文艺创作中不可忽视古人的一句话，那就是：“感人心者莫先乎情。”可以说，它是一切艺术作品存在的一个共同规律。一部电影作品，如果想要它触动观众的心灵，使他们随同影片中主人公的际遇而同悲同喜，即我们常说的“同命运，共呼吸”，一个很重要的条件，就是这部影片的创作者必须先为之动情。

孟伟哉的小说《一座雕像的诞生》是极其感人的，其中不乏多处会使读者潸然泪下。小说本身有这样好的基础，这无疑会加重编导的负荷：一方面在未来的影片中尽力保留原著中那些非常感人的部分，而且还必须在原有素材的基础上去进一步开掘、延伸、扩展和深化。这就是说，我们不能满足于对小说中原有的感人部分简单地再现，而应该是一次充满激情的再创作。

爱森斯坦在论述什么是电影时说：“电影是充满激情的叙述。”这句话的重点是在“充满激情”四个字上。所以，追求一般的流畅绝对不是我们的目的。为此就要极力避免纯客观地叙述故事，而要力争银幕上的画面与声音都能渗透我们编导的强烈的情感态度。

在做导演阐述时，我指出本片的样式是散文诗式的抒情正剧。要求摄、录、美、化、服、道等主要创作干部充分注意此次创作的难度。因为，其一，我们不能仅仅依赖曲折动人的故事取胜；其二，我们也不能寄希望于复杂或惊人的情节见长。我们唯一的出路是，充分理解和体会文学剧本的内涵，真实、生动地刻画人物，细腻、深刻地抒发感情。简单的一句话，我要求大家三个字：要动情！

坦率地说，身为影片的编导，我自己在创作中是有动于衷的。我曾流着眼

“坑道”内景，导演给刘晓庆、杨亚琴说戏

泪分镜头，也曾在拍摄现场与演员们一起再一次涌出抑制不住的泪水。凡是那些曾经激动过我的地方，对于该处的艺术处理，我总是有一种难以遏制的创作冲动和创作激情。重要的是，作为导演，要善于把涌现出的极其珍贵的情感注入到分镜头中去，并且，始终保持住良好的情绪记忆，能够用电影的表现手段把那些触动人心弦的感觉传达出来。这样，就能够使感情的涓涓细流穿过人物内心冲动的礁石起伏跌宕，形成激流，最后冲上感情的高坝倾泻而下，以势不可当的状态跌落在观众的心湖里，飞溅起无数计浪花和激荡起壮阔的波澜！

在此，我想以影片《心灵深处》中“欢呼胜利”前的一段戏的处理，来说明我的体会：

从影片开始到“欢呼胜利”为止，我始终有为李坚夫妇双双牺牲感到深深惋惜和悲怆的一种情绪。出于感情上的需要，应该让这种“情绪”在一个适当时机迸发出来。于是，一个想法在我的脑海当中逐渐形成：必须把“欢呼胜利”连同前面的“等待停战”以及“闪回”部分的“临终托孤”作为一个整体来考虑和处理，如此才能为整个影片的动情与感人奠定下稳固的基础。上述想法是源于如下的构想，欧阳兰的道德观、恋爱观乃至人生观的形成，除了革命战争的考验和直接锤炼之外，一个相当重要的原因是，她在胜利后仍忘不了那些牺牲并埋葬在异邦的战友以及时刻意识到自己是个“幸存者”！

影片中颂扬的另一位人物张森，他之所以不嫌弃烈士的两个遗孤，执意地追求“决计以未婚女子的身份去充当母亲”的欧阳兰，也是因为觉得他的“血管里流动着千万个烈士的鲜血”和“同样意识到自己是个幸存者”！所以，“幸存者”这个烙印既是人物的贯穿动作，也是把握《心灵深处》中主人公一切爱憎的立足点与归宿。如果在影片中不能把这一点渲染、处理、表现得深刻而又动人，势必达不到真实可信，细致入微地刻画人物，淋漓尽致地抒发感情的目的。

根据这样的认识，在结构影片时，我决定把“等待停战”这场戏作为链条，用它把发生于过去时空的“临终托孤”与发生在现在时空的“欢呼胜利”串联起来，形成一个整体。这样，影片开始的第一个自然段落，就是以欧阳兰怀念战友后失声痛哭结束。她的台词“幸存者，我是一个幸存者”则为这整个段落重重地画上一个句号。然后，重新把情绪稳定下来，使影片的发展进入本片的真正“戏核”——探亲认孤。

为了实现上述总体设想，在具体操作中做了如下铺排：首先，着力认真地拍好李坚夫妇牺牲前的“临终托孤”；其次，全力以赴地处理好“欢呼胜利”这场戏。

（1）关于“临终托孤”

这场戏是全剧的引子。其悲怆情绪表现得越是浓重，对影片中人物的刻画越能做文章。为了加重这种情绪，我们把李坚和丈夫冯团长牺牲的时间浓缩在同一天的晚上，并且集中在同一个场景——前沿阵地临时包扎所。同时，把这一对英雄夫妇牺牲的时间推迟到距离全线停战仅仅还有三天！

为了加重这场戏的悲壮色彩，除了对情节做了上述调整处理之外，我是抱着怎样地心态去操作这场戏的呢？也许记在分镜头剧本相关页码处的四行字，可以表明我当时的心态，那四行字是这样的——

壮似秋风吹战垒，清如夜雨洗松林。助添豪杰英雄气，感激卫国烈士心。

我同我所要在银幕上表现的两位烈士怀着同样的遗憾，为他们终未能跨过通往胜利的门槛而“饮恨”，也为他们再不能与年幼的子女团聚而“含悲”。因此，努力实践“认真地拍好”，从镜头设计到实际拍摄，再到剪接乃至后期混合录音，竭力调动一切表现手段，把这场戏的情绪表现出来。用倾盆暴雨、滚滚的响雷、刺眼的闪电、怒吼的狂风、撕裂人心的呼叫、动人心肺的哭号等色彩浓重的画面和音效一起组成悲怆的交响。

（2）关于“欢呼胜利”

这段戏在小说原著中的记述是颇简练的：“不知从哪里一下子涌出来这么多人，欢呼、跳跃、拥抱、握手、扔帽、流出泪水……欧阳兰混在欢腾的人群中激动得忘乎所以。她被快乐、自豪和一种庄严感陶醉了。”

根据小说的描述，在编写电影文学剧本甚至在为拍摄撰写电影分镜头剧本时，都是把它当作过场戏来处理的。但是，当在摄影棚里搭制的“坑道”里拍摄“等待停战”一场戏的时候，一种神圣庄严的感觉诱发出强烈的创作冲动。我要求道具组的同志为“坑道”外面的后景群众演员准备火把。从那一刻起，一个宏伟壮观的“欢呼胜利”的大场面浮现于我的脑际，后经酝酿、准备并逐步成形，于是便拍摄出银幕上所展现出的画面成果。

前面所讲的要“全力以赴”地拍好这场戏，是指要不怕花大力气去营造，因为组织如此重大的群众场面是费力气的，因而往往容易迁就。以我们组为例，这场“欢呼胜利”动用了来协助拍摄的解放军一个整师的兵员，八部报话机跟随导演发布命令。这时的导演，在注意营造宏大场面的同时，绝对不能忽视对细部、细节的捕捉和刻画。打个比方说，对场面的把握与处理要有巨匠“泼墨挥毫”的气概和气势，但对局部和细部的刻画，又要下“工笔白描”的功夫。结合《心灵深处》这部电影来说，这“功夫”应该表现在不能把感情让所谓“大场面”淹没掉！

把上述两个段落的艺术处理结合起来，即：“临终托孤”要充分抒发出李坚夫妇壮烈牺牲后的“悲”；“欢呼胜利”则应该充分地展现出胜利者们不可抑制的“喜”。这样，悲与喜相互交织、互为反色彩、彼此反衬，从而在观众的感情激流中促成一个较大的落差，以获得震撼其心魄的心理效果。

从刻画人物的角度来说，这样的艺术处理就能够使演员从大“悲”和大“喜”的强烈对比与情感的自然转换中深刻展现人物“悲喜交加”的内心世界，并把他们的情绪体验有效地传达给观众。而作为观众一方，则一经随着这种情绪进入影片的规定情境，便自然会被感动，禁不住也想与影片中的胜利者们一起含泪欢呼“祖国万岁”，体验今日之和平生活是多么地来之不易！

当我们的影片在银幕上接受第一批观众（制片厂的领导和厂内同人们）检阅的时候，看到那些我曾为之感动而含着泪水创作的场景，如今也同样地触动了他们，那情景使我们所有曾参予创作的人感到欣慰。同时，我不由得又想起，为了拍摄下那些动人的场面，我们摄制组的演员们所流出的那许多真实的热泪（我是一个对用眼药水造假泪极反感的导演），想起拍摄现场摄影师、美术师、录音师以及化妆、服装、道具等所有工作人员那含泪欲滴的晶莹目光了！

于是我再一次悟通艺术创作中的这个真谛：唯有动情，方能感人！

3. 艺术追求与感悟

对于《心灵深处》所揭示的主题及其社会意义，我们毫不担心也不怀疑。大家思考较多的是怎样使影片在艺术上也能升华到相应的高度。我觉得，在艺术上应该有所追求，即便自己意识到了，实践起来也还会因为思想修养、艺术造诣、欣赏情趣以及表达能力等诸多方面的限制，常常使自己陷于力不从心的状态。所以，接下来我所谈的所谓“感悟”等，绝对不是可以自诩成功的得意之笔，而仅仅是记载下我们的一些探索与尝试。

（1）关于意境

“意境”是我国传统美学中的一个重要范畴，它是构成艺术美的绝对不可缺少的因素。绘画融意境于可视性；音乐融意境于听觉；唯有电影艺术在创造某种意境的时候，可以把视觉与听觉融为一体，产生出非凡的艺术表现力。

“雪原情深”，这是欧阳兰回上海探亲途中的一场戏。影片的主人公欧阳兰被获准回国探亲并完婚。在拍摄这场戏的时候，我们不满足于仅仅表现出她因接近婚期并即将与父母亲团聚时那种“人逢喜事精神爽”的愉悦心理，而且还着意要表现出战后第一个冬天给予主人公精神和情绪上的感染。为达此目的，采取对比手法将战争与和平并列，灾难与幸福相对照，以便创造出一种“和平是如此可贵”的意味。

银幕上展现出北方特有的雾凇的早晨，在“大珠小珠落玉盘”似的抒情音乐的伴衬下，镜头顺着晶莹剔透的丝丝树挂缓缓摇下，由近及远斜穿画面的乡间土道上，一辆牛车慢慢地向深处走出去。欧阳兰手提一支小皮箱兴致勃勃地走来。她神采奕奕，边走边贪婪地欣赏着祖国北方的田园景色……

接下来，我们拍摄了雪原、雾凇、牛群、远村、近树并配上隐约交错的牛哞、狗吠以及鸡鸣等充满田园气息的声音效果，所有这些无不旨在呈现出一幅和平、宁静的北国风光。这里画面构图追求的是简练，色彩处理追求的是淡雅，音乐效果追求的是抒情，节奏上掌控在舒缓、轻柔，等等，所有这一切，都是为了与前面的战争背景下所展示的景象相对照，以便获得鲜明的前后对比、相得益彰的艺术效果。

不仅如此，在这种能使人物心情舒展的和平环境里，我们又为欧阳兰安排了一个“巧遇儿童嬉雪”的场面，给和平、宁静的氛围更注入欢乐、童真、幸福的色彩。雪地上戏谑的孩子们欢乐地跑来跑去，喜人的小狗崽穿插在其间……这时候，我们让欧阳兰触景生情，把她的思绪“闪回”到曾目击过的朝鲜战火纷飞的灾难场面，使她进入“身与事接而境生，境与身接而情生”的境界。

与主演刘晓庆（中）、摄影高洪宝（右）合影

“雪原情深”这一段戏，粗看起来，好像是无关情节发展的“闲笔”，其实不然。这段戏既是由战争进入和平的一种情绪上的过渡，同时，也是为欧阳兰不可遏制的激情——“探孤”起着一种反衬作用。

这里，我们虽不敢说已经达到了古人所说的“情不虚情，情皆可景，景非滞景，景总含情”那样一种境界，但总还算在竭力追求能有一种“味道”罢，尽管那“味道”也许仅仅是淡淡的。

由此可见，情与景实际上是相辅相成的：情是景的目的，景是情的手段。抒一定的情，可以借助写一定的景；而写一定之景，又是为了抒一定之情。情和景的辩证统一关系是艺术规律之一，也是重要的艺术创作手法。但在一般情况下，总是要有主次之分，占主导地位的常常是情而非景因为，景为情存。艺术家要表达什么样的思想感情，决定了他选取什么样的景、拍摄什么样的景，又怎样拍、何时拍，如此等等。总之，在创造意境和追求某种审美“味道”的时候，要有所为和有所不为。如是，你就可以说，大概是已经进入比较自由的境界了。

为了阐述我的观点，下面再举一例，即欧阳兰在志愿军留守处托儿所的“夜不能寐”，进一步说明情景交融与虚实关系的处理。

欧阳兰在兵团留守处托儿所终于见到了烈士李坚和冯团长的两个遗孤——渭渭和川川的时候，特殊环境下的阴错阳差，两个幼小的孤儿误把向他们伸张开双臂的欧阳兰当成久违了的“妈妈”。托儿所的负责人谢英也误认欧阳兰就是李坚。于是，一场既成事实的“误会”摆在影片主人公面前。

夜晚，托儿所的客房里，川川枕着“妈妈”的臂，渭渭攥搂着“妈妈”的手，两个孩子终于睡着了。而此刻的欧阳兰却浮想联翩、夜不能寐了！此时，我们用一系列镜头来表现她因内心矛盾而造成的辗转反侧，并伴以主人公自己的心声和烈士李坚“临终托孤”的幻音，用以揭示欧阳兰彼时彼刻波澜起伏的内心冲突：“怎么办，怎么办？”与此同时，为营造氛围和创造意境，我们还拍摄并且插入了如下的镜头：

一轮圆月在薄薄的灰云中穿行；

客房的窗户明暗交替；

熊熊的炉火正旺；

被炉火映红的屋棚一角光影闪动；

月光映照着的窗棂，忽明忽暗；

圆月在灰云中穿行；

屋顶被炉火映红的一角，渐渐地暗下去，暗下去；

玫瑰色的朝阳慢慢地爬上窗棂，霎时映红整个房间……

接下来我们在银幕上看到，欧阳兰在朝阳中欣然命笔，给未婚夫黄益升写信，表明她已下定决心以未婚的身份做烈士遗孤的母亲。

在上面所写的这场戏里我想说明的是，那一系列写景的镜头，不仅旨在表现时空变化和时间流逝，也不仅仅只是追求摄影气氛、画面造型效果上的诸多变化，更主要的是想抒发欧阳兰的心绪：思虑、不安、悲切和矛盾……用这种借景抒情的手法，展示欧阳兰内心冲突的激化、平稳、斗争和解决的全过程，既有比兴的手法，也有隐喻的设想。如果把欧阳兰的形象——即演员刘晓庆所塑造的角色的形体与内心——喻为“实”，那么，上述写景的插入镜头就可以喻为“虚”。在这里，“实”是有限的，“虚”是无限的。虚和实的统一，无限和有限的统一，恰恰就是景和情的统一，虽然这其中起主导作用的无疑是情，但是，如果这其中的双方缺少一方，那我们常说的“意境”也就无从存在了。

至此可以看出，我们设计的那组看似没有直接意义的写景镜头，恰恰是我们在艺术上追求的“状难写之景在目前，含不尽之意于言外”的一种意境。

综上所述，我以为，对于一部影片的成败起着关键作用的电影导演，应该对他所从事的电影艺术创作有更自觉的认识。电影在表现生活的时候，较其他艺术门类更长于真实、详尽，因而也容易使观众无余味可寻。过实则易浅，因此，应该研究如何运用化实为虚的手法。像我国古典美学传统历来所主张的那样：“画之写景物，不当工细，诗之道情事，不贵详尽，皆须留有余地，耐人寻味。”然后，让电影观众在影院里用自己的想象力去参与创造、去补充，借以达到“由其所写之景物而冥现未写之景物，据其所道之情事而默想未道之情事”的境界。在电影创作中，我以为，这是一种在不完全中寻求完全，在有限中展示无限的本领。

由此，我还进一步认为，在导演艺术处理中对于“意境”的追求，不仅有助于克服银幕上的“直、露、浅、粗”，而且对提高影片的艺术审美情趣和审美价值，都是极其有益的。

（2）关于节奏

影片《心灵深处》全片总长度为11本共9941尺。镜头总数为675个。

在影片进入后期制作的时候，洗印部门负责校色配光的同志曾经并无恶意地“怪罪”我，说：“导演，你可真行，居然在一本戏里造了一百多个镜头！”我深表歉意地对他说：“真是不好意思。完全是出于对影片节奏的考虑，有什么办法呢！”

那位洗印配光技师所说的，就是本片的第一本。这一本的镜头数是111个，约占全片总镜头数的六分之一。其细目为：

序幕和字幕衬底镜头23个；

进入正戏镜头实数为88个，再细分为：长度为4尺以下的占54个，即，1尺的7个，2尺的17个，3尺的10个，4尺的11个。

从上面列出的“清单”中可以看出，之所以会有这样的结果，是导演在剪接台上通过“快速急切”的节奏处理造成的。

节奏，是感性与理性之间的调节，是一种奔放与约束之间的调节。生活本身就存在着节奏，人们就是依靠对节奏的感知，去分辨这一个或那个。不同的节奏反映不同的情绪，给人以不同的感染，然后人们又去创造不同的节奏。也因此，作为艺术家，你必须在创作中掌握节奏所能产生的感染力。这里，我不准备详述在控制节奏方面诸多手段以及全部节奏元素，仅就影片《心灵深处》的第一本到第二本的“等待停火”那场戏在节奏处理上的一些设想和实践略述所悟：

坑道外炮火连天，坑道内人们静静地期待。除了时而响起主人公欧阳兰的内心独白之外，其他几乎没有任何声响，外部特征是宁静的，内部节奏却是紧迫的，正如欧阳兰内心独白所表露的：“此时此刻，我们的人都有一种潜在的激动！”

我的理解，这种“潜在的激动”正是人们的心理节奏。

为了把人物的心理节奏——“潜在的激动”情绪表现出来，即在视觉上表现为可见的形象和在听觉上表现为可以听到的音响，我们大体上运用了如下诸多手段：

① 不同的摄影角度和方位可造成节奏；

② 不同的拍摄距离可造成的节奏；

③ 摄影机的（推、拉、摇、移）运动所造成的节奏；

④ 变焦距镜头的变焦速度及焦距变化可形成的节奏；

⑤ 镜头长度造成的节奏；

⑥ 音响效果的强弱、扬抑造成的节奏。

在影响节奏的上述诸多手段中，我想在此强调一下音响效果在节奏处理中的作用。“空山不见人，但闻人语响”“乱入池中看不见，闻歌始觉有人来”，古人尚且懂得以静显动、以声衬画的手法，把静的概念抽象化，把画面声音化，创造一种使人身临其境的感觉，为什么我们不可以充分地利用摆在主人公身边的小闹钟（俗称“马蹄表”）的形象和声音呢！于是，在拍摄那场“等待停火”时，我们让闹钟与志愿军人物肖像的近景和特写并列交替出现。闹钟指针距离预定停火时间——晚十点整——越接近，人物形象的景别越大，角度与摄影机方位的变化也越多，但镜头的长度却越短，造成外部运动感和紧迫感。同时，随着自然时空的推进，更重要的是伴随人物的心理节奏，闹钟的秒针机械跳动的“咔咔”声时弱时强，但总的音响曲线是由弱变强，直至强烈到压倒炮火的失真程度。最后，随着闹钟的铃声奏起，音效拉成完全、绝对的静音！

我承认，发自闹钟的“咔咔”声响是被极度夸张了的。记得在混合录音的时候，一位助理就曾提出疑问，说如此处理是否有悖于生活真实？当然，这还用问吗！我当时回答他：但是请不要忘记，音响、声效的作用远非仅仅还原生活了事。不错，它是创作电影艺术真实性必不可少的元素之一，最基本的当然是应该注意真实，但是，这并不意味只能自然主义地将原始音响还原就完事大吉。在特殊的规定情境下，为了艺术上的某种需要，更或者为了追求某种意境，营造某种特殊的氛围，还是有可能而且应该是有所为的。

可以这样说，前面对闹钟秒针跳动音响的“扬”，完全是为了闹钟铃响之后的“抑”。这是一种主动处理的反差与对比，因为，节奏是从对比中得来的，而且，只有对比才能显示出节奏韵律的变化。为了突显这种变化，我甚至亲自操刀，选取最理想的铃声并且要求录音师一定要把铃声的全部声音（包括余音和残响）完整地录下来。在那之后，我又指示剪辑人员必须把这段录有闹钟铃声的磁带完整地接上去。如此这般，就在银幕上营造出下述情境和氛围：

霎那间，震耳欲聋的炮火声停止了，被夸张了的闹钟机械跳动声没有了，闹钟的铃声连同它的残音也没有了，甚至那一丝余音也在空气中完完全全地消失了，留下来的唯有一片绝对的、令人窒息的寂静！坑道里的人们似雕像般的屏住了呼吸，好像被这突然降临的，但实际是人们期盼已久的寂静——全线停火——惊呆了！

为了加强这种凝集感，随着欧阳兰张大眼睛极力辨听坑道外由远而近传来的欢呼声，她骤然站起，我们用同一镜头由全景变半身的多次重复并直跳切进大全景增强跳动感，同时，在音效处理上伴以由坑道外隐隐约约传来的欢呼声由弱渐强、由远而近，然后用两极镜头大远景直跳接大特写。这时，随着坑道外欢呼声的愈发变得强烈，欧阳兰因辨听而紧锁着的眉头缓缓地舒展开，忍不住欣喜地吐出三个字：“停战了！”紧接着，镜头随着欧阳兰“嚯”一下站起急变焦成仰拍中景，只见欧阳兰振臂挥舞军帽，狂呼：“我们胜利了！”

我想象，这种寓动于静的手法，颇似举重运动员将杠铃举起那一刻的情景：运动员在重重的杠铃前稳稳地站定，然后蹲下并牢牢地抓住杠铃、运气，伴着一声撕裂肺腑的呐喊将杠铃高高地举过头顶！

可不可以这样说，最后一瞬间的爆发力，恰恰是一声呐喊前的全身筋骨力量的聚结呢！那外观看似平静、井然有序的准备动作，正酝酿着极大的不平静。欧阳兰的挥帽狂呼，恰似举重运动员的一声呐喊，具有极大的爆发力。这时，观众的心理节奏与剧中人物“潜在的激动”一起来个突变，转入对胜利的狂欢，进入另一种心理节奏中去……

（3）关于时空

电影是一种融时间与空间为一体的艺术。随着电影艺术和电影文化的发展，电影语言不再只是局限于叙述故事，也不再仅仅局限于对某一事件的发生过程进行解释，而是越来越多地深入人的内心世界中去，展示人在各种规定情境中的心理状态了。

电影艺术的这一变化和发展，不仅极大地扩展了电影作品的容量，也极大地促进了电影创作者们艺术想象力和艺术思维的发达。甚至可以说，这是电影文化的一种成长和进步。

我们注意到，现代电影中出现了一个新的观念，即对主观时空或心理时空的运用。它所表现的一般均不是现实时空中所发生的事件，大多数是过去时空的或虚拟式的——如幻觉、梦境、想象甚至错觉等——其作用在挖掘人物的心理状态，渲染情绪。在表现方法上可以是画面的闪回，也可以是声音的再现，或者是声画并用。在表现方式上可以是“声画对位”的，也可以是“声画对立”的，这就视表现内容和艺术上的需要而定了。

影片《心灵深处》是以主人公欧阳兰的第一人称的形式结构整个影片的。其叙述的方式本身即比较富于弹性和跳跃性，比较自由松散。颇似评书艺人所擅长的“有话则长，无话则短”。假如用一般的时空观念平铺直叙，则势必拉长影片的长度，造成节奏上的拖沓，显然，这是不利于表现欧阳兰复杂的内心冲突的。因此，在创作中比较注重了对多种时空的艺术处理。出于个人的习惯，我把它称之为多元时空交叉。影片中既有片断的急闪回（有时仅仅是一个镜头），也有较大段落的回忆或插叙。

影片中是用这样一组镜头来表现她在胜利后对战友李坚烈士的追忆的：

欧阳兰走进与李坚生前同住过的坑道小屋，燃点起蜡烛后，从自己的军柜下掏出日记并翻出照片。接下来，是欧阳兰的主观镜头——未婚夫黄益升的照片特写，再接欧阳兰深情地看着手中的照片（镜头由半身推成近景），这是现实时空。然后还是照片特写，但伴以李坚生前对欧阳兰的问话幻音：“这是谁的照片呀？”镜头从李坚抢夺照片的手再拉出，见欧阳兰与李坚围着床铺抢夺黄益升的照片，这是过去时空。李坚问：“什么时候请我和老冯吃喜糖呀？”“现在！”随着回答，欧阳兰重又把照片抢回手里。在两个人“咯咯”嬉笑着滚作一团的时候，接下来是加了黑纱的李坚的遗照，伴衬的是加了残响的嬉笑声。这里用的是声画对立式的过去时空转现实时空。再接下来是欧阳兰翻出李坚夫妇怀抱襁褓中的一双婴儿的照片特写，当她的视线从染血的照片离开，下接李坚生前曾睡过的空床铺位，然后她的视线再移向李坚等的照片，欧阳兰的面颊上终于挂上了痛苦的泪水。这些画面是现实时空，但衬托着的却是李坚的遗言画外音："……停战以后，请去看看我的两个孩子，把我与老冯的遗物给他们带一点儿去。他们太小了！太小了！！太小了！！！"这时是声画对立的幻觉时空。最后，镜头由欧阳兰的大特写拉出，她终于痛楚地说出了她心灵深处的所悟："幸存者……我是个幸存者！"到这个时候，无论是画面或是音响，才又重新还原为完全的现实时空。

以上叙述的这组镜头，其声画处理和镜头组接，是采取多元时空交叉的蒙太奇出现的。其目的不在叙述事件本身的进程，重点是放在着意渲染欧阳兰的触景生情和揭示她怎样由欢笑的胜利者逐步转向意识到自己是个"幸存者"的内心冲突。换句话来说，既是为了渲染、烘托人物的情绪，也是为了揭示影片主人公欧阳兰的美好心地。

下面，再举一例"列车幻想"的蒙太奇处理，阐述对于多元时空交叉的运用：

景别	**内容**
大全景	夜。老式硬席卧铺车厢内，欧阳兰依窗而坐。
近摇近	小川川和姐姐渭渭幸福地熟睡着。
半推进	列车窗外的灯光在欧阳兰的脸上划过。她静静地听着车轮下发出的有节奏的碾压声音。（以上是现实时空）这时，那有节奏的"铿锵、铿锵"音效渐被一个男性深沉的呼唤代替："川川、渭渭"。并且呼喊声由弱变强。（声画对立，声音属幻觉时空）
特写	欧阳兰的头随列车的晃动而微微地摆动。音响逐渐完全消失，呼唤的幻音加大。须臾，呼唤的幻音又被《多瑙河之波》音乐代替。（这里是画面与音响、音响与音乐的多元时空交叉）

全升大全　　　　　　　五彩缤纷的毕业晚会。欧阳兰与黄益升在华尔兹音乐声中旋转着（过去时空）。然后紧接两人“校园盟誓”的戏。

在这一大段“闪回”之后，画面由欧阳兰与黄益升欢快的嬉笑声（幻觉时空）带进，再转入以下镜头：

近拉中，欧阳兰闭上双眼，含笑进入梦乡……幻音消失，列车轮下有节奏的“铿锵、铿锵”声音重又大作……（画面与音效重新恢复至现实时空）

上面这组镜头的蒙太奇处理：声音与画面、台词与音响、音响与音乐的多元时空交叉，完全是为了表现欧阳兰彼时彼刻的朦胧感觉以及由两个孩子而联想到即将见面的未婚夫，再由此追忆到对美好时光的遐想。最后，她带着幸福愉悦的情绪进入梦乡的全部心理历程。此处凭借多元时空交叉的艺术处理，使尚未与观众谋面的人物黄益升比较自然、有机地出场。同时，比较抒情、自然地描绘了欧阳兰在归途中对于即将完婚而产生的幸福感。

像这样的多元时空交叉蒙太奇艺术处理，在影片《心灵深处》中还有多处，恕不一一赘述了。作为导演，我想说的是，这种艺术手法的运用，绝对不是源于一时心血来潮的什么“神来之笔”。也就是说，它不是即兴发挥，而是来自在结构影片时的完整构思，是创作中感性与理性交织思考的结果。根据实践所悟出的道理，我觉得在运用多元时空交叉蒙太奇时，有以下诸点需注意：

① 导演本人的思路必须十分清晰。它是一种对整体的分解剖析，来不得丝毫逻辑上的混乱，否则，观众会遭受一头雾水的灾难，根本不知道导演如此所云的是什么！

② 运用时，必须选择适当的契机。契机不当，犹如强扭住观众的耳朵逼他去看并不需要看的东西。其后果必会是使观众“跳戏”和“出戏”。

③ 重要的是，牢记形式服从内容的美学原则，运用一定要得当。其准则应该是合乎人物的心境与情绪，适于规定情境的需求。否则，就会有玩弄技巧之嫌了。

（二）不尽的遗憾

作为电影导演，恐怕无人不知“电影是一种遗憾的艺术”。所以，凡是认真负责的导演，在影片创作过程中无不竭尽全力，尽可能地思考得周密一些、构思得严谨一些。岂止于此，即便已进入拍摄阶段、后期合成阶段，也总是以审视的目光去发现不足、纠正笔误、修改调整、决定增删……

尽管如此做了，但每再看一遍影片，仍会不断地有所发现。发现得早一些还可以及时补救，反之，则“木已成舟”无可挽回了。所以，导演看自己的作品，常常会有“悔不该当初”的感觉，对于重大的败笔，则难免会终生遗憾了。

既然你选择了电影导演这一行，你就要有勇气承受这种折磨。艺术创作是一种永无止境的劳动，因为人的认识是无止境的，看来电影作为一种艺术，也还得继续“遗憾”下去……

1. 文学语言和电影语言

著名作家孟伟哉的小说在处理语言方面，非常注意言简意赅和富于哲理性。在改编电影文学剧本的时候，我们将有些语言原封不动地移到剧本中，似乎也没有听到什么异议。但是，当那些读起来朗朗上口的语言变成银幕上人物口中说出来的时候，听起来就不那么舒服顺耳了！说得更直白些，真是怎么听怎么别扭了。这情形是所料不及的。

例如：欧阳兰与张森“月夜谈心”那场戏，就遇到了上述麻烦。原本读来很有表现力的台词，通过人物之口说出来，便给人以做作之感。究其原因，可能就是因为电影对真实性和生活化的要求较其他姊妹艺术更高的缘故吧！

一般说来，读者在阅读文学作品时，是可以用自己的想象力去“参与创作”的，而在欣赏电影时则不行，因为银幕上展示出的具体形象具有极强的排他性，观众只能从银幕上的“这一个”去评论他或她是否真实。这就决定了人物的语言必须完全合乎他的身份，符合特定的规定情境，而且还必须是“口语化”了的。把简练的文学语言还原成电影中的“口语化”语言而又不至于啰唆，实在是需要较强的文字和语言转换的功力。《心灵深处》中有些台词过于“文绉绉”，有的是我意识到了，但割舍不掉自己对原词文学性的欣赏，有的则属自己也没有认识到，而且即便感觉到说起来不舒服，但苦于一时找不到更理想的词代替，于是也就只好维持原状了。

例如，欧阳兰在黄益升家里两人争论时的大段台词中，有这样一句话：“……因为，我不曾料到我是个幸存者！”这样一句话，是否可以改为：“因为，我根本就没想到我会是个幸存者！”抑或索性改成：“因为，我根本就没想过还会活着回来！”

在语言处理方面遇到的另一个问题，就是不应该把自己的主观意念勉强地塞入剧中人的口中。为说明问题，可以从影片《心灵深处》的序幕中李坚的一段台词略加分析。具体场景是：志愿军某部的军列停靠在一个小火车站。在等待发车的时候，人们发现站台上堆积着数量相当多待运的婴儿摇篮，李坚触景生情地说：“摇篮！新中国在摇篮里，我们的孩子在摇篮里，我们的一切都在摇篮里。所以，胜利和希望是属于我们的！”坦率地说，这段话完全是一种论述型的语言，像这种颇具“报告文学”色彩的文学语言，当作人物口头语言说出来，就多少显得造作了。因为，就影片而论，尽管这段话很有抒情性，但是这种抒情不甚符合李坚当时所处的规定情境，也不太符合李坚的人物性格。因此，不管这段话如何朗朗上口，怎样的富于文采，也是不动听的。我的收获是，摈弃自我欣赏，一切从人物出发，是创作好人物语言唯一的正确途径。不要企图在台词处理上哗众取宠，其实台词是越真实、越朴素越好。

2. 一定要大团圆式的结局吗?

《心灵深处》的文学剧本在《电影文学》期刊上发表之后，我们听到过这样的意见，认为剧本的后半部分发生的故事离开了两个烈士遗孤，单纯地去解决欧阳兰在爱情上的归宿问题，似乎文章做得有些离题了。而我自己，在影片后期制作阶段时，则发现张森这个人物出现得过迟，从故事情节的发展上看，有另起一枝的感觉，破坏了影片的一气呵成。

实话实说，对上述感觉，作为导演，我有个认识过程。初期，我以为这是传统的剧作法在人们头脑里作祟造成的。《心灵深处》既然是以欧阳兰的第一人称独白结构全片，为什么一定要按“常规”，必须让张森过早地卷入矛盾中来呢？也有人提出，让张森早一些出现或者索性把他也处理成是个伤员，等等。

对于张森在影片中出现的契机，也曾想过几个方案，但在权衡了利弊得失之后，最终仍觉得还是不宜过早出现，否则，他在欧阳兰和黄益升之间，总有“第三者”插足之嫌。这种效果必然损害欧阳兰与张森这两个“最可爱的人”的形象。因此也是绝对不可取的。

后来，为了多少解决一点张森出现过迟，有“另起炉灶”或“另出一枝”的感觉，便增写了张森“夜访保育院”的戏作为“补牢”之举，但其效果也是有限的。总体来看，影片《心灵深处》的后半部分不如前半部感人。我作为《心灵深处》的编导不能不承认，上述遗憾实属影响本片全局的缺憾。奈何木已成舟，迟到的认识已无补于这部电影作品，只有摇首叹息，眼巴巴地看着它拖着局部伤残走入放映厅……

当现在总结创作、检讨得失之际，我曾设想，假如在这部影片中根本就没有张森这条线，影片《心灵深处》将会是什么样呢?

首先，可以把欧阳兰与未婚夫黄益升的矛盾冲突向更深的层次再挖掘一些。不要让欧阳兰与黄益升的分裂如目前这般轻易简单。如是，则将会对塑造欧阳兰这个人物更加有利，笔墨会更加浓重。

其次，可以将欧阳兰父母亲的戏向更深层次和更广度方向发展，这样做就会避免“跑题”，同时还可以使现已存在于影片中围绕女儿婚姻的“家庭争议”写得更加充分、更加淋漓尽致。这样，就对母亲所持的“慎重”能展开来写，而不仅仅只是一句话，即:“阿兰，你考虑过没有?你还没有结婚，还是个刚刚25岁的姑娘，还不知道带孩子是怎么回事！”便轻轻带过。而让欧阳兰真正从亲自“带孩子”体验许多原来预想之外的“难处”，从实践中体会一个未婚女子独自带孩子的不易，那么，不论塑造欧阳兰抑或刻画其父母的形象，都会有顺理成的文章可做。然后，再让阳欧兰带领两个孩子离开大上海，去构建属于他们的新生活……

我设想，这样的艺术处理可能就不会再有所谓“两段”的感觉，让影片脱离一般化的“大团圆”结局，使《心灵深处》的结尾变得更含蓄些，更加耐人寻味，更加能拨动人们的心弦了。一句话，会更有张力了！

3.“心病”多多

除了上述两大主要遗憾之外，也还有如下的诸多“心病”:

第一，注意追求演员在念台词的时候应该生活化和口语化，当然是对的。掌握演员按规定情境和人物心理、情绪来处理台词的扬抑顿挫，也是无可指责的。但是，还有一个最基本的要求，那就是必须让观众听清楚。然而，往往在这个最基本的问题上却会“失荆州”。《心灵深处》中欧阳兰的个别台词，有的还是比较重要的台词在处理上节奏过快，致使观众没有回味、思考的余地，这是不足取的。

为什么会出现这种情况呢？我想可能是如下原因：导演与演员对于各个人物的台词无疑是非常熟悉的，于是便容易滋生一个错觉，以为未来影片的观众必能跟上演员说台词的节奏。事实上，由于观众是第一次接触，加上电影是一种所谓“一次过”文艺形式，不像读文学作品可以翻页重读，如果演员台词过快就可能在观众还来不及品味时就一闪而过了。所以，艺术上的“生活化”处理要与“纯生活化”有所区别，要把握住分寸与程度，完全随演员的原生态并不可靠。

第二，“欢呼胜利”的场面，总的看还是感人的。但是在表现人物形象的细部、充分释放情绪的动作设计方面，尚嫌不够多样化。在现有的基础上，局部特写还可以更多样一些，完全可以再展开一些。如果能再有若干不同方式的对照，将会使那个“欢呼胜利”的场面更丰富多彩，因而也就有可能更感人一些。

同时，影片中的主人公欧阳兰选取释放情绪的方式——对天鸣枪，是不正确的。这个动作不符合时值“停火”的典型环境，严格地说，在那个特定的时间段，擅自鸣枪是反停火令的违纪行为。

此外，欢呼中的有些镜头留得长了些，剪辑得不够好。

第三，欧阳兰的个别独白是多余的、累赘的。原本画面已经描绘清楚的内容，还要不厌其烦地啰唆下去，使内心独白成了“画蛇添足”。例如：欧阳兰在离开欢呼的人群之后的那一段独白，就完全可以删去。因为，她所说的“人们欣喜若狂”恰恰是在“胜利欢呼”时刚刚渲染过的，观众已经看到了，无须再去重申。至于她的内心痛楚，“胜利了，可别忘了那些牺牲的同志”，则正是影片即将表现的“怀念战友”内容，完全没有必要让主人公在此刻作预告式的“表白”。这些说明性的“独白”，反映出创作者的艺术处理上的笨拙。

总之，遗憾不尽，毛病多多。虽说大都并非不治之症，但是终因发现得较迟，错过了根治的良机，不得不使《心灵深处》这个初生儿身上留有诸多先天的印记。可以说，是影片不慎留下来的、令人不悦的“胎记”吧。这篇粗糙的创作札记，其中所记述的“失”，肯定是失了；然自认为的“得”，却未必就是真的得。虽然我作为导演将自己的心得称之为：一部影片的“出生报告”，但并不表明我仅只认为“孩子总是自己生的好”，而仅仅是想说明这个尚带有多处令人不愉快“胎记”的“孩子”是怎样生出来的而已。

（三）演员与角色

1. 导演谈选角

常彦（导演）：创作一部电影，犹如孕育一个生命。在这部影片尚未问世之前，如同婴儿尚未出世，很难说这“孩子”的体魄如何、容貌怎样。然而，作为该影片的编导，酷似一位怀孕待产的未来母亲，总是希望自己孕育的是一个聪慧健康的婴儿。

《心灵深处》中的女主公欧阳兰，是一位中国人民志愿军中的军医助手。她在影片中遇到的矛盾，既是最个人的，又是与集体、与社会、与革命事业联系最紧密的。在战争即将结束的前夜，战友李坚在她怀抱中停止了呼吸。遵从烈士遗嘱，她在回家探亲并完婚的途中去探视李坚夫妇的两个遗孤。当两个孤儿误将她错认为是自己的“妈妈”时，她的心潮泛起不可遏制的波澜！

作为那场战争的“幸存者”，欧阳兰发现自己的生命并不完全属于自己，而是许多生命的综合。为了慰藉自己的良心并告慰烈士们的在天之灵，她决计以一个未婚女子的身份充当烈士遗孤的母亲。但是，几乎在同时还有另一个更属于“自我”的激情在召唤她、吸引她，那就是与她朝思暮想的未婚夫结婚。两种激情，两种合理的人生要求在她心灵中交织。作为欧阳兰个人，她多么地希望能把高尚的道德行为与甜美的爱情一起付诸实现，然而，她碰壁了。在如何对待和处理两个革命遗孤的问题上，她与未婚夫黄益升发生了不可调和的矛盾冲突。

这部影片揭示的矛盾冲突，关系到我们在复杂的现实生活中怎样去评价

影片《心灵深处》剧照

人。作为导演，我希望演员在创作中能把握住昨天与今天在精神上与道德上的某种内在联系，寻求到一种新的表现角度，这种新角度，就是从道德行为的角度去描绘人物、刻画人物，不能脸谱化地去刻意表演“好人”与“坏人”。按我的想法，影片《心灵深处》将是一部朴素无华的道德影片，它只需要同样也是朴素无华的表演。

人们常说，一部影片的成败，在很大程度上取决于对演员的选择。这说法大体是不错的。因为，编剧、导演对影片的构思与设计，对人物的塑造和性格刻画，等等，毕竟都是幕后工作，他们意图的直接体现者只能是活动在银幕上的演员。

影片《心灵深处》基本是以欧阳兰的内心冲突和动作线来进行总体设计的，这就确定了欧阳兰这个人物在整个影片中的绝对地位。这就是说，从某种意义上来讲，《心灵深处》是一部以志愿军某部女军医欧阳兰为主宰的“独角戏”！尽管影片中还有其他一些不可或缺的人物，但在这部戏的全部四十七个场景中，唯有她欧阳兰是无处不在的。那么，这个将会影响未来影片成败的欧阳兰，由谁来扮演呢?

我的答复是：刘晓庆。

当我透露出这个决定并且要求副导演去北影厂办理借调刘晓庆的手续时，周围的同志的确有过担心：“再考虑一下吧，她合适吗？”这关心来自厂领导，也来自同行的朋友们。他们或直率或委婉地善意提醒：刘晓庆同志的气质与欧阳兰这个人物的气质，似乎有一定距离。

我深信，这些同志的关心都是出于对未来影片的关心，也是对晓庆同志本人的爱护。但是，作为导演，我最终还是决定由刘晓庆来扮演欧阳兰这个角色。虽然在此之前我与她并未合作过，甚至也不曾有一面之交，单凭我的直觉，我坚信刘晓庆不仅能演，而且能够演好欧阳兰。

不能否认，电影界常常有这种情况，某一位演员被发现，于是大家便一窝蜂地你邀我请，要他或她去扮演不论其是否能够胜任的角色，结果如何呢？由于被争夺者自身的功力与气质、修养等诸方面的原因，不久，这位炙手可热的"新星"便成了彗星落地了事。还有一种情况，由于某位演员成功地塑造了某一人物，于是也召来你邀我请，凡是此类型角色便非他或她莫属了。

以上情况的出现，大都缘于导演使用演员时的所谓"把握性"。当然，如此这般地使用演员，纰漏可能不会大出，但"新星"的光彩却日减，甚至使他或她为自己的"定型"而苦恼。

我一向认为，在选用演员的时候，当然要考虑其与角色在气质上的距离，但对于一个电影导演来说，要善于发掘演员的创作潜质，要知人善用，这也是很重要的。

人们当还记得，1979年刘晓庆在我国银幕上相继塑造了三个不同类型的人物:《小花》中的何翠姑、《瞧这一家子》中的张岚、《婚礼》中的盛敏。尽管她塑造的这三个人物获得的成功程度不同，但有一点确实值得注意的，即一个踏上银幕不久的青年演员，在短时间内能有如此突出的成绩，除了表明她有长于表演的天赋之外，只能归咎于她在表演专业上的勤奋。

还有一点也是重要的，尤其是对于一位当红的年轻演员，刘晓庆不是那种有戏就演，那种"饥不择食"的演员。用她的话来说:"我所要演绎的角色，必须使我激动！"正因如此，她才能在创作角色时激情满怀，保持着饱满的创作冲动。她说在十几个剧本中选中了《心灵深处》中欧阳兰这个角色，要"玩儿命"也要演好这个角色的态度，投入对人物的塑造。这不仅说明她对待创作所持态度的严谨与慎重，同时也表明她具备了能够演好这个角色的思想基础。

刘晓庆说，她深深地被欧阳兰崇高的行为和美好的心灵所感动。她认为:"这是难得的创作激情！"正是这种对人物发自内心的爱，激发出刘晓庆塑造欧阳兰这个人物时的丰富想象力。

在与晓庆的合作中，我非常赞赏她的创作活力及勤奋的敬业精神。我常对摄制组的演员们说：刘晓庆的状态非常好！在实拍中不论什么样的高难动作，也不论怎样的艰苦条件，只要是创作人物需要，她就会始终保持极好的创作状态，不知疲倦、不怕辛劳。

刘晓庆谈到她在《心灵深处》这部影片所要追求的创作境界时说："要使观众忘掉刘晓庆，记住欧阳兰！"这短短的一句话，概括了演员与角色的关系。她是这样说的，也是这样做的。真实、质朴，这就是刘晓庆所创造的欧阳兰这个人物的特色。

我在1983年1月的时候，为《银幕与观众》撰写了上面一些话，权作是对"为什么选用刘晓庆扮演欧阳兰"的回答。

2. 演员谈表演

刘晓庆（饰演欧阳兰）：我没有读过孟伟哉的《一座雕像的诞生》这篇小说，所以在刚接到《心灵深处》这个剧本时，我不大以为然。可是，当反复阅读剧本时，我却时感觉有个东西在喉头发烫。我深深地被感动了！欧阳兰，50年代的一个普普通通的志愿军战士，那个特定年代的一个平凡而伟大的典型形象，深深地引起我对她的敬仰。

在20世纪80年代，欧阳兰的形象仍然有着她的现实意义。正如有人说"雷锋叔叔不在了"一样，欧阳兰也实在是太少了。我渴望能重新唤起人们的庄严而崇高的感情。我希望观众能和我一样敬仰欧阳兰。

王志华（饰演黄益升）：生活中有许多事，不能简单地用"好"与"坏"来区别，有人往往是好人办了蠢事、办了坏事，黄益升就是属于这样的人。

黄益升并不是个道德品质不好而应受到谴责的人物。他没有亲身经历过抗美援朝那血与火的战争，加之他又难以摆脱旧传统观念的束缚和狭隘、自私心理的羁绊。虽然他是真心实意地爱着欧阳兰，却理解不了欧阳兰作为一个幸存者的感情和义举。

黄益升在极度矛盾下忍痛割爱是真实可信的。因为，他和欧阳兰都是存在于现实生活中，普通而又具体的人。因此，在塑造这个人物形象时，不仅要生活、自然，而且一定要真诚。另外，黄益升虽然带有一般年轻人的色彩，但他还有书生气，在学业上有抱负，是个聪明、精干的人，所以在掌握人物与关系和处理台词时，我认为应紧紧把握住他的气质和个性。

杨雅琴（饰演李坚）：一个女演员，如果能在银幕上扮演美好的女性，给观众以灵魂的净化和思想的启迪，那么，无论这个角色的篇幅有多少，她都是幸福的。

当我从常彦导演手中接过电影《心灵深处》的分镜头剧本时，当李坚的名字和她那为数有限的几场戏跳入我的眼帘时，最初读孟伟哉同志的小说《一座雕像的诞生》所引起的激动便再次在胸中涌动了。我喜欢李坚这个人物，于是，我欣然接受了扮演她的任务。

李坚是一个开朗、勇敢、干练、深沉的志愿军女医生。她热爱祖国、热爱和平。在她那坚毅、沉着的外在形象里，包裹着一颗极富有女性美的火热的心！但是，为了生活的最高目的，她克制了失去丈夫的哀伤，忍受了身负重伤的痛苦。一切的牺牲，都是为了胜利，为了别人的幸福，甚至生命的最后时刻，将撇下一双可爱的儿女去殉自己的信念时，她仍然是乐观和坦然的。

编导着意李坚的牺牲，这不仅是整部影片中李坚这个人物的重场戏，也是为欧阳兰以后的一系列高尚行为奠定基础的关键。我感到，戏虽然不多，但任务是艰巨的。我愿将我微薄的然而又是全部的力量贡献出来，让关心着这部影

影片《心灵深处》剧照，剧中人物欧阳兰和黄益升

片的朋友们、观众们不为之失望。

陈国军（饰演张森）：我恰好是朝鲜停战那一年出生的。在我回忆童年时，不能不联想到那些在朝鲜战场上的志愿军英雄，也许正是这个缘故，在我接触张森这个人物时，心里总是忐忑不安。导演反复地要求我们要演出一个活人、一个活生生的志愿军战士。对我来说，这确实不是一个低标准。当年，英雄是个什么样子，他们是怎样生活、战斗的，我全然不知。我只能通过大量的图片，通过前辈的艺术创作，通过大量的文字资料，去理解、去感受。我决心遵循“自然就是美”的信条，把一个活的、真实的志愿军形象，献给我的父辈、同辈及我的老师。

张森这个人物的主要感情、动作是爱烈士的遗孤，爱为了抚养烈士遗孤而牺牲自己爱情的姑娘。生活中每一对情侣都有自己独特的恋爱方式和内容。因此，在创作中，我想不去重复以往表达爱情的方法，而是紧紧抓住人物的特点、个性，有所突破。现在，剧本已提供了一个好的基础，但还在导演的意图下，和晓庆同志共同研究商榷，来完成角色的创作。如果，我的创作能唤起父辈们对往事的回忆，能让同辈们深沉地想一想，就心满意足了。

3. 角色分析

常彦（导演）：孩子们是天真无邪的，人们常常用童言无忌来形容他们的

影片《心灵深处》现场工作照

影片《心灵深处》演职员在长影第三摄影棚内搭建的“坑道”场景内

率直与坦诚。然而，他们毕竟还稚嫩幼小，对事物还缺少足够的分辨能力，于是，在电影院里我们常常会遇到这样的情景：可爱的孩子扬起充满求知欲望的小脸，指着银幕上的某一人物问他（她）的爸爸或妈妈：“他（她）是好人吗？”于是，怀抱孩子的家长便会依据自己对剧情的理解和对人物的判断告诉孩子：“这一个是好人，那一个才是坏蛋！”这时候，充满求知欲望的小朋友获得了满足，安静地依据大人们所给予的判断标准进入银幕上演绎的故事里面去……

是的，在四壁漆黑的电影院里，人们可以用这种极其简单的分类去泛指现实生活中美与丑、善与恶以及真与伪，以满足孩子们的求知欲，但在复杂的现实生活里，却不能把各个具体的人如此简单地加以分类了。

影片《心灵深处》的女主人公欧阳兰，先是对自己的妈妈，后又对与她最终分裂的未婚夫说过这样一段话：“人世间的事，是很难简单地用‘好’和‘坏’两个字眼儿就能完全概括的。”

正是基于我们与欧阳兰有共同的看法，所以在创作《心灵深处》的时候，才为它提出了这样的命题，即：有意识地集中从道德的角度剖析心灵、褒贬人物。

欧阳兰由一名充满“孤芳自赏”心理的普通大学生，经过战争的血与火的洗礼，成长为一名坚强的志愿军战士和军医。她和千千万万个“最可爱的人”一样，经历了战争的实际考验，目睹了战友的流血和牺牲，饱享了胜利的欢呼和喜悦，最终赢得了回国享受和平生活的权利。身为刚刚25岁的未婚姑娘，她理应获得个人爱情生活的幸福。但是，这位被革命战争熔炉净化了灵魂的女战士，在战友李坚留下的两个孤儿面前，却无法摆脱作为战争“幸存者”的沉重责任感，而且是经过了一番内心冲突之后，主动选择了责任感！

欧阳兰的内心冲突是什么？

当两个幼小的革命遗孤突然伸张开双臂高喊着：“妈妈，妈妈——”扑向她、投入到她的怀抱的时候，她被惊呆了，茫然了！这遭遇是如此地突如其来，以致她丝毫也没有准备。刹那间，欧阳兰的思想几乎完全处于真空状态！

无独有偶，恰恰在这样一个极其特殊的情景之下，“留守处保育院”的阿姨、志愿军烈士的遗孀谢英又把欧阳兰错认为两个遗孤谓谓和川川的生母。在这种被强认和错认的双重窘境当中，欧阳兰由于无法摆脱对两个烈士遗孤感情上的负载，更不忍心使两颗幼小的心灵遭受打击，她从最初的“为自己的迟疑和没勇气承认是他们的‘妈妈’而羞愧”，最后终于“决计以一个未婚女子的身份去做一个母亲”。

欧阳兰的心地当然是善良的和无私的，情操自然也是高尚和纯美的。但是，她碰壁了。她的那位自称自己的爱情是“经过了战争和时间的考验”的未婚夫黄益升，却在封建的血统论与亲缘观的支配下，视革命遗孤为“这个世界上多余的人”。他责问欧阳兰：“为什么两个陌生的孩子会比我重要？”黄益升从利己主义的是非观出发，不仅把欧阳兰收养遗孤的行为看作是“自讨苦吃”，甚至更进而把欧阳兰的义举斥之为“完全是战争造成的心理变态”。至此，黄益升与欧阳兰这一对情侣之间的矛盾冲突，已经不是对两个遗孤的态度问题，而是由此引发出的两种道德观、幸福观乃至两种爱情观的深刻分裂了。

爱情是情感和友谊的升华，不是利弊得失的权衡。正如黑格尔所曾说过的：“爱情要达到完美的境界，就必须联系到全部见解和旨趣的高贵性。”欧阳兰和黄益升之间的爱情关系，理所当然地结束了。

那么，张森又为什么要执意地追求欧阳兰呢？正如他所表白的，是因为在他的血管里也流淌着千万个烈士的血，这样，他意识到自己是个“幸存者”。张森在爱情的追求上是执着的，但他不用虚伪的承诺去欺骗，因为，他“讨厌那种为达到某种目的而不择手段的人”，而是按革命的方式去处理爱情、家庭和幸福……

黄益升是“坏人”吗？并不见得。但是，从他与欧阳兰、张森以及谢英等人的道德差距中却暴露出他心灵深处最隐秘的那个角落，原来是一个极其利己主义的王国。黄益升，这个看来文质彬彬的学者型人物，在向欧阳兰吼叫时终于道出了他的真实心声：“我盼着你能活着回来，不是为了你带回两个孩子，也不是为了做别人的继父！”

深受侮辱的欧阳兰眼含热泪，把自己心扉敞开来，她说：“你知道，我是多么地爱你，可我并没有强迫你等我，因为我不曾料到我会是个幸存者！”欧阳兰曾对自己的母亲说过，如果他们接到女儿的阵亡通知书，希望他们劝黄益升不必过于悲痛，应该另交一位女友。她在给黄益升的信件中也曾说过：“或者现在就可以这样做，我绝不会见怪。而如果我真的凯旋，我将会去看你和你的女友或妻子，把你们视为朋友，也希望你们把我当成一个友人。”

在欧阳兰看来，人们不应只知享受抗美援朝给自己带来的好处，如可以过和平幸福的生活，可以安心地搞学问，等等，还应该想到为它付出些什么！在这位战争幸存者的眼里，牺牲在战争中的男男女女并非不懂得人生的美好和天伦之乐。他们并非不愿意获得爱情、家庭和幸福。当然，也并非不想有自己的亲生子女，因为他们也是普普通通的人。但是为了保卫尚处在摇篮里的祖国和亿万人民能过上和平、美好的生活，他们甘愿献出宝贵的生命！正是这种大公无私的无产阶级爱情观使他们变成了高尚的人。

三十六　《在被告后面》的后面

1984年，长春电影制片厂推出了一部名为《在被告后面》的彩色故事片。这部影片一上映，便不同寻常地惊动了中国媒体，几乎全国各大报刊的编辑部门或以邀稿信函或以长途电话的方式向长影和我本人发来邀稿请求。希望我能以该片导演的身份谈谈影片的创作体会，而且口气特别宽容、特别客气，说：怎么写都行，字数不限，只希望能不吝赐稿……

20世纪80年代，电影的宣传、发行、放映机制仍然受计划经济的影响，对影片发行和放映是不讲究现在流行的所谓“包装”的。作为影片的导演，影片一经完成，即一经制片厂、文化部电影局相关领导审查通过，便是一次任务的完成与结束，当然，为摄制该片而建立的摄制组便也随即宣布解散。至于影片如何宣传、发行和放映，那是制片厂宣传、发行部门和中国电影发行经理公司分内的事，用不着导演去操心费神，自然也就用不着如时下流行的那样，导演和制片主任亲自背扛着影片，有时还要连同影片中的男女主要演员去“跑码头”“搞公关”，去满世界招徕和吆喝，搞“首映式”或“记者招待会”之类活动。换句话说，按照当时的发行放映体制，影片一经完成并经审查通过，就进入了发行放映阶段，这时，导演一般即与影片下面运行的一切活动脱钩，除非这中间发生了某种意外。

一般说来，媒体和记者的嗅觉是比较敏感的。如上所述，我所执导的影片《在被告后面》之所以在上映之初便受到媒体的诸多关注，是源于它有一段颇不寻常的经历，也就是我上面所说的“发生了某种意外”！

那么，影片《在被告后面》究竟发生了什么“意外”呢？

可以毫不夸张地说，影片《在被告后面》的遭遇非常具有戏剧性，简单地说即是：它拍完了，并且经审查顺利通过了。然后，它获得的“通过令”又不算数了。接下来，它被“枪毙”了！可最终发生了什么呢？它在未曾剪去一个镜头，也未曾再修改一句台词的情况下，不仅又起死回生了，而且还居然登上共和国的最高领奖台，荣获了当年文化部优秀影片奖的一等奖！

好像有一首歌是这样唱的：“星星还是那个星星，月亮还是那个月亮……”在此可以改成：电影还是那部电影，故事还是那个故事，但前后却翻了个180度的大跟头！这又是怎么回事呢？

说来话长——

作为影片《在被告后面》的导演，在影片不同寻常的经历中尽尝苦辣酸甜，个中滋味实在是耐人寻味。也难怪影片终获上映时媒体对它那么感兴趣。当初，出于某种原因的考虑，我对媒体基本上是保持低调，甚至是不礼貌地或拒绝采访，或避重就轻地顾左右而言他，远远满足不了记者朋友们的希望和要求。

时光荏苒，当我于多年后写这部回忆录式的专著的时候，我想有些事情也该是可以“解密”的时候了。于是便动了如下的念头：何不把影片《在被告后面》置于手术台上，把隐在它后面的某些真情剥出来，供有兴趣研究中国电影的人去品评。这样做也许对时下和未来如何审视电影创作不无益处吧！因此，我给这段回忆命题为：影片《在被告后面》的后面。

（一）“放一颗电影原子弹”

1982年冬的一天，我刚刚结束影片《心灵深处》的后期工作不久，时任长影文学副厂长的韦连城同志找到我，向我推荐八一电影厂的编剧史超、李平分二人合作的电影文学剧本《阴转多云》（它是以后改名为《在被告后面》的原创）。

主管剧本的厂长向导演推荐剧本，这在电影制片厂内是很平常的事。导演接与不接被推荐的本子，那是导演的事，一般地说，不会发生强给硬派的情况。

韦连城副厂长向我推荐本子的时候，完全是一种商量的口气，说可以先看看本子，喜欢就接，不喜欢就算，完全是一种悉听尊便的态度。话虽然这样说，但从他热情地向我推介的口吻中明显地感觉到，他是很希望我能接受的。

说话间，我俩一同踏上回家的路（当时，我们同住在距制片厂不甚远的和光胡同长影宿舍），边走边聊。

韦连城除了简要地讲了《阴转多云》的故事梗概外，特别强调该本子绝不是胡编滥造的应景之作。说本子是八一电影制片厂的史超、李平分两位编剧在齐齐哈尔北方钢铁厂和富拉尔基重型机器制造厂深入生活一年多才创作出来的佳作。

韦副厂长当然知道，我在此之前所执导的影片，如《芒果之歌》《保密局的枪声》《情天恨海》《心灵深处》等，我无一不直接或间接参与了剧本的创作或改编。如果我接受他所推荐的文学剧本，那将是我从事导演工作以来接受的第一个由他人创作的剧本。因此，我感觉得到，老韦推荐要我接受剧本《阴转多云》时，不仅诚恳，而且十分耐心。

作为导演，我当时的态度是感动而又审慎的，之所以感动，是感动于厂领导的积极推荐和对我表达出的信任之情；而审慎，则是源于我一向看重文学剧本的质量，不急于当即立刻表态，一切待看完剧本再行定夺。我当时之所以如此，韦厂长是可以谅解的。众所周知，对于影视作品来说，剧本的质量在很大程度上会决定未来影片的优劣，即所谓“剧本剧本，一剧之本啊”！

几天后，我终于决定接受这个本子，而且十分坚定。坦率地说，当时能下这个决心，除了《阴转多云》剧本本身吸引并且感动了我之外，还有韦连城的一席激励我的一番话，他说：“厂里在考虑由哪一位导演上这个本子的时候，首先考虑的是要选一位有胆识且又敢于承担风险的人，因为这个本子涉及的问题过于敏感，牵扯的社会面又比较广，弄得不好或分寸把握不当，方方面面都会揪住我们不放。譬如，我们可能因为拍这部影片而得罪铁路方面的人，以至今后长影人外出买火车票都会遇到麻烦。但是，如果我们能成功地把《阴转多云》搬上银幕，我敢说，那将是我们长影厂在明年放出的一颗电影原子弹！”

好一个“电影原子弹”！这对于像我这样原本就喜欢接触富有挑战性题材的导演来说，无疑是一种激励。事过多年，我不知老韦当时是否用的是“激将法”，但我却不能不承认，他的上述一席话等于在我面前举起一面战牌，分明是咄咄逼人地向我挑战：常彦导演，你有否这个“胆识”？敢不敢承担这个“风险”？你接不接这个本子？

当我连夜拜读了《阴转多云》之后，我的回答只有一个字：接！

（二）《阴转多云》为什么会吸引我？

在我决定接受《阴转多云》这个本子之后。1982年12月20日，长春电影制片厂发布了下面的文件公告：

关于电影文学剧本《阴转多云》的审查意见

（83）长影创字第1号

由史超、李平分同志创作的电影文学剧本《阴转多云》，于1982年11月26日厂务会议讨论，认为剧本基础较好，主题有现实意义，决定予以通过。作为1983年任务，投入生产。主要意见是：

剧本题材新颖，主题鲜明，抓住了当前社会上普遍存在的不正之风问题，给予揭露和鞭笞，指出其对社会的危害。同时，也让人看到，只要各方面一起努力，落实党的各项政策，恢复党的优良传统，不正之风就会得到克服，形势必会逐渐好转起来。

剧中着力塑造了李江川这一领导干部形象。他身为一个大工厂的厂长，有着较高的思想觉悟和政策水平，对当时社会上刮起的不正之风深恶痛绝，但是，为了工厂照常运行，为国家上缴利润，又不得不在一定限度之内迎合不正之风。他抵制，抵制不住，他迎合，又不甘心。在这种情况下，自己向上级纪律检查委员会揭发了自己搞不正之风的问题，以期得到上级党组织帮助解决。人物形象鲜明，思想脉络清楚，真实可信。其他人物也都各有特色，都能给人留下较深的印象。剧本情节顺畅，事件集中，故事结构比较巧妙，能紧紧抓住读者心理活动，引人入胜。人物语言符合时代特点和人物身份。

但剧本还存在一定不足，如对结构的处理要含蓄，某些情节和语言要推敲，使之更准确些。剧本存在的问题，由导演在分镜头时加以解决。

从上面所引的对剧本的“审查意见”可以看出，长影厂务会是充分肯定了剧作家史超、李平分二人的原创文学剧本的。

不错，这个剧本写的是我们通常在影片分类时所说的所谓“工业题材”，但是，看过后来改名为《在被告后面》影片的观众当还记得，剧本既非为劳模立传，也不是记录某项技术改革的创造或发明的过程。编剧是通过现实生活塑造以李川江为代表的，具有时代特征的、鲜明的当代人物形象。虽然作者的笔墨是透过现实生活中的某些所谓“时弊”，诸如党风不纯、作风不正等，揭露了这些弊端是怎样地破坏和影响着正常的社会生活和正常的人与人之间的关系，怎样地阻碍着我们在改革开放的道路上快速前进，但是，它不是对某项政策的图解或说教，更不是为了对上讨好的应景文章。

可以毫不掩饰地说，一个导演能够获得一部自己从心底喜欢的电影文学剧本，是极为高兴的。读罢剧本《阴转多云》，我特别喜欢全剧具有的浓厚的生活气息，喜欢剧本中的人物与现实生活的紧密联系以及绝非说教的政论色彩。

厂领导大概看出我因喜欢这个本子而流露出的难以掩饰的喜悦心情，他们都故意为我降温。厂长苏云同志就曾对我说：“你头脑不要过热。这是一部很有分量的戏，它应该是我们厂今年的重点片之一，在质量上一定要追求上乘。对此，不容丝毫的迁就。这是其一；其二，这也将是一部比较敏感，思想内涵深刻的影片，因而也是一部有一定风险度的影片。要告诫摄制组全体同志，特别是主要创作干部，千万不可掉以轻心。”

当然，苏云同志也说了些鼓励的话，但留在我头脑中印象最深的依然是那句话：“千万不可掉以轻心！”

（三）排除“左”“右”干扰

一般来说，一部电影文学剧本一经厂务会议通过并组成摄制组，便开始了导演的二度创作过程。

由于剧本《阴转多云》触及当时社会上流行的某些弊端，涉及十分敏感的党风不纯、作风不正，甚至无所不在的所谓“关系网”，摄制组内外都有些同志担心：像史超、李平分同志创作的《阴转多云》这样的剧本，虽然在文学上是可以通得过的，但是，这样的题材在银幕上树起来能行吗？咱们费九牛二虎之力把它拍成电影，将来能通过层层审查关吗？即使赞同我可以试试运气的朋友，也不无担心地提醒我，千万要注意把握住分寸。

什么叫“一朝被蛇咬，十年怕井绳”？我看上述种种担心即是。这些担心和顾虑，就其实质而言，都是关系到我们的电影创作要不要坚持用我们党一贯倡导的实事求是的原则去观察生活和反映生活的问题。具体到创作思想上，则是要不要坚持现实主义传统的问题。

我认为，我的上述结论绝对不是故意地夸大其词。有目共睹的现实是，党的三中全会以来，我国的社会生活有了一个前所未有的重大变化。特别是经济领域内所进行的一系列改革，极大地调动了我国各族人民建设社会主义四个现代化的高度政治热情。但同时我们也不能不看到，由于十年动乱遗留下来的问题必然给人与人之间的关系带来变化并打上时代的烙印。我以为，我们拍摄这部影片的目的，就是要通过对剧中李江川、邵彦、丁兰芬、郝保生等诸多人物的刻画，展示我们的时代精神，塑造在新的形势下的社会主义新人的形象。

既然是这样，我们还怕什么呢？我们又担心什么呢？

我们常讲：要有艺术家的良心。我以为，这“良心”首先是指在创作中不能忽视或放弃自己对时代的责任感。要有一个做老实人、讲老实话、办老实事的态度。对于描写现实生活的影片来讲，艺术上讲真实，就是坦率地告诉观众，不要也不应该用理想主义的目光去看待我们生活中的一切。因为生活当中毕竟还存在着假、恶、丑的东西，所以，不能说我们的一切都已经是美好的了。唯其如是，才需要我们去斗争。坦率地承认，在我们的现实生活中还存在着诸多讨厌的弊端，指出它是可以被战胜的，正是艺术家的良心所在。与此相反，回避矛盾，甚至故意地粉饰现实，无疑是软弱和欺骗，是绝对不足取的。

历史是一面镜子。我们不能忽视，“文革”前不少作品的作者由于受到不公正的批判而总结出的所谓“经验教训”，即所谓“距离现实越远越好”。我认为，在文艺创作中的这种“明哲保身”，只能使人重走“不求艺术有功，但求政治无过”的老路。

作为未来影片《在被告后面》的导演，我必须和两位剧作家一样，在所执导的影片中反映出广大人民群众的情绪，即老百姓对诸多时弊的鄙视和憎恶，反映出党中央对整治不正之风的坚定决心，同时，通过影片中的主人公李江川这一当代人的形象，反映出时代的呼声。

按摄制影片的常规，电影导演在撰写导演分镜头剧本之前，必须协同摄影师、美术师等主要创作人员去选定未来影片的拍摄地，以保证导演分镜头剧本不是关在屋子里闭门造车。

按说，《阴转多云》的施工景地最宜于选定在与该剧本最有关联的齐齐哈尔北方钢铁厂和富拉尔基重型机器制造厂。为什么这样说呢？因为，上述两厂不仅是剧作家史超、李平分二人深入生活、搜集素材和创作剧本的地方，而且，原重型机器制造厂的厂长此时已荣任黑龙江省的省级领导干部，一般地说，只要我们摄制组有所求，他必会给予支持和关照。但是经过审慎研究，我决定放弃走捷径，摄制组决定放弃北方，直奔江南。

为什么要舍近求远，为什么要放弃影片故事原本发生地，而另辟蹊径地做出如此决断？我是基于如下考虑：

首先，摄制组在五月中旬开机，季节虽然已进入春天，但由于齐齐哈尔、富拉尔基均地处北方边陲，正是“草色遥看近却无”的时间段，绝对不利于在银幕上展现充满生机的绿色景物。

影片《在被告后面》（1983年摄制）现场工作照

其次，北方的两个工厂因为与剧本《阴转多云》有直接的“血缘关系”，如仅从有利于拍摄工作着想，把景地定在上述两厂，固然能为摄制组提供较好的工作条件。从不利处想，由于它们曾是剧本故事的原发地，极容易对摄制工作产生干扰或干涉。我们十分明白，故事影片《阴转多云》不是反映上述两厂的新闻纪录片，因此，摄制组在整个拍摄过程中，必须保证导演依据剧本规定的剧情要求完全自主地决定，哪些该拍，哪些不该拍。不能有任何拘于情面的“照顾”或“迁就”。

还有，为了避免在银幕上造成有为某厂、某人“树碑立传”之嫌，比较明智的措施是避开或远离生活原型。据两位编剧介绍，文学剧本中的中华重型机器制造厂厂长李江川这个人物的主要素材，大都取材于时任富拉尔基重型机器制造厂厂长宫本岩同志，此时，他已被任命为黑龙江省的省长。为了避嫌，我们选定一个与他毫无瓜葛的外景拍摄地点。这也叫与人方便，于自己也方便吧。

最后，摄制组经过多方采选，最终决定把外景地与内景实景的拍摄地锁定在位于上海闵行区的上海重型机器制造厂。

事实证明，这个决定是正确的。它使摄制组的拍摄工作基本具备了“天时、地利、人和”这三个条件。

天时：上海地区的五六月份正是气候宜人，花红柳绿的季节。当然，也是最容易遇上“梅雨季”的时候。对于一般的摄制组，外景队是最怕遇上那样的倒霉天气的，而对于我们《阴转多云》摄制组却正好是求之不得的“歪打正着”，或者简直可以说是“天助我也”了！

老实说，我倒是希望老天爷能帮我一个大忙，让我们摄制组能遇到一定数量的阴霾天气，因为阴霾天气和湿润的空气氛围会使我们更容易获得以青灰调子笼罩全片的色彩艺术处理，有助于在画面上寻求与主人公内心情绪相吻合的色彩效果。

地利：被选定的上海重型机器制造厂是曾经制造出我国第一台万吨水压机的巨型机造厂。无论其规模、环境和设备，都可以说不逊于北方富拉尔基重型机器制造厂，具有非常好的拍摄条件，完全能满足剧本对规定情景的要求。

人和：摄制组在进入上海重型机器制造厂之前，先将剧本呈送给该厂领导审阅，让他们了解未来影片的内容，同时，可以聆听到他们的意见，表达了我们对厂方的尊重。厂领导表示，他们十分喜欢剧本所表现的内容，认为有助于帮助工厂摆脱不正之风的困扰。他们认为，摄制组能选定他们厂拍摄这部影片，是厂的光荣，因此，厂方将通过党、政、工、团各级组织给摄制组以全力支持。

（四）尖锐的剧本反馈意见

在摄制组去上海采选外景期间，长影主办的期刊《电影文学》以头条的版面位置，刊登了电影文学剧本《阴转多云》，意在既供读者欣赏，又可供读者与专家们品评。

在上海采选外景进行得相当顺利、圆满，选外景的小分队的全体成员和我一样，都是带着非常喜悦的心情回到长春。这时也正是《电影文学》刊载《阴转多云》剧本后，读者意见反馈之时。

反馈意见中的大部分，从不同角度对文学剧本给予了充分肯定。大多数读者认为，《阴转多云》是时下不可多得的文学剧本佳作。当然，在反馈意见中也有一些批评甚至指责。其中，有的意见尽管用词尖锐，甚至要求苛刻，但其中不乏真知灼见。对于这些堪称中肯的意见，我尽可能在分镜头时拿来为我所用了。但是，对其中的有些意见，我就不敢苟同了。例如："作为反对不正之风的现实题材，剧本中表现出的不正之风过于肤浅，作者的胆子太小，揭露得不够劲儿，让人看着不过瘾！"

作为导演，我深信参加《阴转多云》摄制组的所有人员，都对当时流行的不正之风及其所结成的"关系网"是深恶痛绝的。但是，严肃的创作绝对不是利用电影发牢骚、泄私愤。我承认，剧本《阴转多云》所触及的时弊，可能仅仅是现实生活中存在的九牛一毛，但是，我们并没有"揭露"之"瘾"，因此也就不存在"够劲儿"和"不够劲儿"。作为电影导演我深知，虽然剧本里的故事触及现实生活中的一些时弊，但我们拍摄这样一部影片的目的，绝对不是"为暴露而暴露"。

上述意见倒是从反面提醒我们，在影片的整个创作过程中，必须始终严格地把握住影片的思想倾向性。即便是对分寸感的把握，也是万万不可以忽视的。那种以所谓"干预生活"为幌子，对我们的生活和事业持冷眼旁观、冷嘲热讽、旁敲侧击，甚至敌视的态度，是不正确的和错误的。对于这些，我们需要有一个清醒的头脑和高度的警觉性。

还有，如："剧本《阴转多云》提的问题比较新颖、尖锐，也还算切中要害，但是表现手法太老，太传统。"有的更说："《阴转多云》的作者是用老的剧作法讲述现代的故事，毫无新意。在表现手法上，也缺乏现代电影意识，电影语言也过于陈旧"，等等，诸如此类。

读到上述意见之时，正是我调整文学剧本从事分镜头剧本创作之际。众所周知，导演创作电影分镜头剧本并不仅仅是将文学剧本"电影化"的过程，同时也是一个对文学剧本从事进一步加工和再创作的提高过程。我不能不坦率地承认，前面读者提到的某些意见，确实曾使我心动过，说实话，在我动手分镜头之前，确曾想过在实拍时想法加以补救，甚至动脑筋想过如何强化剧本中已经有的"回忆"和"闪回"技巧，试图弄出一部比较符合"现代电影新观念"的新的电影结构。

但是，在几经斟酌之后，我最终还是放弃了上述想法。最后，当分镜头落笔时，不仅没有再设法发挥和改造原创文学剧本中的“回忆”和“闪回”，反而把这些技巧彻底删除。于是，《阴转多云》的电影分镜头剧本便成为老老实实地正面铺排和正面叙述。

为什么这样做？我发现越是细读熟读剧本，就越发觉得真实、朴素无华才是剧作家史超、李平分原创剧本的根本特色。作为未来影片的导演，我不能也不应该舍其长去追其短。否则便是本末倒置，那样做是极其愚蠢的。

至于表现手法的“新”与“旧”，则完全应该遵循内容决定形式的美学原则，最终看是否合乎影片所表现的内容。生活真实、朴素无华的形式与技巧，原本有利于表现剧本提供的、并为广大读者所熟悉的社会生活，为什么还要再去另辟蹊径或自以为独出心裁呢！我觉得“画蛇添足”的蠢事，越少干越好。

考虑到未来影片涉及社会生活的广度和深度，也考虑到影片的主题意义及其现实性，我决定把《阴转多云》认真、严肃地拍成一部具有政论性和抒情色彩的正剧。如此，绝对不能依靠卖弄小噱头去哗众取宠，当然，也不能靠玩弄所谓“新手法”“新技巧”去取悦观众。

遵照有利于贯彻现实主义的创作方法，决意追求一点纪实性的风格。但必须向全摄制组说明，我们追求一点纪实性风格，并不是去搞自然主义，当然也不是去搞什么“电影眼睛派”或什么“生活流”。从总体上说，这种追求与把握，无疑会摆脱过分人工化的戏剧痕迹，使我们倒真的有可能向电影的“新观念”靠近，获得无心插柳的结果！

（五）出厂前的锤炼

如果说电影分镜头剧本是未来影片的“施工蓝图”的话，那么，“导演阐述”便是对施工的具体要求。导演阐述体现着电影导演对摄制组全体人员的期望与要求，更体现着导演对未来影片的总体设想。

我以我习惯的方式，于1983年3月25日为即将投拍的《阴转多云》写就了“导演阐述”。

我一直认为，导演阐述绝对不应该是循规蹈矩的应景文章。它虽然是纸上谈兵，但其目的确实是在为摄制组各部门提供一个自律的标尺，以便大家有所遵循。导演阐述中的一切，仅仅是导演在影片开拍前对未来影片的一个初步整体构思和总体设想。它在实践中还要由各专业部门去进一步创造和补充。因此，导演阐述要求的仅仅是个起点，也因此，它不是也不应该是束缚创作人员手脚的羁绊，而只能是一把开启创作之门的钥匙，或仅仅是一块引玉的砖头。

当初，在向摄制组成员做这个“阐述”的时候，我向大家表示：“我们很荣幸，影片《阴转多云》被列为本年度的重点片之一。但请大家切记，这仅仅是厂里的主观愿望”。“有心栽花花不发”的事也不是不可能发生的。我提醒大家，千万不要以为被列为重点就必会自成为重点。所谓“被列为重点片”仅仅只是表明全厂对我们摄制组的期望，但最终结果还要看我们的努力程度。作为导演，我希望大家不要愧对厂领导及全厂同志的信任与期待。

最后，我提出严肃、认真、求精、求真，应该成为我们摄制组的风格。厂长苏云同志提出的“在质量上一定要追求上乘”，必须成为我们摄制组的座右铭。

由《阴转多云》最后定名为《在被告后面》的影片在1983年秋完成，距今已经过去了三十多年。今天重新翻阅当初的导演阐述仍然感慨万千！我不知道现在的年轻导演在拍片前是否还依然坚持写导演阐述？我只能说，我们那时是极其认真的，撰写时认真，执行起来也同样极其认真。

硕果只能源于辛勤耕作，这话千真万确。一部影片的成败，固然在很大程度上取决于作为基础的剧本的好坏，但也取决于摄制组各部门施工时的精细程度，同时，也与制片厂的质量把关是否严谨有绝对不可或缺的关系。

我手头仍然保存有当初长影厂领导在审看台词样片后的意见记录。仅从其摘录部分便可看出，厂领导当年是如何用重锤来锻造被他们视为“重点”的影片的：

张国良（厂总工程师）：总体来看，导演有设想，演员的戏处理得好。整个影片的气氛把握得当。在阴雨天拍摄难度大，很不容易。摄影与作曲都不错。这是一部很感人的影片，其主题很有现实意义。

不足也有，但不难改。如：部分场次的录音不好，不够清晰，如会计科长家，应补录。对检查组长邵彦的戏，处理得过于严肃。在李江川家找其女儿了解情况时，可以适当加一点有人情味儿的戏，或修改一下台词。

刘儒（生产副厂长）：从台词样片即可看出，这是我厂今年的好影片之一。原来担心李厂长自己告自己的情节不行，现在看可以。李江川在必要的地方也可以或应该有所检查，不要有和检查组对着干的感觉。当然，也不能有作弄纪检组的感觉，可以再捋一下。李江川与妻子夜谈的戏不错。但有些台词有点发嗲，要改一下。总体看，影片比较完整。对李厂长错误的分寸感把握上，可以。

纪叶（剧作家、党委书记）：样片看了，不错。从内容把握到拍摄施工，整个的都不错，有激情，感人。总的说是可以的。

党风问题不是哪一个人的问题。如果仅仅是哪一个人的问题，则很好解决，撤职就行了。通过我们的影片看到了整顿党风的必要性和复杂性，这点看出来了，但尚不够清晰，想法儿再描一描。对于他迁就不正之风，自己认为不对，但又顶不住，现实当中此类问题多得是，片子中问题提得尖锐。

韦连城（文学副厂长）：很高兴，是我厂的好片子。涉及的面广，触及的问题深，一定会引起方方面面的关注和反响。拍得不错。演员的气质也好，表演方面个别处略有话剧痕迹，补录台词时重录补救一下。剧中的人物各有特色，是那么回事。

苏云（厂长）：通过台词样片，可以看出，主题重大，处理严谨，艺术上比较考究等特点很突出。自告自的情节可以成立，但有些台词要改改，如“不行，大不了我去卖大碗儿茶！”又如说邵彦“不像你们可以坐在办公室里喝喝茶，画画圈儿”之类。总之，要有准确性。李江川与调查组的关系不要有对立的感觉。还有，会计科长为什么要上火车？也应说清楚。迪斯科可以跳，但不要有提倡之嫌。

庞学勤（艺术副厂长）：从现在的成果来看，摄制组的创作态度是认真的，是严肃的。导演在分寸把握上下了工夫，很不错。有些戏处理得相当感人，如送煤那场戏。对李江川的一些合理不合法的事，应提一下在改革当中解决。建议把“从我做起”，描得再重一些。另外，题材严肃不等于没有幽默感，可以在丁兰芬等小青年身上弄点儿小佐料。

摄制组的主要创作干部认真地研究了厂领导对台词样片的意见，导演则在录制动效、录制音乐之前，对台词样片又进行了必要的修剪与调整。最后，进入混合录音棚制作出《阴转多云》的双片。在审看了双片后，厂领导有如下的感言：

韦连城（文学副厂长）：影片通过一个厂长在工作中的重重困难，尖锐地揭露了不正之风，揭露了阻碍工作的"关系网"。主人公在残酷的斗争中深深懂得了"从我做起"的重要性。从而使人们对如何转变党风、如何改变社会风气得到某些启迪。

影片有强烈的时代感，给人以启发和力量，是一部严谨的现实主义作品。摄制组在文学剧本的基础上充分发挥了导、演、摄、录、美以及作曲的再创作，是艺术上有追求、政治思想上很过硬的影片，是一部质量上追求上乘的好影片。

庞学勤（艺术副厂长）：同意老韦的意见。这部影片深刻地描写了李江川在不正之风面前，由踌躇、等待到觉醒、斗争的过程。深刻揭示了在改革过程中的矛盾，激起了人们"从我做起"，同不正之风进行斗争的责任感和刻不容缓地进行斗争、进行改革的迫切感。

改革是贯穿我们"四化"建设的一场伟大革命。我们电影艺术在当前这场伟大变革中应当不断地研究新问题，熟悉新情况，揭露新矛盾，帮助人民群众认识、理解这场革命的历史意义。《阴转多云》在这方面为我们打开了良好的开端，值得我们认真总结。影片揭露的矛盾是深刻的、多方面的，给人以鼓励和力量。导演在处理上分寸感把握得好。影片的艺术实践表明，我们的影片不是为揭露而揭露。

苏云（厂长）：任何一部影片，也不可能给现实生活中错综复杂的矛盾开出万灵的药方。但影片必须对如何正确认识和对待矛盾有所启迪、有所借鉴，树立模范的榜样。我看我们的这部影片做到了上述要求，体现了现实主义的美学原则。

这部影片好就好在没有人为地"突出"和"拔高"人物，也没有故意地掩饰李江川的缺点，而是依照人物的本来面目，真实地再现了活生生的人的复杂性和丰富性。我还想强调的一点是，导演在掌握批判意识上很有分寸感，影片较文学剧本更成熟。再一个突出特点是，整个处理比较精细，有些场景，如雨夜运煤那场戏，很有激情。摄影、作曲都不错。

面对厂主要领导对完成片的充分肯定，我和摄制组的全体同志一样，是非常高兴的。作为影片的导演，我不敢说影片真的会是银幕上的一颗“电影原子弹”，如当初厂长们所期待的那般，但是在一点上是可以问心无愧的，那就是我们在整个创作过程中努力实践着苏云厂长提出的“在质量上一定要追求上乘”的要求，可以说在银幕上显露成效了。

（六）现实主义与纪实风格

我在“导演阐述”中所谈的第二个问题是：追求严谨的现实主义。我认为，艺术的本质在于真实。在这部影片中，我提请全组同志一定要刻意去追求真实、自然、质朴。我这里提出追求“严谨的现实主义”，是希望大家在创作中剔除哪怕是一丝一毫的哗众取宠，矫揉造作和偷工减料之类的弊病。要求大家时刻铭记，我们的影片表现的是发生在今天的事，塑造的是生活在今天的人。因此，任何部门均不得以“不了解”或“不熟悉”为借口，原谅自己在创作中的不严肃、不认真和不负责任。否则是不可理解，也是不能原谅的。

我们应该尽全力让观众通过银幕感受到，影片中所发生的一切可能就是他们平时会遇到的。我们反对粉饰生活，因为现实生活里毕竟还有些需要我们去改造乃至斗争的东西。但我们也不能在影片中歪曲生活，我认为，生活中的主流无疑仍然是光明面占主导。所以，我要求大家既要以浓郁的生活情趣和真实的细节去勾勒社会生活的大轮廓，又要用浓重的笔调花大力气去塑造人物。

总之，我提出：我们应该把《阴转多云》拍成一部具有浓重生活气息的影片，一部真实的影片。

《导演阐述》的第三部分谈的是影片的风格样式。重点阐述“纪实性风格”。《阴转多云》当然是一部故事片，但却以清新的纪实风格区别于一般故事片。我们强调追求纪实风格，并不等于搞自然主义，而是为了更好地体现主题和人物的可信性。纪实性风格应该是我们全组经过艺术上的“有所为”而后在银幕上创造出的不露斧凿痕迹的“有所不为”的美学感觉。也就是说，未来影片中看起来没有艺术加工的艺术效果，恰恰是经由全组同志精心艺术加工的结果。这是一种难得的境界。

我要求各部门不论专业、不论职务，都应该力求做一名理智的艺术家。平庸之作，首先是创作者自身思想上与美学追求上的平庸。希望大家不要满足于大体上过得去、凑合事儿甚至瞎对付。这些表现是艺术创作的天敌，是艺术生命的停滞。在摄制组的任何岗位，“以其昏昏，使人昭昭”的混世态度，是绝对不可取的，也是不会被允许的。

为了创造出我们所追求的纪实性风格，我希望：

1.摄影与照明的艺术处理

摄影方位的选择应该是多变而自然，不要出现“怪”镜头。构图宜简练，线条宜清新。表面上看去似乎是“信手拈来”，实际上却是经过充分地比较后的最精确的选择。

在场面调度上，强调摄影机的运动与变焦距镜头相结合的立体运动的调度效果。该用移动摄影时绝不用变焦距镜头去代替（实际是怕麻烦的偷懒行为），因为移动摄影与变焦摄影在画面的透视变化和视觉效果是不同的。

我们也用变焦镜头，为的是人物或某些细部，不是单纯地追求画面的景别变化。为此，变焦距镜头调整焦距的始与停，变焦过程的快与慢，应体现节奏、追求韵律。总的来说，要符合人物的心理节奏。

在运用光线方面，应尽量做到真实自然。鉴于本片要求在阴天气氛上下工夫，希望不要有明显的主、副光的处理痕迹。可以探索应用散光照明下造成的漫射光照明效果，寻求没有明显光影下的、厚重的色彩处理基调。

阴天的光效与气氛，银幕影像极其容易出现整体偏蓝的色差，希望尽量减少这种由于色温与胶片感色度造成的偏冷的视觉效果。在洗印配光部门的合作下，我们可以试着追求一种灰调子统贯全片的艺术处理。

凡是下雨和雨后的场景，建筑物与街道都应该是“湿润”的。空气感也应该是“潮湿”的。因此，我们应充分利用雨后的拍摄时间，抓住分分秒秒的最佳拍摄时间。

2. 录音与音响

技术应为艺术服务，两者的主从关系不容倒置。

希望能在音质清晰的基础上突出生活化、口语化的艺术处理。不要因过分强调音量而要求演员提高嗓门儿，那样做的结果是获得了音量的合乎技术标准，失掉的却是艺术上的生活真实。

在录音与拟音合作方面，要力求创造出声音的空间感与立体感。特别应该强调的是，应努力追求富有空间感的音响效果。电影是一种视听艺术，分镜头剧本限于篇幅，不可能详尽地标写出对音响的全部要求，希望拟音部门能为本片的音响花大力气，创作出生动的、现实的声音空间。不要画面上有什么就出什么，提倡一点有所作为，创造一点弦外之音。

3. 美术与置景的艺术处理

要不露痕迹，要色彩凝重、和谐，不要追求过响、过亮的彩色。

在拍摄实景时，不排斥必要的加工与调整，但以不破坏实景的真实为原则，不能干画蛇添足的蠢事。

内景的处理则要求质量过硬，即最大限度地与实景接近，以达到以假乱真。

本片的场景变化不多，拍摄环境比较单调，应在单一中求多变。美术师应在画面造型诸因素中起主导指挥的作用，切实地关注化妆、服装、道具等部门。

4. 关于化妆

简而言之，能不化妆的尽量不化妆。这绝对不是轻视化妆专业，更不是对化妆采取虚无主义。人的肌肤颜色本不一致，万不可用油彩去强求统一。即使需要局部地调整与修饰，也应以最大限度地表现演员本人的肌肤感为准。

我们强调化妆组的同志要“跟现场”，除了必要的修妆外，主要任务是保持演员动作起来之后发式的衔接。千万不要不分场合地、不辨需要与否地给演员梳理头发，否则那就是在帮倒忙了。

要最大限度地利用演员本人的胡须碴儿，不要把演员打扮得好像刚刚从美发厅里出来那般“油光水滑”！

在我们的现实生活中，除年轻的姑娘们以外，就一般习惯而言，人们通常都崇尚自然美，并不都喜欢浓妆艳抹。《阴转多云》摄制组的化妆人员必须坚决地摈弃那种凡演员就必粘贴“双眼皮”，凡女演员就又必装粘“长睫毛”的所谓“漂亮”“好看”的观念。我认为，上述问题是电影造型艺术中的低级的世俗观念，是一种必须打破与抑制的陋习。

现实主义的审美要求，是在银幕上再现生动自然的人。根据以往的经验，在造型艺术中贯彻现实主义的美学原则和美学观念，并不是没有阻力的。这种阻力除来自传统的化妆习惯之外，还相当严重地来自参加演出的演员们自身，其中年轻的女演员尤甚。他们大部分中有的是属于不适应，常常表现为以自己在化妆室里坐在高靠背椅上的时间长或短，来判断自己所任角色在影片中的重要程度。

还有另一种情况也不容忽视，即个别演员（通常是女演员）追求银幕上的所谓“漂亮”以满足其爱美之心。他们会用潜移默化的方式向化妆师渗透，用改变导演、化妆师、演员三者共同“定妆”时所达成的共识以改变造型初衷，这是值得警惕的。至于极个别演员自备小镜子、搞小动作，偷偷地擅自改变已经敲定的原妆，是绝对不被允许，也是不该被原谅的。

5. 关于道具的处理

道具陈设是创造典型环境不可或缺的专业，不要小瞧了自己在影片创作中的位置和作用。希望道具组的同志多动脑筋，创造性地完成自己道具陈设工作。

道具的陈设要充实、丰富、真实、生活，并且要富有个性。应该整洁的环境和场所，例如影片中的招待所场景，就应该是整洁的。该不修边幅的场景，则宁肯让其略显乱一些，即要达到有人生活其中、工作其间的那样去布置空间。不要仅仅考虑将来剧中人是否会触摸到它。

对于影片中出现的戏用道具，尤其应给予特殊的关注。要求认真，杜绝随意性。当然，环境道具亦不应马虎，总之要充实，要真实。

6. 关于音乐的设想

影片的前半部几乎使人感觉不到音乐的存在，然后随着剧情的发展让音乐悄悄地进来。

希望作曲家把音乐放在写人的心理和人的感情上，重点在着重抒发人的情绪。我们的音乐脱离了影片也许不能独立成章，但与影片结合到一起，却是绝对不可或缺的，而且是极其富有光彩的。

导演并不要求因为是所谓“工业题材”就必须用规模较大的管弦乐队来演奏，可以探索应用小型乐队来演奏获得清新感、现代感，配器宜简单，层次分明。渲染情绪部分的乐曲旋律要美，节奏要鲜明，不要一锅粥似的大轰大嗡。

对剧中有声源的音乐处理，如运煤那场戏里的小乐队的演奏，希望能谱写出一首富有青年人朝气的，曲式跳跃、情调健康的吉他曲。（似乎可以再配上人声“啦啦啦”的伴唱）简言之，动感要求强一些。

对音乐的总体要求是深沉、含蓄、抒情（并不一定是慢板！）和互有层次。

当初在向摄制组全体同志做这个“阐述”的时候，我曾经表示：我们很荣幸，《阴转多云》被厂列为当年的重点片之一。且记，“有心栽花花不开”的事不是不可能发生。我们千万不要因为被列为所谓“重点片”就认为未来的影片必定是“重点”。所谓“被列入重点片”仅只表明全厂对我们摄制组的要求和期望。最终还要看成果，而成果如何则取决于我们全组同志的努力程度。希望大家不要愧对厂领导和全厂同志对我们的信任与期待。

最后，我提出严肃、认真、求精、求真，应该成为我们摄制组的风格和座右铭。

（七）三易片名及其他

《阴转多云》是剧作家史超、李平分为电影文学剧本题定的原名。关于这个原创片名，早在摄制组成立之初，我在向全组提供导演阐述之时，就曾以“简单的题解”写过下面一些话：

《阴转多云》这个题名，按作者的原意和我的理解，是借用气象学上的名词，把社会上的党风不正、作风不纯所形成的“关系网”，比喻为笼罩在我们“四化”建设道路上的一团乌云。但是，乌云总归遮不住太阳。就总体而言，党的十一届三中全会以来，我们国家在各方面都无疑处于阳光灿烂的大好局面之下的。党中央的正确领导和英明决策，为我们的国家和各族人民指出了无限光明的美好前景，尽管社会上存在的诸多时弊还会对我们所从事的伟大事业有某种程度的干扰，但是，我们终归会战胜它。

在现实生活中，我们面临的问题是怎样去战胜它。不能幻想我们一觉醒来便会迎来一个干净的世界。对于诸多时弊，我们需要一个斗争过程。从这个意义上来理解《阴转多云》这一题名，似乎还有另一层意思，即主人公李江川在克服自身弱点的时候，也有一个由“阴转多云”到“多云转晴”的升华过程。李江川从克服自身弱点乃至错误以及与“关系网”等不正之风进行斗争这两个层面，经历了一次艰难的思想历程和战斗洗礼，使他的性格发展产生了一个大的飞跃，从而使他无愧于时代、无愧于共产党人这个光荣称号！

社会生活的变革必然会影响到人们的精神变革，精神变革又反转来推动社会生活的进一步变革，如此循环，获得了人与社会的共同进步。由此决定了我们创作这部影片的立足点：我们鄙视“阴云”，揭露时弊是为了我们的社会生活更加美好与光明；我们展示李江川等诸多人物思想中的“阴云”，是为了鼓励千万个李江川能更有勇气、有胆识、有信心地面对现实、创造未来，使他们的心中更加充满阳光！

我不敢断言，上述“简单的题解”是否正确地理解和表达了剧作家史超、李平分两位的创作原意。当总结这部影片得失的时候，再次把当初写在导演阐述中的这段文字写出来是想说明，作为影片的导演 ，我是这样认识和理解“阴转多云”这个片名的内涵，并且是以它为立意来执导《阴转多云》这部影片的。

其实还不仅如此，在实际操作中，在由文学剧本转化为电影分镜头剧本的时候，这种立意又有所加强和发挥。电影分镜头剧本的渲染较文学剧本更加突出，更使人浮想联翩，张力无限。

关于《阴转多云》这个片名，在影片尚未完成的时候就曾听到一种反映，认为片名不响亮，而且有点像一部讲气象的科教片的味道。我当时认为，这种意见未免过分缺少想象力，太就字面来理解片名的含义了。

从心里讲，作为本片的导演，我是比较喜欢原创片名《阴转多云》的。我认为，这个片名含蓄而又富有隐喻性，所谓“东边日出西边雨，道是无晴却有晴”。自然，正如任何比喻总会有些“蹩脚”一样，原创片名《阴转多云》也并非完美得绝佳精妙，达到无可挑剔的地步。但是这个片名竟会给我带来那么多的麻烦，确实是我当初不曾想到的。

在双片完成后，时逢时任国务院文化部部长的丁峤同志带领一些司局长来长影视察工作，长影厂领导将尚未完成的《阴转多云》安排给丁峤同志审看。看片后，丁峤问我的第一个问题即是："史超为什么给影片定了这么个片名？想要说明什么？"我把我对《阴转多云》的题解向他做了说明。

丁峤听罢，阐述了如下观点："这部影片具有极大的现实意义，是一部好片子，但影片的片名不妥。用气象学上的名词泛指政治形势，很难概括得准确无误。党风不纯、作风不正作为一种社会现象，欲完全彻底地纠正，可能是个长期的任务，也就是说，可能不会一下子'多云转晴'，但是事物的发展是不平衡的，有的地方可能是'阴转多云'，有的地方则可能是'多云转晴'，即使是'晴'，有时还可能是'局部雷阵雨'，所以很难用一种气象加以概括。建议给影片改一个更好些的名字。"

陪同丁峤一起来的还有中国影片发行公司的同志，他比较风趣地说："虽然民间有'包子好吃不在褶儿上'的说法，但我们还是应该尽量把影片弄得既好吃又好看，所以，建议导演能给影片起一个更加响亮、更加富有票房价值的片名，就像当初你的《保密局的枪声》那样叫得响，有号召力！"

"对呀！"丁峤又把话接过去，说，"你那个《保密局的枪声》除了影片本身确实优秀之外，那个片名也堪称一绝。片名与影片内容相得益彰，所以才全国一片'枪声'嘛！"

坦率地说，对丁峤等同志的上述意见，我理解，接受了。但是有的同志对影片名称却做了使人不可理喻的曲解，让我无法苟同。

当然，对此我们可以理解。我们也无意以牙还牙进行反批评，只是想说明，任何方式的文艺批评都应该是摆事实、讲道理，用与创作者平等的态度，科学的、实事求是的态度。一些身居要职的负责同志尤其要加强这方面的自律。我建议选择适当时机，向丁峤部长表达我们的意见。

厂长和党委书记除了同意我的建议外，还极力说服我，从尽快使影片获得顺利通过的大局出发，放弃对原片名的坚持。苏云说："要学会妥协，在某种情况下，退让也是一种艺术！"

作为导演，尽管当时并未完全心悦诚服，觉得舆论对"比喻"过分苛求了，但从大局出发还是不得不绞尽脑汁去重新撰想片名。于是，我与厂长之间有了如下不能不说“有趣”的交锋：

“那就叫《乌云从这里散去》吧！”我说。苏云一听就笑了，说：“常彦哪，常彦！你可真能想得出，本来人家就说你那《阴转多云》不行，要改。你怎么又弄出个《乌云从这里散去》呢？兜了一个圈子又钻到气象里面去了。不行，不行。咱们还是离天气和云彩远一点吧！”我半开玩笑地说：“要不，咱们就叫《乌云散去是晴天》怎么样？这回够光明了吧？”“不行。那不又成了‘多云转晴’了嘛！”苏云坚定地说：“什么‘阴转多云’‘多云转晴’，或者是‘乌云从这里散去’‘乌云散去是晴天’，不行、不行，都不行！”我忍不住笑了……厂长问我笑什么？我说：“苏老总，加上前面已经说的两个‘不行’，你一口气连说了六个‘不行’，人说‘谈虎色变’，你这回是‘谈天色变’了！”苏厂长也忍不住笑了，说：“不是我神经过敏，有时是需要矫枉过正的。咱们还是离开天气远一点，免得人家说你换汤不换药！”

在研究电影局的意见时，苏云厂长和我都觉得石方禹局长建议的片名：《调查组来厂之后》过于直白，但是也启发了我们，可以顺着“专案”的思路想下去。于是就想出了第二个片名《疑案？》。意思是案件有疑，隐喻着李江川引火烧身、自己揭发自己的内容。

鉴于电影双片送审时局领导对新片名《疑案？》的再次否定，而且不无道理地指出“《疑案？》太像惊险样式影片的片名。原来的《阴转多云》用自然现象隐喻社会政治内容也不妥当，应再斟酌确定”。于是，我与厂长苏云同志绞尽脑汁，从我再拟的七八个新片名中最终选定了《在被告后面》。

至此，原本叫《阴转多云》的影片经三易其名之后，定名为《在被告后面》。虽然为改片名也曾绞尽脑汁、挖空心思，但改动的毕竟仅仅是影片的外壳符号，所以谈不上舍得与舍不得。但是对于删掉李江川用匿名信自己揭发自己的情节以及相关的台词，在当初，我还真的难于下手。

（八）忍痛割爱："摘胆"

坦率地说，作为电影导演，我当初之所以喜欢这个本子，除了它的题材新颖、故事内容丰富、人物性格鲜明等因素之外，特别使我情有独钟的是它故事情节中含有的传奇性。这让我动心的具体表现是，影片整个故事的构成，是缘于一封寄到省纪委的匿名揭发信。而被揭发者不是别人，恰恰是上书写揭发信的作者本人！于是，便为全剧引出了一个贯穿整个故事情节的悬念：像李江川这样深受全厂职工爱戴的企业领导者，为什么要用写匿名信的方式自己揭发自己呢？如同影片中的省纪委调查组长邵彦一样，影片的观众也会发问。于是自然地引出《在被告后面》的故事。

我认为，剧作家史超、李平分二人笔下的这一情节设置，绝非信手拈来的随意之举，而是精心构思的神来之笔！可以毫不夸张地说，李江川写匿名信自己揭发自己，是影片《在被告后面》的"戏核"，更是"戏胆"！将这一笔删去，必将极大削弱影片的思想内涵与思想价值。

鉴于我对这一情节安排有上述的看法，故在落实电影局对影片的修改意见时，思想深处真的是颇不情愿，甚至有一定程度的抵触情绪。换句话来说，当时的所谓"修改"，就是要我亲自操刀，对影片《在被告后面》实施"摘胆"手术！我当时真实的心态是既舍不得，也下不了手。于是，我把我当时的真实思想状况如实地说给厂领导们听，希望能获得他们的理解和支持：如果可能的话，希望他们能与电影局斡旋，尽可能地保留这个"戏胆"。

实事求是地说，无论厂长苏云抑或厂党委书记纪叶，他们都相当理解我当时的无奈和不情愿。但是，他们几乎又同时地告诉了我一个"特殊情况"，而正是这个所谓的"特殊情况"动摇了我坚持保留上述"戏胆"的决心。

那么，这个所谓的"特殊情况"到底是什么呢？他们说：按文化部的既定方针，为了鼓励和繁荣创作，各制片厂如果能超额完成当年的影片创作生产任务，在年底可以给全厂职工颁发双月工资奖！就长影厂当年生产的实际状况而言，影片《在被告后面》能否顺利被通过，直接关系到长影厂能否达标，即超额完成生产任务，当然，也就直接影响全厂两千多名职工在年底能否把双月工资奖拿到手。

哦，这个可爱的“双月工资奖”！真是老天有情，那一年偏偏让我赶上了这个“特殊情况”。

苏云厂长对我说：“我和纪叶同志都很理解你的心情，但还是劝你接受电影局的意见，把李江川写匿名信自己告自己的情节删去。不删是绝对通不过的。摆在眼前的实际情况是，《在被告后面》如果不获得通过令，咱们长影厂就从根本上失去了超额完成生产任务的可能，其后果只能是让全厂职工失去难得一遇的年终双月工资奖……”

“为了能让全厂职工像歌里唱的那样‘欢欢喜喜过个年’，你还是忍痛割爱了吧！”纪叶书记又不失时机、见缝插针地补充了一句。

厂领导们的一席话，说得既耐心又动情，使我不能不在心里认真掂量。是啊，国家为了鼓励创作繁荣生产而颁发年度超额完成生产任务奖，虽不能说是“绝后”的，但至少可以说是“空前”的举措。当时的实际情况是，全厂职工对获得年终奖励的祈盼与翘首以待，在他们看来，即将到手的年终双月工资奖如同摆在他们嘴边的“煮熟了的鸭子”，岂容它再飞了？但是，但是……彼时彼刻哪里还有什么“但是”啊！

“常彦呀，常彦，此时此刻已容不得你半点犹豫了。因为机不可失，失不再来。试想，如果因为不情愿按照电影局领导意见修改影片失掉这个年终超额奖，全厂两千多职工会允许吗？他们会怎么想！？双月工资奖毕竟牵扯到每个职工的切身利益。作为厂领导，这个后果我们扛不住，而你这个与此后果直接有关的导演，恐怕也扛不住吧？”

厂领导还说了一些情真意切的话，作为当事者的导演，我已经别无选择。尽管一向自认清高，在艺术上常常是苛求于己、也苛求于人，在彼时彼刻却怎么也清高不起来了。深知我能够做到的，已经不再是坚持自己心中的艺术，而是只能向群众的利益妥协了。尽管我并不情愿，也不心悦诚服，但奈何？

到此为止，影片《在被告后面》终于获得通过，除少数人留下继续处理善后外，摄制组宣布解散，人员各回各的原属单位。

《在被告后面》虽然几经“折腾”，但在被审过程中获得的总体评论尚好，所以，制片厂的宣传发行部门做了比较乐观的发行预测；生产处则督促厂洗印部门抓紧印制拷贝，争取影片能在黄金档期，即元旦与春节期间在全国上映。

如前所述，影片《在被告后面》能否获得文化部电影局的最终通过，直接关系到长影能否获得超额双月工资奖，因而备受全厂职工的关注，现在，影片通过了，上上下下无不笑逐颜开。

但是，长影的两千多名职工高兴得太早了！一股“不测风云”再次笼罩在长影头上，把长影人真的弄了个上上下下目瞪口呆！在“清除精神污染”的大背景下，这部影片等来了八个大字：“停印拷贝、禁止发行”，大家一筹莫展。1984年的元旦之后，春雷一声震天响！在中央首长的亲身关怀下，《在被告后面》重获新生。

（九）经受实践的检验

兴奋之余，有三件特别的事情颇值一记。

第一件事：在1983年影片《在被告后面》经文化部、电影局审查通过之后，中国电影出版社的编辑王家龙同志曾向我约稿，希望我就如何塑造当代人形象问题写一篇文章。他准备将文章编入《电影导演的探索》一书的第四辑中去。当时，我不仅很痛快地应允，而且立即酝酿并动笔，以导演札记的形式总结影片《在被告后面》的得失。其命题为《塑造当代人形象的尝试》。然而就在该论文即将接近完成的时候，由北京传来了“停印拷贝、禁止发行”的电令，已接近收尾的文章不得不停笔。于是，趁此机会，把未完成的上述文章写就，也算了却一桩心事。

适逢此时，电影局的李文斌同志不知怎的知道了我在北京，于是便引出了第二件事。如果可以把每件事称为故事的话，即将讲述的故事会令人发笑，但更令人心酸。

年前，曾往长春打长途电话，催促我写一篇“检讨性的文章”被我拒绝的电影局《电影通讯》主编李文斌，到招待所来访我。相互握手之后，他发现了摊在桌上的《塑造当代人形象的尝试》文稿，于是便问我，是否可将该文稿给他？我告诉他，该稿中国电影出版社王家龙年前已约定，不好再转投。

应该说，文斌是我在北京比较要好的朋友之一。每逢来京送审影片，几乎都要与他对当时国内外电影动态交流一些看法。而他，则趁机向我索稿，要我为《电影通讯》写篇札记或总结之类，我每每欣然从命。这次他来访我，在说明摊在桌上的文稿不能给他之后，我可是与他开了个不大不小的玩笑。

我问他："是否还需要我写一篇检讨性的文章？"依我当时的判断，他还未必知晓《在被告后面》此时的情况。果然不出所料，李文斌高兴地拍了我肩膀一下，说："怎么，常导，你想通啦？"

我笑了，并开始恶作剧说："告诉你，文斌：我岂止想通了，而且文章也写好了，只是……"边说边把原放在抽屉里的已整理好的中央首长的"讲话"精神拿出来并递给他，说，"只是短了一些！"

"没关系，没关系。短而精，更好，更好！"李文斌笑逐颜开地伸手接过我的稿纸。当他把关注的视线投到那篇稿纸上，少顷，我从他的面部表情，看到了一个人最复杂的心理变化，读到了他最难堪的心理历程。那情形真的是无以言表！一时间，我们好像都停止了呼吸，并听到了彼此心脏的跳动声。

"常导……"李文斌颤抖的手举着那页稿纸，一对惊诧的眼睛直视着我，说，"常导，这可开不得玩笑啊！"

"开玩笑？我敢吗！"于是，我把这次来京的缘由以及了解到的成果，毫无保留地向他细说了一遍。并且告诉他，文件我已亲眼看到，绝对可靠。若不信，可找史超和李平分核实。

一阵沉默之后，李文斌不无尴尬地说："常导，您是大导演……"文斌在此时对我很不寻常地用了一个"您"字，并伸手拍着我的肚子，说，"俗话说宰相肚里能撑船，您虽然不是宰相，但是大导演，也应该是肚大能容啊！"

"文斌，你可不要这样'您'啊'您'的。我听着不舒服，这是一；第二，你也不要把我当成弥勒佛。作为朋友，我常彦可以向你保证，即便我成不了肚大能容的弥勒佛，但也绝对不会做个小肚鸡肠之辈。只是希望，我们都能从这件事情上吸取些教训。"

"老常！"文斌这次既没有称我为什么"大导演"，也没有叫我"常导"，更没有用“您”，而是仅仅呼我为“老常”。他再也没有说什么，只是紧紧地用双手握住我的手，使劲地摇晃、摇晃，直至我感到我的手被他握得痛疼难忍……我注意到，彼时彼刻，我们两个人的眼睛里都饱含着泪水。

第三件事：原本应该返回长春的我，获知中国电影家协会和《大众电影》杂志社将要与在京参加全国冶金工作会议的代表座谈影片《在被告后面》。如果说写在前面的两件事，对我的影片《在被告后面》是一种实践检验的话，我认为，即将举行的这个座谈会，对于《在被告后面》无疑是更直接、更广阔、更深刻的实践检验。所以，我决定推迟返厂，留下来参加座谈，聆听意见。

作为影片《在被告后面》的导演，我被影片座谈会上发言之踊跃、气氛之热烈、态度之坦诚，深深地感动！这些在工业生产第一线上的电影观众，以他们自己在现实生活中的切身体会，丝毫不含功利地，对我的摄制组所创造的劳动成果，给予了客观、公允的评价。这种尊重电影人的劳动，公平、公正的态度，怎能不让我们被评论者——电影人——心悦诚服！

请允许我在回忆这段往事时，向我的影片观众致衷心的敬意！

当初极力向我推荐《在被告后面》原创文学剧本《阴转多云》的长影文学副厂长韦连城同志，于电影局内部刊物《电影通讯》总第七十一期，发表了一篇题为《认真清“左”、迎接挑战、大胆创新》的文章。他说：“《在被告后面》由于较深刻地揭露了不正之风，曾引起一些同志的担心，在中央领导同志明确指出是好影片之后，才得到文化部的一等奖。”“在内容上由于过分小心谨慎，影响了创作者大胆揭露矛盾。而有时在艺术处理上却存在着管得过细，过于具体的问题。有时非要改某一句话，某个细节，删去某一首歌，使创作人员心爱的设计变得不完整。《在被告后面》原本是主人公自己告自己，但这个设计被硬性规定改掉之后，影片在艺术上受到了一定损失。”

无独有偶，同在上述这期《电影通讯》上，当时的文化部丁峤部长在题为《坚持创作自由、繁荣电影创作》文中检讨道：“事实上，在我们做电影领导工作中是受‘左’的影响的。由于‘左’的东西根深蒂固，有时还会约束我们的思想。”他举例说在长影看罢影片《阴转多云》说了一句“用自然气候来概括主题准确不准确？请导演同志考虑”。“后来厂里根据我的意见将片名改成了《在被告后面》。片子送到北京审查时，电影局的同志又提出，主人公告自己不好，希望改掉。编剧、导演在痛苦的情况下，只好照着改了。这样的事都值得注意，希望以后不再发生。”

这，就是我的影片《在被告后面》的背后的故事。我作为已经从中国电影艺术创作第一线离退下来的老从业人员，在书写这篇回忆文章的时候，且不说感慨良多，多处尚且忍不住泪水，希望它能引起与我们的电影事业相关的一些朋友们的思考。

三十七　迟到的辩白:《在被告后面》的现实意义

（一）敢遣春温上笔端

拍摄影片《在被告后面》的经历，引出我许多杂感，是收获，也是醒悟。要想银幕上有，影片的创作者自己首先要有。艺术家永远不能把自己心中没有的东西送上银幕、献给观众。

坦率地讲，艺术的创新和突破，总是需要真正艺术家的勇气。假如没有偏见的话，你透过影片《在被告后面》总会发现剧作家史超、李平分的一些探索和追求的勇气。你不能不佩服他们敢于去写生活中巨大尖锐的矛盾冲突，敢于直面人生，触及社会生活的新的巨大变革。当然，作为一部作品来审视，它可能远非达到了完美无缺的程度。实事求是地讲，影片《在被告后面》基本上还属于描写改革开放的第一代作品，因此存在不完善是在所难免。然而有谁又能否认，它不是勇闯难关的披荆斩棘之作？！我认为，它是我们电影艺术家在创作上走出彷徨，勇敢地承担起为新生活的新变革摇旗呐喊、鼓劲助威的重任，这是多么重要的一步！

和《在被告后面》的摄影师高洪宝一同分享获奖的喜悦

前车之鉴、后事之师。毋庸回避，一些年来，我们受“无冲突论”的毒害太深了，也太久了。在所谓“不求艺术有功，但求政治无过”的极不正常的心态之下，创作活动总是绕着矛盾走，或者用“好和更好的矛盾”去掩盖和搪塞生活中真实的矛盾冲突。

能够像影片《在被告后面》如此大胆地接触生活中无处不在的“关系网”，既不回避什么也不掩盖什么，而是果敢地深入生活的内层，把变革前进的艰辛和复杂摊开来。这一成就的奥秘，就在于作品的后面有勇于写矛盾的作者。史超与李平分两位剧作家通过影片中的主人公李江川勇敢地喊出：“希望在哪里？希望在人间，希望在今天！”

伟大的先驱鲁迅先生曾写下过如下著名的诗句：“曾经秋肃临天下，敢遣春温上笔端。”史超、李平分之所以能够不回避君临天下的“秋肃”硬是敢于把春温送上笔端，都只能是因为作者的心是火热的，并且是也敢于去送。正是在此处显示了艺术家真正的胆识。

作为影片的导演，如果说《在被告后面》还有什么重要经验值得总结的话，那就是一定要敢于写矛盾，还一定要善于在矛盾冲突中写人的思想性格。写矛盾，是走向深刻、走向典型化的重要途径。

有些人口口声声大谈唯物辩证法，实际却是形而上学猖獗。因为他们不肯让自己的社会意识决定于社会存在，而是拿自己主观臆断的尺子去衡量鲜活的生活现实。

人的认识落后于实践，并非是个什么了不起的大事，任何人的认识都有一个不断发展、更新、否定之否定的过程。可怕的不在于一时的落后，而在于不以为落后，反以真理化身自居，以为只有自己才是历史的创造者和权威的解释者。

1984年2月，长春电影制片厂召开了它自建厂以来的第四次创作会议。在这个会议期间所发的《会议简报》第九期中，登载了当时我对长影厂和对全国电影创作的“几点意见”。其中，在关于“如何看待影片审查的问题”上，我根据自己以及同行们的切身体验，呼吁并建议有关部门在审查影片完成片的时候，能给予相关导演以平等对话的机会与权利。

我当时说：在影片审查问题上，我不同意目前流行的所谓“背靠背”的审片方式。众所周知，邓小平同志早在中国第四届文代会的祝词中即明确指出：“要提倡同志式的、友好的讨论，摆事实，讲道理。”“我们提倡领导者同文艺工作者平等地交换意见——衙门作风必须抛弃。在文艺创作，文艺批评领域的行政命令必须废止。如果把这类东西看作是坚持党的领导，其结果只能走向事情的反面。”

反观我们现在送审影片的实际状况，完全与小平同志的指示相悖，根本不给作品的创作者以同志式的平等地位。但必须说明，并不是我们从来就是如此，我们也曾有过比较正常的时期，送审影片时，通常是导演陪同部、局领导看片，审看中导演随时回答领导的发问。这样，导演便可以及时地与领导相互沟通。影片放映完毕，更有细致地交换意见的机会，然后商定出哪些该修改，该补拍或补录，或者指出不伤大雅的缺点不需修改便予以通过。如此的审查，不论结果如何，都会使被审查影片的作者心悦诚服，即便有不同意见，也使导演有一个表达不同甚至保留意见的机会。

然而，不知从何时起，上述好的工作作风悄然消失，取而代之的是对导演的“缺席审判”。虽然，每次送审影片依然要求必须是导演亲自携带影片送审，但审与被审之间的当面对话已不复存在，最后，原本良好的审片过程落得个只能听电话通知或下发文件等居高临下的官样文章。如此下来，导演发表意见的机会越来越少。对于部、局的审片结论，导演也就只有听命的份儿，失去了给予说明、解释、辩白、申述的机会与权利。作为影片主要创作者的导演，面对审片结果，似乎只能听命与服从；而审片者一方，则无论是部、局领导本人抑或局一级审片小组的任何一位成员，其意见都似乎必定是真理在握，绝对正确，因而也必须贯彻执行。想想看，这不正是小平同志批评的那种必须抛弃的“衙门作风”吗！坦率地说，这不是加强党的领导，也不利于繁荣创作。

在“几点意见”中我当时还强调说：“电影是遗憾的艺术，这句话几乎是所有电影人都公认的一句名言。的确，电影确实是一门容易留下遗憾的艺术。一部文学作品可以在稿纸上反复修改调整，即便已经付梓，它仍然可以于再版时加以补充或修订。一幅美术作品，也可以在画布上反复修改，甚至刮掉重来。至于舞台戏，它甚至可以在演出中不断地完善，今天这样处理，明天那样调度，甚至干脆暂时停下来，用全新的方式去诠释。但电影不行。它的工业化生产方式注定了它是一次过的艺术。摄录在电影胶片上的电影作品不同于写在稿纸上的那样便于涂改，也不能像在画布上那样索性刮掉重涂。

这样说，绝不是说电影不能修改，只是想说明电影生产方式上的这种特殊性对我们的审查程序形成一定程度的制约。也是由于电影作品特殊的生产方式，决定了它的任何修改都与影片的最终成本有关，于是就对审查影片提出了更高的要求。由于电影作品的介质或载体是胶片，因此对影片的任何修改都必然是兴师动众的，所付出的代价绝不是几张稿纸或一块画布的费用。这就是说，在对待影片审查上政治账（影片内容）要算，经济账（影片成本）也应当算。须知，我们花的毕竟是人民的钱啊！

现在想来，当初那个发言绝对是有感而发的。

影片《在被告后面》产生的年代时值20世纪80年代初期，中共中央号召全党整顿党的作风的时候。

由编剧史超、李平分所创作的剧本《在被告后面》，可以说是一部应运而生之作。它留给人们最深刻的印象，就是主人公李江川的一句话：“第一步必须迈出去！”身为中华机械厂厂长的李江川说出这样一句话，不是空洞的豪言壮语，而是对自己曾经不自觉地走错了几步路的沉痛总结和反思，是从总结中觉悟到的坚定信念和力量，是他作为“被告”的坦率答辩。实际上，当他讲出这句话时，观众已经完全明白，他指出的真正应该被审判的被告——由党风不纯和社会风气不正所结合在一起的“关系网”，它才是真正阻碍社会主义改革的绊脚索。作为影片的创作者，我们不敢自夸影片《在被告后面》是轰击“关系网”的一颗重型炮

影片《在被告后面》拍摄现场工作照

弹，但是，通过塑造李江川这个人物，呼唤人们起来和这种腐蚀性极大的歪风进行不调和的斗争的意图，却是无疑而又显而易见的。

李江川为了从小煤窑弄到煤，明知对方“给几个红果”是为了“换回一串糖葫芦”，也不得不硬着头皮接受苛刻的“条件”：明知银行驻厂员的孩子是残疾人，但为了顺利付出煤款，不得不亲自出面去向服务公司说项，而且还可笑地打出“今年可能是国际残疾年”的旗号。银行的关节打通了，铁路局运输科张科长却不给车皮，内中的真正原因是李江川要处分他的亲家和儿子搞不正之风，等等。

一个力图发展生产，一心奋力要为国家多做贡献的厂长，竟被各种歪风推挤到这样可悲的境地，去扮演着如此可笑的角色，怎能不令人感到沉重，感到酸楚，又怎能不令人愤慨呢！细心的观众不难发现，张科长之流的所作所为，已超出了一般的以权谋私的拉关系，实际上变成了以邻为壑、落井下石、置人于死地的阴险权谋。

不错，以一个共产党员的要求来说，李江川在影片中绝不是完美无缺的，也绝不是没有可指责之处的“高、大、全”。但是我以为，正是从这个角度才有可能展示人物的复杂性，使矛盾冲突更加激化，更加深化。难道这样处理不对吗？

曾有同志说：“艺术作品对生活总是要看得清楚些，要层层剥开，让人看得清楚些。”是的，“要层层剥开”。影片《在被告后面》正是这样做的。它没有让观众看到开头便知道结尾，而是采取递进的方式层层剥开，娓娓道来。我以为，影片在上述叙事方面的实际状况是不该遭受指责的。

有同志说“检查组长同厂长的关系，有点不合理”，“片子里是不信任，卖的什么关子？后边又没有交代”。

我认为，上述指责也是不符合影片的实际的。实际状况是怎样的呢？纪检调查组在工厂的调查，组长邵彦的高度原则性和沉着冷静，最初给人的印象，似乎是不顾客观上实际存在的困难的挑剔，而李江川是在为了工厂的生产，不计个人的荣辱得失，敢作敢当。但随着李江川一次又一次向“关系学”妥协，不仅仍然不能使他从缺煤的困境中摆脱出来，而且实际上每一步都和调查组坚持的原则相对立，最后，终于使他痛彻地感到，自己似乎成了“杨白劳在等着喝卤水”。在这种真切的内心巨大痛苦的冲击下，他有了幡然的觉醒：“卑躬屈膝打不了天下，过去是这个理，今天照样是这个理。”于是他喊出振聋发聩的声音：“我就不信，共产党的天下，能叫共产党自个儿给毁了。”

人物性格正是在这里有了新的发展，闪耀出了新的思想光彩。李江川恰恰是从自己狼狈的处境中，悟出了对待各种丑恶的不正之风，用妥协屈膝的办法绝对没有出路，即使一时解决了生产上的某种困难，那也不过是“饮鸩止渴”，绝不能解决根本的难题；而纵容这种歪风蔓延的结果，却只能是败坏党风，最终毁损党的事业。也正是在这种觉醒的基础上，他和曾是老战友而时下任纪检调查组长的邵彦有了共同语言，并打心眼里承认：“党需要有严明的纪律，更需要有严厉的执法人！”李江川与邵彦之间的老战友情谊，在新的形势下面得到了加强。

人们常说应在矛盾冲突中和人物性格的发展中去塑造人物，影片中对厂长李江川与纪检组长邵彦的关系正是遵循上述原则来处理的，并没有“卖什么关子”，我相信观众会看明白，厂长李江川没有及早地主动找调查组去谈，并不是对纪检调查组以及组长邵彦的“不信任”。李江川作为还不是十分清醒的实干家的弱点，恰恰就在于当他迈出第一步时，只考虑到要把生产搞上去，而没有把风气不正所结成的“关系网”当作首要的绊脚索去奋力踢开。反而采取了一方面迁就妥协，另一方面把端正党风的希望，完全寄托在上级身上，放在纪委身上。但事实教育了他：“这是一种无所作为的表现！正是这种等待、消极观望的态度，使我们有可能在不正之风面前随波逐流，甚至同流合污！”李江川在党委会上的肺腑之言是动人的：“卑躬屈膝只能使人变本加厉，得寸进尺，实践证明，此路不通。我们必须开辟一条新的道路。那就是硬着头皮顶住。”“尽管这样做，很难很难，但是，第一步必须迈出去！”

李江川作为影片《在被告后面》的主要人物，自有他独有的行为轨迹。他挣扎在那个恶性循环的“关系网”里，但李江川毕竟不是懦夫，他和全厂职工一道不惜破釜沉舟，冒雨奋战，用汽车拉煤，解救停产危机，恪守国际信用。李江川在困难中站了起来，用自己的实际行动，维护了“那光荣而神圣的称号——共产党人”！这时，以邵彦为代表的调查组，也得出了另一个调查结果：“铁路分局、银行、税务局的问题相当严重。建议省委成立专门调查组，详细了解一下。”

至此，影片完成了《在被告后面》的命题：真正的“被告”，正是这个尚未完全了解透的“关系网”。

个别同志对影片中“过生日”那场戏里邵彦没有“好好地批评厂长”很不以为然。在这里，批评者实在是有些强人所难了。人们看电影，应该主要不是

影片《在被告后面》李江川的饰演者周正

从中了解如何解决现实具体问题的过程和办法，而是从影片所提供的艺术形象，产生对生活的思索与判断，进而提高对生活中是非、善恶、美丑的识辨能力。剧作家史超、李平分很巧妙地为影片设计了一场颇具喜剧色彩，更具讥讽意味的“生日宴”，客人中除了邵彦之外，那些平时或在台前或在幕后给李江川设卡子、下绊子、掣肘子、掐脖子的张科长，刘主任、胡队长、钱处长、林科长之流都到齐了。在“客人们”的互相介绍中，突然发现邵彦是“省纪委”的，“客人们”顿时瞠目结舌，举止无措，但见，茶杯砰然跌落地下，强笑僵挂脸上。老奸巨滑的张科长抄起电话“顾左右而言他”，极尽装腔作势却掩盖不住内心的惊恐……

在一般的社会舆论面前，这类人物无动于衷，毫不理会，甚至照样我行我素，为所欲为。但是，当他们面前出现省纪委调查组长时，一个个便立即心虚胆怯，手颤杯落，方寸尽乱，逃之夭夭！剧作家别具匠心的一笔小插曲便形象地勾勒出，搞以权谋私这类歪风邪气的人，终究虚弱不堪，见不得阳光。俗话说，邪不压正，在浩然正气面前，那些在不正之风中自以为得志之徒，便立刻丢盔卸甲。这便是剧作家设计这场“生日宴”别出新裁的匠心。也是“生日宴”那场戏的最高任务。

如果说，上述辩白之词可以成立的话，那么，某同志对这场戏的指责就站不住脚了。因为，作者原本并未想让邵彦批评李江川。这在剧作上不该算“有原则性的缺点”吧！

还有，批评者的“意见”中的某些观点，也是值得商榷的。例如：有同志说：“作者的本意是想写得深一些，但看了以后，感到不正之风的问题好像不好解决”。

影片《在被告后面》的编剧之一史超同志曾在《北京晚报》登载过一篇题为《点燃心中的火种》的文章。文中谈到他与李平分在创作中的一些想法时说，他们“希望影片的主人公的精神，能点燃人们心中热爱社会主义的火种，希望人们能和主人公站在一起，把光明面扩大再扩大，把阴暗面缩小再缩小”。

位卑未敢忘忧国。剧作家渴望改变党风和社会风气，力图推动生活更迅猛前进的政治热情，是十分可贵的。“作者的本意”无疑“是想写得深一些”，对此，部长同志也似无疑义，但是，却对“不正之风的问题好像不好解决”很不以为然。

在此，我们不得不请教了：在现实生活中，不正之风能够随着党中央下达整党的一声号令便戛然而止并且灰飞烟灭吗?

答案显然是否定的。

作为一种腐朽的社会现象，“关系网”是地地道道的旧社会人与人之间关系的流毒，是“人情大于王法”在新时代的翻版，是变形的“人情大于党纪、国法”。“关系网”几乎无处不在、无处不结。它已经渗透到现实生活的各个角落，使少数人如鱼得水、捞取好处，使多数人愤慨不平。这个祸国殃民的大灾星，在特定的情况下，绝对能使一个单位或个人陷于绝境。残酷的现实表明，不正之风决不会像某些同志所希望的那样，由于有了“从中央到地方，成立的纪律检查委员会”就销声匿迹!

不错，正如那位同志所言，“从中央到地方，成立的纪律检查委员会是我们的希望所在”，但斗争正未有穷期，难道说这不是铁的生活现实吗！因此，《在被告后面》这部以反不正之风为题材的影片，在“看了以后，令人感到不正之风的问题好像不好解决”是完全正确的。如果看了以后，令人感到不正之风的问题好像很好解决，则是不正确的，甚至是完完全全不正确的。一字之差，谬误甚巨。

综上所述，尽管影片《在被告后面》可能有诸多不足或遗憾，但在评价它时，无论如何，似乎不应该得出“有原则性缺点”的结论。

所谓“原则”，按《现代汉语词典》的注解是:“说话或行事所依据的法则或准则。”在我国，一切人的言论、行为都不得违反或违背妇孺皆知的“四项基本原则”。作为影片的导演，我敢说，影片《在被告后面》无论故事情节抑或人物语言都不存在违反或背离“四项基本原则”之处。电影作为一种遗憾的艺术，《在被告后面》不免会有这样的缺憾、那样的不足，但决不存在事关大是大非、足以使其“停印拷贝，禁止发行”的“原则性的缺点”。

以上，便是我对影片《在被告后面》的迟到的辩白。

之所以迟在30余年后才又旧话重提，其意绝非纠缠旧账，而是想在积淀了多年后能心平气和地总结出些许教训，以供后来者参考，所谓“往者不可追，来者犹可谏”，仅此而已。

艺术的认识功能是有限的，现实生活里的任何矛盾的真正解决，是不可能靠艺术来完成的，它只能起间接的促进作用。电影编导绝没有呼风唤雨、点石成金的本领，单靠自己的一部影片，不会促成国家的繁荣富强，“仓廪实而知礼节”，电影事业的发展和整个文化事业的发展一样，离不开物质文明的建设。崇高的理想不会脱离开现实而存在。如果总是让电影编导处在达摩克里斯剑之下，胆战心惊地去拍片子，还谈什么繁荣创作！

毛泽东同志当年在对影片《创业》的批示中，批驳了“四人帮”对文艺作品的“求全责备”。虽然事过多年，但在现实生活中文艺评论领域里，却很难杜绝这种“求全责备”的不正之风。令人遗憾的是，对文艺作品（包括电影）审批行为不规范，自由裁量权过大，办事不透明，以“背对背”取代“面对面”，甚至搞“暗箱操作”带来的弊端和危害几乎无处不在。这种状况很容易滋生或不可避免地带有很大的随意性，几乎到处都是把国家的权力部门化，部门的权力个人化，造成“官本位”“长官意志”的状况俯拾即是。结果形成真理往往不是客观存在的作品本身的事实，而是某长官的“重要讲话”或“指示”。长此下去，文艺评论便失去了它应有的客观标准，也很难做到公开、公平、公正。这才真正是令人担忧的啊！

（二）从“对号入座”说开去

记得在横行一时的“四人帮”垮台的前夕，长影的某摄制组为拍摄影片选定了某一生产建设兵团作为影片的拍摄基地。在最初，摄制组受到兵团领导的热烈欢迎，并表示一定给予全力支持。但是，当主人看完剧本后，突然改变了积极配合摄制组的初衷，原来他们了解到剧本中所揭露的问题竟与他们兵团存在的实际缺点有某种程度的相似，于是便态度大变。

主人先是还有礼貌地所谓“请教摄制组”：为什么到他们这里来拍摄？后来则索性下令其下属单位：一律不得接待摄制组，也不得协助拍摄。摄制组了解了情况后再三解释，说这纯属偶然巧合。然而主人就是不予谅解，那真是“秀才遇到兵，有理说不清”了。最后，摄制组在无奈之下只能被迫撤离，重新另选拍摄景地。人走机器搬，那开销自然不小，时间也耗费多多。有什么办法？人家硬是要“对号入座”！

其实，在文艺作品中“对号入座”并非罕事，是一种古今中外早已有之的社会现象。“清风不识字，何必乱翻书？”一句闲诗，作者不仅仅丢了脑袋，甚至还株连了九族。这是满清王朝时曾发生过的尽人皆知的“文字狱”案件。文字狱就其实质来讲，也是源于“对号入座”，是封建皇帝的“对号入座”。现在，那样的时代是一去不复返了。然而，“对号入座”作为一种社会现象却远未消失。在这一点上，我们没有专利，中国如此，外国亦然。君不见某些西方影片在片头特意加上一幅字幕，声明：“本片纯属虚构，其情节如与某些事件巧合，则纯系偶然，绝非作者本意”等诸如此类，那意思大概也是意在谨防“对号入座”所能产生的后果吧。

仔细想来，这种勿谓言之不预的“声明”倒也有其妙处，其一，可以避嫌，以免招致麻烦；其二，可以故弄玄虚，达到招徕观众的目的。简而言之，既可以增加免责的“安全系数”，又可达到“招财进宝”的目的，一箭双雕，何乐不为！不过此举是否有效，那只有上帝知道了。

在我执导影片《在被告后面》期间，有的朋友也曾建议，是否也在片头加上一幅类似西方影片中那样的字幕，以免一旦“有理说不清”。

在最初，我还真的被说“活”了，但仔细想来，终觉此路不通。说“本片纯系虚构”？无疑，那是对本片编剧的最大不敬，因为史超、李平分两位作家是经过长期深入生活和充分调查研究之后方才创作出本剧的；说“本片来源于生活”？那除了有“王婆卖瓜”之嫌外，实在是一句地道的废话。于是，我终未采纳朋友的好心建议，而是让影片《在被告后面》赤条条地见了观众，丝毫未加遮掩。

我想，在影片登上银幕之时，假如有谁真的要“对号入座”，那就由他去吧。况且，作为本片的导演，我还真巴不得本影片在观众中能引起“对号入座”的社会效应！

我之所以如此想和这样做，是基于如下的理由：

首先，我们当今所处的时代是中国共产党召开了第十二届三中全会后的社会主义中国，即便拙作存在着这样那样的缺憾或不足，我坚信绝对不会引来“杀身之祸”。我的信心，还来源于“双百方针”在文艺界获得了前所未有地正确贯彻。影片由于本身不可能十全十美，在映出后可能会有见仁见智的评价，甚至会引起争论，那完全是正常现象，我不必有任何需要避嫌的后顾之忧。

其次，毋庸讳言，影片《在被告后面》由于其触及现实的深度与广度，自然会在社会上引起反应，那效果实属正常。因为影片在一定程度上揭露了社会上存在的不正之风，因而触及某些人的隐私或痛处，那也是极其自然的事，根本不值得大惊小怪。

我们就以影片中出现的那位铁路分局的张科长为例，生活中不就不乏此类人嘛！他们依仗自己手中掌握的一部分权力，不是大言不惭地、毫不脸红地承认自己是“离不开、惹不起、填不满”的人物嘛！

所谓“离不开”，是因为人们要想办成某些事必须经过他，有求于他，于

《在被告后面》现场工作照

是他便忘乎所以地摆起“谁敢惹我”的架势，施行“顺者昌、逆者亡”。于是乘机大敲竹杠、实施扒皮术，中饱私囊，而且是来者不拒，多多益善，永远“填不满”的无底洞！似这等现象，似此等人物，如果能在看片时因“对号入座”而脸红心跳、羞于见人，甚至“回头是岸”，那真是应该说一声：阿弥陀佛，善哉、善哉了！

还有，假如更多的人能通过“对号入座”而与影片中的主人公李江川同呼吸、共命运，认识到在不正之风面前的无所作为或消极地等待上级解决，会导致李江川所指出“随波逐流”甚至“同流合污”，那么，我们的现实生活中就会涌现出多一些，再多一些，更多一些李江川式的“硬着头皮顶住”的改革者，从对不正之风的鄙视与憎恨，提高到从我做起、从现在做起与之斗争，那将是一种多么美妙的社会效果！我坚信，那将是我们参与此片创作的所有人员共同期盼的效果！

再有，“对号入座”者也不尽相同。1984年春节前，我在北京荣幸地参加了一次影片座谈会。参加那次座谈会的人是来自全国冶金工业方面各大公司的负责人或党委书记。他们在座谈会上，异口同声地称自己就是现实生活中的李江川，有李江川式的喜怒哀乐，同时又异口同声地承认自己还没有李江川那样的魄力，但同时又表示一定要像李江川那样，要无愧于共产党人那光荣而又神圣的称号。

听到上面那些话，我作为本片的导演被深深地感动了。我从他们身上看到了我们国家的未来和希望，也体味到创作的喜悦，那感觉真美！在不觉中，我的眼睛湿润了。

我真的打心眼里希望，希望能有更多的观众在看过影片《在被告后面》之后，也能够有如此这般的“对号入座”。那正是我当初看中史超、李平分两位编剧的原创剧本《阴转多云》后以《在被告后面》搬上银幕的创作初衷。我期盼这样的“对号入座”多一些，再多一些，更多一些！

三十八　众说纷纭说“被告”

（一）各方观点选录

影片《在被告后面》映出后众说纷纭，反响很大。观众一致认为，这部影片深刻地反映和揭示了社会上存在的严重不正之风，对当前整党是一部很好的教材。

《陕西青年》杂志社南来苏：这是一曲真与假、善与恶、美与丑激烈斗争的交响乐。影片以真实质朴、多层次的手法，表现了我国千万个企业里的一位普通厂长——李江川在不正之风的袭击和困扰下的复杂思想和感情，生动地塑造了他对祖国、对社会主义建设怀有耿耿的赤子之心。影片是一袋纯洁心灵的洗涤剂，是一支苏醒被精神鸦片——不正之风麻痹了神经的兴奋剂。它鼓舞人民群众要像李江川那样，坚持原则，勇于正视自己的缺点，保持党的优良传统。从这位被告人的后面，我们看到了人民是伟大的，中国是大有希望的。

解放军西安政治学校许建国：影片拍得真实、亲切，事情就像发生在我们的生活中一样，看后印象很深。李江川、孙副厂长、财会科长、运输科长、女班长的形象塑造得很好，演员表演得纯朴、轻松、自然，语言朴实，没有高谈阔论和矫揉造作。尤其是李厂长塑造得更好，叫人感到他有能力，有魄力，深得人心，是一个企业的实干家。

《光明日报》驻陕西记者站等同志：这部影片思想性、时代性很强，内容简练，艺术技巧新，不落俗套，具有一种大胆探索性，给人一种新风扑面的感觉，让人从中懂得了许多哲理。

省剧协杜耀民：这部影片深刻地反映和揭示了我们生活中的阴暗面，即种种人们厌恶的、却又一时无能为力改变的不正之风，并引起人民的共鸣。文艺要源于生活又要高于生活，如何使影片既能大胆地反映生活，又给人以积极向上的力量，影片《在被告后面》已经向文艺理论界提出了一个值得探讨的问题。

陕西省委宣传部文艺处王小康：这是一部思想性、艺术性都比较好的影片。切中时弊振聋发聩，深刻地、尖锐地鞭笞了以权谋私的不正之风，给我们的社会生活、经济发展带来的危害。此片在艺术技巧方面，也有新意。枯燥的机关生活，通过镜头剪辑、节奏处理，紧紧吸引着观众。

一些观众也提出了不同的看法：这部影片的主角李江川在编导眼中究竟是一个被否定的对象，还是一个被肯定的对象，看后始终未想清楚。影片有些地方表现得不够清楚，如：谁写的匿名信？为什么要写匿名信？调查的结果也没有揭示，财务科长的爱人话中有错字，显得有些俗气。

当观众看到那幢富丽堂皇的教学大楼时，也许会产生一种想法：任何一个李江川都不会盖这么豪华的大厦的。当煤的问题还未具体落实下来，李江川就冒然与外商签订合同，这对一位拥有几千人工厂的领导者来说似乎是不可能的。

人物关系简单化了，比如主要人物几乎全是昔日的老“战友”，编导的对比意念很明显。固然这样一来问题更集中、更强烈、更突出，但由于太“巧”而失去了某些真实感。铁路局的张科长既管调度又管工资，而且恰恰都能与本厂发生联系，这也不真实。即使事情如此凑巧，但业务和调资方面的问题恐怕都不是一个人可以说了算的。观众只能认为这是编“戏”的方便和需要。

（二）中国影协座谈会纪要

1984年初，中国电影家协会、长春电影制片厂在中国影协举办了由来京参加全国冶金系统会议的领导人的影片观后座谈会。现将发言情况整理如下：

赵长江（包头铝厂厂长）：坦白地讲，我与影片中的李江川厂长有同病相怜之感。甚至抱怨，自己为什么在这个时候当厂长。虽然主观上极力想把工作干好，但是受人掣肘啊！我承认自己不如李厂长，没有他那样的思想与境界。明知道不对，也得做。我认为影片指出了现实，更指出了未来。当然，对于不正之风也不能硬顶，因为弄得不好工厂就开不了张啊，我们不能不算这个帐啊！

我觉得影片写得好，我们大家都能像李江川就好。往往是平级易顶，上级更难应付。其实，大家心里都有一本账。看了《在被告后面》很受启发。相信我们会好起来的。

刘铁军（兰州铝厂厂长）：平时与文艺界的同志接触不多。这部影片我看了两遍，代表会和工人的反应都很好。有的人找我说：你一天干的事就像李江川厂长，对我们职工也是个教育。其实，工厂就是一个小社会，真正放在工厂本身的力量是有限的，大部分力量都花在应酬社会上的事情上边了，就像影片里孙副厂长所说的那样。

电影中所反映的侧面，我们不但都干了，甚至更多。可以说都是违心干的，并不甘心。目前的实际状况是不敢大干，小干一点儿，因为谁都可以卡你的脖子嘛！

我觉得，编导是了解生活的，深入了现实，反映了真实。

今后再不送礼了。这就是看了电影后的效应。原来我也有抵制不了的想法，但总是要从自己做起吧。

影片很有教育意义。导演好，演员演得也好。不足是影片结尾略显简单了。

林农波（衡阳铬镍钢厂厂长）：厂长是不好当的。感谢编剧导演拍了这样一部好电影，艺术和思想都很成功。深入了生活，反映了现实，表现了基层干部的苦恼，结局给人以希望，给人以积极向上的感觉。影片反映的问题确实存在。我们也违心地干了一些不该干的事，如盖了房子，关系户都来要。你不给谁都不行。

影片是来源于生活的，对人很有教育意义。不是我们没有本事，可大部分时间都弄到解决社会问题上去了，怎么得了？在这一点上，影片为我们说了话，很感动，激励我们从自己做起！

王鲁（株洲冶炼厂厂长）：老实说，看《卖花姑娘》没流泪，这次流泪了，因为《在被告后面》反映的是我们的工作、生活，将我们的形象搬上了银幕。

电影通过一两个侧面反映了现实生活。实际情况是，你要使工厂生存下去吗？你就得干违心的事，如被拦车搭乘的事，我就不止一次地遇到过。所以，觉得影片特别真实、亲切。现在是工农商学兵、吃喝拉撒睡都得管。对于“电老虎”和“铁公鸡”，你一个单位是很难顶得住的。

不足之处是，影片的结局简单了些。但总体来看，影片成功，真实、感人，是一部很好的片子。

韩立成（韶关钢厂厂长）：这是一部好片子。感谢编导将我们的生活搬上银幕。影片替我们倾诉了衷情，亲切感人。影片的主题似乎是从违反财经纪律后的反不正之风展开的，这是有联系的。一个厂长经营、管理工厂如此之难，其中的大部分困难都是社会造成的。正如影片指出的，纠正不正之风需要严明的纪律，还需要有严厉的执法人。从当党的形象上来讲，纪委伸张正义不仅在道义上支持，在行动上也应该大力予以支持。司机楼里那段戏很感人，司机师傅说要教厂长开车的情节，深深地感动了我，我流泪了。

徐光伟（有色金属总公司经理）：在描写现实生活的影片中，《牧马人》和这部影片是好片子。影片的编导有功力，台词、语言生动，刻画了社会。如“我不相信共产党要自己把自己搞垮”！男儿有泪不轻弹，但还是制止不住，多处流泪了。不是厂长难当，而是做人难做。尤其生活厂长更难当。影片描写得细致入微，非常好。感觉不足的，会计科长家过于华丽，夫人也太落后了。

高立夫（铜陵有色金属公司经理）：这是一部成功的影片。编导对生活了解、体会深刻。我与李江川同呼吸，与他同欢乐、同痛苦、同流泪。我觉得影片对李江川的内心世界描写得真实、细腻。看了就像看到了我自己一样。在现实生活中，就有自己整自己这样匪夷所思的事情。可以说，已经到了边缘，不能再发展了。李江川在最后的决心，也代表了我们。我呼吁：请大力减轻企业负担。应付这些负担比搞好生产要更花费力气，也更费金钱。抵制不正之风必须从党内的掌权人物入手。

这部影片是很好的整党教材。要整顿党风，必须形成大的社会舆论。李江川可以很坚决地抓本企业中的问题，但是要解决社会上的问题，就不是他一个人和一个单位可以解决的了。

王振崑（江西铜业公司党委书记）：影片反映了真实的现实生活，非常感人。我边看边回忆我当矿长时候的经历。不正之风犹如一张大网纠缠着你，你不得不做一些违心的事，因为你不能生活在真空里。企业与地方打官司，从来打不赢。没办法，我们只能算大账。影片为我们企业和搞企业的人说了话。这是一。

第二，影片塑造了一位大公无私的、有事业心的实干家。是我们学习的榜样。

我们这一代企业领导人是上有老、下有小，左右有老表，还有两个包——就业，离休。《在被告后面》几乎都涉及了，非常感人。如：厂长骂女儿那场戏，我流泪了，是我想到了我当初骂自己的老婆。雨夜卸煤那场戏拍的很感人，缺点是小乐队伴奏夸张了点儿。

第三，李江川最后在党委会上的台词以及邵彦的实事求是，都是非常感人的。

不足：在宿舍里跳舞那场面不必要。纪委邵彦性格前后不统一。财会科长爱人的戏表演过了。影片结尾似乎拖了些，可以在李江川在党委会发言后即结束。

王长信（中国影协座谈会主持人）：感谢大家发表了很好的意见。可以说，影片《在被告后面》是一部人物新、思想新、角度新的三新影片。它理所当然地应该受到大家的欢迎和赞赏。如果说挑一些毛病的话，也不是没有，如纪检干部邵彦与厂长李江川是战友关系，处理得理想化了，不太动情。正如大家所说，财会科长爱人的戏表面化了。

总体来讲，影片《在被告后面》不愧是部好影片。影片的出现表明，长影厂是一个朝气蓬勃的制片厂。还说明在创作中不要怕曲折，《在被告后面》证明，道路是曲折的，前途是光明的。

（三）第一步必须迈出去！

——影片《在被告后面》观后感

在文艺创作中，在现实生活里，不是经常有人提出要探索“人生道路”的问题，而又似乎尚未得到圆满的答案吗？答案在哪里？不在抽象思辨的头脑中，而是在现实生活发展的浪花里。这个浪潮的第一个浪花，正拍击着每个人双脚，它迫使你必须回答如何迈出第一步，然后一步一个脚印地向着既定的目标走去。“我们讨论问题，应该从实际出发，不是从定义出发。”我们所处的实际环境，已不是夜漫漫或雾茫茫的时代，而是有了明确的共产主义远大目标，有了社会主义建设新时期的宏伟蓝图，有了为时下这一远大理想而掀起的改革浪潮，并且涌现了一批又一批富有革新精神的“弄潮儿”，因此，不是没有路可走，关键在于第一步如何迈出。看了由史超、李平分编剧，常彦导演，长春电影制片厂摄制的影片《在被告后面》，给我留下的最深刻的印象，就是主人公李江川的一句话：“第一步必须迈出去！”

身为中华机械制造厂厂长的李江川说出这样一句话，不是空洞的豪言壮语，而是对自己曾经不自觉地走错了几步路的沉痛总结，是从总结中觉悟到的坚定信念和力量，是他作为“被告”的坦率答辩。实际上，当他讲出这句话时，观众已经完全明白，他指出的真正应该被审判的被告——由党风不正和社会风气不正所结合在一起的“关系网”，这才是真正阻碍社会主义改革的绊脚索。如果不彻底把它斩断，哪怕你一抬脚，就可能落入网眼里而欲进不能。

李江川是经过战争考验的老干部，他不自私、有闯劲，每年为全厂完成500万元利润的任务尽了最大努力，可称得起是位敢于改革的实干家。但是，这位实干家却成了“被告”，不署名的控告信说他违犯财经纪律，拉关系、请吃请喝。省委书记批示：“立即派出调查组。了解确实后，严肃处理。”不能说控告信全无道理，正如省纪委纪检组长邵彦说的：“可惜，为了这500万，你们损失消耗的不光是用数字可以统计出来的原材料，党的作风也被破坏了！”李江川作为还不十分清醒的实干家的弱点，恰恰就在于当他迈出第一步时，只考虑到要把生产搞上去，而没有把党风不正和社会风气不正所结成的“关系网”，当作首先要踢破的绊脚索，反而采取了迁就妥协的态度，能利用的还要利用。尽管他十分痛恨这个“关系网”，但为了工作，他不得不自己掏腰包请吃请喝，财务科长替他保着密，以致写控告信的并不了解真情，调查组直到调查结束写好了结论，才了解到事情的原委。李江川原来总是把端正党风的希望，寄托在上级身上，放在纪委身上。但事实教育了他：“这是一种无所作为的表现！正是这种等待，使我们有可能在不正之风面前随波逐流，甚至同流合污！”不下决心下狠心顶着干，从自己做起，就会使事业一败涂地。

作为一种腐朽的社会现象，“关系网”是地地道道的旧社会人与人之间关系的遗毒，是“人情大于王法”在新时代的翻版，变形为“人情大于党纪、国法”。“关系网”已经渗透到现实生活的很多角落，网越结越大，网眼越来越密，使少数人如鱼得水，从中捞到好处，使多数人愤慨不平。而到了关键时刻，“关系网”就能使一个单位或个人陷于绝境，那可是祸国殃民的大灾星了。中华机械厂的储煤一天天减少，马上就要停产。李江川迫不得已采取了“饮鸩止渴”的办法，为了搞到煤，他宁肯忍受拿“糖葫芦换红果”式的敲诈。煤搞到了，银行不给转账，只得把银行驻厂员的双腿残疾的儿子“挂名”在本单位。银行的关打通了，铁路局运输科张科长却不给车皮，因为李江川要处分他的亲戚和女婿搞不正之风。李江川就挣扎在这个“恶性循环”的网里，而这一切正是发生在调查组进行调查的期间。如果不摆脱这种困境，一旦停产，影响到国家的生产计划的实现，那后果将更加严重得多，而这也正是张科长之流所希望看到的。张科长之流的所作所为，已超出了一般的以权谋私的拉关系，实际上变成了以邻为壑、落井下石、置人于死地的阴险权谋。但李江川毕竟不是懦夫，他和全厂职工，不惜破釜沉舟，冒雨奋战，用汽车拉煤，解救停产危机，恪守国际信用。李江川在困难中站了起来，用自己的实际行动，维护了“那光荣而神圣的称号——共产党人”！调查组也得出了另一个调查结果：“铁路分局、银行、税务局的问题相当严重……建议省委成立专门调查组，详细了解一下。”真正的被告正是这个尚未完全了解透的“关系网”。

人们看电影，主要不是从中了解如何解决现实具体问题的过程和办法，而是从影片提供的艺术形象，产生对生活的思索与判断，进而提高对生活中是非、善恶、美丑的识辨能力。艺术的功能也仅止于此，显示生活里的任何矛盾的真正解决，是不可能靠艺术家来完成的，它只能起间接的促进作用。正如《在被告后面》里的张科长、刘主任、胡队长、林科长之流，现实生活里也不乏这类人物。在一般的社会舆论面前，这类人物无动于衷，不会有什么畏惧，甚至照样我行我素，为所欲为。但是，当他们面前出现省纪委调查组长时，一个个立即心虚胆怯，手颤杯落，溜之大吉。他们弄权时是猖狂的，而一旦同更严厉的执法人相照面，他们也是纸老虎。这就告诉人们，对于以权谋私的人，一方面必须有党纪国法严加监督，另一方面必须发动群众坚决顶住，上下夹攻，他们就寸步难行。影片最后以冒雨抢运煤来解决燃眉之急，毕竟是暂时的办法。而且仅仅扯动几个网眼，还没有把网彻底地抖搂出来。但观众并不从这一点上去苛求，相反的是从这里看到了不解决这种不正之风，我们的改革就没有出路，党领导的社会主义建设事业就有可能被这些打着党的旗号的人给毁了。影片让人思索的正是这些。

没有思索的起步是盲目的，缺乏思索的步子是摇摆的，只有全面的思索之后迈出去的第一步才是坚实的，才是达到胜利的可靠起点。《在被告后面》的可贵处恰恰在于告诉人们，正确的道路始于足下，而不是离开起点去探索空洞的达到天堂之路的所谓“哲理”。那类作品貌似高深，其实难以动人，就因为它并无真正的哲理，只不过是玩“哲学相士”的江湖诀。

这次整党的内容之一，就是要搞掉以权谋私的歪风，彻底斩碎“关系网”，使每个党员和有志于振兴中华的人都能顺畅地走在改革的大路上，不再被绊住脚。而整党，也有个如何迈出第一步的问题，那就是坚决避免走过场。走过场可能产生什么样的效果？至少是暂时隐蔽或收缩了的“关系网”，将会在适当的时候更加恶性膨胀，李江川所曾面临的绝境，可能会出现在更多的基层单位，那是很值得思虑的。从这一点上看，《在被告后面》在整党正在进行的时候上映，它给人思索的启迪远远大于欣赏的喜悦。

（原载于1984年4月2日《人民日报》第七版，作者蓝翎，有删改。）

三十九　关注老年问题：影片《夏之雨，冬之梦》

（一）《夏之雨，冬之梦》故事梗概

1987年我接受了方洪友、王承刚、周维先三人合写的电影文学剧本《夏之雨，冬之梦》。这个剧本委婉地讲述了下面的故事：

雨，拍打着江南某小城。敬老院门前，赵院长拦住了迟到的胖姑娘和阿芳并且批评了她们。在给敬老院中的老人进行身体检查时，阿芳发现老人万鹤鸣不在。据说，万老又去“东吴书场”去听书了。

在书场里，有一位名叫上官秋雨的老年女听众，第一次注意到了万鹤鸣，因为他与众不同，边听边嘴里不停地唠唠叨叨，嘟囔着一些令人难解的话语。

书场散场的时候，上官秋雨因未带雨伞而在门口等候。万鹤鸣主动上前搭讪并欲将伞具借给她。这时候，上官的儿媳妇急匆匆地赶来给婆婆送伞。万鹤

影片《夏之雨，冬之梦》(长春电影制片厂1987年摄制)剧照

鸣见此情景，不由得感叹了一句“你真有福气”，然后独自离去。

与儿媳一块儿回家的上官，在楼道里遇上了老太太李菊花。李菊花被儿子、儿媳赶进了阴暗的仓房里居住。

阿芳家的庭院里，小强在雨中奋力和泥。心地善良的阿芳爹吃惊地问阿芳妈：“这不是小强吗！”并嘱咐说应该帮帮小强，因为他的父母都去世了。阿芳妈听罢立即将丈夫拉进屋内。

在仓房前，李菊花高兴地将刚刚烧好的鲜鱼递给心爱的小孙子，不料，小孙子还未能吃到口，便被他妈妈一把拉走。接着，人们听见从屋里传出来喝斥孩子的声音，盛鱼的碗掉在地上被摔成两半，老人李菊花茫然地看着她专为小孙子烧好的美味鲜鱼被小猫叼去。

在上官秋雨的家里，儿子下班归来，像往常一样给妈妈一支冰棒便转身走进里屋。上官秋雨望见儿子、儿媳和小孙子欢乐地嬉笑着，十分高兴。儿媳不解地问婆婆：“有事吗？”其实她也仅仅是想与她们在一起共享天伦之乐。然而她没说出来，仅只说了句“没什么”，便退了出来……

在阿芳家庭院，阿芳悄悄地将一根香肠递给小强，并关心地询问他的生活。

小强在自由市场里得到一席之地，在卖菜的时候，结识了老太太李菊花，老太太向小强述说着自己的不幸和苦衷，这深深地触动了年轻人，小强开始关心并帮助像奶奶般的李菊花。

上官秋雨在书场中多次遇到万鹤鸣，并终于弄清了他的身世。在几次返家的途中，上官秋雨向老万诉说了自己孤独的心境：“没有一个可以说心里话的人！”万鹤鸣也同样地缅怀、追忆着那些逝去的生活。两颗孤独的心彼此找到了知音。

影片《夏之雨，冬之梦》剧照

小强在市场中的小生意做得并不顺心，看到旁边绰号叫“公子”的专门坑人的生意经，小强想甩开他去做水果生意，而“公子”却用瞧不起的眼光瞥着他。这深深地刺痛了小强。这一切都被李菊花看在眼里，老人决定借钱给小强做买卖水果的本钱。李菊花的义举深深地打动了小强。从此，小强视李菊花为自己的亲人，不仅帮李菊花安装窗户，而且在她不慎摔伤后亲自去照顾。这一老一少在相互关照中生活着……

阿芳虽然在敬老院工作，但是她并不理解老年人的心境。比如，万鹤鸣常去书场听书，绰号叫“老蔫儿”的总是笑不出来，还有许多平时少言寡语的老人，他们枯燥无味的精神生活以及对社会淡漠的生活态度等，都使阿芳不喜欢这里的工作。在处理李菊花住敬老院的问题上，完全是因为她的不耐心而把李菊花给赶走了，致使老人突发心脏病而去世。在寻找李菊花的过程中，阿芳才真正从心灵深处清醒过来并深深地进行自责和反思。

小强为并不是自己亲奶奶的李菊花操办了追悼会。而李菊花的亲儿子却派人来追讨生母曾借给小强的500元钱。小强气愤地把钱交还给索钱的人。

雨中，阿芳来到李菊花的坟墓前，她将李菊花生前买下的花籽撒种在墓地下，长时间地在雨中伫立着，沉浸在深深的内疚和哀思之中。

小强从远处慢慢地走近墓地。阿芳和小强相互凝视着对方，这两个对人生有了进一步理解的年轻人，在李菊花老人坟墓的两端默默无语地相望着。

雨，渐渐地下得更加大了……

（二）《夏之雨，冬之梦》人物简析

万鹤鸣：

失去老伴儿的万鹤鸣生活在敬老院里，但是他并不觉得寂寞，这是因为他有个好去处，即经常到“东吴书场”去听评弹。在那里他可以不受约束地默默与早已去世的老伴儿拌嘴、谈心、争论，借以求得心灵上的慰藉，并借此重温自己逝去的壮年时代，缅怀自己那早已逝去的老伴儿。

在几次听书的过程中，他结识了与他经历类似，同样逝去了丈夫的上官秋雨。通过两人的交谈，老万发现这世上并不只是自己孤独、寂寞。万鹤鸣开始摆脱禁锢自己的精神枷锁，开始主动地去关心别人，体谅别人。如此，渐渐地使自己完全跳出了过去的封闭生活，重又回到现实世界，并从上官秋雨身上看到了自己未来的希望，从此，他开始了崭新的生活。

上官秋雨：

年轻时就已经丧夫守寡，她虽然生活在不愁吃、不愁穿的环境里，儿子孝顺，儿媳也颇贤惠，但她却苦于长期寂寞、孤寂，“没有一个人可以说心里话”造成她心灵上的压抑苦闷。之所以经常到“东吴书场”去听书，因为只有在那里她才可以寻求到精神上一时的满足。

在书场里她邂逅了奇怪的陌生人——万鹤鸣。从老万的自言自语中，她了解了他的身世，并且十分羡慕他与逝去的老伴儿神交的举动。

在几次回家的路上，她向万鹤鸣倾诉了自己的苦衷和无以名状的失落感。渐渐地她发现并感到万鹤鸣就是自己寻找多年的知己，一把青春的火焰又在上官秋雨的心灵里重新燃烧起来。

小强：

失去亲人、没有生活来源的小强，自动地挑起了艰苦生活的重担。他从仅仅卖葱的小本经营发展到能够做水果生意。残酷的现实生活使他明白，要想在生活中赢得一席之地，只能靠自己的拼搏、努力，绝对没有其他捷径。

自身的遭遇，使他懂得关心、帮助别人。在菜市场里，他认识了孤苦伶仃的李菊花老奶奶。从她身上他似乎看到了自己已经逝世了的亲奶奶的影子。从此，小强摆脱了对生活迷惘、彷徨的心境，积极地从各个方面去关照、体贴李菊花老人，两人相依为命。而女友阿芳对本职工作的不认真和对待老人缺乏体贴的淡漠举动，他极为反感。他从心底说出一句话："记住，我们都会年老的！"这深深地触动了阿芳，使她幡然醒悟。两颗年轻的心终于靠得越来越近……

阿芳：

虽然在敬老院工作，但是她并不理解老年人。万鹤鸣常去书场听评弹，"老鸢儿"总是笑不出来，还有她每天必见的那些少言寡语的老年人们，他们枯燥的生活以及对社会的淡漠态度等，使阿芳极不喜欢自己的工作，因此也就直接影响了她对待工作的敬业程度。

影片《夏之雨，冬之梦》剧照

自小强回到阿芳家庭院，小强那种对生活自强不息的精神以及对老人李菊花关怀备至的体贴和照顾，深深地打动了阿芳。但真正使阿芳觉醒的，是由于她的过错致使李菊花老人猝死街头！另一件事是当她强令万鹤鸣离开书场时，上官秋雨茫然地伫立在过道上的那一瞬间的失落感。这一切深深地触动了对老人曾经无动于衷的阿芳，使她转变了对人生的态度。她理解了老年人，也更理解了她的同辈人。

李菊花：

孤苦伶仃的李菊花，被儿子赶进潮湿的仓房里生活。唯一的欢乐是给她喜爱的小孙子亲手做些自己都舍不得吃的东西。然而，就是这么一点欢乐，也不被儿子和儿媳允许。家里的现实使李菊花几乎对生活完全失掉了信心。

但是，自打在自由市场上认识小强，她重拾生活的信心，向这位后生诉说自己的苦衷："生我那天看花开得正旺，为我取了个名字叫菊花。可人们只知道我姓李，我男人姓徐，都叫我徐李氏，真名反倒没人叫了。连我自己也差不多都忘了！"她向社会呐喊，以求得一席之位并主动拿出钱帮助小强从困境中解脱出来。当她得知有敬老院，高高兴兴地去却扫兴归来，最后心脏病突发，离开了她并不想离开的人世。

老蔫儿：

生活在敬老院的老蔫儿，整天生活在精神恍惚之中。人情淡漠，对生活失去了信心。当听到检查团要到敬老院来看望大家，阿芳又要求大家笑脸相迎时，深深触动了老蔫儿那不被人了解的身世："老太婆早没了，独养的儿子刚结婚就……儿媳改嫁了，连个孙子、孙女都没留下。笑啥？没啥可笑的。"但是，遇到阿香后，他向阿香保证："我会笑的。我也能，真的。可是总要遇到高兴的事呀！"为此，他整天对着镜子练习。

虽然老蔫儿总有一天会开怀地笑一笑，但个人的不幸遭遇已经使他的精神世界完全崩溃了。支撑他还能生活下去的，是他对生活仍存在着的一丝微薄的希望。

（三）《夏之雨，冬之梦》停机后的"闪回"

1987年9月9日，我携带刚刚完成的双片《夏之雨，冬之梦》飞抵北京去送审，《电影通讯》主编李文斌好像如获至宝般将我按住，并且不容分说地以"最后通牒"的方式向我下达"命令"，限期要我在影展期间必须交出关于影片《夏之雨，冬之梦》的艺术总结。我说不清楚是友情的驱使，抑或源于盛情难却，面对好友李文斌，我只有点头答应的份儿了。

回想1979年，我来电影局送审影片《保密局的枪声》的时候，也是这个李文斌“逼迫”我将以《构思与体现》为题目的艺术总结交出，并且刊载在刚刚创办的《电影通讯》第一期上。自那以后，我便养成了每拍一部影片都必写一篇小结的习惯，借以反思自己在艺术创作上的得与失，这使我受益匪浅。

事有凑巧，文斌的此次约稿将可能刊载在刚刚度过百岁大寿的《电影通讯》第101期上，这使我觉得十分荣幸。于是，我便以《停机后的“闪回”》为题写了这篇导演小结的拙文，对《电影通讯》给予电影人的帮助与鼓励，深表谢忱。

1.在广泛的世界性题材面前

“老吾老以及人之老”，这是我们中国人的一句古话。

在文艺作品中反映暮年老人的生活，这绝非是什么新鲜题材。老龄问题之所以备受当代世界各国电影、电视艺术普遍关注和重视，是因为老龄问题已成为新的带有普遍性的社会问题。因此，它成为一个广泛的、具有世界性的题材也就毫不值得奇怪了。

早在20世纪70年代初期，日本的电影艺术家便拍摄出了著名的影片《恍惚的人》。稍后些时候，美国以《金色池塘》震动影坛。前者更多地突出了东方人的特点，侧重于沉重感；后者则以西方人所富有的风趣与幽默突出其乐观态度。

我应该怎样把握由周维先、王承刚、方洪友合作编写的剧本《夏之雨，冬之梦》呢？

这部有着诗一般题名的文学剧本一经问世，就获得广泛的好评。人们以“喝了一杯龙井茶”来形容它的淡雅与清新。剧本以细腻舒缓的笔触描绘了南方某小城内古风犹存，同时又受新时代浪潮冲击的生活场景，提出了青年人与老年人之间的沟通与理解问题，展示了在我们的银幕上几乎被忽视了的方面。

在《导演阐述》中，我曾这样概括未来影片所叙述的平淡无奇的故事：“失去亲人的小强重又与童年时代的朋友阿芳相邻。影片通过这一对年轻人的眼睛俯瞰人生，展现‘西城区敬老院’内外万鹤鸣、老蔫儿、上官秋雨以及虽然儿孙满堂但却饱受虐待的李菊花等几位老人的生活和生存环境的描写，展示由此形成的不同心态、不同性格，从而对人际关系进行了不无苦涩的剖析。”

衰老是人类无法抗拒的自然生理规律。时代对艺术家提出了新的职能要求，即艺术家应该和伦理学家、社会学家甚至政治家形成同步的研讨，以解决现代人面临的普遍性的社会问题。

在由文学剧本进入分镜头剧本创作的时候，作为导演，我刻意要剧中人小强讲一句极其平常但却颇耐人寻味的一句话："我们都会老的！"意在使《夏之雨，冬之梦》这部影片对感人的现实生活进行比较深层次的人生哲理性的思考：不仅透视暮年老人的心灵世界，而且涉及社会、家庭等诸方面极敏感的信息源，呼唤人性、呼唤理解，从而使人（包括导演自己在内）对暮年老人心态的理解从一般的认知、体知、感知，深入到真正的心知。

影片《夏之雨，冬之梦》拍摄现场工作照

影片中的阿芳在与小强谈论所谓"代沟"时，曾用"他比我年长三十岁，可我比他先进三十年"来评价她与父亲两代人之间的关系，可谓具有"现代意识"了。但是，社会主义人道主义的现代意识首先是要把人当成人。毫无疑问，暮年老人也包括其中。在我看来，社会主义人道主义观念的内涵应该是呼唤人性、人情和人道主义的尊严和价值。

世间没有长生不老药。尽管古代帝王中不乏或派人寻觅或亲自炼丹企图达到"长生不老"的史事，但他们中没有一个能够活到当今世界。衰老是不可抗拒的，但是，人类由此而引发出来的孤独感、失落感、空漠感、寂寞感乃至幻灭感却是可以，也是可能被调整的，而社会主义中国恰恰在此以其优越的社会制度和人道主义观念，为这种调整提供最有力的主客观条件。这就是我作为本片导演企图通过银幕所要传达出的信息，也是拍摄《夏之雨，冬之梦》的主旨所在。

2. 艺术构思种种

"必须申明，这部影片极可能是赔钱的！"

作为导演，我非常喜欢这个剧本，因此我接受了它。但是在影片开拍之前，我不得不负责任地与长影厂领导说出上面这句话。我之所以那样说，倒不是害怕承担经济责任，而是基于必须与厂长们统一此片的投产观念。在摄制组成立大会上，我也曾郑重地强调："如果哪一位想多得一点奖金的话，敬请尽早退出本组！"其意义也在此。

不谦虚地说，在此之前由我执导的所有影片，经济效益都是不错的，有的甚至可以说相当可观。如《保密局的枪声》竟创下六亿人次的观影纪录。在当时电影票价只有三角钱的时候，它获得了人民币一亿八千万元的票房收入！但是，即便在更加强调经济效益的今天，我们也不可能做到使每一部影片都能成为"摇钱树"。

上述看似与本题无关的话是想说明一个问题，即着重解决我们的创作意识，不能把眼睛仅仅盯在"钱"字上。我希望我的摄制组所有同人都能全神贯注于艺术创作上面，不要有非分之想。换句话来说，就是要多一些艺术创作的自觉性。我希望我们摄制组的每一位都能意识到艺术对于人的精神解放应尽的特殊责任。不盲目地去追求影片的商业价值，而要竭力以清新淡雅的散文诗式的风格去寻求较高层次的艺术审美价值，让观众通过审美的途径自觉地提高精神境界，在实现精神解放方面向前跨进一步。

以上，就是我在思考影片《夏之雨，冬之梦》的艺术构思时的总的基点，也是未来影片所企图获得的社会效益。我非常感谢长影厂的领导能够接受我在本节伊始所说的那句话，并且极其珍视他们当初回答我的那句话：这样的影片，就是赔钱我们长影也要拍！

在总体构思的基础上，我对以下几方面提出了具体的要求：

（1）影片总的基调

清新淡雅，内在抒情，如像影片名字那样意蕴深邃，有点儿诗意。这种基调是源于文学剧本提供的良好基础，它决定了不能强调外在意象，而应当以其内在的气韵见长。

在影片的叙事方式上，掌握平稳舒缓的表述，避免利用外部动作去"煽情"。力求比较随和地讲述一个普通的故事。不刻意去追求情绪上大幅度的起伏与跌宕。如同做国画，用墨渍慢慢地去渗透与洇染，尽量不用力度过大的笔触去着意点染，努力用现代的电影摄影机在中国的银幕上去追求一点难得的“意境”。

（2）影片的节奏处理

影片《夏之雨，冬之梦》将追求舒缓、抒情，是浪漫曲与小夜曲的结合。结合本片的特点，将不会着意去追求所谓“无技巧剪接”，该用技巧之处就用技巧，不随时趣，不赶时髦。适当地运用长镜头，即便是中间需要突出某一情绪而必须切入，亦应先用长镜头一气呵成，然后再补拍局部镜头做插入式地直切。这样做的目的在保持情绪节奏的连贯性，用以获得深邃与从容的银幕效果。

（3）对画面造型的要求

本片的造型艺术处理，要十分注意画面浓淡虚实变化，可借鉴中国绘画中彩墨画的风格，在淡雅中求色彩变化。整个影片的色彩处理宜清淡、避浓重，绝对忌讳使用过亮“过响”的原色，要以各种含灰度较高的中间色把画面和谐地统一起来。

对摄影师总的要求是突出江南风光，追求一点“小桥流水”，但是在气氛渲染上又要掌握适度，万不可造成“枯藤、老树、昏鸦”那样一种夕阳西下的悲凉感，应该是刘禹锡的“莫道桑榆晚，为霞尚满天”！

（4）对美术处理的要求

贴近生活，但又有一定地提高和浓缩，即不完全等同于生活。不排除提炼与加工，但必须以古朴真实为主。所谓提炼与加工，是指不拘泥于生活原貌。而以古朴真实为主，则是不因加工造成人为痕迹。任何脱离生活较远的美术处理（包括景物与服饰），都会使《夏之雨，冬之梦》失掉亲切感。我们在本片中追求的主要不是间离效果，而是影片所传达出去的真实度。

（5）对音乐处理的要求

我在分镜头伊始就曾写过这样一段话：“以浑厚的提琴为底蕴，烘托着富有江南评弹色彩的琵琶与三弦的弹拨音，在这种既深沉又不无跳跃的音乐声中，展开……”

上述的这段话，表达了我对本片音乐处理基调的基本诉求。这个诉求不仅为影片中的音乐主旋律规定了总的基调，同时也为影片音乐配器提出了以民族乐器为主的构想。由于导演与作曲家在如何处理影片音乐上获得了共识，终于使作曲家写出了以评弹音乐中的“徐调”为参考的富有江南地方特色的电影音乐。在此应对我的朋友，作曲家吴大明同志表示深深的敬意。

（6）关于影片的结构

本片将着重表现人物之间命运的交织，感情上的相互撞击。通过敬老院内外的几个人物，如上官秋雨与万鹤鸣，小强与阿芳，小强与李菊花，阿芳与老鸢儿，上官与其儿孙，以及李菊花与其儿子、儿媳之间的相互扭结，对老年问题进行近似全景式的观照，在平凡的故事中展现生活发展的轨迹。

我设想，这样一种结构方式，将会实现从影片中诸多人物（出场的和未出场的）的横向比较与纵向探寻中提高人们的自省意识，把自己放进历史当中，放进身处的现实生活当中，去获得一种既敢于正视身外现实（银幕上的和社会上的），也敢于正视身内现实（家庭的和自己心灵深处的）的勇气。

（7）关于导演的总体把握

“电影是一门综合艺术”，这已经是一句老生常谈的话。谁都知道，电影是综合了众多门类创作的视听艺术。正因为它是一门综合艺术，所以，对它的总体把握是至关重要的。

由谁来把握呢？当然是导演。从这个意义上讲，说电影是导演的艺术并不为过。这如同一个大的交响乐队，任凭席间不乏众多技艺超群的大乐师或演奏家，但指挥却只能有一个。演奏家在音乐总谱的规范下尽可能发挥自己的演奏功力与施展自己的演奏才华，但却无论如何不能脱离开指挥家对音乐总谱的诠释而另辟蹊径。

我认为，《夏之雨，冬之梦》这样一部电影，必须仍然是以现实主义为主导的影片。我说“以现实主义为主导”的这种创作思想是指在创作中不回避从表现主义、象征主义的创作方法中寻找营养，也就是说，在以传统的表现手法为主的基础上不排斥对现代审美特征给予一定的观照，以使影片在整体处理上具有某种程度的现代意识。但从根本上讲，指导《夏之雨，冬之梦》创作的必须仍然是现实主义的创作方法。

应该承认，在影片总体把握这个问题上，在摄制组的主要创作人员之间并不是没有分歧的。一些年轻的主创人员更趋向于表现主义的创作方法。他们认为，在电影创作中不能再坚持“反映论”的文艺观，认为那已经是“过时”了的“陈腐之见”。

以什么样的创作方法来指导艺术创作，这是一个原则问题，我当然不能随意苟同。但是，我在摄制组内强调，不要打击这些年轻人的创作朝气和热情，保护他们生动活泼的创作想象力。对他们的意见进行具体分析，吸收其中的合理部分。但是头脑一定要保持清醒，无论这些同志怎样寻求一切机会极力向我渗透，我也绝不会因碍于情面而被其左右。在艺术创作上，我尊重与我合作的每一位在专业上的创新，但在总体把握上我还是要坚持我的“一意孤行”。

如果说我当时有什么主心骨的话，也即仅此而已。

在我看来，不听是不对的，但完全听从则会使自己变得六神无主，如是，则对影片最重要的总体把握也就不复存在了。与此同时，我则向他们解释，那种重表现、轻再现，重抽象、轻具象，重景物、轻人物，重节奏、轻生活等表现主义已是“先锋派电影”中的旧技，作为一种参考系，可以借鉴其中的合理部分，但完全照搬不行，对于《夏之雨，冬之梦》这样一部影片尤其不行。

我认为，我们不能夸大影片创作者们的“自我”作用，否则，不论你是否自觉、也不论你是否愿意，都会陷入存在主义哲学，并使自己的影片带有存在主义哲学的痕迹。这对于像我这样年纪、一个信奉马列主义的人来说，无疑是格格不入的。这是我作为总体把握的首先要把握的。

其次，说到《夏之雨，冬之梦》的艺术处理，对传统的艺术观念并不采取虚无主义的观点而一概排斥。例如，传统的特征之一是讲究抒发、注重含蓄，推崇平和、委婉，避免感情的激烈流露。对此，我除了在总体上把握影片的基调之外，在局部处理上也注意处理好虚实关系，强调感情的潜移默化。

看过影片的观众当会发现，与上官秋雨的儿子、儿媳同时存在的还有一对年轻人，即始终未在银幕上出现的李菊花的儿子与儿媳。之所以将这一对虐待老人的年轻夫妇隐蔽于银幕视觉形象之外，意在避免由于简单地比附失掉意蕴深邃的内在冲击力，从而使观众失去进行二度创作，即主观参与的机会。

与上述处理相对，我们又强调了感情的“释放”，用诸多画外音（如小孙子挨打后的哭叫，窗外“卖糖粥”的叫卖声伴以板壁后面儿子、儿媳对孩子的宠惯等）来强化感情之类的手法，又无疑会使影片向现代审美心理特征跨进一步。

现代意识必会产生现代审美心理。现代审美意识或心理特征的另一特点是，强调感情的所谓“张力”。这个从物理学中借用来的词，是指人的欲望与理解、生与死、爱与恨、欢乐与痛苦、正义与邪恶，等等，都会在人的心灵中引起情感的张力。按一般规律，传统观念是使“张力”保持在一定的限度，所谓“过犹不及”，以掌握适当和不失分寸为上。现代意识则趋向强化，直面相对，不排斥一定程度的夸张，颇有些“矫枉过正”的味道。

是否可以两者兼得，解决好两者间的辩证关系？影片《夏之雨，冬之梦》在这方面做了些小小尝试，例如在李菊花灵堂那场戏里，其前来向小强索取母亲生前存款的儿子依然被处理成没有出场，但当小强将500元现款交付给代人索债的人的手里时，影片用了一系列类似排比句式的静止画面衬托以夸张了的点数钞票的音响来强化感情，突出张力，借以获得振聋发聩那样一种效果。彼时彼刻剧中人小强思绪万千，观众也理应有所触动。

再次，影片《夏之雨，冬之梦》也尝试着运用了类似“寓言”式的手法，借以有所隐喻，充实内涵，例如老人李菊花身边那只小黑猫的设计与处理便是。那只伴随李菊花的小黑猫便是受虐待的暮年老人孤独心理与精神的寄托，也是她失落心理的反衬。在李菊花老人死后，影片通过小强在雨夜中寻找、解救小黑猫那场戏，把他与李菊花之间那感人至深的忘年之交的情感推向更深层次，使小强思念李菊花之情更加向深处延伸。

我还想说，影片甚至不排除符号学与印象主义手法，那每每出现的打夯机以及伴随而来的有力的打夯声响，既是抽象化了的时代的写照，也是人物心灵撞击的回音。

观众还会发现，影片中还设计了一位几乎无处不在的“召之即来，挥之即去”的瘪嘴老人。这个类似“符号”的，与全剧可以说既无关紧要又有关系的人物形象，在那漆黑的雨夜中与阿芳邂逅之后，终将融于整个影片之中，完成了获得更大心灵震撼力的终极目的。

（8）重复的魅力

在结束拙文之前，我必须再谈的一个饶有兴味的问题，即关于重复手法的运用。

细心的观众当会发现,《夏之雨,冬之梦》这部影片的叙事方式,是以贯穿全剧的重复结构进行的。尽管影片描述了年轻人与老年人之间新旧思想的矛盾冲突,甚至也描写了所谓“代沟”,但是,在导演的总体把握上,并不放在着意解决这些矛盾冲突上,而是把新老两代人不同的精神状态放在一个统一的环境和重复的情境中,让两代人之间的内心搏击自由地释放出发自内心的呼唤。我们把青年人和老年人汇集在同一个场景中,分别展示他们各自不同的内心独白,达到以鲜明的反差和细微的情感动势上,确立各自的内在特征与性格色彩,从而使观众能在每次重复的特定环境下完成自己的心理预期,进行置身其中的“二度创作”。

例如,影片中多次出现上官秋雨的儿子回家的情境,那一家人隔着门帘吃冰棒的情节,就是凭着重复结构中人物心灵反复交流的艺术手段,把各自内心交流的潜台词通过他们之间简短的台词和瞬间一瞥展示出来。而且,每一次的重复出现,都呈递进状态,以便比较有层次地向人物内心深处发展。如此,就把上官秋雨对新生活的渴望、向往、追求和儿女对母亲内心难以理解的心态比较充分地折射出来。

在电影创作中把重复作为一种艺术手段加以使用,可以说是影片《夏之雨,冬之梦》的一个特点,是立足于写情、写意,追求的是一种“似与不似之间”的意境,以求达到情感上的认同。譬如:上官秋雨与万鹤鸣在绿色邮筒前的三次告别和在书场里的重复相见等,上述的那些重复情节及场景,表面上看似乎打破了传统的叙事方式,但却探寻了暮年老人的情感逻辑,并且获得了情感上的内在张力。在着意刻画上官与老万情感变化时的那些艺术观照的同时,对那种既难以启齿,又不甘孤独的老年人心理的体现,使他们之间的一问一答都充满了感情,使之真挚动人,富有比较深刻的艺术感染力。

上述种种,至少对我来说是很值得总结的,限于篇幅,在这篇短文中也只能点到为止了。

总之,所谓“总体把握”,就是导演要心中有数,即影片要有一个总谱。作为电影导演,你尽可以广听博引、兼收并蓄,但最后必须坚持“我行我素”,

否则，那电影就不再是“导演的艺术”，而或者是摄影的、美工的，甚至是录音的，但绝不再是导演的了！

平心而论，我自愧自己距电影界中的“新派”甚远，但也不甘心于身居“老牌”以自慰，这看来也许是极其矛盾的，但我认为，唯其如是，才更知须不断充实之必要。

从我踏入电影界那一日计算起，虽说已迫近“不惑之年”，但作为电影导演自认仍属“后生”之辈。光阴荏苒，人在当时虽已年过半百，但却仍然常以要有点儿求新意识和求异思维以自勉，这大概就是那艺术上的童心罢。

生老病死，这是人类不可抗拒的自然规律，也是现代人面临的普遍性社会问题。不容否认，老年问题已经成为新的社会问题。它涉及社会、家庭的方方面面，成了非常敏感的社会信息源。

早在20世纪70年代，日本电影界的朋友就依据小说拍摄了影片《恍惚的人》。近年又相继拍摄了透视暮年老人心灵世界的电视片《入冬之前》。最近，又推出了影片《一片花》等。这些作品以东方人特殊的意蕴，在表现这类题材时，更多地注重沉重感，而美国的同类题材的影片诸如《金色池塘》则以风趣幽默的基调去触及美国当代的老人问题和代沟问题。

近些年来，我们中国影视界在决定选题方面也已关注到老年人问题，相继摄制了诸如《最后的太阳》《冬日》等作品。但作为我国最大的电影基地长春电影制片厂，却不能不承认，我们在这一领域进军迟了一些。恰在这个当口，我们收到了由周维先、王成刚、方洪友合作编剧的《夏之雨，冬之梦》。文学剧本一经在《电影文学》杂志上刊出，便颇受好评。人们赞誉它清新、淡雅，读罢犹如饮了一杯透人心扉的龙井茶！剧本以细腻舒缓的笔调，描绘了南方某个小城古风犹存又受新时代迎头冲击的生活场景。它没有奇特的故事情节，也没有惊心动魄的宏伟场面和富有感官刺激的动作，仅仅凭借作品传递出的意蕴去拨动人们的心弦、启发人们去思索。

《夏之雨，冬之梦》，多么好听又多么富有诗意的剧名！仅仅这个剧本题名，就引发了我对它的兴趣。在读过这个电影文学剧本的时候，我曾不止一次地向自己发问:《夏之雨，冬之梦》应该拍摄成什么样的影片呢？剧本提出的青年人与老

影片《夏之雨，冬之梦》剧照

年人之间的代沟及沟通问题，展示了我们生活中几乎被忽视了的方方面面。

在阅读研究文学剧本后，我决定以小强重新与童年时期的朋友阿芳相聚为邻，通过这一对年轻人的眼睛去俯瞰人生，展现西城区敬老院内外诸多人物的生活氛围以及由此引发出的不同心态和形形色色的人生关系。也就是说，通过各个方面，各个角度去捕捉关于老人问题的现状与趋向，如暮年老人同儿女的矛盾，老人辛苦的一生，孤独的心态，儿子、儿媳对老人的不同态度，家庭和工作的关系，一些丧偶老人的生活处境，互爱与理解等，进入比较深层次的人生哲理的思考。

老实说，我们的观众看腻了板着面孔教训人的作品。电影人必须改变过去那种教训人的、高高在上的视角，去与广大观众处在平等的地位上，审视人生。同时，面对我们所处时代对艺术家提出的新的职能要求，即艺术家要和伦理学家、社会学家乃至政治家一道形成同步的思考与研究，避免散布悲观情绪和杜绝失望心态，以使人们（包括自己在内）对老年人问题的认知度从体知、感知进入心知。

（四）与艺订同志关于影片《夏之雨，冬之梦》的创作漫谈

1987年的10月，我接到这样的一封来信：

常彦导演：

您好！看了您的新作《夏之雨，冬之梦》之后思考了一些问题，想以书信的形式同您做一次交流，望不吝赐教。

《夏之雨，冬之梦》是一部感人至深的影片。从内容到形式都进行了一次成功的探索，同时也有一些不算成功的地方。因此，我以为这是一部值得研究的影片。对于跻身于第三代群体的导演来说尤其是这样。

把《夏之雨，冬之梦》划为老年题材的影片不无道理，因为它着着实实地为我们展示了老蔫儿、上官秋雨、李菊花等几个老年人的生活遭遇、感情变化和心理轨迹。

首先应该说，导演涉足老年题材是对现实生活的敏锐发现。人口老龄化已成为牵动千家万户的紧迫问题，自然也就应该是艺术家面前的创作课题。把老年问题放在一个广阔的社会背景、现实的人际关系中去审视，这是编导者很高明的地方。在我们看过的同类题材的影片中，如美国的《金色池塘》，日本的《恍惚的人》，上影的《最后的太阳》。而您的《夏之雨，冬之梦》却选择了一个独特的视角——通过日常的普通事件、人物的生活情态和感情交流，发掘出人类最美好的东西——理解和爱。

常导，我以为您通过老万和上官秋雨这一对老人关系所传达出的信息，堪称全片的华彩段落。它超过了花费笔墨最多的阿强这一艺术形象所载负的思想内容（阿强对于李菊花充其量不过是同情与敬老的层次）。这，也许是您始料不及的吧？

把一个大到全世界、小到中国的南北西东都存在的社会问题，放到姑苏这样一个地理环境中去表现，当然不是为了追求什么地方色彩，从影片中完全可以领略编导者的良苦用心。这样的地域环境为影片抒情散文式的风格样式提供了最佳的造型手段和营造形式氛围的可能性。从大环境自然季节的限制到场景、光照到音响的处理，您的影片都注意到了整体艺术风格的统一。对人物心理轨迹和情绪递进的描摹尤其显得细腻。譬如老万和上官秋雨在东吴书场中的四次相见：起初，上官对老万的絮絮叨叨是厌烦的；继而隔座交谈；最后又主动购置座位相连的月票，从写实到写意，心理情绪显示十分清晰。在路上，先是偶尔同行，接着是送行，最后是结伴而行，并且请到家里去吃馄饨，情绪和情感的递进层次分明。如果挑剔的话，可惜有的段落还是过多地写了事件，像李菊花伤脚、李菊花入养老院、李菊花的葬礼、敬老院迎宾排练站队等，人物与事件影响了影片的风格统一和艺术感染力。有的想法是好的，但处理得不够理想。打伞老人有游离的感觉，多次出现的气锤显得生硬。有的人物与环境的关系处理得粗了些，这是不无遗憾的。片名《夏之雨，冬之梦》也显得长了些，不够通俗。然而却是很切题的，使得影片内容的哲理概括寄托着编导者美好的社会理想与愿望，同时也蕴含着批判意识。在电影形态上，该片具有叙事和写意相结合的虚实同构的特点。

影片中出现了三位老人：享有天伦之乐和生活富足的上官秋雨；没有天伦之乐、生活清贫的李菊花；敬老院里的鳏寡孤独废弃者。影片从三个环境里叙述了不同的故事，而这三种人物关系又有写意的意味。人们从反复出现的场景中意识到要跳出，使劲顶框框去思考它的哲理意味，从而建立自己的审美趋向。相比之下，像上官秋雨和老万几次走到邮筒前总有一位少女投信的设计就显得太露了，有明显的人工痕迹。我曾想，如果把她推到后景，让人有不知不觉的感觉，会不会好些呢！

常导，十年动乱之后，您推出了《保密局的枪声》这部有影响的成功之作，但是并没有固守在谙熟的创造模式里。《路边吉他队》没有《保密局的枪声》那样成功也是自然的，但是您前进了。不仅从题材上向现实题材靠拢，在样式上也对纪实风格进行了尝试。比起《路边吉他队》,《夏之雨，冬之梦》显然成熟了许多。这种寻找新的自我的积极进取精神是十分可贵的。敢于向自我挑战，是一个艺术家应有的素质，也是时代向艺术家提出的课题。

人们希望电影传递出更丰富的信息，即有多义的思想内涵。现代生活本身的丰富性、开放性，推动着人们审美心理、审美情趣的变化。以电影而论，尽管戏剧电影在今后若干年还会作为主流电影的一支而长期存在。但是我认为，在新时期第一个十年里传统电影与探索电影的碰撞，我国的电影形态已经出现了移位。一种叙事与写意相结合的电影形态已见雏形。它将在新时期第二个十年里更趋完善，成为主流电影的重要一翼。目前，中国电影引起了世界影坛的关注。无论是社会意识或是电影本体，都有令世人刮目相看的作品。这是令人兴奋的。但是电影作为视听艺术、时空艺术的特征还没有充分地发挥出来。电影具有着声、光、色、影等丰富的造型手段，还没有得到很好的利用。

然而我以为，中国电影走向世界的时机已经到来！具有进取精神的电影工作者，包括您在内，一定会拍出不愧于这个时代的作品来！我期待着。

读罢上述信件，我提笔敬复如下：

艺订同志：

您好！大札收悉。谢谢您对《夏之雨，冬之梦》谈了许多宝贵的意见。影片《夏之雨，冬之梦》能获得您“感人至深”这样的评语，我是极其欣慰的。这里的“欣慰”二字，并不是说对您的褒奖自觉当之无愧，而是指在艺术上获得被理解的一种满足与喜悦。

《夏》片的确是一部老年问题而又不局限于老年问题的影片。有人说，老龄化问题是一个世界性的题材。我看不无道理。因为老龄化问题已成为新的带有普遍性的社会问题。艺术家无权下令去建立敬老院这类福利设施，就我国目前情况看，他们似乎也无钱去资助慈善事业。但是，他们却可以，也应当尽自己的责任去呼吁人们对老年人给予更多的理解和爱。记得在给摄制组做导演阐述时，我曾这样来概括未来的影片：影片通过小强与阿芳这一对年轻人的眼睛俯视人生，展示敬老院内外万鹤鸣、老蔫儿、上官秋雨这些鳏寡孤独者和虽有儿孙却饱受虐待的李菊花等几位暮年老人的生活氛围和由此形成的不同心态，对现实生活中的人际关系进行不无苦涩的剖析。这种“剖析”，大概就是大札中所指出的“批判意识”吧。其实还不止于此，这种“批判意识”还表现在影片必须超越“老吾老以及人之老”这样一些传统的民间道德观念。更要与“养儿防老”之类的封建意识绝缘。要在更高的精神层次上，即以社会主义人道主义的观念去呼唤人性、呼唤理解。衰老固然是人们不可抗拒的自然规律，但是，人类由此引发出来的孤独感、寂寞感乃至幻灭感确实是可以调整的。

作为影片《夏之雨，冬之梦》的导演，我希望这部电影能对感人的现实生活进行比较深层次的人生哲理的思考。遗憾的是，在具体把握时因功力不到家，使一些人物的处理颇有游离之感。如您指出的小强与李菊花的这条线。

影片之所以沿用文学剧本的原创片名，主要是它的诗意和多义性。基于文学剧本提供的基础，影片总的基调是清新淡雅、内在抒情，富有一点诗意。在叙事方式上掌握平稳的叙述，采取绘画中的“湿画法”慢慢地去浸透纸背，竭力不采取力度大的浓重笔触。节奏处理上追求舒缓、抒情。当然，我不否认把这一社会题材选在江南地貌的小镇去拍摄，有追求地方特色的因素，但更重要的还是出于追求抒情散文诗式风格的需要。为此，我们将在苏州、常熟、无锡、上海等处采选的可用部分拼凑成一个江南某城。并且特意选在不宜拍摄的梅雨季节去拍摄，所有这些，都是为了获得最佳造型手段和经营情绪氛围的可能性。

在影片的总体结构上，我力求表现人物之间命运的交织，感情上的互相撞击。通过敬老院内外的几组人物互相间的扭结，去对老年问题近似进行全景式的观照。把握人物情绪的递进层次，展现生活发展和人物心理的轨迹。我设想，这样一种结构方式，将会实现从影片中主要人物（出场的和未出场的）的横向比较与纵向探寻中提高人们的自省意识。把自己放进历史当中，放进身处的现实当中，获得一种既敢于正视身外现实（银幕上的和社会上的），也敢于正视身内现实（家庭的和自己灵魂深处的）的勇气。

艺订同志，做学问贵在追求。艺术家就是应该先知先觉。靠人吹捧而后知后觉是不行的。“以其昏昏，使人昭昭”更不行。毋庸讳言，《夏》片在电影形态的把握上也有多处败笔，也许立意是好的，但终露斧凿痕迹。例如您所指出的那每每出现在邮筒边的寄信少女；如反映时代和表现人物心灵撞击而抽象化了的气锤以及那类似符号式的人物瘪嘴老人的处理，等等，均属此类。

无论是对您把我列为“第三代”导演，甚至有的还把我封为“第四代”的“代表人物”之一，我都不以为然。坦率地说，这种分代法不仅有“论资排辈”之嫌，而且有制造隔膜之弊。我自愧自己距电影界的“新派”甚远，却也不甘心于身居“老派”以自慰。这是极其矛盾的。唯其如此，才更加知道不断充实的必要。从踏入电影之门那一日算起，虽说已近“不惑之年”。但作为电影导演，仍时有困惑。如今人虽已年过半百，但仍不能不有点儿求异意识和求异思维以自勉。这，大概就是那艺术上的童心罢！

您把这誉为“寻找新的自我”的“积极进取精神”，倒使我诚惶诚恐了。但是，您说“敢于向自我挑战是一个艺术家应该有的素质，也是时代向艺术家提出的课题”的论点，我是极其赞同的。存在决定意识，这虽然是一句老话，但却是真理。随着时代的前进与社会的发展，电影艺术不会也不可能一成不变。而人们的审美心理、审美情趣的变化，无疑会给电影艺术的发展形成助推力，使这门艺术更加丰富多彩。其表现手法也必须更加多元化。但是，正如您不无遗憾地指出的，我国的电影作为视听艺术、时空艺术的特色还没有充分地发挥出来。我以为，我们中国人的头脑并不笨，只要我们齐心协力，不互相排斥，把“冲出亚洲走向世界”当成为中华民族增光的竞技场，是不愁登上冠军的宝座的。而那登上影坛的“世界冠军”无论是属于第几代，都将是我们整个中华民族的光荣。而我本人也许仅仅充任了“陪练员”的角色，但终将不悔。

再次谢谢您，顺致美好的祝愿！

四十　音乐故事片《路边吉他队》登上银幕

（一）《路边吉他队》故事梗概

1985年，我收到了上海作家吴增炎发来的名为《马路吉他队》的文学剧本。对于这个剧本，说老实话，我最初的印象并不好，但觉得它大有潜力可挖。如果搞得好，很可能搞出一部令人、特别是年轻人比较喜欢的音乐故事片，但前提是必须重新改写，而且必须是真正地重新改写。于是我与吴增炎同志通了长途电话。没想到，他非常赞同我的主张，并建议我即赴上海，说上海市即将举行一次青年业余吉他大奖赛。这无疑是一个非常难得的深入生活的好机会。向厂领导通报后，我便在剧本责任编辑的陪同下，当即登上南去的列车。

在上海那段深入生活、体验生活的时日，我带去的创作小组不仅从头到尾全程参加了当时举行的吉他手大奖赛，而且还获得了亲自采访诸多吉他手的机会，收集了许多非常生动、非常感人的故事。同时，我们还亲历了上海多个饭店、酒吧的夜生活，深入地体验了歌手们在现实生活中的喜怒哀乐。经过上述活动，我们为剧本构思了故事的大致走向：

《路边吉他队》描写一批热情、豪放、执着探索的年轻吉他手，通过他们美妙的歌声、琴声道出他们对美好生活的共同追求。

在外国的、中国港台的歌曲风靡南北的20世纪80年代，年轻的吉他手们不满当时流行歌坛的现状，勇敢地提出要“唱自己的歌，和外国的、中国港台的歌曲打擂台”。他们以崭新的姿态、充满活力的歌曲赢得了听众，赢得了社会舆论。

影片将通过多层次的结构、多色彩的侧面传达社会信息，提出让人们思考的问题，让人们在歌声中追求，在笑声中追求，在笑声中受到启迪。我和吴增炎曾拟出下面的宣传词句，来激发和鼓动我们自己的创作激情：

吉他伴着歌声，吉他送来春风。

马路歌手拨动琴弦，歌唱幸福，歌唱美好的前程。

在歌声中思索，和琴声共鸣。

理想、追求、探索、拼搏，其乐无穷。

歌声中有画，情景交融，别开生面，发人深省。

画中有歌，声情并茂，独具匠心，引人入胜。

于是,《路边吉他队》便随着下面的故事登上中国的电影银幕：随着国外的、中国港台的歌曲涌入我们的生活，上海的街头，出现了一个新奇的业余文艺形式——斩琴：一队队活跃的青年人怀抱着吉他，唱着丹佛、罗杰斯、西蒙、刘文正、邓丽君的歌，对擂赛琴。胜者被冠以海外歌星之名，败者则被对方踩碎吉他。但是，在这无休止的比比皆是的海外的“音响混合”声中，人们对外国、中国港台歌曲的新鲜感急剧地变化，越来越多的吉他手都越来越迫切地渴望能唱上自己的歌。自称是“马路吉他队”的徐晓光、赵正刚、胡治国、杨帆、罗兰兰等人就是这些吉他手的代表。

他们都是小有名气的吉他弹唱手。在斩琴场上也是屡试不爽的业余歌星。他们曾为自己学外国、中国港台歌星学得像而感到自豪，但渐渐地他们意识到，这所谓的像，不过是“一张划破纹路的旧唱片”。于是，他们发誓要唱自己的歌，和外国的、中国港台的歌曲打擂台。在一次斩琴中，他们首战告捷，以自己崭新的姿态、崭新的歌曲征服了观众。而且一改往日胜者踩琴的惯例，和对手握手言欢，既结识了新朋友，又得到了对方的认同。他们的歌声以及他们的大度和宽容，使年轻的女记者高海鸥深受感动，她为找到了知音而高兴。

高海鸥兴奋地去找在音乐学院当老师的朋友丁雅琴。丁雅琴是即将举行的全市吉他大奖赛的评委之一。高海鸥向丁雅琴介绍了马路吉他队的情况，并郑重地提议：在大奖赛的评选条件中加一条——唱自己的歌。

徐晓光是医院牙科的技工。他的父亲是一个普通工人，又是一个京戏迷。在吉他被视为黄色乐器，弹吉他被视为不轨行为的年代，徐父对弹奏吉他产生了极大的偏见，以致在20世纪80年代，他对吉他仍心有余悸，甚至深恶痛绝。两年前，他强迫热爱吉他弹唱的二儿子徐晓亮改学胡琴，小儿不从，竟被他打出家门。徐晓亮流浪街头与流氓为伍，被公安机关送进少年管教所。然而，徐父却把这一切都归罪于儿子学吉他。所以他断然不许大儿子徐晓光和正在上中学的小女儿徐珊珊学吉他。然而，年轻人的爱好是不能以强迫命令而改变的。晓光与珊珊仍在偷偷地弹吉他，并成为出色的吉他弹唱手。不料，徐父终于发现了珊珊在偷弹吉他，父女俩发生了争执。徐父在一气之下把吉他摔在地上。温顺善良的徐母终于忍受不了徐父的专横，也要把京胡摔在地上，让京胡在徐家绝种！赶回家来的徐晓光从中劝解，避免了家庭纠纷的激化。

马路吉他队的歌手们决心按着自己的目标前进，他们闯进了海外歌曲风靡的音乐茶座，并用自己创作的歌曲再度制胜。但就在罗兰兰的歌声刚落的时候，一个喝醉酒的青年暴发户走上来，把一摞钱强塞进罗兰兰的衣领，要兰兰给他唱一个邓丽君的《甜蜜蜜》。在人们的斥责声中，徐晓光等人唱出了自己即兴编创的讽刺歌曲，对那些“口袋里装得满满的，脑壳里却是空空的”时代怪胎，极近鞭笞与嘲弄。一首《劝君莫做这样的人》令四座耳目一新。

为了庆祝在音乐茶座的首演成功，大家决定到“蓝房子”咖啡店一聚。“蓝房子”的女老板也是一个出色的吉他弹唱手，她是在经过了几年的待业彷徨之后，和爱人一起开办了这个咖啡馆。她的生活信条是“人不能只为了钱活着，要有点爱好，有点追求”。她以琴会友，与徐晓光等人结识、交往。正在此处喝咖啡的高海鸥和丁雅琴被深深地感动。丁雅琴兴奋地预祝年轻的吉他手们在即将举行的吉他大奖赛中取得成功。

吉他大奖赛拉开了战幕。徐珊珊优美的歌声震动了在电视机前的父亲。珊珊的二哥徐晓亮，也由于在少教所里认罪态度好，表现突出，而被特准参加大奖赛，他向挽救他的全社会，向亲爱的爸爸、妈妈，唱出了心底的歌——《忏悔》。徐父的心颤抖了，他噙着眼泪拿出了被自己摔碎了的吉他……

大奖赛音乐厅里，比赛进入了高潮。徐晓光等四人引吭高歌，唱出了他们心灵的歌：

弹起吉他唱一支歌，
珍惜时光，日月如梭。
祖国已跨上了骏马，

影片《路边吉他队》（1985年摄制）剧照。影片结尾处高潮，千百个吉他手高唱时代最强音。

伴着我充满青春旋律的歌。

这歌声有你，有他，也有我！

音乐厅内，大草坪上，人们在弹在唱，和着这激动人心的、激奋的歌声，唱出：“有你，有他，也有我……”

（二）《路边吉他队》创作谈

1.创作意识与创作激情

1982年，在总结影片《心灵深处》创作得失的时候，我在“唯有动情，方能感人”篇目下，曾写过如下的一段话：有的同志针对我近几年所拍影片涉猎题材较杂，问过我如下的问题：你究竟对什么样的题材感兴趣？我常常习惯性地回答：对我来说，题材不拘，重要的是它必须能触动我。也许这是一种颇显偏执的己见。我总以为，假如自己将要为之付出劳动的作品连自己都不能为之动情，产生不了创作冲动，那先是作者本人时间和精力的浪费，而后则是对未来影片观众的一种折磨。

说老实话，我至今仍旧持这一见解。

在艺术创作上，我是个喜新厌旧的人。坦率地讲，我喜欢处理一些没有碰到过的问题，喜欢处理风格与表现手法各异的题材，因为这样可以使我在创作中获得必须有的新鲜感。我认为，这种难得的新鲜感会极大地激发我的创作兴趣和创作追求，也就是说，它能够让人为之动情，激发起创作者的每一个艺术细胞。

其实，我也可以这样回答：我喜欢那些能使我喜欢的题材。然而，在现实生活中问题又往往不那么简单。譬如，你喜欢，电影厂的厂长们喜欢不喜欢？掌握电影审批大权的电影局领导们喜欢不喜欢？还要不要考虑生产任务的安排、要不要考虑题材比例？完成后能够赚钱还是能够得奖？最后，观众能够喜欢吗？等等。当然，也不排除有人想得实际而又简单：已经几年没有拍戏了，管他喜欢不喜欢，能上戏就成。机会难得，失不再来，只要对付着混个能通过，管他观众喜不喜欢、爱不爱看，反正电影的票房收入也不与电影导演挂钩。这一切是十分尴尬的，然而遗憾的是，这种恶性循环的怪圈，在计划经济年代的电影厂里还真的时有发生。

我始终认为，只有导演喜欢的东西，才能产生创作激情和创作冲动。电影作为一种群众喜闻乐见的视听艺术，它的创作不同于应用机械的方式，或按一定的规格进行加工生产的某一种部件或某一种物质产品，因此要特别强调心灵的因素。而这个心灵的因素不是别的，首先是指创作者本人必须情不自禁地为之动情。

电影，从一定意义上来说，是沟通创作者与观众之间感情的桥梁，是一种互相交流的手段。所以，编导者自己的动情是使观众也为之动情的基础。

我一向认为，应该重视和尊重电影导演的创作冲动，因为，那是一种难得的创作境界。可以不加掩饰地说，在这次影片《路边吉他队》的整个创作过程中，有幸能始终保持有极其难得的、极其珍贵的创作冲动，始终充满着新鲜感和浓厚的探索兴趣。尽管我当时已年过半百，但创作的激情却使我焕发出难得的青春活力，以至重操起我还刚刚步入青年时期就喜欢的吉他，像初学者一样从头学起，直到手指尖上也磨出虽然不如影片里的徐珊珊的手指上那样厚，但却也委实是硬硬的一层老茧！

我能在影片摄制期间与组内年青的演员们、与年轻作曲家一起同操吉他，绝非无聊地打发多余的时间，而是一种愉快的体验与沟通。有这样一个“拍摄花絮”，也许可以作为我当时所处的精神状态的佐证：

在《路边吉他队》摄制完毕，进入影片后期制作的时候，我仍然按捺不住歌曲《有你，有他，也有我》对我创作情绪的冲击与震撼，以至在混合录音棚工作时，仍情不自禁地随着音乐的节拍扭动我那已经发胖了的身躯，其情景引得录音师和他的助理很是发笑了一阵！

青年作曲家范伟强在《路边吉他队》的合作中与我结成忘年之交，他曾说：“导演在这部戏里年轻了许多！”也许是吧。这种精神状态是从哪里来的呢？我觉得大概是源于创作意识，即意识到要创作一部具有喜剧色彩的音乐故事片。

2. 一次激动人心弦的实验

在向摄制组做导演阐述的时候，我曾经说：“这次提供给大家一次机会，和我一起搞一次实验，即拍摄一部具有喜剧色彩的音乐故事片。”

我之所以强调这是一次“机会”，首先是表达了我内心深处难以掩盖的喜悦。坦率地说，长期以来我就有一个夙愿，即拍摄一部音乐故事片。《路边吉他队》这个题材，终于有可能使我的梦想成真，这怎能不让我兴奋？！

其次，我自认为自己极其缺乏喜剧细胞。在此之前，我甚至连想都不敢想，现在居然竟敢去碰“喜剧”二字！所以，我特别强调这是一次“实验”。这种刻意地强调，反映出我当时的实际思想状态。一方面流露出我的底气并不那么足；另一方面，也是对自己有一个比较清醒的估计，即所谓留有余地。但是，创作的目标是明确的，即影片《路边吉他队》必须是一部具有喜剧色彩的音乐故事片。我在摄制组里对同志们调侃说：这就叫自己出题自己解，故意与自己为难，或者叫甘愿自讨苦吃！

说实话，这次实验我付出了许多，精力与体力的消耗都相当大。因为是第一次搞音乐故事片，不熟悉音乐片的创作规律，也搞了一些不必要的重复劳动，甚至是无效劳动。以案头工作范畴里分镜头为例，就搞了个“草分”与“细分”，其实完全不必要的。假如当初能让作曲范伟强同志尽早地进入规定情境，提前交代清楚创作意图，使影片中的插曲能更早地谱写出来，那么，就完全可以一次成功。正是由于缺乏经验，导致导演在拍摄阶段还得分身去参加歌曲的录制与合成。于是便造成我白天去拍摄，晚间为了不影响其他同志睡眠，扣上耳机听录音带，重新调整甚至重写部分分镜头剧本。以致有一段时间搞得我严重睡眠不足。尽管如此，我感觉始终精力充沛，处在能够自觉进行创作那样一种心境，具有良好的工作状态。不过也不能不承认，正是创作冲动阻碍了我对困难的估计。我原以为这次创作活动将是比较轻松愉快的，甚至以为在吉他悦耳的声音中即可轻松地把影片拍摄完成。然而，当我真正投入创作当中去之后，方才发现并意识到自己啃的竟是一块硬骨头！

尽管我酷爱音乐，也怀有拍摄一部音乐故事片的夙愿，但是，音乐故事片这种样式，对我来说毕竟是全新的。

是的，我国的银幕上，曾经有过风靡中外的电影《刘三姐》，但它是舞台歌剧移植过来的。另一部影响颇大的优秀影片《五朵金花》倒是有多首脍炙人口的插曲，但严格地说，它也不属于音乐故事片的范畴。电影《海上升明月》倒是名副其实的音乐故事片，可惜没看到创作者的经验介绍，因而无从借鉴。从银幕效果上看，虽然有著名女中音歌唱家担纲主演，但是以一部音乐故事片的标准来要求，恐怕也未必能称得上是成功之作。那么，影片《路边吉他队》将会怎样呢？

夸张一点说，作为影片的导演，必须在无章可循的状况下摸着石头过河。唯其如此，倒也不无好处。那就是可以避免陈陈相因和循规蹈矩。也就是说，我可以舒展开想象的翅膀大胆地试飞。虽然，这样做不免会碰到一些棘手问题，甚至有时会令人有点儿发怵，但我想这样也好，等我应付过来之后，哪怕自己飞得并不高或飞得很不像样子，遇到的问题并没有全部解决或解决得也并不甚好，但毕竟为音乐故事片这种样式提供了一个可供批评、研讨的靶子。

成败有所感悟、有所借鉴，这对自己无疑是一种有所发现、有所提高、有所前进。

艺术创作最忌讳的是无所追求，无所探寻。当然，在我面前并非没有省力又省事的捷径，比如先编一个故事，然后穿插进足够的唱段，不是也可以冒充音乐故事片嘛，但我深知，那种话剧加唱式的影片绝对不是音乐故事片，而是典型的“戏不够，歌来凑”。其结果必然与真正的音乐故事片风马牛不相及。我敢断言，这样的“捷径”是万万走不得的，因为它是一条注定会失败的路。因此，我必须走自己的路，一条我为这部影片选择的也许并不那么顺畅的但却是自己开辟的路。

3.到生活中去寻觅

为了创作《路边吉他队》，我与编辑惠屹同志同赴上海去深入生活、体验生活并兼搜集创作素材。在上海期间，我们同百余名业余吉他弹唱歌手进行了接触。这些业余的吉他弹唱歌手非常可爱，他们有的是经过介绍主动找到我们下榻的申江饭店，有的则是我们慕名登门造访。

在接触中我们听了许多动人的、极其有趣的故事，同时，我们也比较详细地了解了他们的生活、学习，特别是有关他们学习吉他弹唱方面的经历。对于我们所获得的生动素材，除做了大量的采访笔记之外，还录制了近20盘盒式录音带。期间，尤其令人兴奋的是，恰好赶上了上海1985年度青年业余吉他大奖赛。这是一极其难得的机会，它使我们有可能集中了解业余吉他手们的弹唱水平。尤其令人振奋的是，这使我们萌生出以吉他大奖赛为戏核，充分展现业余吉他手生活的构思。

生活是最富有启迪力量的。在与这些年轻人的交往中，我深深地感受到他们火一样的青春活力和对艺术的执着追求、对生活的无比热爱。这些沿着自学成才之路走过来的男女青年歌手，他们中的大多数人由于缺少必要的训练，无论在声乐知识和弹唱技巧上，都是比较幼稚的。虽然个别“尖子”甚至能自己谱曲，但占多数的，还是缺乏音乐理论修养，依然停留在模仿为主的水平上。

从他们弹唱的曲目上看，几乎是清一色的外国歌曲和中国港台的流行歌曲。尤其不可思议的是，尽管他们对一些外国歌星的唱法模仿得几乎可以乱真，但对其所唱歌词的内容竟然会毫无所知。用他们自己的话来形容：我们就是鹦鹉学舌，只注意是否好听，没有人去追究歌词表达的是什么意思。这种状况给我们以极大的震动。

值得欣慰的是，这些可爱的业余吉他弹唱歌手们早就从盲目崇拜“进口歌曲”的狂热中冷静下来，已经不满足于当初为之着迷、为之倾倒的所谓“进口货”。他们中的许多人开始思考：为什么不能以更直接抒发当代青年情怀的歌曲，取代那些美、日、中国港台的流行歌曲！

于是，他们当中的许多人发出一个共同的呼吁：我们青年人要唱自己的歌，要唱有中国特色的中国流行歌！

这是一个伟大的、富有时代特点和具有历史意义的变化。用这些青年们自己的话来说：我们再也不甘心充当“划破了纹路的旧唱片”了！

“我们要做歌唱新时代，歌唱新生活的歌手。”这是多么感人的呼声！

这些青年人发自内心的呼声，使我们获得了创作的信念和追求，同时，这种观察与体验也为未来塑造《路边吉他队》中的业余吉他手的形象找到了支点。

在上海的这段生活是极其有意义的，它坚定了我们搞好剧本的信心，同时也丰富了我们对改革题材的看法。

如何反映我们所处的伟大时代？我以为，我们没有理由把自己的手脚束缚在某种固定的模式里。现实生活如同一支色彩斑斓、变化多端的万花筒，我们完全有可能从不同的侧面去表现它。我预想，尽管未来的影片《路边吉他队》没有直接去描写改革开放中的英雄模范人物，没有直面我国经济建设及经济转型期的宏伟场面，但是从影片流露出的时代精神上看，它依然是只有在改革开放的年代里才能发生的故事，因而，它应该而且必定洋溢着伟大的时代气息！

经过对生活和素材的梳理，我们拟定了要塑造几个职业、身份各不相同的青年业余吉他手。他们应该是有朝气，富于理想，毫不隐讳自己的观点，对生活有自己的理解和追求的人。虽然他们有时也口头上发发感慨，好议论，甚至不无牢骚，但他们内心深处却无不埋藏着对生活、对时代的热爱。

我们一定要写出这些可爱的青年不甘心“跟在别人屁股后面爬行”的志向，写出他们的不甘寂寞，要自编、自谱、自唱，“发誓要与进口的流行歌打擂台”的精神与气概！

总之，要力争饶有兴趣和富有幽默感地把焦点对准人们丰富多彩的业余生活。通过吉他弹唱和流行歌曲这个颇能引起人们，特别是青年人感兴趣的平凡生活，引出一段值得当代人——无论你从事的是什么行业，都应该思考的问题，即：要走自己有创造性的路，走具有中国特色的路，从而达到以小见大，在微观中见宏观的内涵与外延。

在我们深入生活期间，申江饭店的音乐茶座里曾经发生过一件令我们极其震惊的事：一个自称来自北京的、身份为某贸易公司经理的年轻人，为显示自己是所谓“款爷”，竟然想把一摞百元钞票强塞进一歌女的衣领处，结果被那位漂亮的女歌手拒绝。小“款爷”的非礼举动遭到茶座里多数年轻人的鄙视与哄笑。为了捞回“面子”，也为显示自己对金钱的不在乎，小经理居然将手中的一摞百元大钞抛向空中。他原以为必定会顿时引发群众起哄抢钞票的场面，然而他万万没有想到，茶座虽然出现了片刻骚动，但并没有发生哄抢。只见人们把散在脚下的钞票一张不少地缴到茶座的保安人员手里。那位“款爷”还没有来得及彻底地高兴一回，便被眼前发生的情景弄得目瞪口呆。

耳听为虚，眼见为实。那天晚上我们刚好也在茶座休息，身临其境地目睹了眼前发生的这一切，后来我们在写剧本时，不仅把这个富有戏剧性的场面移植到创作中去，而且受生活的启发，特意创作了一首颇具讽刺意味的歌，插在影片中表现“茶座生活”那场戏里。歌中唱道：

口袋里装得满满的，
脑壳里却是空空的。
投机取巧，损人利己，
钱来得容易。

口袋里装得满满的，
脑壳里却是空空的。
吃喝玩乐、花天酒地，
钱去得也容易。

劝君莫做这样的人，
当心沾上铜臭气。

口袋里装得满满的，
脑壳里却是空的。
招摇撞骗、纸醉金迷，
钱来得容易。

口袋里装得满满的，
脑壳里却是空空的。
灯红酒绿、醉生梦死，
钱去得也容易。

劝君莫做这样的人，
当心沾上铜臭气。

与上面这段故事相对立的还有另外一个例子：我们在采访个体户黑房子咖啡屋的时候，获知了一对小夫妻对待金钱的另一种态度。众所周知，上海市有一处知名度很高，享誉中外的西餐厅，名字叫“红房子”。我们的采访对象是一对年轻的夫妻。他们之所以把自己的小小咖啡屋命名为“黑房子”，用他们的话来说：“是要刻意地表示一下我们的不甘示弱。有一点挑战的意味，多棒！”

这一对年轻人，尽管他们已经身处商海，但对金钱却并不看得那样重。他们两个都非常喜欢吉他弹唱，于是两个人轮流着去听吉他课或去接受声乐辅导。采访中我们曾问他们，这样做会不会影响咖啡屋的收入？他们说，多少会有些影响。

我问：“你们咖啡屋的生意这样好，每天的收入这样丰厚，为什么不集中精力搞好生意，为什么还要去学什么唱歌和弹吉他？”

他们说：“人，总不能只为金钱活着吧！我们喜欢弹唱，而且还经常在我们这里以琴会友、以歌会友。作为青年人，总应该有所爱好，有所追求。您说是不？”

毫不掩饰，也毫不雕琢，怎么想的就怎么说，自然极了，也坦率极了。我心中不由得赞美他们：多好啊！这就是改革开放年代的中国年轻人！

艺术源于生活，高于生活。在《路边吉他队》剧本创作时，我们把上述两个方面的生活素材饶有兴趣地揉到故事情节里面去。这样的创作实践，使我们有可能在表现当代青年审美观念变化的同时，还提炼出在建设社会主义物质文明时必须十分重视社会主义精神文明建设的主题。我们意识到，这是一个相当有分量的命题。

4.原创歌曲的创作原则

以吉他弹唱为特点的音乐故事片《路边吉他队》，全剧共有11首以吉他伴奏为主的弹唱歌曲。不能不说，这样多的歌曲怎样有机地融合进故事情节里面去，是一桩颇费斟酌的事情。但是，有一点是必须清楚的，即一定要唱得自然、有机，也就是说，选择的起唱契机必须是准确、恰当的，绝对不能有硬塞进去的感觉。此其一；

其二，这些弹唱歌词必须与剧情发展息息相关，有一定程度的内在联系，而且是推动情节发展不可或缺的一部分；

其三，要能够比较准确地抒发剧中人物的心境和情绪，力所能及地丰富人物的性格色彩，绝对不能随意地张口就唱；

最后，一定要精心谱曲，旋律动听、容易上口、便于流行。

当然，要完美地达到上述要求，绝对不是一件轻而易举的事，但是，我们必须这样苛刻地规范我们的创作。

为了写好歌词，也是为了对当前的流行音乐有一个基本的了解，在那段时间我们几乎整天沉浸在流行歌曲的海洋里。听了近百盘各种风格流派的中外歌曲盒式录音带。有时侧重于研究歌词的写法与技巧，有时则着重推敲旋律与配器。

对于歌词的创作，有的同志建议请人协助，其间也有擅长写歌词的同志毛遂自荐，经过慎重考虑、斟酌，我与吴增炎同志达成共识，最终决定由我们自己动笔来写。之所以做出这样的决定，源于影片中的歌曲不是一般影片中的普通插曲。我们认为，《路边吉他队》中所出现的全部歌曲，应该是整个剧本的一部分，而且是不可分割的一部分。由他人捉刀代笔，也许在技巧上能胜过我们，但是集编导于一身的我，也有不可替代的优胜之处，即比较全面地掌握影片的总体设计和局部铺排。我们认为，这是局外人所不及之处。

在对时下较为流行的通俗歌曲的歌词研究之后，发现流行歌曲的一大特点是自由与简练。写法上比较不拘泥于一定的格式，对韵律的要求也不那么严格。结合到《路边吉他队》这部具体影片，歌词不宜于统一成一种格式，而应该是根据情节的发展、人物的心理情绪和格式的规定情境等的不同予以全面考虑。此外，还要想到谱曲之后的效果，检验歌词经过谱曲之后能否得到相应的情绪表达应和不同的心理节奏等。

不邀请专业词作家撰写歌词的另一个想法是，担心他们的技巧过高，辞藻过于华丽，不像是出自剧中人物之手。例如，影片中徐姗姗所唱的歌词必须是像出自一个高中学生的手笔，就像她在影片中所说的那样，有些歌词原本就是她语文考试的答卷！又例如，徐晓亮唱的那首《忏悔》，歌词就有意写得“白”一些，将一种特定情绪娓娓道来，因此，不过多地追求歌词的文采，力图像说话般的去处理。写作的重点置于表达他“知错必改”的心境，即以最朴素的语言道出他忏悔的真情。

总之，歌词的内容与技巧要力所能及地符合特定的人物心理与特定的典型环境。

毫无疑问，十一首歌词都是经过反复推敲的，有的甚至直到录音才最后核定，因为你必须把作曲家谱曲的因素考虑在内。要根据曲谱的旋律与节奏做最后的调整，增删在所难免。为了说明问题，这里仅举一例，即徐姗姗唱的那首《童年》略加分析。

歌曲《童年》的初稿，原本是这样写的：

每一个人都有过童年，
每一个人都怀念童年。
怀念春风轻轻吹过校园，
怀念和我戏耍的伙伴，
怀念风雨中老师为我打伞，
怀念母亲推着小摇篮。

每一个人都有过童年，
每一个人都怀念童年。

这首歌词颇简练，倒也能勾起人的联想。缺点是内涵浅显了，时空关系也不甚理想。它的最大不足是过于客观了，没有把徐姗姗“这一个”的心情写出来。为了解决上述不足，我把它修改成如下的样子：

噢，童年，难忘的童年，
你使我深深地怀念，
深深地怀念。
怀念妈妈推着小摇篮，
怀念和我一起戏耍的小伙伴，

怀念风雨中老师为我打伞，
春风轻轻吹进校园。

噢，童年的幻想正在实现，
我们像小溪将流出山涧，
流入那江河奔向大海，
伴着，
生活的航船。

可以看出，前三句意在把歌的意境自然地叙述出来，写出是中学生徐姗姗个人心境的自然流露。中间连续三个“怀念”至“春风轻轻吹进校园”，完全是顺着时空的自然顺序表现姗姗的成长。第三个段落到“伴着，生活的航船”止，表现小姗姗的趋向成熟以及她对未来的追求和向往。

《童年》这首歌词必须修改的道理何在？我以为有如下几点理由：

第一，初稿的头两句和末尾的重复过于客观、冷静。看不出是歌者源于自身的有感而发。因此无助于表现人物的情怀。即使对于听歌者来说，也有些强加于人的感觉。

第二，歌词以第三人称的纯客观态势开头，那紧跟着的三个“怀念”就有些不尽如人意了。也因此，较难于引起听者对自己独有的童年生活的回忆与联想。

第三，三个“怀念”的时空处理有悖于通常的思维逻辑。一般来说，人们总是习惯于按幼年、童年、少年、青年、中年直至老年这样一个顺序去回忆，很少是倒着的。

第四，初稿的词我认为过于简单，内涵局限过大，仅仅写了“怀念”这个层次并将视之为目的，而对“怀念”的真正目的却又未给予足够的关注，于是便不免失之于浅薄。

第五，这首由徐姗姗唱出来的《童年》越是唱出她的心声，就会越能勾起观众也是听众的联想，使观众在歌声的陪伴下，诱发出他们对个人整个人生的思考，从而达到“每一个人都有过童年，每一个人都怀念童年”的外延。

如果上述例子可以说明是为戏写歌的话，下面还可以举一个为歌写戏的例子。

摄制组在上海已经开机，作曲家范伟强向我建议说：导演，咱们这部戏的主要观众对象是青年人，建议增写一首爱情歌曲让剧中人罗兰兰唱。而且还建议把她去筑路工地探班看对象的戏改写成更适合的场景，更适于唱爱情歌曲的环境。他的理由很简单，即青年人都喜欢唱爱情歌曲。

我觉得小范的意见是有道理的，影片《路边吉他队》的受众面的确主要是在年轻人那里。我愉快地接受了他的建议。不过我也深知，爱情歌曲是比较难写的，弄不好极容易陷进风花雪月或卿卿我我里面去。几经斟酌，决定创作一首直接颂唱爱情本身的歌。于是，便有了现在影片里罗兰兰唱的那首《也许》。这首歌的歌词是这样的：

也许，你在期待着热恋，
也许，你正把爱情苦苦追求。
也许，你已走过爱的春夏，
正在享受着爱的金秋。

如果，这爱是出自真诚，
就不必担心是否还会分手。
如果，这爱是彼此给予，
又何必顾虑爱情不长久。

啊，爱是信任，
爱是支持，
爱是牺牲。
爱是美好的期望，
爱是理想的共同追求。

此刻何需山盟海誓，
等到青丝变成华发，
那时候愿你再这样说：
我们相爱到白头。

可以看出，这是一首正面赞颂爱情的歌词。前四句写了爱情的不同年龄层次，当然，也可以看作是泛指一个人一生当中所经历的不同阶段。它是泛指，因而不局限于哪一个具体人。接下来的两句“如果”，道出爱情的真谛，是对初恋者的衷告，也是歌唱在爱情上的过来者的体会总结。至于如何才能获得上述境界，便是接下来对爱情内涵的正面阐述，是对爱情的理性剖析。最后四句，则是描述爱情要经受时间与历史的考验，不能受青春期的骚动或一时的甜言蜜语所蛊惑；同时，也是歌唱者对不同年龄段的爱恋的美好祝福和祝愿。

《也许》是一首培育情操的爱情诗。我以为，如果能深情地去歌唱爱情，赞美爱情，应当比让罗兰兰直接向其对象表述自己的爱意更有意义。这样的歌曲由罗兰兰唱出来，对塑造人物和刻画人物的思想道德境界、心灵情操是极其有利的。我还认为，由于罗兰兰与绰号叫“老肥”的赵正刚是影片《路边吉他队》中唯一的一对恋人，故由罗兰兰演唱这首指向比较中性的歌是贴切的，也是符合人物的。

因为有了这样一首歌，就觉得原来为赵正刚设计的场景与动作均不太合适了。于是下决心重新改写，将赵正刚的身份由筑路工人改为园林工人，把罗兰兰与赵正刚的戏由原来发生在筑路工地改为发生在现代化的园艺花棚内。并且，为了使这首爱情歌曲获得不同听众的呼应，拍戏时还特意选了些不同年龄层次的男女群众演员，使罗兰兰这首歌起唱时略带些即兴的味道。表现罗兰兰的才思敏捷，增加了歌曲的生动与活泼。

5. 将歌词融于故事

吉他伴着我的歌声，
给你送来一阵春风。

马路歌手拨动琴弦，
歌唱青春，歌唱前程。
我们从不哀叹命运，
因为未来握在自己手中。
成功伴着汗水，
幸福全靠劳动。
火热的心自有火热的节奏，
愿你与我们携手同行。

吉他伴着我的歌声，
给你送来一片衷情。
马路歌手拨动琴弦，
歌唱友谊，歌唱爱情。
我们从不埋怨运气，
自有理想深藏在心中。
创造伴着探索，
失败后面定是成功。
火热的心自有火热的节奏，
愿你与我们结伴同行。

一曲唱罢，把业余吉他手斩琴赛歌的现场围得密不透风的听众，高喊着："再来一个！""再唱一点！""欢迎、欢迎——"

这是上海市20世纪80年代初黄浦江畔特有的文化现象。沿苏州河的公园里，人们三三两两地在皎洁的月光下漫步。这时你会发现，这边是中老年人居多的京剧爱好者，有板有眼地拉着唱着。那边厢几对中年男女在切磋交谊舞的技艺，口中唱念着"一二三"或"嘣嚓嚓"！但最热闹的还是被青年人围得水泄不通的赛歌现场。

我们去采访那会儿，那种比较极端的斩琴赛歌方式已不多见，随着改革开放的日益深入，越来越多的业余吉他手都迫切地渴望能早日唱上自己的歌。

于是，故事就从这里开始：小有名气的业余吉他手徐晓光、赵正刚、胡志国、杨帆以及罗兰兰等人，他们虽然已经是斩琴赛歌场上屡操胜券的业余歌星，但已经逐渐意识到仅仅停留在学习外国和中国港台歌星的不满足，在他们看来，你即使模仿得再像，也不过是“一张划破了纹路的旧唱片”！他们发誓要唱自己的歌，要与外国的、中国港台的流行歌曲打对台。在影片开始这一晚上的斩琴中，他们不仅旗开得胜，而且以崭新的精神面貌出现，一改以往获胜者必定要踩踏对方吉他的所谓“规矩”，变为与竞赛对方握手言欢。这样，既交流了技艺、结识了新朋友，又获得了对方的认同。

徐晓光等人的歌声以及他们的从容大度，引起了年轻女记者高海鸥的注意。她深为这种注重友谊的行为感动。这时，一首新歌《今天我们相识》将这场自发的赛歌会推向高潮：

昨天，我们各自一方，
今天，朋友相聚，
朋友相聚一堂。
虽然，彼此相见恨晚，
友谊的种子却播撒进心房。

明天，又将各自一方，
相信还会相聚，
相聚一堂。
生活虽如浩瀚的大海，
友谊的浪花时时会相撞。
吉他，吉他，吉他——
纵情地歌唱。
吉他，吉他，吉他——
纵情地歌唱。

年轻的女记者高海鸥为找到知音而高兴。她兴奋地去找自己在音乐学院的朋友丁雅琴，并把马路吉他队的情况介绍给她。而丁雅琴刚好是即将举行的上海市吉他大奖赛的评委之一，于是，高海鸥郑重地向丁雅琴建议：在大赛评选条件中增加一条——唱自己的歌。

业余吉他手徐晓光是个牙科医院的技工。其父是位酷爱京剧的戏迷。在当初吉他还被看作是“黄色”乐器、弹吉他唱流行歌尚被视为“不轨行为 ”的特定年代，徐师傅对吉他弹唱不只是颇有微词，简直可以说达到深恶痛绝的地步。这也难怪，两年前，他曾强迫自己喜欢弹吉他的二儿子徐晓亮改学拉京胡。晓亮不从，竟被老徐驱逐出家门。流浪街头的晓亮不慎与流氓为伍，以致被送进少年犯管教所。徐师傅却把这一切都归咎于儿子学弹吉他。从此，徐师傅再也不允许大儿子晓光、小女儿姗姗指染吉他琴。

孰不知，强迫命令是改变不了年轻人的爱好的。一天，姗姗趁父亲不在家，偷偷地练习弹唱自己创作的歌《童年》。妈妈欣赏女儿的弹唱，竟忘了炒锅里烧着的菜蔬。不料徐师傅提前返家正撞上这场面，于是与怀抱吉他的小女儿发生争执。徐师傅盛怒之下，抢过女儿的吉他摔在地上。

温顺的妻子极反感丈夫的专横，一气之下也欲将徐师傅热爱的京胡给摔了。恰巧大儿子晓光此时赶回家，几经劝解避免了冲突的激化……

自称马路边上的吉他队的成员们，按着自己的决心和目标继续前进。他们进入海外流行歌曲风靡的音乐茶座。干部子弟出身的女歌手罗兰兰一曲《晚风》使听众陶醉。歌中唱道：

一阵阵晚风，
满天的星星。
我俩相依而望，
遥望深邃的夜空。

一阵阵晚风，
吹送走琴声。

吉他给我带来欢乐，
送给你一片深情。

啊，晚风抚弄着我的面庞，
啊，星星向我眨动着眼睛。
好像在轻轻地说：
要奋斗，趁着正年轻。

啊，晚风抚弄着我的面庞，
啊，星星向我眨着眼睛。
你们怎知我的理想？
莫非听到了我的歌声，
莫非听到了我的歌声。

啊，晚风，
啊，星星，
啊，星星、晚风。

就在罗兰兰的歌声刚落的时候，一个喝醉了的青年“爆发户”把一摞百元钞票硬塞进罗兰兰的衣领，口中还连连喊着：“给唱个《甜蜜蜜》！”在一阵混乱之后，徐晓光等人唱了一支即兴创作的《劝君莫做这样的人》的讽刺歌曲，嘲讽了那些“口袋里装得满满的，脑壳里却是空空的”物质上富有、精神上贫困的怪胎。这带有鞭笞与嘲讽的俏皮歌风，令四座人等耳目一新。

为庆祝在音乐茶座里的首次演出，也是首次战斗成功，大家决定去“蓝房子”咖啡屋以琴会友。曾经有过几年待业经历的女老板黄冬妮，也是一位出色的吉他弹唱歌手。虽然她与丈夫陈鲁生经营的咖啡屋收入颇丰，但两人都认为：人不能只为了钱活着。总是应该有点爱好，有点追求。

在众人极力要求之下，黄冬妮熟练地操琴，唱了一支也是自己写的新歌

《阳光和雨》：

春天的阳光，春天的雨，
春天呀，永远留在我心里。
妈妈教我唱春天的歌，
告诉我，告诉我春天最美丽。
春天的阳光是妈妈的爱，
妈妈的心是春天的雨。

金色的阳光，金色的雨，
金色的秋天留在我心里。
妈妈拉着我的手，
告诉我，告诉我收获在这秋天里。
秋天的阳光是妈妈的爱，
妈妈的心是金色的雨。

在那深深的小巷里，
有我难忘的旋律。
秋天的阳光是妈妈的爱，
妈妈的心是金色的雨。

在这热烈的以琴会友时刻，年轻人的歌声和琴声使正在咖啡屋里享受冷饮的高海鸥和丁雅琴深深地感动。尤其中学生徐姗姗的自己写词、哥哥谱曲的《小树》使听众为之动容。歌中唱道：

有一棵小树，
伫立在山谷。
沐浴着春风，

享受着雨露。
不停地生长，
迎着阳光，
那婆娑的绿叶，
遮盖着小路。
啊——，
有一棵小树，
伫立在山谷，
啊——小树，小树！
不停地生长，
迎着阳光。
那婆娑的绿荫，
遮盖着小路。

听罢歌唱，又抚摩了小姗姗的手指尖因弹琴磨出的老茧，丁雅琴高兴地邀请大家积极参加市吉他大奖赛，并预祝他们成功。

盼望已久的“市吉他大奖赛”终于拉开帷幕。徐姗姗的《小巷情深》唱出了她对爸爸、妈妈的爱，唱出她对吉他的爱：

在那深深的小巷里，
有我多少儿时的记忆。
春风拂动着绿荫，拂动着绿荫，
是妈妈温柔的细语，
温柔的细语。
全不顾那夏日的蝉鸣，夏日的蝉鸣，
去追寻那阳光的妩媚，阳光的妩媚。
只梦想着琴声的暖流，
去拥抱那小巷的石板路，

把我心底的诗，
呈现给春风和春雨。
在那深深的小巷里，
有我难忘的旋律。
春雨敲打着梧桐，敲打着梧桐，
是爸爸慈爱的严厉，慈爱的严厉。
全不顾夏日的蝉鸣，夏日的蝉鸣，
去追寻那阳光的妩媚，阳光的妩媚。
只梦想随着琴声的暖流，
去拥抱那小巷的石板路。
把我心底的诗，
呈献给春风和春雨，
呈献给春风和春雨。

徐姗姗唱毕下场，走到侧幕处被眼前的戏剧性的遭遇惊呆了，只见等待上场的选手不是别人，竟然是自己许久不见的，现在仍拘留在少管所里的二哥晓亮！在大哥和小妹的鼓励下，徐晓亮沉重地走上舞台中央。他鼓起勇气坦率地说明自己仍被管教的并不光彩的身份，并且发自内心地唱出了自己的《忏悔》：

噢，妈妈曾盼我快快长大，
噢，爸爸曾望我快快成才。
无知的我却自甘暴弃，
原以为命运自有安排。
随波逐流、为非作歹，
妄想幸福自会天上来。
噢，妈妈，我错了！
请允许我知错必改。
噢，爸爸，我错了！

请允许我知错必改，
知错必改。

噢，妈妈曾盼我快快长大，
噢，爸爸曾望我快快成才。
无知的我却自甘暴弃，
原以为命运自有安排。
痛定思痛、不负期待，
难忘挽救之恩深如海。
噢，妈妈，我错了！
请允许我知错必改。
噢，爸爸，我错了！
请允许我知错必改，
知错必改。

在电视机前收看大奖赛的徐师傅的心被震颤得难以控制。他眼含着泪水拿出了被他摔破了的吉他，开始为孩子们修补……

音乐厅里举行的大奖赛已进入高潮，徐晓光等四人拨动吉他琴弦，用高亢的声音唱出发自他们心灵深处的歌，《有你，有他，也有我》：

吼——，吼——
弹起了心爱的吉他，
唱一支青春的歌。
身经了风风雨雨，
足踏过坑坑窝窝。
告别了昨日的迷惘，
唱一支青春的歌。
歌声中有你，

有他，也有我！

吼——，吼——
弹起吉他唱一支歌，
齐心协力、努力拼搏。
我们是知心的朋友，
莫要说时代亏了你我。
弹起吉他唱一支歌，
珍惜时光、日夜如梭。
祖国已跨上骏马，
伴着我充满青春的歌。
吼——，吼——
在这歌声中，
有你，有你！
有他，有他！

影片《路边吉他队》剧照，徐晓光等演唱《有你，有他，也有我》，把吉他大奖赛的气氛推向高潮

也有我，也有我！

吼——，吼——

这气势非凡的歌声冲出音乐大厅，数百名吉他弹唱歌手豪迈地摇摆着身躯，铿锵有力地弹拨着吉他琴弦，充满青春活力地纵情高唱。那高亢的歌声在吉他的伴奏下直冲上云霄，直冲上云霄！

6. 专业化的非职业演员

鉴于《路边吉他队》这部影片的特殊性，在尚未开拍之前，我已经在思想上做了足够的准备，即要有意识地起用一批业余演员。做这样的选择和决定，绝非导演故意怠慢或无视专业演员，也毫无轻视电影演员剧团中的年轻演员的意思。不可否认，在摄制组还处于刚刚筹备的初期，就确实有多位青年演员或经人介绍，或登门造访，主动请缨毛遂自荐，希望能在未来的影片中扮演某个角色。我一方面对他们表示欢迎并感谢对剧组的支持，同时坦率地告诉他们，能否在本片中担任角色的前提是，必须能比较熟练地弹奏吉他并且能够自弹自唱。

毋庸回避，当初确实也有人对我的上述要求不以为然，有的甚至以“行家里手”的口吻说，演员会不会或能不能自弹自唱应该是问题不大，因为电影是可以通过分解拍摄的手法，必要时局部用替身来代替，“合成”出一个能弹唱的人！

作为导演，我遗憾地只能对他们说一个字：不！

不错，电影拥有奇妙的技术手段，可以通过分解拍摄的办法，把一位本不谙熟吉他弹唱的演员“拼凑”成貌似的歌手并不是不可能的，但也只能用在某部影片某一个别角色的偶然为之。如果用在像《路边吉他队》这样侧重于表现一组青年吉他演唱手的影片里，其结果必定只能以失败告终。假如勉强地企图冒此风险，其结果不仅会失掉生动、真挚的影片本色，而且会葬送影片本身。任何一位清醒、明智的电影导演，都不会干那样的傻事。

在我去上海深入生活，并为创作剧本搜集第一手资料的时候，我接触到为数众多的业余吉他手。他们年龄不同、性格有别，有的开朗、活泼、健谈，有的内向、矜持，甚至羞涩、不善言表。也许源于初见导演的拘束或紧张，他们大多都表现为某种程度的矜持与内敛，不过我很快体察到，无论他们是前者或后者，只要是吉他斜抱在怀并且弹唱起来，他们就立即变成另一个人，好像有某种“精灵”附体，使整个人的精、气、神都陶醉在所演奏和歌唱的乐曲之中。这时我发现，他（她）们的神态与表情是多么地真切感人、多么地生动自然！他们在彼时彼刻发自内心的情绪披露，是任何所谓“表演”都不能替代的。因此，从那一刻起我便下定决心：一定要选一台能够自弹自唱的吉他手来扮演影片中的主要角色。也就是说，《路边吉他队》摄制组的演员是一些专业化的——擅长吉他弹唱的——非职业演员。

当然，我也非常清楚，我这个组的演员并不要求一定要在演奏吉他乐器方面达到特别专业的水平，不，我并没有脱离实际地要求他们达到能演奏古典吉他曲所必须掌握的较高的技法，仅仅只是要求他们能比较流畅地以各种节奏型进行伴奏和能够用分解和弦来伴唱。当然，能达到比较自如地自弹自唱的演奏程度，也绝非一日之功。而这只要看一看他们为了弹琴、练琴留在手指尖上的那层又厚又硬的老茧，便使你不得不感叹、折服了。

的确，世界上的事总是一分为二。让一些没有表演经历的年轻吉他演唱歌手登上银幕，固然有得，即获得了他们不以弹奏吉他为负担的弹唱自如。毫无疑问，这是他们共有的长处，但是，这后面也隐藏着他们共有的短处，即缺乏表演经验。

他们的实际状况是参差不齐、差别悬殊的，有的甚至连起码的表演常识都没有。不懂什么叫“当众孤独”，“无实物表演”是什么意思，什么叫“潜台词”和“内心独白”，什么叫“最高任务”与“贯穿动作”，等等。毫不夸张地说，在此之前也许听都没听说过。怀抱吉他弹唱时显得活灵活现的同一个人，一旦放下手中的吉他，弄得连一句完整的台词都说不顺。在初读台词时，有的像念书，有的似读报，就是不再像平时说话，更有的不会断句，找不到逻辑重音……

面对这样一些备选对象，你无法奢望他们会结合台词去表演什么相应的动作了。以在本片中饰演男主角的梁青同志为例：他原本是长影乐团的小号演奏员，吉他弹得也不错。本人长得高大威猛，很有男子汉的阳刚气质，然而在排练小品时他便立即手足无措。你说要他动起来，他就会做出一些小动作、小手势。你纠正他说：不对，动作要大气一些。他便会手舞足蹈，挤眉弄眼，简直就像是突然患上了多动症。

在一段时间里，这些原本庆幸自己被剧组选中的业余演员开始动摇了。他们有的失去信心，想打退堂鼓；有的则患得患失，担心自己会不会被刷掉而终日惶惶不安。

在这种情况下，排练已无法继续进行下去。我知道，此刻他们最需要的不是排戏，而是要设法帮助他们增强自信心。

我作为本片的导演，深知此刻不能对他们施加任何压力，需要的是尽心尽力地开导与减压，增强无难不克的信念。我已经意识到，选用非职业演员来演戏，这对导演和演员双方都是一次战胜自我的考验。作为导演，此刻的一言一行都必须十分谨慎、十分小心，以避免由于自己不当的言语或举动使他们产生你已对他失掉信心的任何猜测。须知，这种信息对一个剧组来说，将是致命的。

人的自尊是十分敏感与娇嫩的。要被选定的演员们坚定信念，首先导演要不动摇。我是通过与他们一起弹琴、唱歌、谈天、说笑以减少他们的紧张感。与此同时，我则十分诚恳地告诉他们，应该十分珍惜和十分看重这次创作机会。因为，对他们中的任何一位来说，能够登上银幕把自己的技艺贡献给如此众多的电影观众，也许是这些青年朋友此生当中绝无仅有的一次机会，值得珍惜，值得纪念，值得为之付出相应的努力。然后，大家坐下来一起研究角色、对台词、唱歌，使他们逐渐进入创作状态，我则以朋友与长辈的身份告诫他们：

第一，导演并不要求他们有特殊的表演基本功，仅仅只是希望他们尽量放松。在实拍时能保持他们各自的“原貌”即可。因为导演选中他们时，已经考虑了他们与所扮演角色之间气质的近似。

第二，不要求他们有经过设计的某种所谓“习惯动作”表演情绪。不要刻意追求什么高超的表演技巧，只要能够再重现出一个活生生的自己即可。

第三，不要担心说错了台词。只要能传递出原词的基本含义，那么，在实拍时多几个字、少几个字都没关系。只要说得顺嘴、上口，不必拘泥和恪守原来的句式。

第四，不要故意地去纠正自己原有的地方口音，上海腔的普通话好听，不必介意吐字与发音，即使有些确实不理想，还可以在后期弥补。

第五，不需要像专业演员那样有经长期养成的对大段台词的强记本领。避免将注意力过分集中在如何说台词上，而忽略此时此刻的情绪记忆。

第六，不要操心自己的形象在银幕上是否“好看”！一切都应从人物美的原则出发。银幕上的形象是摄影、美术、服装、化妆、道具等诸多部门与演员共同塑造的，演员个人眼中所谓“好看”与否，如把握不当，倒真的会影响到角色的美！

上面这些看似唠唠叨叨、婆婆妈妈的叮嘱，有的甚至已经属于政治思想工作的范畴了。我之所以这般不厌其烦地叮嘱他们，也是在提醒自己，面前与自己合作的年轻人，毕竟是初登银幕的业余演员，导演给他们一份信任，他们会反馈回十份信心。这是一种极好的良性循环。

在技术上，进入拍摄现场后则重点提示我的这些青年朋友，一定而且必须按照事先录制好的录音放声来规范自己的表演和动作。特别提醒并严格要求他们，必须真唱！绝对不能用装腔作势、纯属偷懒的“假唱”来对付摄影机，蒙骗摄影机就是蒙骗观众。电影摄影机会豪不留情地记录下假唱者的欺骗行为。

最后，也是最重要的，要为非职业演员建立一种观念，即导演不仅是第一观众，同时也是演员的一面镜子，是演员的另一个我。演员，无论是职业的与非职业的，通过导演这个“异我”，才能对此刻他们做的及此刻与彼刻衔接、配合得如何有所了解。

对于这些来自不同岗位的非职业演员，作为导演，在现场唯一要求他们的是，全神贯注、高度集中，充分融入规定情境，排除一切杂念，做到真听、真看、真做和真唱。至于摄影机拍摄出的结果，由电影导演来掌握。要让演员了解电影导演的作用，注意听导演的提示与纠正，使他们了解电影表演与舞台表演的区别。当然，也同时使他们了解电影演员与话剧演员的不同。后者因能够在舞台上连续重复剧本规定的同一个故事，因而有可能用这一次纠正上一次。对电影作为一种“一次性”的艺术，就使电影演员没有话剧演员可以有的那种修正机会。因此要相信站在他们面前的电影导演这面“镜子”，听从他的指导，等等诸如此类。

所有上述这一切，无非是让这些业余演员明白，他们将面临的也许是个说不清楚前因后果的世界，他们之所以能在这样的世界里挥洒自如，就因为有导演在摄影机后面所给予的无私帮助。

好的、理想的表演是一种创造性的，最有表现力的艺术。

尽管我要求他们听从我的指导与提示，但我必须尊重他们。绝对不能把这些年轻的朋友——业余吉他弹唱歌手看作仅仅只是听从自己指挥、摆布的道具。相反，要以实际行动证明，导演是个十分尊重他们专长的人。而要做到这一点，导演在平时就应该是他们的朋友。

我还要说，导演应该是一个善于捕捉他们平时充满个性化的表情，并且能在适当的时候提醒他们，把表演和他们自己的东西联系与结合起来。换句更直接的话来说，就是要他们始终以自己的方式——包括说话、谈笑、手势以及体态动作等作为参考与参照系，不要求他们舍近求远地另辟蹊径。当他们的表演不理想而需要修正、调整的时候，绝对不仅仅简单地告诉他们："还不够！"而是要具体地指出这里或那里还需要什么以及怎样做。

待到这些被邀请来参加演出的业余演员能够意识到，原来电影表演并不需要把一场戏一次性连续地表演完毕，电影是分切成多个镜头来拍摄。所以，在表演时只需要抓住那规定情境中某一瞬间的感情，并且能够做到不人为地夸大或夸张，掌握到能够自然流露的程度，那么，非职业演员就可以对自己的表演充满信心。甚至有时达到一种连他们自己都不敢相信的程度。其实这并不奇怪，因为他们有能弹得一手好吉他的专长，只要吉他在手便如虎添翼，甚至让某些同场演出的职业电影演员相形见绌、自叹弗如了！

7. 寓教育于娱乐之中

"寓教育于娱乐之中"，这是周恩来总理生前留给我们文艺界的一句话。对于这句话，道理是理解的，做起来就不那么容易了。

时间即使已经到了20世纪的80年代中期，在中国电影界依然对"娱乐片"这三个字讳莫如深，这是历史的事实。更不要说我们曾经有过把一切流行歌曲都统统视为"靡靡之音"而加以制止的愚蠢行为了。我认为，较长时间以来，我们对电影的指导思想在很大程度上是过分地强调其教化作用，尤其在"左"

的思想干扰下，在艺术创作中所形成的“不求艺术上有功，但求政治上无过”的思想定势，极大地影响着我们在创作上贯彻周总理关注创作的至理名言。

三中全会以后，特别是第四次文代会以后，在很大程度上纠正了上述偏向，但也还没有达到大家都敢于强调影片的娱乐作用那样一种开放的局面。这是其一；

其二，我们影片的创作者，特别是编剧、导演等主要创作人员，由于长期习惯于上述指导创作的思想惯性的影响，对于如何在影片创作中寓教于乐还不甚了了，还研究得不够，实际功力也不足。至少，我是属于不太会“寓教育于娱乐之中”的一个。

以这次《路边吉他队》的创作为例，主观上是想竭力把它搞得生动一些、活泼一些，因此选择了比较有难度的青年题材。进一步说，选择的是青年业余生活的题材。再进一步说，选择的是青年最敏感的、也是他们比较感兴趣的吉他弹唱的业余生活题材。

为什么说吉他弹唱是敏感的呢？请相信，这绝非危言耸听。我们在上海采访和后来接触过的上百名吉他手当中，就有近十多位歌手曾因为弹吉他和唱流行歌而被派出所拘留过。在一段时期内，人们瞧着身背吉他的小青年便不顺眼，鄙视他们为“流里流气的小瘪三”“小流氓”！更严重的是，有的孩子竟然因为喜爱弹吉他而被从家里赶出去，流浪街头……

改革开放以来，我们的经济生活处于新旧过渡的转型期，文化生活实际上也同样处于转型阶段，其表现为以丰富的文化生活取代单一的文化取向。以流行音乐和流行歌曲为例，我们曾经愚蠢地禁止过，但实际上禁是禁不了的。不争的事实是，因为年轻人喜欢它，而我们自己又没有，于是国外的、中国港台的就通过各种渠道传播进来。我们不能不面对这样的尴尬，随着改革开放，好的东西进来了，同时也夹杂着一些泥沙甚至某些污物进来了。

在《路边吉他队》还未成形的初期，我们就明确未来剧本的大体走向。决心拍一部并不直接描写改革开放的集体事件或某个英雄模范人物的典型事迹，而是把焦点对准人民群众的业余生活，呼吁社会应该允许文化爱好的多样化，沟通老一代与新一代之间的关系，通过流行歌曲抒发人民群众、特别是年轻人的内心世界。虽然影片中的歌词并没有直接唱诵“党啊、党啊”的词句，但歌唱当中流露出的真情，却是歌颂生活、歌颂我们所处的伟大时代的。

我与我们摄制组的主创人员有一个共识，认为这是一次难得的实践“寓教育于娱乐之中”的机会。在一定的意义上说，我们这次实践，也是一种探索，即不是一般意义上的音乐故事片，而是把音乐和政治思想，和针砭时弊的东西结合起来。

说《路边吉他队》是一部具有戏剧色彩的音乐故事片，是指影片风格样式的总体走向而言的，对于其中的某些段落或局部，例如身处少管所被管制的徐晓光能参加“吉他大赛”，声情并茂地弹唱《忏悔》，甚至含有一定程度上的悲剧味道等，也兼收并蓄。

因为是一次具有实验性质的探索，浅薄与幼稚之处在所难免。但有一条我是坚持不动摇的，即对于喜剧色彩的处理上宁肯不够，也绝不采取硬搔观众咯吱窝的办法去向观众讨笑，也更不能用低级庸俗的台词去搞笑。

我认为，不讨笑，不搞笑，是影片避除趣味低俗、手法平庸的保证。为此，《路边吉他队》无论在剧本创作阶段抑或实际拍摄的时候，都坚持如下的原则：

首先，要恰如其分地使影片洋溢幽默感，万不可轻浮。绝不能为了从观众那里获得笑声而不择手段。

其次，力争依靠人物纠葛，从内在冲突中去寻求会意的笑声，避免祈求外部的矫揉造作制作所谓笑料。还有，也是最重要的，一定要掌握分寸感，不能弄成闹剧效果。

下面摘录影片中的几个片断来说明，我们是如何遵守上述创作原则的：

夜晚。苏州河畔，这边京胡、二胡伴奏的京剧爱好者，那边吉他伴奏的“斩琴赛歌”争相展示……

在“斩琴赛歌”现场，人们把一群手持吉他的歌手围了个水泄不通。原本比赛双方约定只能演唱中文歌曲，此时甲方唱罢乙方上，但此刻乙方要求唱一支美国歌曲来应付自己已无中文歌曲可唱的尴尬处境。当他们唱起美国乡村音乐歌曲《噢，凯尔洛！》的时候，听众中有这样一段对话：

老年妇女对身边的女伴说："歌嘛，还是蛮好听的，就是唱的什么意思听弗懂，侬听得懂伐？"

女伴吃不准地说："好像是……好像是日本话：噢'开路'！"

身旁的青年甲笑道："嘿嘿，嘿嘿，真是老神了。能从英文歌子里面听出日本话来，你服不服？！"

还是那位中年妇女解嘲道："要么就是'开罗'！"

"得，又去埃及了！"青年甲依然不肯放过地说："开罗？还伦敦呐！"

前面那位提问的老婆婆不高兴了，对小青年说："好呀，侬听得懂，侬讲给阿拉听，伊拉唱的是啥个意思？"

青年甲还欲分辩，青年乙略带嘲弄的语气说："哎——弗要硬充，帮帮忙好勿啦！"接下来是周围的一片笑声……

这是一段颇有趣的对话，通过这种不无善意的彼此嘲讽，勾勒出一味地学唱外国歌曲之脱离群众和那种不懂充懂者的尴尬。笑声中让人思索与品味。

又例如，徐师傅家里为业余生活发生争吵那一段戏，中学生徐姗姗为自己能否有弹吉他的业余爱好与酷爱京剧艺术的父亲发生了矛盾。于是，引出了如下的场面：

小姗姗怀抱吉他刚刚唱完一曲《童年》，她向爸爸解释为什么练习弹唱："爸爸，明天我们过'团日'，我是准备在明天……"

"准备什么！"徐父申斥道，"你现在只能准备功课，考大学。其他的一概不许……"

姗姗："就是考上大学，也可以有业余爱好嘛！"

徐父："业余爱好！你现在还没有专业呢，哪儿来的业余？一个女孩子家，整天抱着个吉他哼哼呀呀，唱那些不三不四的什么的，纯粹是不务正业！"

徐母："不弹就不弹，干嘛那么说孩子，你还喜欢拉胡琴唱京剧呢！"

徐父："你懂什么，这怎么可以放在一起比，京剧是什么？京剧在世界上是独一无二的，是我们中国的国宝！吉他算什么？弹那玩意儿能有什么出息？”

姗姗争辩说：“那也不见得，譬如说成方圆吧，人家就……”

“什么成方圆？”徐父抢过话头说，“没有规矩就不能成方圆，这是至理名言，你懂什么？”

“我说爸呀！”姗姗笑得前仰后合，“您大概就知道有个梅兰芳吧！”

“谁说的？”徐父申辩地补充道，“还有程砚秋、尚小云、荀慧生，四大名旦全国闻名，谁不知道！”

姗姗：“人家成方圆也全国有名，可您就不知道！”

“什么？”徐父眨了眨眼睛，“成……方圆？”

徐母提醒老伴儿说：“哎呀，就是姗姗床头贴着的那个女孩儿，吉他弹唱歌手！”

徐父：“啊——原来你是想出风头，也想让人家把你当成大美人儿似的挂起来……”

影片中通过老少两代人饶有趣味的辩论，表现出一老一少在文化趣味上的差异，而利用著名歌手成方圆的名字，顺理成章地引出“没有规矩不能成方圆”的俗语，一方面展示了徐师傅的认真和对流行音乐的孤陋寡闻，同时又活脱地勾画出一位老京剧爱好者对京剧的痴迷。如此，便有可能比较生动地表现徐父对京剧艺术的特殊崇拜和对其他艺术爱好的排他性。

上述处理，既是饶有兴味的，又是从属于刻画人物性格的。我们趁此余兴未消，又让姗姗大哥进一步说服父亲，然而，对吉他抱有偏见的老徐根本不买儿子的账。并且针对儿子说的“现在鼓励年轻人有正当的个人爱好，全面发展”的话，气急败坏地狡辩说：“啊，拉胡琴就不是正当的个人爱好，就不能全面发展？！”

“简直是胡搅蛮缠！”在一旁观战的徐妈妈出面替儿子打抱不平了，“晓光，别理他！来，吹吹风。”说着，把电风扇给儿子转了过去。

晓光边吹风边说：“我说爸呀，幸亏您老爷子仅仅是我们家的一家之主，您要是……”

“嗯！？”徐师傅不解地，“什么意思？”

晓光转过身来，非常认真地说：“您要是国家元首，还不得下令全国都得拉京胡、唱京戏？！”

儿子的反驳当然是被夸大了的极而言之，但话语中所含的道理却是无可争辩的。徐晓光这段出乎意料地发挥，显示了年青一代的幽默与智慧，顿时使老父语塞，落得个只能靠一家之主的威严，骂上一句“混账”了事。

然而，有趣的场面并未就此打住，正当自以为是的徐师傅，在家庭争辩中处于败北的时刻，老友王师傅挟着月琴、提着京胡找上门来凑热闹：“吃了吗，徐师傅，走哇！”

须臾，徐家阿婆把话接了过来：“王师傅，我们家老徐往后不再拉胡琴了，改弹吉他了！”

“什么？改……”王师傅瞠目结舌地，“改弹……吉他了！？”

……

这里取得喜剧效果是极其诙谐的，因为，徐家阿婆的“不再拉胡琴、改弹吉他了”说得极其认真，把同是京剧戏迷的王师傅弄了个丈二和尚摸不着头脑。徐师傅此时处境尴尬，令人啼笑皆非。

8. 关于作曲与音乐

按照青年作曲家范伟强的说法，当他第一次听说《路边吉他队》这个剧本的时候，就被它响亮而又容易引人争议的名字深深地吸引住了！

他说：“作为一名电影音乐工作者，我心里不只一次地幻想，何时能有一部以吉他为题材，用广大群众喜爱的流行歌曲来歌唱我们的生活、理想，歌唱我们这个新时代的音乐故事片呀！摆在我面前的《路边吉他队》正如所愿。坦率地讲，我是多么希望，由我来担任这部影片的作曲呀！”

最初考虑本片的作曲人选时，我首先想到的，依然是过去与我合作过影片《心灵深处》的作曲家吴大明同志。他看了剧本后，非常坦率地对我说：“这个本子我很感兴趣，它为电影音乐作曲家提供了难得的、施展才华的机遇。不过很遗憾，我不能接。”

吴大明看我一脸狐疑，便进一步地解释说：“不是我不想接，是我写不了。人贵有自知之明，写流行音乐不是我的强项。出于对影片负责，也是对老朋友的负责，我建议你大胆地使用一下青年作曲家范伟强。”

当我找到范伟强的时候，他便向我讲述了本节开始的那一席话。

俗话说，良将好寻，知音难求。同样想创作一部音乐故事片的愿望，使我与小范同志走到一起，应该说，我们双方都挺高兴。但是，据小范后来告诉我，当他仔细地研读了剧本，特别是听了摄制组的拍摄日程之后，他本来激动的心，一下子凉了半截！因为气候与季节的原因，要在一个月的时间里录制好11首由不同人物演唱，风格不同、形式不同的歌曲，太难了！用范伟强自己的话来说，其表现幅度之广，创作难度之大，作曲时间之紧迫，足以使任何一位作曲家望而却步！

当然，作为导演我十分清楚，小范的畏难还有一个不便说出的原因，即这位年轻的作曲家从未接触过我。他在后来总结创作得失的时候，曾写道：能否在短期内与导演在工作上达到相互理解与配合默契，实在是心里没有底。因此，他经再三考虑之后，向正在上海采选外景的剧组发出了“请求摄制组另选作曲”的电报。

说实话，小范的反复尤其增加了我对他的信任，我认为，他的所谓望而却步向剧组表明，他对待创作的认真负责。而且我还认为，只要将《路边吉他队》这个平台肯让小范登上来，并且允许他展露才华，那么，范伟强同志将会以前所未有的创作激情来证明，他是唯一（至少在长影范围内）可以寄予希望的作曲家。

我给小范以信任，他回报给摄制组以信心。在导演的坚持和师友们的鼓励下，范伟强最终从退缩中走出来，接受了曾使他望而却步的任务。事实证明，这个反复对他后来在极困难的条件下出色地为影片谱写音乐是个极大的原动力。正如后来他在总结时所写的：难道我们的观众会永远满足于那种录音机式的音乐会吗？难道我们的演员会永远甘心去嚼别人嚼过的馍吗？我问自己：难道这些还不足以使我的心灵感到震颤，双肩感到一种无法推卸的重压吗？

带着一颗自责的心自觉地向自己发问，这是多么难得的艺术追求，同时也是时代的责任感。作为目击者我可以证明，恰恰是上述的责任心和超凡的敬业精神，使范伟强度过了“那一个月的日子，日日夜夜，一生中最苦、最累，同时也是最兴奋、最幸福的创作时期”。

身为本片的编导，我十分赞赏小范同志在创作中的勤奋与刻苦。望着他因废寝忘食而日趋消瘦的面庞和日益变得灰白的脸色，我极为心痛。我曾嘱咐制片部门想法弄点儿巧克力，给小范增加些营养。但是在创作上对他的要求，却从不因心疼他而减弱。那是一种什么样的创作状况！那段日子，我从不轻易地通过连他自己也并不十分满意的作品。正是这样地一次次地切磋、一遍遍地修改，甚至不惜推倒重来，保证了影片中十一首歌曲的质量。

我与小范的创作共识是：既然我们通过影片中的人物之口，向外来的流行歌曲扬起了挑战牌，我们就没有理由不尽量写得好一些，处理得好一些。当然，在与进口的中外流行音乐打擂台的过程中，也可能我们不自量力甚至可能败下阵来，但那没关系，我们开个头，我们寄望于未来。于是，我对本片歌曲的音乐处理与作曲范伟强达成下列共识：

第一，根据演唱者的特长，谱写出风格不同的曲谱。11首歌曲要各具特色，绝不强求一律。有的是以抒情为主，如《童年》《小树》《晚风》等，有的则宜以豪迈、奔放为重，如《有你，有他，也有我》。也就是说，宜采取多样化的手法与风格去适应规定情境，符合人物性格的需要。对于像《有你，有他，也有我》这样的歌，要强调它的气势，而对于像《忏悔》这样的歌，则应该侧重于描写情绪，刻画心境。

第二，音乐造型应该与当时流行的港台歌曲那种“软绵绵”“甜蜜蜜”区别开来。代之以清新、健康和富有朝气。写作时放开手脚，不受外界因素干扰，不怕人说三道四。要敢于按照流行音乐和通俗歌曲的技巧与规律，为我们的影片谱写歌曲。形式要求多样化，应该包括独唱、合唱、混声合唱以及重唱等。

第三，曲调与旋律要美、要动听。这是歌曲的灵魂。歌曲的节奏型应有变化，不能千篇一律。配器要讲究，尽量具有现代色彩。虽然演奏时以吉他为主，这是由于本片的特点而定的，但绝对不能单调。虽说以吉他为主，但不是说吉他为唯一。配器应讲究层次、节奏要鲜明，为此，一定要用好架子鼓。

影片《路边吉他队》演职员合影（前排居中者为作者）

第四，为便于流行，旋律越容易记忆、越适宜上口为好。音乐的总体处理切勿过分追求复杂，脑子里要有观众。不要怕专家们指责说“下里巴人”。更多地想一想观众能否喜欢。真的能流行起来，那是我们的大幸。十一首歌曲中能有一两首流行，就是成功。

我十分庆幸自己少年时期在部队文工团的那段生活经历，它培养了我的视唱能力和对音乐理论基础的理解，源于此，我能通过自己试唱，便可以立即审评作曲写出的每一首歌曲。虽然我与作曲范伟强本属两代人，但年龄并未在我俩之间形成鸿沟。我与小范已经习惯像同代人那样，各自怀抱着一把吉他尽情地弹唱，毫无顾忌地一块儿推敲和争论每一乐句的旋律、每一句歌词、每一种处理，是否得当。这种创作上的撞击与互补，极大地在沟通意图、统一认识方面立见成效。歌曲是否可用，有了这种当机立断式的就地敲板，便提高了工作效率，使我们在相当短的时间内，完成十一首歌曲的前期录制。

拉拉杂杂地用上述几个方面的回忆，阐明了我作为影片《路边吉他队》的编导在创作过程中所经历的一切。是为告诉您，《路边吉他队》是这样唱起来的。

（三）《路边吉他队》喜获知音

这部被长春电影制片厂称为第一部音乐故事片的《路边吉他队》予映以来，在观众和专家中引起了较大的轰动。长影厂宣传发行处1986年1月10日邀请吉林省、长春市文艺界、评论界、新闻界、电影界、影片发行界人士，举行了一次影片《路边吉他队》的观摩座谈会，由长影副厂长高鸿鹄主持。我作为这部作品的主要创作干部，全程参与了这次座谈会。对与会专家的热情评价，感触良多。专家们认为，这部影片反映了当代青年业余生活这一敏感题材，影片编导的分寸感掌握得还比较好，非常不容易。他们说，影片虽然采用了生动活泼的形式，但却表现了严肃深刻的思想内涵。演员表演真实自然，摄影和谐出新，尤其是影片音乐，有催人泪下的艺术感染力，能引起观众的强烈共鸣！

专家们还认为，编导通过影片对当代青年在审美追求上的实践加以引导，启发人们对人生和社会进行广泛思索，这在影片的风格样式上是一次成功的艺术探索，会引起不同观众群体的各种反响。

为了能对影界其他同人在今后创作同类样式的影片时有所借鉴，现将座谈发言整理如下：

高鸿鹄（长春电影制片厂副厂长）：风雪严寒，把大家请来，看了《路边吉他队》，请大家提些意见。我代表长影，向过去的一年里对我们厂支持和关怀的各位朋友表示感谢！这是我要讲的第一句话。第二句话就是，今年这部影片，说实话是赶出来的，上戏比较晚，九月份出去天气不但热而且还连续阴雨。本片音乐比较多，前期录音比较复杂，在这种情况下，我们把影片赶了出来。这部影片电影局认为不错，石方禹局长也认为确实很好。这是我们新中国成立以来第一部真正的音乐故事片，对我们厂来说也是第一部，所以这是一部探索性的影片。刚才我和常彦同志开了个玩笑说，你这个片子我给起了个名字，叫音乐政论片，把音乐和那么高的政治，和那么多针砭时弊的东西结合起来，这也是很大的探索。原来我们很担心，因为在这之前送过一部名为《喜怒哀乐》的影片，其中也有一段弹吉他的戏，电影局看后，说必须剪掉，所以很紧张。可是这次拿去电影局没有说有什么问题。这部片子能这么顺利通过，是很不容易的。

这是一部探索性影片，而且音乐又那么多，比较匆忙，周期比较短，难免有这样或那样的不足，希望给我们提供宝贵意见。

常彦（本片编剧、导演）：难得有机会和大家一起看自己拍的片子。刚才高鸿鹄同志介绍了情况。这部影片上得比较匆忙，特别是后期要往前赶，紧张了些。我们抓这种题材也是实验着去搞的，我个人过去没有搞过，国内经验又少。基本上是无章可寻，不利的是可借鉴的东西比较少，有利的是可以展开想象的翅膀自由飞翔，不管怎么样，还是飞起来了。这部影片表达了我们对当前文艺的一些看法，同志们通过影片能体会到这一点。我们想通过这种样式的影片向观众提供一点信息。我们没有按过去的传统去搞，没拘泥于有头有尾、有连贯的故事情节。剧本出来后，有的同志吃不准，担心我们搞不好。可是，厂里的领导却给了我们很大的支持，这部影片还是推上去了。

这部影片不是很理想，搞创作的都希望自己的作品能为观众所喜爱。根据现在的反应来看，还是能够获得观众欢迎的，这对我们来说是最大的欣慰！遗憾的是推敲得还不够细，与理想状态还有很大差距。影片能搞到这个程度，全靠摄制组全体同志的努力和辛勤劳动，其中付出劳动最多的是作曲范伟强同志。我愿意借这个机会向作曲表示感谢。他很年轻，很用功。如果说影片还看得过去，主要应归功于小范。

依我看，流行歌曲禁是禁不了的，因为年轻人喜欢它。青年人喜欢这个东西，我们又没有，于是就通过各种渠道来接触它。随着政策的开放，有好的东西进来，也夹杂着一些泥沙进来。流行歌曲也是这样。这种现象不能再继续下去了。要有我们自己的东西代替它。我们之所以动心抓这个题材的影片，坦率地说，也有历史责任感，想试一试，正像影片中那位大学生说的那样：“我们是拿鸭子上架，不自量力，但是我们不怕丑。”

我们希望这部影片能传达出更多的信息量。是不是做到了，同志们还可以提出自己的看法。

还有一点是如何看待我们当今的时代，改革题材有几种方法去写，一是直面改革事件本身，今年姜树森导演拍的《女人的力量》就是这样。还有一种写法，我们这部影片也算写改革的一种，它虽然没有直接写改革中的人和事，他把人推到背景，但从精神状态上看，还是改革年代的东西。它的角度比较特殊，把焦点对准了特殊环境——如何支配我们的业余生活，如何沟通老一代与新一代的关系。我们应该允许爱好上的多样化。通过歌曲抒发年轻人的心理情感。我们的歌词里虽然没有直接唱“党啊，党啊”的词句，但字里行间的真实感情是歌颂当今、歌颂时代。所以，总体来说，我们是想给影片赋予健康、赋予朝气。这一点是否做到了，有待于同志们进一步探讨，我非常热切地希望在座的同志们提出批评。

孙里（《作家》杂志社）：我认为，这是一部难度比较大的影片。能拍到如此程度，实在是非常不容易。具体地说：第一个难度，它选择的是青年题材，再进一步说，选择的是青年最敏感的弹吉他的业余生活题材。从选择题材的角度来看难度比较大。第二个难度是影片的风格和样式，这在我们的电影事业中应该说是一种开拓，这个难度也是比较大的。但看了这部影片，它给我的印象还不错。第一点是无论在处理题材还是把握风格样式上分寸感比较强，一般说来，这类片子处理得不好便很难让人接受，但这部影片老年人能接受，青年人也能接受；文化水平高的能接受，文化水平低的也能接受；思想开放的能够接受，思想略微正统一些的也能接受。做到这一点很不容易。应该说导演分寸的把握是成功的。这是影片的很大成功。一个青年题材，特别是当代青年题材很不好把握，对当代青年精神气质的揭示上，分寸感上，在当今生活和思想都在发生深刻变化的时候很难把握。能把握住，有分寸地表现出来，这很不容易，需要导演的艺术功力。常彦导演接受了这个考验，这是第二点。第三点，作为一部音乐故事片，既有表演又有唱，还要表现一定的社会内容，也就是它的思想内涵，要揭示出一定的社会问题，也很不容易。解释他们对生活的新追求、新探索，这仅仅是一个层次。我认为一部影片，仅仅停留在这上面还不是最主要的成功，还应有第二个层次。这部影片通过青年业余生活，反映了两代人之间的认识和追求上的距离，这应该说是对人的一种提升，人和人之间的一种沟通，一种理解，对人本身来说，是一种升华，这是最主要的。我们这个戏接触了这个问题，可惜还不够。如果更注重这个问题，能使影片的深度达到更深的层次。

这部影片反映了某些长处，也反映了某些弱点，整个看来还是比较好的。应该肯定这种探索精神，肯定编导的这种实验的勇气。能看到这样一部有探索性的影片，并且取得了令观众满意的成果，我个人感到高兴，应该向导演和演员同志们表示祝贺。

丁冰（东北师范大学讲师）：我在学校里工作，接触到大学生多一些，看到影片后确实感到很亲切。我想这部影片在大学生里是能受到欢迎的。因为影片提出的问题在大学生中间确实是很普遍的事，正像导演所讲的，在高等院校，这算是一个很敏感的问题。因为现在不像过去，宿舍里插上录音机就可以跳。但去年下半年在学校里听录音带的几乎没有了。什么邓丽君，同学们听腻了。不但学校这样，工厂的工人也这样。他们不满足听那些东西，就像武打片一样，看的越来越少，这是个发展规律。这就提出了一个需要回答的问题，我觉得这部影片在一定程度上回答了这个社会问题。而且提出了对生活，特别是对艺术的看法。从创作思想上来说，编导经过深入生活和对艺术进行了深刻地思考，提出了比较新的看法，有些问题比较敏感。

我比较喜欢音乐，看后觉得耳目一新。一是题材新。一个艺术家的水平高低看什么呢？就是能不能把每天都想到的、看到的东西表现出来。这部影片表现的生活太熟悉了，但是没有一部电影、电视把它表现出来。这部片子反映了这个问题。这就是艺术家的良心，和现在比较时髦的说法——社会效果吧！从这一点上讲是比较新的。这部片子一经上映，肯定会引起强烈的反响，也可能会出现对立面。二是音乐比较新。这个片子的音乐不好写，特别是吉他弹唱，又有那么多流行歌曲。电影音乐是个完整的艺术创作，怎么能写出比较完整的，比较新的而且能让人民群众喜欢的东西是很难的，尤其现在，流行歌曲能说大家都喜欢的又不多，所以它就更难了。作曲同志很年轻能做到这一点是很难能可贵的。三是风格新。这是题材决定的，没有一个新的风格去表现，就完不成最高任务。影片在贯穿动作的设计上、结构的安排上都必须有新风格，这一点导演有新的探索，并取得了一定的成就，它比较独特。风格上比较轻松，提出的问题比较严肃，正因为这样，它可能被更多的人接受，这是很难做到的。这种比较敏感的社会重大问题，一般都想用重大的题材来表现，无论是《花园街五号》还是《女人的力量》都是这类题材。但是，怎么用八小时以外的业余生活来反映比较重大的社会问题会比较难，特别是导演还兼任编剧，这样难度更大。影片涉及了一些生活敏感问题，处理得都很有分寸感。搞艺术的都知道，没有分寸就没有艺术，对戏剧尤其如此，对电影更是如此。

关于影片的台词，我说一点不太成熟的想法供创作人员参考：一个是风格不太一致，主人公经常说出历史责任感、时代感这样一些台词，我认为不太必要；一是不太符合人物身份，再一个也不符合规定情境。

薛春华（吉林师范大学中文系副教授）：这个片子我很喜欢。昨天接到通知后，我就在想，这个片子大概很轻松，还是“路边”的，还是“吉他队”。最近工作非常紧张，希望轻松一下，看片后确实达到了。影片看后使人感到轻松、愉快、火爆、热情、奔放，使人精神振奋！虽然我已年过半百，看后觉得和年轻人的思想更靠近了。因为社会上有这样的议论，背着吉他晃晃悠悠，总好像不务正业，他们大概都是学习不怎么好，工作也不怎么样的人。这部影片驳斥了这种看法，也说服了我。我喜欢这部片子，喜欢它的风格，看后能使人轻松。

再有，我喜欢影片里的曲子，其中最使我动心的，说句文雅的话，激动了心弦的是《忏悔》那段。我的眼睛有些热乎乎欲流泪的样子。另外我对几个演员的表演很欣赏，不像有些片子有表演的痕迹。这些业余演员都能非常自然地自己表演自己，没有做作感。生动活泼的形式和严肃的思想内容，从追求上统一起来，并收到了一定效果，特别是在戏剧不太景气，电影也开始不景气的情况下，做到这一点很不容易。

《路边吉他队》青年学生会愿意看，会很受欢迎的，会引起他们共鸣的。在目前电影不景气的情况下，能把观众从电视机前夺过来，推到电影院去，很不容易。从思想上看，主要表现了年轻人审美观念上的变化，突出批评了盲目追求国外、中国港台的做法。有些台词很有讽刺味，喊出了自己的声音，表达了当代青年的思想感情。影片既表现了当代青年在思想感情上的欢快、活泼、热烈，也表现了他们工作上的认真，为人正派，有美好的心灵。虽然影片重点反映的是他们的业余生活，但他们的工作、学习也都闪回了一下，而且干得不错，这一笔是不可忽视的。这就说明他们很正派，而且业余生活又是那么的欢快、火爆、活泼，这太好了，他们十分可爱！

片子是否有不足，我不敢妄加评论，个人感觉此片紧张有余，舒缓不足，是否这样，我不敢深说。再一点，我感到此片生动活泼的形式和严肃的思想内容在努力地追求统一，特别是对拜金主义的批判还是蛮有锋芒的。我想，有的地方是否直了一些、露了一些？给我印象比较深的是甩钱的那场戏，它对目前社会上的拜金主义提出了批判，批判是尖锐的、深刻的，有那么一点火药味儿，但是否含蓄性有些不够。通过故事情节和行为动作也可以表达那个意思，同样有说服力。如果说得再坦率一点就是，本片整个的形式是欢快的，内容是严肃的。但不足的是给人回味的余地少了一些。这是妄加评论，就算交卷了吧。

陈焕（吉林省发行公司经理）：买卖人讲话好谈行情。总的感觉，看过片子后心中比较振奋！如果能赶到春节拿出来，肯定能受欢迎。此片基本上具备有两个效益：经济效益、社会效益的统一。

第一点，此片在选材上比较俏。弹吉他，这在生活中本是司空见惯的，但这部影片把它升华了，把年轻人引上了正路。主题是健康的，给人以新的气息。另外，对主题的处理虽然直了些，但讲出的道理是令人信服的。作为轻音乐、轻声唱法，社会上有颇多看法与责难。对它的认识并不统一，特别是上了年纪的人、有正统观念的人，对轻声唱法是不感兴趣的。但看了这部影片，通过影片来讲道理，而且讲得透彻，我信服了。我认为应该这样来引导。因为轻声唱法也是一种艺术形式，不能把它打入十八层地狱。在我国艺苑中有这么一朵花有什么不可以？为什么要一花独放呢？它应该在艺坛中占有一席之地。导演和作曲在这方面的贡献是大的。在当前提出这个问题，回答这个问题，回答得好、回答得正确，这是一个很重要的可取之处。希望长影今后多拍些这类高质量的影片，这样咱们两家的利益就统一了。希望长影导演多花一些苦心，观众对你们寄托着希望。

金钟鸣（吉林省委宣传部文艺处）：我来晚了一步，只看了一段。

首先感谢长影为我们拍了这样一部好片子。很同意上面同志的意见，说一些感想。第一点，常彦同志是一位很严肃的艺术家。他总是很认真地对待艺术。

如果说他的影片《在被告后面》在社会问题上以尖锐、深刻揭露见长，那么本部影片则在昂扬、欢快上取胜。《在被告后面》放映后在社会上引起过争论。本片选择了吉他和轻音乐这个角度，虽然也会被人接受，实际上是又打了个擦边球。影片《在被告后面》和《路边吉他队》都是常彦同志打出来的漂亮的擦边球。第二个感想，这个片子采取了音乐故事片形式，有它的长处，也有它的不足。但我觉得，最主要的一点已经完成了。就是这部片子主要讲出了当代青年在审美观点上的追求和实践。作者的用心很明白——用各种艺术手段引导当代青年，和当代青年心心相印。

高连俊（吉林省精神文明中心）：是不是可以这样说，此片是老导演的新探索和新作曲的新高度。它不仅反映了生活，而且思想内容是健康的。正如导演所说，这的确是一部反映改革的片子，反映了人们心理上的改革。这正是影片主题深刻的一个方面。作为改革，都是现代化的一个重要组成部分，作为人们的心灵、心理的现代化，这恐怕是社会改革的最主要部分，最后成功的部分，起着关键作用的部分。所以我觉得这部影片从人们的心理来反映问题，是比较深的。

说点不足。觉得含蓄性不太够，欢快劲儿比较浓。如果再从另外角度揭示一下，加一些哀婉、幽怨的情节，是否会更好些。因为生活中是存在的，而且用吉他来表现更适宜。如这样，就会使影片在欢快和轻松上结合得更好，活泼与幽怨也可以有所结合，相得益彰嘛！

宋斌廷（吉林省音乐家协会）：首先，对长影能搞出这样一部影片来，而且真实地反映了音乐界的情况，表示我个人的感谢！

总的感觉，无论从构思上，导演的手法以及作曲上可以总结一个字——新。本片重点突出了音乐，而且收到了特殊的效果，特别是一些音乐，我被感动得热泪盈眶。首先，它提出了一个问题——港台歌曲占领我们的阵地无孔不入，怎么能抵制它呢？只有写出自己的歌，这就是本片的主题。

另外，这十一首歌都给自己树立了一个难字，因为以吉他作为主题贯穿，它就限定了必须围绕吉他作曲，本身面很窄。

下面谈谈对音乐的感受：首先，11首歌曲中烙印最深的，恰恰不是那些比较欢快的，而是一些速度比较舒缓、深沉的东西，类似《童年》《小树》《也许》等。同时我认为歌词写得相当不错，而且看得出作者比较大胆，风格上也是多种多样的。里面还有讽刺歌曲，而且掌握了一定尺度。11首歌仅仅用了20几天时间，而且又限制在这样一个乐件之中，这是一个相当大的工程。在形式上又多种多样，有独唱，有齐唱，有重唱，这是很不容易的。有几首歌肯定能传开。

从音乐上讲，这个片子和本人有共鸣。现在的音乐基本上传统音乐多，唯独出现了这么一部影片的音乐，它升华了。能引导青年积极向上。它是成功的。另外，它为什么这么感人呢？从音乐角度来讲，在一个特定的环境中，比如小女孩儿弹吉他，就引起了我许多联想，这本身就是延伸了主题，它的共鸣性很强。再有，手法上很新。其实这些歌曲用美声唱法也会唱得很好。所以，关键还是歌曲本身。从旋律上讲，流行歌曲和传统歌曲之间没有严格的界限。写一个通俗歌曲是很难的，能在这么短的时间内写出这么多使人耳目一新，唱起来脍炙人口的作品，确实不简单。

崔航（吉林省电影发行公司）：看了片子，我总有一个感觉，咱们的艺术家不能光强调观众的欣赏水平差，咱们常说，有的片子专家说好，但放映时没人看。看完这部片子，感到很明快，有一种享受感，很好。尤其是作曲，取得了很大成功。比如主要角色的戏，唱得很豪放，年轻人可能就向他看齐了。本片在城市中会有很大一批观众的。另外，我认为这部影片有戏剧中的悲剧美，做到了一定的结合。特别是老二唱《忏悔》时很感人，把戏推向了高潮。

简瑞年（吉林日报社）：看了后总的感觉很好，很兴奋。影片反映了青年人特别关心的问题。现在轻音乐的上座率不如过去了，说明观众的欣赏水平发生了变化，说明老是听《酒干倘卖无》也不行。轻音乐需要找个出路，如何加以引导，提高和升华，是摆在文艺工作者面前的一个很严肃的问题，也是广大青年的需求问题。我们这部影片从积极意义上提出了这样的问题——流行歌曲需要，但要创作出自己的东西。用健康的、向上的东西来丰富广大青年人的文化生活。这个主题也是当前改革中很重要一个方面。从影片的社会效果来看，可以预期，会受欢迎的。

袁愔（汽车工人报社）：这个电影我比较喜欢。我做过专职团干部，接触过很多青年。我觉得这个电影正是我身边的人。看完后引起我很多联想——小青年到底要追求什么？这个电影给我们指出了方向。我们厂的几万名年轻人，一定会喜欢这部影片的。

人可以有业余爱好，但关键是什么爱好。唱歌也是这样，你是唱积极向上的，还是唱一些低级下流的。爱好什么样的流行歌曲，是个社会问题，要禁是禁不住的。这部影片很好地回答了这个问题。另外，这部影片反映了我们时代的气息，我比较喜欢它的节奏。这部电影对我们厂青年一定有很大影响。这样的电影希望长影多拍一些，希望《路边吉他队》早日在我们厂放映。

冯胡兰（长春日报社）：和在座的相比，我还算是个年轻人，我喜欢这部影片。打个比方，好像做了一件衣服，它的选料精，样式新，只是做工稍微粗糙了点。我突出的感觉是本片的音乐很好。因为它是音乐片，打动观众的首先应该是音乐。它首先应该感人、抓人、打动人心。音乐是成功的，它通俗，容易被青年人接受。它的基调、风格和编导的追求是吻合的，有强烈的时代气息，是本片的一个突出特点。

另外，应该感谢这部影片的编导常彦同志，虽然常彦同志岁数很大了，说明常彦同志很理解年轻人，体现了一个老艺术家对青年人的关心和理解。这位艺术家的时代使命感和责任心，值得我们青年人学习和感谢。

范伟强（本片作曲）：我比较年轻，创作经验比较少。这次能和常彦导演合作如此默契，首先应该感谢常彦导演，他给了我很大的支持和帮助。

今天这么多专家和老师来看我们的片子，我很紧张。我接受任务时也很紧张，怕搞不好。在这之前，我们国家搞过音乐片的探索，像《海上升明月》，但它不是很成功。所以，我的压力很大，经过全摄制组的共同努力，片子完成了。我看片子时也很高兴，觉得像这样风格的影片在我们国家应该有所发展。尤其是用流行歌曲来表现青年人追求的影片比较少。我最高兴的还是在座的老师、专家对我们的工作给予了充分的肯定。我希望以后再拍这样的片子，为我们年青人提供可以欣赏、可以鼓励他们，或者是使他们的生活更加丰富多彩的影片。

常彦（本片编剧、导演）：感谢大家，大家为片子说了许多好话 。从深入生活到写剧本乃至整个影片完成，时间很紧，很仓促。当然，不能用这个原谅自己。

过去拍片子有一定的流程，这次就不行了。分镜头就不能先分，必须等到歌曲创作出来才能分。预见性很差。另一个属于经验不足，我们要飞一下，尽管跌跌撞撞，但还是飞起来了。可以作为一个靶子供大家研究、讨论。将来其他同志再搞时免走弯路。我们终于迈出了这一步，这一步迈得并不怎么好，让大家见笑了。

谢谢大家，谢谢大家！

高鸿鹄（长春电影制片厂副厂长）：首先，感谢大家来参加今天的座谈会，给我们的影片提了很宝贵的意见。这不但对影片本身，就是对我们厂的整个创作也有很大好处。再一次谢谢大家。

其次，这部影片是个探索影片，是一部政论色彩很浓的音乐故事片。这在我们国家很少见。一个政论，一个音乐;一个逻辑思维，一个形象思维，怎么结合起来是个困难的问题。所以它是个困难的探索。如果片子还有这样那样的毛病，这首先是我们厂领导的责任。大家的意见都是很中肯的，的确感觉紧了些，舒展得不够。本来也想拍得更好一些，但实际工作不允许，当然这是客观。主观上讲，有些想到了，有些没想到。电影，就是个遗憾的艺术！

这样的活动我们今后还想搞。你们对此片还有什么意见，希望大家写文章，也可以直接向我们提出。最后，再次谢谢大家。

四十一　在困惑中寻求理智

——《男人困惑女人也困惑》创作感言

孔夫子说：“三十而立，四十而不惑。”说来也巧，当我筹拍影片《男人困惑女人也困惑》的时候，刚好是我进入电影界能够独立拍戏（最初是作为电影摄影师）30年，而从踏入东北电影制片厂那一日算起，又刚好是整整40年。

《男人困惑女人也困惑》的剧本，是根据曹正文的中篇小说《四十岁男人的困惑》改编的。其实，“不惑之年”陷入困惑的人是屡见不鲜的。小说中的几个主人公，在辉煌的事业，诱人的金钱，艳丽的女人面前，竟都迷惑了。于是，在一个少妇的猝死中，几个温文尔雅、潇洒倜傥、精明强干的40岁男人被裹挟进来，演出了一宗错综复杂、扑朔迷离、起伏跌宕而又耐人寻味的人生戏剧。

这部小说是曹正文继《秋香别墅的阴影》《佛岛迷踪》后的第三部推理小说。虽然小说中也有一个案子，但并非为案子而写案子。而是通过一个美丽少妇的被害，勾勒出各式各样男人的内心世界，这些原本才华横溢的男人到了不惑之年，竟然都被“惑”，致使他们自己站到了人生的悬崖上。

山青疑无树，褒贬自春秋。在这部小说改编为电影跨上银幕之时，河北省电影公司与中国电影评论学会约请了部分影评学会会员及影评界人士，观摩了我们拍摄的影片，然后又根据他们观后的笔谈，整理出一份简报刊载在“观众反映”上。由此，我作为该片的导演获知，部分观众认为，这是一部侦探片，也是一部社会片。他们认为，影片的编导试图通过夫妻间的感情纠葛和经济犯罪，揭示当今社会复杂的人际关系。从片名看，编导的创作意图，意在告诫人们，夫妻间要彼此理解、彼此关心，真诚相待。而影片中的三对夫妻恰恰违反了这一原则，彼此关系都是表面的，各有各的隐私。如此这般的夫妻关系是违反道德的，只能给他们带来痛苦和不幸。

观众认为，影片告诫人们，要警惕“文革”中的造反派和社会渣滓钻改革的空子，影片对这类人给予了无情的鞭笞。片中对几个不同人物的精神世界的空虚、困惑做了深入细致的分析，从而对中年人的婚姻、事业及犯罪问题有程度不同的警示作用。在加强政治思想工作的今天，特别是配合廉政建设和惩治腐败，将起到一定积极作用。影片也没有流于说教，而是将主旨寓于一个极其动人的曲折的故事当中。可以说这部影片在艺术上的主要特色是情节设置得好，波澜起伏、曲折跌宕、扑朔迷离，达到了“出乎意料之外，合乎情理之中”的有机融合。整个影片脉络清晰，比较吸引人。

评论者们大多认为，看片名好像是反映社会道德的伦理片，但随着情节的发展又变成了侦探片，给人一种不协调的感觉。这也反映了编导在商品经济大潮冲击下的困惑。本是艺术片的素材，却按娱乐片去构思和创作，导致影片中的中年知识分子群体病态。刑侦队长郑剑、女记者文抒等正面人物也苍白无力。

尽管影片集夫妻感情纠葛、伦理道德、经济刑事犯罪、人物演变与现实表现、侦破与推理、悬念与期待、时髦与裸露问题为一体，但编导未说清哪个是核心问题，究竟是道德的异化倾向及其个性显示，或是经不起商品经济诱惑的经济犯罪，还是对案件本身的侦破与推理？这些问题中“突出”“强化”了什么，好像又什么都不突出而全都淡化了。

编导对剧中人物之间关系的把握欠准确。如陶倩与钱森林之爱与不爱，女记者文抒与斯强之间的爱与不爱，都不甚清楚。斯强又因陶倩不念旧情便报复

影片《男人困惑女人也困惑》（1988年摄制）工作照

行凶也有牵强附会之嫌。

影评者们认为，拙作虽有上述缺憾，但因主题涉及中年人的婚姻、事业、道德等问题，有程度不同的警世作用，不乏其有益之处。

我从影40余年，拍摄与执导了影片、电视剧等作品逾百部集，按说应该“不惑”了吧？不。这电影真的是越拍越难拍，越拍越不会拍了。《男人困惑女人也困惑》中的主人公郑剑有句颇富哲理的话：“困惑通向两极，一端通向升华，一端通向犯罪。”诚然，影片《男人困惑女人也困惑》远不是“升华”之作，但我坚信，这部影片也绝非精神上的“犯罪”。精神文化上的犯罪不会是“白刀子进去，红刀子出来”，但它却会如鸦片般麻醉人们的意志，腐蚀人们的灵魂。

在我执导这部影片的时候，有人说：这部戏提供了拍床上戏的最好基础，拍好了不仅可以赚大钱，而且可能会以“第一部性电影”载入中国电影史册。是的，这部影片中确有通奸、强奸未遂等情节，但我宁愿电影史上无名，至于那“大钱”，也留给别人去赚吧。我当初把我这种“愚昧”行为称为：在困惑中尊求理智。

在影片《男人困惑女人也困惑》上映的1989年，我就把上述创作感言，告诉了采访我的诸多媒体界的朋友们。但愿他们不会忘记。

四十二　影片《鬼楼》的导演意图

1988年我执导拍摄了编剧李玲修创作的剧本《男人困惑女人也困惑》之后，我与哈尔滨的作家李伍泉合作，创作了名为《鬼楼》的剧本，并由我执导搬上银幕。

影片名为《鬼楼》，实际并无鬼，只不过是借日本侵略军情报机关制造的发生在哈尔滨炮队街一幢小楼里所谓“闹鬼”的特殊事件，揭露日本宪兵队大佐关根为诱捕我抗日地下工作人员的罪恶阴谋及其诡计的破产。

魔高一尺，道高一丈。侵略者凭着一时的军力能够侵占一个国家的部分领土，但却无法使我们中华民族屈服。从我们展现在银幕上的、富有传奇色彩的反抗侵略者的故事中可以看出，我中华民族终究是不可战胜的。

这不是一部动作片，而是一部充满心理色彩的悬念片。影片伊始，便讲述了在“鬼楼”里发生的一件“吓死人”的特殊事件。从这个规定情境出发，影片的前半部着重营造出一定程度的恐怖气氛。随着故事情节的发展，影片将叙述的重点转向处理悬念。有分寸地营造恐怖气氛，仅仅是为“鬼楼”里发生的一连串不可理喻的事件蒙上一层神秘诡谲的外衣，使故事情节的发展更加扑朔迷离。

影片《鬼楼》（1989年摄制）现场给演员讲戏

我强调要“有分寸”，是在提醒大家应把握住尺度，不要去刻意地追求为恐怖而恐怖。也就是说，围绕事件所营造的恐怖气氛要符合心理尺度，音画处理要恰到好处。为此，应竭力避免造作，因为我们所作的毕竟不是一部纯粹的恐怖片。

本片的观赏价值寓于故事情节的奇特和其中的人物富有传奇性。

为提高故事情节的可信度，我特别强调影片造型处理以及表演风格的逼真性。总体上，要求施工一定要精细。如果各业务部门在创作态度上都认真、求真，那么，尽管我们即将拍摄的影片没有那么多打斗的动作场面，甚至也没有那么多刺激性的铺排，但却是一部能让观众屏住呼吸看下去的影片。

我们的影片能否为未来观众所认同，全赖于我们在影片中所设悬念的出人意料。影片情节跌宕与人物变化的合情合理，将在很大程度上左右观众在欣赏影片时的心理轨迹，使观众的心理预期获得满足。假如我们全片处理得当，《鬼楼》将是一部比较好看的影片。

影片《鬼楼》工作照，外景地哈尔滨中央大街

时过境迁，物是人非，甚至物亦不复从前了。在银幕上再现20世纪30年代日伪统治下的、旧时代的哈尔滨，绝非易事。许多街道、建筑已经昨是今非，或改头换面，或所留无几。即便那蜚声中外的中央大街，也到处是新时代的标志。因此，要营造30年代的氛围真是谈何容易！

鉴于影片成本及施工上的实际可能性，我建议美工、制景及摄影各部门，在造型艺术处理上要善于以点带面、以少概全，即以局部或细节的精雕细刻替代大规模的复原。为此，要巧于抓取最有表现力，又最富有典型性的画面造型因素加以发挥，最大限度地施展我们在艺术上的想象力和概括力。也就是说，我们要做一些事半功倍的努力，在“巧”字上狠下功夫。强调大家团结一致，精诚合作，认认真真地投入。

作为本片的导演，我希望所有参与这次创作工作的朋友们了解，我们拍摄的这部影片不仅要给观众演绎一段距今已颇久远的抗日故事，讲述一段颇有传奇色彩的故事，而且还应该具有更深层次的内涵，即通过在银幕上再现日伪统治时期所谓“东方小巴黎”的旧哈尔滨，展现哈尔滨文化造就的特殊的人物形象及其独特的文化心理和文化性格。因此，要十分重视化妆、服装，特别是道具工作。无论人物的发式、服饰的款式以及道具的陈设等，都应具有鲜明的时代特征。至于置景，在外景的局部加工或必不可少的内景搭制，都应该特别强调质感。

导演当然要有总体把握，各业务部门亦应严于独善其身。如此，我们大家参与创作的影片虽非重大题材，但在艺术档次上却可以具有一定的品位。

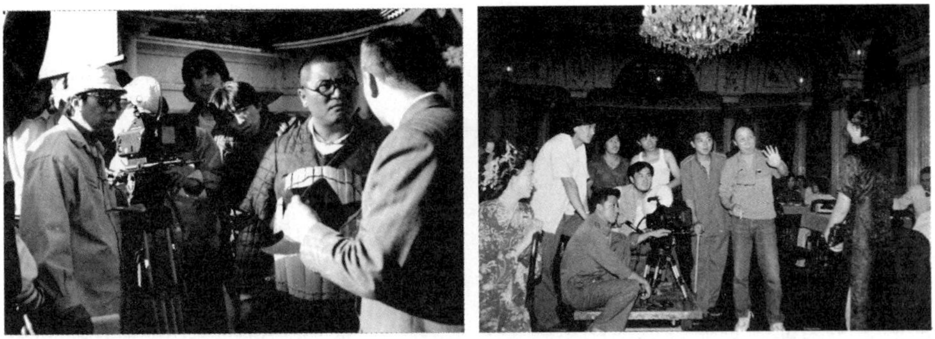

影片《鬼楼》现场工作照

作为导演，我提请摄影与照明应紧密配合，注意营造气氛。根据本片的风格样式，在光线配置方面可以适当强调一些“戏剧性”。能简处则简，该繁处则繁。请不要过分拘泥于生活真实，尤其忌讳把景物和人物全盘弄得“亮堂堂”、一览无余，应该特别注重画面造型的视觉效果性。我认为，大家应该十分珍惜这个题材为最大地发挥光与影的视觉效应提供的展示机会，万勿企图一亮了之。提倡摄影师与照明师合作默契，有所作为。

在画面造型方面，要追求构图简洁，富有透视变化。要善于运用摄影机的运动构成节奏上的张与弛。彩色配置避免琐碎，应强调凝重与力度。

本片的大多数场景将较多采用移动加变焦距的立体调度。即便是对打的关系镜头，为获得在流动中去表现不安定感，也往往会采用移动的方式拍摄。这种立体调度无疑会增加现场的劳动强度，恳请有关部门和同志不要嫌麻烦。

录音、音乐与拟音，要有适度的夸张。在后期制作中注意层次，相互照应，互为补充，扬抑得当，这也是基于本片的特点提出的特殊要求。

音乐处理不特别要求注重节奏鲜明、强烈，强调侧重于情绪和心理的渲染，尤其注意对画面气氛的烘托。有声源的音乐处理要求注重时代感。

拟音对各种音响的模拟和再现应加重造型意识。

对人物的理解与要求：表演切忌脸谱化，应竭力向真实靠拢。

冯江楚：身为“满洲国”的警察官员，他是一个忠于职守而又有一定正义感的矛盾体。应注重充分展现这个人物的内心冲突。当他由普通的正义感转化为内心倾向革命，中华民族的意识觉醒的时候，则应着力突出他的忠贞不屈。

注意：请不要把这个人物演温了！

关根：此人既有狂妄自大，所谓“大和民族精神”共性的一面，又应再现其狡诈多变的职业特性的一面。有豺狼般的凶狠，也有狐狸般的狡猾。要充分展示这个人物性格的多侧面。

刘亚汉与“看门人”：此二人是身处两个敌对营垒中的两个各具特色的“隐形人”。刘亚汉着重刻画他的高贵；“看门人”则侧重于他的卑微，即着力突出他们善于隐蔽其真实身份的职业特点。表演处理越真实越能获得戏剧效果。这两个人物宜突出他们真实身份暴露前后的变化，要达到判若两人，用以获得突变的冲击力。

其他人物，包括围绕敌我双方主要人物身边的非主要角色，都应该在真实上下功夫。首先要认真和敬业，真正能成为衬托红花的绿叶。为此，副导演的工作要做细一些。

总之，在导演阐述总的意图下面，希望各部门施展各自的聪明才智。作为导演，希望能有一个融洽、和谐的集体创作氛围。

四十三　封山之作
——《七三一大溃逃》

1990年，时任生产副厂长的郑全刚交给我厂编剧肖尹宪一本由日本人森村诚一写的关于日本关东军“七三一细菌部队”的书，书名叫《恶魔的饱食》。肖尹宪、郑金刚二人就此题材进行了相当深入的探讨，之后形成了一个电影文学剧本《魔鬼部队七三一》。但是由于香港银都机构已抢先一步，正在与长春电影制片厂合拍名为《黑太阳七三一》的影片，他们二人创作的剧本除了在《电影文学》杂志上发表一下就只能暂时搁置下来。

在拍摄影片《鬼楼》的时候，我发现了日本人秋山浩所写的《731细菌部队》和森村诚一所写的《食人魔窟》。读罢立即引起我的创作冲动，于是便想起肖尹宪、郑金刚二人被搁置下来的剧本。在厂领导同意由我将这个题材搬上银幕之后，为了能使影片达到较高的水准，我决定亲赴哈尔滨平房区深入生活。

哈尔滨位于中国东北平原北部的中心，地处松花江右岸，以水运和乌苏里江、黑龙江相连，是一座美丽的城市。在这座美丽的城市落入日本侵略军的魔掌之后，早在1933年就在哈尔滨设置了罪恶的细菌战秘密研究所——这就是后来的关东军防疫给水部总部（通称石井部队）。为了保密，对外称“加茂部队”，它驻扎在哈尔滨市滨江站附近，到1938年已发展成了一支规模巨大的秘密部队。也是那一年的六月，在哈尔滨中心区以南约二十公里处，当时名叫滨江省平房的小镇划定了关东军的特别军事区。在“严禁入内”的约方圆六公里的特别军事区内，日本人花费了一年多的时间修建了大规模的军事设施——飞机场、发电站、铁路专线、监狱以及为数众多的大大小小的研究室，甚至焚尸炉、火葬场。待到1941年，为了保守机密，又最终给它起了个更加隐秘的名称“满洲七三一部队”。

在经历哈尔滨市与平房区深入生活之后，我了解到这个部队极端可怕的本来面目。它是日本法西斯养育的一支恶魔部队。这支恶魔部队把生物学和医学应用到武器方面，进行了国际法中早已被禁止的细菌战。

当我1991年年初亲抵这个魔窟时，这里早已成为一片废墟。尽管第二次世界大战结束时日军对这个基地进行了极端的破坏，但再经几十年的风风雨雨也没有湮没掉日本法西斯留下的罪恶遗迹。那片长满了荒草的饲养老鼠的池子，焚烧被残害的“马路他”尸体的焚尸炉，那高耸的烟筒以及历经半个多世纪尚未销蚀掉的厚厚的骨灰，阴森的地下通道和那些令人恐怖的诸多展品，都令我浑身颤抖！近三千多条无辜的生命，当初就那样被日本法西斯分子活活地解剖实验并焚尸灭迹了！

于是，我决定遵从作者郑全刚、肖尹宪的思路，将《七三一大溃逃》搬上中国的银幕。这个剧本的走向大致是这样的：

1945年8月9日。

珍贵的资料片将观众带回到那一段历史中：盟军向日本宣战，美军攻占冲绳岛，原子弹轰炸广岛，苏军宣战，向“满洲”进军……

（一）

紧急哨音中，七三一部队本部广场上，人们紧急集合。以石井四郎为行刑监斩官的一队关东军行刑队，正在对一个七三一部队的逃兵执行枪决令。部队

影片《七三一大溃逃》（长春电影制片厂1991年摄制）现场工作照

长石井中将宣布：任何时候都绝对不允许暴露七三一机密，并强令在苏军的进攻面前，进行战略撤退，要销毁一切痕迹。

（二）

疯狂的破坏和屠杀；

各种资料在燃烧；

被称为“马路他”的男女被害者被毒气熏、被机枪扫射；

建筑物被爆破、在燃烧；

各种仪器被砸烂……

实验室破坏现场，队员伊东在毁坏菌床时不慎划破手指而遭受感染。秋山一面为之紧急处理，一面同山田、森岛一起对其他同伴进行掩饰。

医院中，女军人浩因要求将伤员也运回日本而被长官打了耳光。火车站台上，秋山扶着被感染细菌的伊东登上军车，并对同行的护士浩掩饰着伊东的真实病情。

大雨中，石井四郎顺列车“检阅”，广播喇叭大肆播放大日本帝国不会战败，国境线上已打退苏军的进攻，而现实却是闷罐式的平板式车厢上一片狼藉……

车开了，石井登上逃跑的飞机，俯视飞机下面：七三一部队平房基地是一片熊熊大火。

（三）

影片《七三一大溃逃》剧照

溃逃的列车上。

伊东病情加重，负责护理他的女兵浩怀疑是细菌感染。秋山求她不要报告或宣扬，以便能使伊东安全地返回日本本土。浩答应了，并且将伊东实施隔离。

悲哀的秋山，回忆起在日本和伊东参军时的雄壮场面，亲人们夹道欢送，母亲们一再叮嘱要活着回到日本……

（四）

混乱的通化。

日本难民在复仇浪潮的冲击下，纷纷逃往中国人、朝鲜人家里要求保护。其中便有女兵浩的妹妹。山田和森岛没找到浩的妹妹。当晚游击队来袭，山田负伤后终于喊出：我们为什么要来这里？我们杀死了那么多中国人和朝鲜人，我们是杀人魔鬼……

（五）

溃逃列车上。

已经病危的伊东，胡话连篇。秋山因浩只给自己治疗而不顾伊东的死活，动手殴打了浩。浩哭诉着说伊东已经不行了，你不能再感染。伊东听到他俩的低语后，便吞服氰化钾自尽了。

影片《七三一大溃逃》剧照

（六）

铁路沿线上，大溃逃的列车冲破逃难的日本难民群，艰难地继续向朝鲜边境溃逃。女兵浩也已身受感染，秋山在她的指导下为她打针。女兵浩终于告诉秋山，自己是被强迫入伍的朝鲜族人。她幼年被卖到日本，才有后来的不幸遭

影片《七三一大溃逃》剧照

影片《七三一大溃逃》剧照

遇。秋山虽然表示一直对浩存在爱意，但是浩说，她不想再去日本，即使是死，也要死在自己的祖国——朝鲜。

车过鸭绿江大桥，突遭苏联军机袭击，车上一片惊慌。浩与秋山紧紧依偎在一起。

（七）

列车遭袭停摆，秋山和森岛终于在草丛中找到了仍坚持爬行的女兵浩，然而她拒绝重返列车。为掩盖真相，秋山和森岛编造诸多理由骗过大佐衔的军官，坚持把浩抬到了车上。

（八）

大溃逃的列车终于到达釜山。面对大海，列车上所有的人都激动万分，因为大海的对面，便是他们久违的日本国土了。

七三一部队长石井四郎召开紧急军官会议，这个战犯强令宣布：对于日本武士来说，大东亚圣战远未结束。因此，七三一部队的使命也远未结束。现在的问题是，一定要严守秘密，让七三一部队的秘密永远烂在肚子里，即使是对自己的父母兄弟、妻子儿女，也绝对不许讲……

拍这个题材的影片，在当时必须要经过广电部总编辑办公室审查通过。鉴于我厂有过与香港银都结构合拍的电影《黑太阳七三一》的经验，我们决定把这支恶魔部队的罪行放到1945年大溃逃的历史背景下，从它不甘心失败的角度展示它的最后的疯狂。尽管我们的电影只涉及七三一部队大溃逃的历程，但也

影片《七三一大溃逃》现场工作照

揭露了他们沿途播撒细菌，造成千村薜荔的悲惨景象，也自作自受地感染上细菌病毒。

经与中国合拍公司联系，当时尚未与我国建立外交关系的南朝鲜决定以“韩国电影家协会”主席边章稿的个人名义投资我将要拍摄的这部《七三一大溃逃》。同时，我国香港地区也加入这个合拍项目，更加壮大了这部影片的气势。

记得，当时韩国投资了十四万美元，一次性买断该片在韩国的放映权。十四万美元按当时的汇率折合人民币一百一二万元还要多，以20世纪90年代初的物价水平来看，这个投资极大地鼓舞了整个摄制组。于此同时，我国香港地区的影视部门又以参加演出的方式，派遣当时在香港演艺界颇有影响的几位演员回内地拍戏，于是在长影的大院里出现了一个阵容强大的《七三一大溃逃》摄制组。而我本人不仅是该片的导演，并且被选为该摄制组的党支部书记。

然而谁也不曾料到，就是这个颇引人瞩目的摄制组，在还未正式开机之时，便发生了一件不甚愉快的事件。那天，组内的两位化妆师哭丧着脸向我汇报，说来自香港的几位男演员在拍摄所任角色的定妆照之前，拒绝修剪头发。理由是：如果把发型都修剪成日本军人那样的平光头发，在影片结束后返回香港时，会造成他们在一段较长的时间内无法再接拍其他影视作品的尴尬境地。结论是，他们留在头顶的长头发不能动。

不错，“身体发肤受之父母，不可损伤，孝之始也”。但是按照演艺界的常规，任何在摄制组担任角色的演员，不论你是多大的明星，也都必须遵从所任角色的需要，修剪自己原有的头饰和发型，因为这是人物造型的需要。如此简单的规矩，难道这些先生们也不愿遵从？！于是，我决定亲自解决这个问题。

在拍摄外景地吉林桦甸一处火车小站与演员们的合影

组里的副导演、美术师和化妆师将有关的演员请到我住的房间，相互握手寒暄彬彬有礼地落座之后，我以自己素来耿直的处世态度向他们表明：我十分同情他们的处境，但是却绝对不能同意他们的决定。理由是，在演艺界，无论是国外或是国内，即便你是大牌明星，也不能按自己的意志随心所欲地拒绝正确的人物造型。这是演艺界被普遍认可的职业道德和行业行为规范。因此，摆在他们面前只有两条路：要么，服从剧中人物造型需要，立即剪掉头上多余的长发；要么，立即收拾行装打道回府。假如结局是遗憾的后者，那么摄制组就不能不特别强调，由此引发的一切财务上的损失，将全部由他们个人承担并且负责赔偿。

彼时彼刻，几位香港演员无人争辩，但是我注意到，他们的脸都是红红的。为缓和当时尴尬而又紧张的气氛，我提请他们不必立即答复何去何从，摄制组可以等待到当日的晚餐前，因为此举事关重大，容不得拖延也来不得虚伪客套。我敬请他们在当日的晚餐之前，给摄制组一个明确的答复。同时我也敬请他们能体谅我这个当事导演的苦衷，原谅我的当机立断。

人生职场上的诸多事物就是这样，需要的就是两个字：认真。

接下来，在时间还未接近当日晚餐的时候，一位化妆师便喜笑颜开地跑来告诉我说，几位相关演员已经在化妆室排着队，等待给他们理发了！我问他们的情绪如何，化妆师回复我说，大家的情绪好极了，他们说：常彦导演的“杀威棒”抡得好，把我们给抡懵了，也被抡醒了。我们要谢谢导演，晚餐时不是我们夹着包袱滚蛋，而是要向全组献上好酒一杯！

哈，好一个“献上好酒一杯”！自那以后，几位来自中国香港的演员均全身心地投入剧中，与摄制组的各部门保持着极好的合作关系，特别与我导演本人，也始终是彼此视为朋友般的亲密无间。